KB090228

두 발로 선 경제

두 발로 선 경제

초판 1쇄 발행 2021년 9월 10일
초판 5쇄 발행 2021년 12월 30일

지은이 이용우

펴낸이 조기흠
기획이사 이홍 / **책임편집** 이수동 / **기획편집** 최진, 이한결
마케팅 정재훈, 박태규, 김선영, 홍태형, 배태욱 / **제작** 박성우, 김정우
교정교열 김진경 / **디자인** 리처드파커 이미지웍스

펴낸곳 한빛비즈(주) / **주소** 서울시 서대문구 연희로2길 62 4층
전화 02-325-5506 / **팩스** 02-326-1566
등록 2008년 1월 14일 제 25100-2017-000062호

ISBN 979-11-5784-537-8 03320

이 책에 대한 의견이나 오탈자 및 잘못된 내용에 대한 수정 정보는 한빛비즈의 홈페이지나
이메일(hanbitbiz@hanbit.co.kr)로 알려주십시오. 잘못된 책은 구입하신 서점에서 교환해드립니다.
책값은 뒤표지에 표시되어 있습니다.

⌂ hanbitbiz.com f facebook.com/hanbitbiz N post.naver.com/hanbit_biz
▶ youtube.com/한빛비즈 ◎ instagram.com/hanbitbiz

지금 하지 않으면 할 수 없는 일이 있습니다.
책으로 펴내고 싶은 아이디어나 원고를 메일(hanbitbiz@hanbit.co.kr)로 보내주세요.
한빛비즈는 여러분의 소중한 경험과 지식을 기다리고 있습니다.

이용우 지음

두 발로 선 경제

공정 그리고 혁신

66 아들에게 권할 직장이 없는
사회를 물려주고 싶지 않다! **99**

이용우가 그리는 한국 경제

HB 한빛비즈
Hanbit Biz, Inc.

이용우 의원은 항상 내게 놀라움을 주는 제자이다. 재작년에 나를 찾아와서는 국회의원에 출마해 정치를 하겠다고, 그것도 지역구에 출마하겠다고 했을 때 깜짝 놀라지 않을 수 없었다. 여태껏 정치를 하겠다는 낌새를 채지 못했을 뿐 아니라 당시 카카오뱅크에서 금융전문가로서 성공적으로 자리매김을 하고 있었는데, 그 험한 정치판으로 뛰어들겠다고 하니 말이다. 많은 것을 버리고 정치로 향하는 제자의 모습이 놀라웠지만, 잘하라는 말로 격려해주었다. 물론 밑바탕에는 잘해내리라는 믿음이 있었다.

그에 대한 믿음은 대학원 시절부터 지켜보면서 생겨났던 것 같다. 난 그가 박사학위를 받을 때 좋은 학자가 될 것이라는 기대를 하고 있었다. 그러나 그는 놀랍게도 기업을 선택했다. 학문의 길을 계속 걷지 않는 것이 아쉬웠고, 경쟁이 치열한 기업 세계로 뛰어든 그가 걱정되었지만, 그는 보란 듯이 잘해내었다. 현대그룹, 동원증권, 카카오뱅크를 거치면서 한국투자증권 인수, 카카오뱅크 인가 및 설립 등 많은 업적을 내는 전문가로 성장하였던 것이다. 특히 전혀 짐작하지도 못했는데 언제 디지털 쪽을 공부했는지 카카오뱅크에서 혁혁한 공을 세우는 그의 모습을 볼 때 역시 학문 쪽은 아니더라도 나의 기대를 저버리지 않는 좋은 제자구나 하는 생각을 하지 않을 수 없었다.

이번에 이 의원이 우리나라의 미래를 위해 어떤 경제제도 개혁이 필요한지를 책으로 썼다고 하면서 추천사를 부탁하러 왔을 때 난 잠시 주저하지 않을 수 없었다. 이 의원이 기업에 있을 때 자주 연구소에 찾아와서 본인이 하는 일에 대해 말하곤 했기 때문에 큰 방향에 대해서는 알고 있었지만 그가 구체적으로 무엇을 했는지에 대해서는 정확히 몰랐기 때문이었다. 그렇지만, 이 의원의 책을 보면서 내가 평소에 느끼고 제자들을 가르쳐온 내용들이 책 전반에 깔려 있고, 그가 기업 현장을 경험하면서 몸으로 느낀 내용을 잘 정리하고 있다는 생각이 들면서 결국 쾌히 승낙할 수 있었다.

이 의원의 책을 보면서 떠오른 말은 내가 항상 제자들에게 인용하곤 했던 앨프리드 마셜Alfred Marshall의 '뜨거운 가슴과 냉철한 이성'이었다. 경제학은 언제나 실천적 학문이며 그 시대가 겪는 아픔과 곤란을 해결하는 것을 과제로 삼고 있다. 오늘 우리 시대가 해결해야 할 가장 중요한 과제는 무엇일까? 바로 불평등의 문제이다. 이 의원이 지적하듯이 2007~2008년 금융위기는 시장주도 자본주의가 불평등 문제를 악화시킬 수밖에 없으며, 불평등의 해결을 위해서는 지금과는 다른 새로운 접근이 필요하다는 것을 일깨웠다. 1980년대 내가 《분배의 경제학》에서 주목한 것이기도 하다. 시장은 자원배분의 효율을 추구하지만 자동적으로 달성되는 것이 아니므로 경제학이 더욱 적극적으로 접근했어야 하는데 그렇지 못했다. 이 의원은 이 책에서 적극적인 경제학을 바탕으로 분배의 문제, 불평등 해결을 위한 정책 과제를 모색하고 있다.

경제학은 현실을 지향하는 학문이다. 그러나 유감스럽게도 경제학 이론만으로는 매우 복잡다기하고, 예전에 경험하지 못한 새로운 것들이 끊임없이 출현하는 현실을 설명하고 처방을 내놓는 데는 한계가 있다. 그렇다고 현실 경험이 전부는 아니다. 항상 경험을 일반화하고, 경제이론에 결부시켜 생각하는 자세가 필요하다. 다행히도 이 의원은 우수한 경제학자로서의 훈련을 충실히 받았을 뿐 아니라 끊임없이 새로운 변화를 요구받는 현장에 있었다. 그야말로 이론과 현장 경험을 겸비한 우리나라에서 몇 안 되는 출중한 인재이다. 그는 복잡하고 치열한 현장에서도 올바른 문제의식을 가지고 그 변화의 본질이 무엇이고, 어떻게 대응하면 좋을까를 지속적으로 고민해왔다. 그는 재벌 및 그 지배구조, 주식회사의 본질, 금융시장과 빅테크의 핵심에 접근하여 문제 해결에 부심해왔다. 그가 이 책에서 제시한 개혁 과제는 이러한 다양하면서도 깊이 있는 경험과 끊임없이 본질을 파고들어 가려는 노력, 그리고 최신의 흐름까지도 꼼꼼히 점검하는 성실성에서 비롯된 것으로 보인다.

이 의원은 이 책에서 우리 경제가 혁신성장을 하면서도 공정한 경제로 발전하기를 지향하고 있다. 그가 중시하는 방안은 규제시스템의 개혁이다. 규제시스템은 정부가 시장에 개입하는 방법을 말한다. 정부가 시장에 개입할 때는 시장의 유인구조incentive structure를 충분히 고려하면서 개입해야 한다. 시장 내부의 일은 시장에서 가장 잘 알고 있어, 혁신을 위해서는 시장에서 정보가 투명하게 오가는 가운데 경제주체들의 행동 변화를 이끌어내는 새로운 규제시스템이 필요한 것이다. 이 의원은 공정한 시장질서를 바탕으로 규제시스템을 네거티브 방식으로 전환해야만 우리 경제가 혁신성장을 할 수 있다고 강조한다. 오랫동안 많은 학자와 정책당국자가 주장한 내용이지만, 실행되고 있지 않다. 규제시스템은 일종의 사회적 합의인데, 이를 달성해가는 정치가 제대로 역할을 못해서이다. 이 의원이 경제이론과 현장 경험을 무기로 정치를 하겠다고 나선 것도 바로 이러한 사회적 합의를 도출하기 위해서가 아닌가 한다.

이 책에서는 공정, 혁신과 관련된 많은 주제를 다루고 있다. 플랫폼 경제의 출현, 중국과 미국의 경제마찰과 주도권 다툼 등이 자본주의 경제체제의 변화, 우리 경제의 공정과 혁신성장 여건에 어떠한 영향을 미치고 있으며, 우리 정부와 경제주체들은 어떻게 대응하고 있는가의 문제로부터 출발하여 다양한 경제정책 이슈를 논의하고 있다. 삼성그룹 등 재벌과 정부당국의 관계 등을 다루면서 시장과 규제시스템 정책을 수립함에 있어 어떻게 접근해야 하는가? 빅테크의 등장에 따라 사생활 보호 및 경쟁 정책은 어떻게 달라져야 하는가? 등등 많은 구체

두 발로 선 경제

적인 정책에 대해 논의하고 있다. 아울러 최근에 주요 화두가 되고 있는 불평등 문제 해결과 사회통합을 위해 사회연대기금과 청년기본자산 등을 제안하고 있으며, 기본소득 관련 논의도 깊이 다루고 있다. 이 주제들은 우리 사회의 많은 시민과 정부가 깊은 관심을 가지고 있을 뿐 아니라 경제학계에서도 사명의식을 가지고 깊이 연구하고 있는 주제이기도 하다. 이들 주제에 대해 자신의 경험을 충분히 투영하여 개혁 과제와 정책 대안을 제시한 만큼 많은 독자들에게 일독을 추천하지 않을 수 없다.

이 책의 출간이 어려운 경제 현실을 이겨낼 타개책에 대해 함께 생각할 계기를 마련할 것이라 기대한다. 한층 더 넓고 깊이 있는 논의와 연구가 진행되어 좋은 경제정책으로 이어질 것이라 기대한다. 그 결과, 우리 경제가 혁신성장을 하면서도 그 과실은 고르게 나누는 사회로 발전해가기를 기대한다.

변형윤 (서울대학교 명예교수)

이 책을 읽고 나면 이용우 의원이 실무와 현장 경험에서 얻은 구체적이고 적확한 문제를 제기하는 동시에 혁신적이고 실현 가능한 입법 대안을 제시하는 정치인임을 알 수 있다. 그는 혁신 플랫폼, 가상자산에서부터 공정거래, 불평등, ESG에 이르기까지 기술 진보로 인해 우리 사회가 경험하고 있는 다양한 정치·사회문제에 대해 심도 깊은 논의와 분석을 하고 있다. 이론적·역사적·기술적 논의에서부터 사회갈등 요인과 법적 쟁점까지 일목요연하게 정리하고 있어, 그가 진지하면서도 혁신적인 입법 대안을 제시하기 위해 깊은 실천적 고민을 하는 정치인임을 알 수 있다.

우석진(명지대학교 경제학과 교수)

한국 경제가 맞닥뜨린 중요한 이슈들에 관한 책이다. 플랫폼과 혁신, 핀테크, 가상자산, 빅데이터, 미중 갈등, ESG 등 비교적 최근의 이슈들과 전통적인 이슈들인 부동산, 비정규직, 불평등, 거버넌스 등을 포함한 광범위한 이슈들을 다루고 있음에도 불구하고 경제 전문가 출신답게 정확한 이해에 기반한 명확한 진단을 내린다. 포괄적이면서도 디테일을 놓치지 않는 논의가 인상적이다.

시장은 시장이 가장 잘 안다는 그의 경제철학은 정책당국이 일일이 구체적인 것들을 규제하는 것에서 벗어나 네거티브 규제 프레임을 적용하는 것이 올바른 방향임을 제시하는 것으로 자연스럽게 이어진다. 데이터를 통한 혁신은 단순히 기술혁신의 문제가 아니라 민주주의 전반에 대한 도전이니 성장 관점에서만 접근하면 안 된다는 의견 또한 더없이 적절하다. 노동문제에 대해서는 그 본질이 비정규직 철폐 여부가 아니라 정규직과의 불평등(임금) 격차 해소에 있으며, 이 불평등의 원인은 기업들이 비정규직들에게 고용-유연화에 대한 대가를 지불하지 않은 탓이라는 진단은 민감한 주제에 대한 저자의 탁월한 식견을 특히 잘 드러낸다. 정책을 통해 한국 경제의 중요 이슈들을 얼버무리지 않고 정면 돌파하겠다는 실력 있는 정치인의 강력한 의지가 읽혀 반갑고 또 반갑다.

이관휘(서울대학교 경영학과 교수)

공정한 사회를 꿈꾸는 대한민국 20~30대에게 권하고 싶은 책이다. 경제이론에 밝고 실전 경험이 풍부한 이용우 의원이 재벌에서부터 플랫폼 기업까지 왜 공정한 규칙이 필요한지 설명하고 해결책을 논한다.

쿠팡의 기업공개와 한국의 상장제도 문제점 지적은 자본시장에 대한 올바른 이해를 도울 것이다. 2015년 카카오뱅크 설립부터 공동대표 자격으로 기업가치를 키울 때까지 값진 경험을 공유함으로써 왜 21세기에 네거티브 규제가 필요한지 현장감 있게 설명되었다.

이남우(연세대학교 국제학대학원 교수)

두 가지만 말하자면 첫째, 이 책은 국회의원 이용우가 아닌 자연인 이용우가 썼으면 더 좋을 뻔했다. 정말 좋아서 여러 곳에 추천하고 싶은데 정치인 책은 다 그렇고 그럴 것이라는 선입견 때문에 독자들이 이 책을 펴보지도 않을 것 같아 매우 안타깝다. 둘째, 이 책은 저자의 집필 의도와는 무관하게 독자들에게는 최고의 경제 뉴스 해설서로 유용할 것이다. 우리가 한 번쯤 뉴스에서 보고 들었던 중요한 이슈들의 배경설명과 분석과 통찰이 쉬운 언어로 정갈하게 정리되어 있어서 어디 가서 아는 척하기 참 좋다. 예를 들면 은행과 카드회사는 둘 다 대출을 해주는 곳인데 정부는 왜 은행만 더 까다롭게 감독하는지, 저자가 그걸 설명하려고 책을 쓴 건 아니지만 독자들은 책의 곳곳에서 발견되는 그런 대목에서 오히려 고개를 끄덕이게 될지도 모르겠다.

이진우(기자, MBC 〈손에 잡히는 경제〉 진행)

PART III 한국형 뉴딜과 ESG: 불평등 문제 다루기

PART IV 카카오뱅크

2020년 1월 정치에 참여한다고 했을 때 대부분의 반응은 "아니 왜?"였다. 당연한 질문이다. 금융권에서 새로운 바람을 일으키고 있는 카카오뱅크의 공동대표를 그만두고 매일 싸움만 하는 정치에 뛰어들다니? 더욱이 카뱅의 주식매수선택권stock option도 포기하면서 정치를 한다니 다들 의아한 눈으로 보았다. 입당 기자회견에서 "우리 아들에게 이런 세상을 물려줄 수는 없다"는 말을 했다. 아내가 당신이 정치를 해야 하는 이유를 한마디로 설명해보라고 했을 때의 답이었다. 새로운 도전을 선택하려는 젊은이를 볼 때 실패하면 다시 서기 어려울 것이라는 생각이 들어 재고해보는 게 어떨지 하는 마음이 들었다. 또한 공무원, 공기업 등을 준비하는 젊은이들을 보고 요즘 아이들은 도전의식도 없다는 말을 들을 때 우리가 그렇게 만든 것 아닌가라는 반성을 하며 우리 사회를 활력 있게 만드는 것이 우리 기성세대의 과제임을 떠올렸다. 새로운 도전을 장려하는 세상, 그 도전에 대해 정당한 보상을 주는 세상, 그리고 실패했을 때 다시 일어설 수 있도록 도와주는 세상, 이것이 우리가 만들어야 할 미래이다.

우리 세대는 가장 혜택을 많이 받은 세대이다. 대학을 졸업할 때 3저 호황으로 일자리 걱정이 없었고 IMF 위기 당시 많은 윗세대가 퇴직을 함에 따라 이른 나이에 많은 의사결정을 할 수 있는 자리에 오를 수 있었고, 게다가 오랫동안 일할 수 있었다. 한편 인터넷 열풍과 벤처 호황으로 경제적 부를 축적할 기회를 얻기도 했다. 물론 그 이면에는 IMF 위기로 인한 구조조정의 아픔이 숨어 있었다. IMF 경제위기를 극복하는 과정은 신자유주의 경제질서를 전면 수용하면서 진행되었다. 경쟁을 최우선으로 삼고 낙수효과에 초점을 맞춘 신자유주의는 경제적 불평등을 심화시켰다.

신자유주의가 불평등을 심화시키고 한계를 보이던 시점에 중국이 세계경제질서로 편입되면서 기존 경제질서를 흔들었다. 이러한 상황에서 애플의 아이폰 출시가 산업질서의 재편을 요구하면서 전혀 새로운 자본주의의 길이 열리기 시작했다.

1980년대 본격적으로 등장한 신자유주의는 2007~2008년의 금융위기에서 그 한계를 적나라하게 보여줬다. "월가 점령하기Occupy Wall Street"에서 나타났듯이 가격기능을 통한 시장만능주의는 더 이상 지속할 수 없고 국가의 새로운 역할, 특히 불평등을 완화하기 위한 장치를 마련해야 한다는 인식이 확산되기 시작했다. 우리나라의 IMF 위기 탈출 과정은 짧은 시기에 불평등을 심화시키고 그동안 사회를 지탱하고 있었던 공동체 정신의 해체를 가져왔다. IMF의 권고에 따라 가격기능을 회복하고 동시에 경쟁의 부작용을 보완해주는 사회적 안전망Social Welfare Net을 보강하려고 했다. 의료보험개혁 등 사회복지정책이 주요한 과제로 대두되었던 시기였다. 그러나 사회적 안전망이 제대로 구축되기도 전에 다시 찾아온 세계적 금융위기는 "수단과 방법을 가리지 않고 경쟁에서 이기기만 하면 된다"는 무한경쟁을 낳았다. 가격기능의 작동에 의한 효율적인 자원배분을 추진하는 과정에서 가격기능이 가진 한계와 국가의 새로운 기능, 즉 시장 개입 필요성이 혼재되기 시작한 것이다. 우리에게 주어진 과제는 불평등을 해소하는 것을 목표로 기존의 경제운용 방식을 전면적으로 재검토하는 것이 되었다. 이런 의미에서 2007~2008년은 새로운 체제로의 전환을 요구하는 시기가 되었다.

또 다른 의미에서 2007~2008년은 세계경제질서의 새로운 도전이 나타나는 시기였다. 2001년 중국을 WTO 체제에 편입시킬 때에는 중국도 세계경제질서에서 적응할 것을 기대했다. 그러나 2007~2008년 금융위기에서 중국은 WTO 체제 자체를 위협하는 존재로 부각되었다. 기대와는 다른 것이었다. 국가의 보조금으로 주요 산업을 자체 시장 기반으로 육성하여 세계의 공장이 된 후 미국 중심의 세계경제질서에서 또 다른 하나의 축이 되고자 했다. 중국의 보조금을 통한 전략적 행동은 특히 2007~2008년 금융위기를 지나면서 경쟁국 산업의 도태를 가져왔고 글로벌 가치사슬Global Value Chain에서 중국 산업은 핵심 구성부분이 되었다. 중국은 이미 도광양회에서 중국굴기 또는 대중화의 꿈을 말하면서 기존 경제질서의 재편을 도모했다. 필연적인 충돌이었다. 트럼프 정부에서의 미국과 중국의 마찰은 민주당도 공감하는 것이었다. 바이든 행정부도 같은 입장을 취하고 있다는 것이 이를 반증한다.

불평등이 심화되고 신자유주의적 경제질서가 한계를 보이던 시점에 애플의 아이폰 출시는 또 다른 충격으로 다가왔다. 아이폰이 나옴에 따라 사람들의 일상생활이 스마트폰을 중심으로 전면적으로 바뀌었다. PC와 핸드폰은 있었지만 우리들의 생활 자체를 바꾸지는 못했다. 그러나 아이폰의 출현으로 모든 생활 자체가 바뀌었다. 거의 모든 것을 연결하는 ICT 산업이 출현하는 계기가 되었고 기존 산업경제질서를 뿌리부터 흔들기 시작했다. 디지털 전환Digital Transformation: DT이 모든 기업의 과제가 되었다. 애플, 구글, 페이스북 등 기존에는 상상하기 어려운 회사가 탄생했다. 이 회사들은 특히 데이터를 취득하고 그것을 분석하여 소비자에게 새로운 제안을 하는 사업 영역을 개척하여 이제는 빅테크Big Tech 기업이라 불리며 경제질서 자체의 재편을 이끌고 있다. 중국은 미국 등 선진국에서 나타나는 추세를 벤치마킹하고 국내의 거대시장에서 새로운 실험을 하고 전 세계에 적용하면서 이 분야의 강자로 등장했다. 2007~2008년 금융위기에서 중국의 전통기업이 보조금을 활용한 전략적 행동을 바탕으로 기존 산업의 재편을 가져왔을 뿐만 아니라 새로운 산업에서도 두각을 나타내기 시작한 것이다.

대한민국은 중국이 세계경제에서 급격히 부상하는 과정에서 많은 경제적 과실을 얻었다. 중국이 세계의 공장으로 글로벌 경제에 편입되어 주요 교역국이 되면서 한국은 원부자재 및 중간재를 공급하게 되었다. 우리나라의 전 세계 교역량 중 중국이 가장 큰 비중을 차지하게 되었고, 중국의 고도성장은 한국 기업의 성장동력이 되었다. 우리나라는 반도체 및 전자제품, 자동차, 정보통신, 석유화학, 제철, 조선 등 다양한 제조능력을 갖춘 경쟁력 있는 산업을 보유한 국가이다. 중국의 전략적 투자로 이들 기업에서 점차 그 격차는 축소되는 경향이 있지만 중국 성장의 과실을 향유하는 이점을 누리면서 착실히 성장했다. 물론 그 이면에는 하도급 체제 및 취약한 중소기업 등 구조적 문제가 있다. 불평등 구조의 또 다른 표현이다. 한편 중국이 아이폰 등장 이후 ICT 영역에서 그 광대한 시장을 바탕으로 미국과 거의 대등한 경쟁을 하는 상황에서 우리나라도 이른바 핀테크, 플랫폼 산업이 급속히 성장했고 모바일 중심의 산업 재편이 전 산업에서 일어나고 있다. 우리나라는 그동안 선진국의 성장 경험을 빠르게 따라잡아 성장을 하는 경제catch up economy였지만 이제 선진국과 같은 수준에서 경쟁하는 선도경제가 되었다. 선도경제는 벤치마킹의 대상이 없어지고 경쟁의 리스크가 아주 커지는 경제이다. 누구도 시도하지 않은, 새로운 도전을 통해 글로벌 경쟁우위를 만들어내야 하는 과제를 가진 경제인 것이다.

이런 우리 경제의 과제를 정리해보면 다음과 같다.

첫째, 개발연대에 가격기능을 고려하지 않고 정부의 집중적 지원을 통한 성장과 자원배분을 통해 산업을 육성했다. 그러나 이러한 성장전략은 IMF 위기를 가져왔고 가격기능을 회복함과 동시에 사회적 안전망을 구축하는 과제를 안게 되었다.

둘째, 2007~2008년 금융위기는 신자유주의, 즉 시장에 모든 것을 맡기면 안 된다는 것과 불평등을 심화시킨다는 것을 여실히 보여주었다. 토마 피케티Thomas Piketty는 《21세기 자본Capital in the Twenty-First Century》에서 자본주의는 자체적으로 불평등을 완화시켜주는 내적 메커니즘을 갖지 못하는 체제이기 때문에 국가가 그 역할을 해야 한다고 주장한다. 자본주의 각국의 200년 이상의 데이터를 통해 봤을 때 제2차 세계대전 이후 짧은 시기에 불평등이 완화된 것은 오히려 예외적이라는 주장이다. 결국 가격기능의 문제를 국가가 보완하는 새로운 시스템의 구축이 중요한 시대적 과제로 등장했다. 우리나라의 경우는 이 문제가 중첩적으로 나타날 수밖에 없다. IMF 위기 극복에서 가격기능 회복을 추진했는데 이 가격기능에 대해 국가의 새로운 역할, 즉 불평등 해소를 위한 기제를 만들어내야 하는, 어찌 보면 모순적인 과제가 등장한 것이다. 예를 들어 주주자본주의가 제대로 정착되지도 않은 상황에서 이해관계자 자본주의 또는 ESG를 반영해야 하는 과제를 안게 되었다.

셋째, 모든 것이 모바일로 연결되는 ICT, 데이터 중심의 새로운 산업, 즉 플랫폼 산업, 핀테크, 빅테크의 등장은 기존 산업 질서를 전면적으로 재해석해야 하는 과제를 우리에게 던져주었다. 특히 우리 경제가 추격경제에서 선도경제로 진입함에 따라 벤치마킹의 대상도 없이 새로운 시도를 통해 혁신을 추구하는 단계에 온 것이다.

새로운 과제들은 그동안 우리가 운영해온 경제운용 전략 자체의 전환을 요구하는 것이다. 기존에 해왔던 방식으로 대처할 수 없는 것이다.

그러나 우리의 경제운용은 여전히 기존 방식의 틀을 벗어버리지 못하고 있다. 필자는 대기업집단에서 IMF 위기 극복 과정을 직접 경험했고 그 이후 주주자본주의의 꽃이라는 자본시장에서 근무했다. 특히 이런 산업은 정부의 규제정책에 가장 영향을 많이 받는 산업이었다. 그리고 정치에 참여하기 직전에는 가장 규제가 심하다는 은행 영역에서 핀테크와 합작으로 설립한 카카오뱅크에서 근무했다. 정부의 규제정책이 새로 등장하는 혁신적 요구와 걸맞지 않고 오히려 그 성장을 방해하여 우리 경제의 앞날을 어둡게 하는 것을 경험했다. 위기인 것이다. 지난 30여 년간 '네거티브 규제' 체제의 도입은 정부당국자 그리고 시장 참여자 모두 한입으로 요구하는 것이었다. 그러나 그 이면을 보면 동상이몽이었다. 규제의 본질이 무엇인지? 그것이 시장에서 소화되는 방식이 무엇인지? 국가가 시장에 개입할 때는 어떤 방식으로 해야 할지? 이 문제를 심각하게 고민해야 한다. 그런데 규제정책을 구사하는 정책당국은 사실 시장을 잘 모르는 경우가 많았다. 개발연대에는 정책당국자가 시장 참여자보다 글로벌 시장 동향이나 정보에 쉽게 접근할 수 있었고 경제 규모가 작았기 때문에 당국에 의한 자원할당이 효과적일 수 있다. 그러나 경제 규모가 커지고 다양한 산업영역이 복잡하게 경쟁하는 경제, 특히 ICT의 발전으로 누구나 정보에 접근하는 것이 가능한 경제에서 정책당국이 시장 참여자보다 시장을 잘 안다고 볼 수 없다. 이런 의미에서 "시장의 일은 시장 참여자가 제일 잘 안다"는 것을 인정하고 시장 기능이 제대로 작동할 수 있는 제도 개선이 가장 시급한 것이 된다. 그러나 여전히 개발연대식 정부개입주의 전통이 남아 있는 와중에 2007~2008년 위기를 거치면서 국가가 시장 기능에 의한 불평등을 줄이기 위해 새로운 역할을 요구받음에도 불구하고 우리의 정책당국자는 기존의 방식으로 정책을 수립하는 경향이 있다. 본인들이 시장의 새로운 흐름을 잘 이해하지 못한 것을 보완하기 위해 시장 참여자의 의견을 적극 수렴하여 규제정책을 수립하려고 한다. 그러나 과연 시장 참여자가 규제정책당국자에게 솔직한 의견을 제시할까? "정부정책이 나오면 우리는 대책을 세운다." 이것이 시장 참여자의 인식이다. 그러면 규제당국은 어떻게 해야 하는가? 바로 시장은 시장에 맡기고 시장질서를 명확히 하는 것이 필요하다. 미국과 같은 경우 시장에서 공시disclosure를 정확히 하는 것을 요구하고 이 공시에 따라 이해관계자가 이의를 제기하여 소송 과정을 통해 신속히 잘못된 것을 바로잡는 제도를 운용하고 있다. 엔론의 회계부정도 회계장부의 공시 의무를 수행하지 못한 것이었으며 소송을 통해 천문학적인 배상과 동시에 징벌적 처벌을 수반한 것이었다. 이런 구조라면 스스로 조심할 수밖에 없다. 회계감사를 했던 회계법인도 문을 닫았다. 알아서 하게 두고 그것이 잘못되면 시장 참여자가 제도적으로 교정할 수 있는 제도를 만들고 잘못된 행위에 대해 엄격한 처벌이 동시에 일어난다. 이와 같이 시장의 작동원리를 이해하고 국가가 해야 할 일(=시장질서 확립)과 시장에 맡기면서 자율적으로 조정이 일어나게 하는 것을 구별하는 일이 중요하다.

더욱이 규제당국은 실제 시장에서 발생하는 구체적인 현장의 일을 잘 모르는 경향이 있다. 이런 상태에서 정책을 마련하면 그 정책은 구체성을 상실하고 정책목표와 동떨어진 결과를 낳기도 한다. 아울러 정책당국자도 선의와 공적인 의식을 갖는 객관적인 존재는 아니다. 개별적 이해관계를 가진 인간이며, 전지전능하지도 않다. 시장 참여자도 마찬가지다. 중요한 것은 개별적인 이해관계와 전체의 이해관계를 일치시키는 유인체계incentive system를 만드는 것이며, 우리는 이것을 거버넌스 체계라고 부른다. 이것을 재정립하는 것이 필요하다. 현장에서 떨어져 현장의 작동방식을 정확히 이해하지 못한 정책은 오히려 역효과를 가져오기도 한다. 이것을 바로잡는 것이 우리의 과제이며 정치가 해야 하는 일이다.

모든 것을 연결하는 ICT와 빅테크의 출현은 사태를 더욱 복잡하게 만든다. 기존 질서, 당연히 여기던 것에 의문을 제기하고 그것을 파괴하면서 등장하기 때문에 마찰은 필연적이다. 이런 마찰 과정에서 새로운 혁신이 나타나고 경제의 역동성을 가져온다. 우리 경제가 기존 질서에 머무르지 않고 새롭게 도약하기 위해서는 반드시 필요한 것이다. 그러나 그 본질이 무엇인지, 기존 질서와 어떤 지점이 다른지 정확히 파악하고 새로운 질서 체계를 구축해야 한다. 만일 기존의 것을 무시하고 새로운 것을 혁신이라는 이름으로 받아들이기만 한다면? 사회 전체적으로 혼란만 낳을 수도 있다. 일반적으로 혁신이라고 한다면 새로운 기술을 연상한다. 이런 기술결정론적 사고는 문제가 있다. 어떤 제품이나 서비스는 그것을 수행하기 위한 여러 가지 프로세스가 있고 그 프로세스에 대한 규제가 따르는 것이 일반적이다. 혁신은 이런 프로세스 중 몇 가지를 제거하는 것이다. 예를 들어 10개의 프로세스가 있는

두 발로 선 경제

데 이것을 5개로 줄이는 것이며, 기술은 이렇게 줄이는 데 기여해야 한다. 프로세스 구성을 잘 살펴봐야 하는 이유이다. 카카오뱅크의 서비스들에 대해 기존에 다 있던 거 아닌가, 그게 무슨 혁신인가라는 의문이 제기되기도 했다. 잘 살펴보면 기존에 여러 단계에 걸쳐 있던 프로세스를 줄여서 소비자가 그 전보다 단순한 프로세스로 서비스를 받을 수 있음을 알 수 있다. 여기에 기술이 역할을 하는 것이다. 규제당국이 새로운 혁신을 유발하는 정책을 하고자 할 때 구체적인 프로세스를 살펴봐야 하며 그 프로세스를 줄였을 때 기존과 동일한 효과를 낳을 수 있는지 잘 봐야 한다. 카카오뱅크를 인가받고 설립·운영하는 과정에서 정책당국자가 이런 내용을 너무나 잘 모르고 그 결과 의도된 정책목표와 다른 결과가 나오는 것을 많이 경험했다. 과연 이런 상황에서 우리 경제가 혁신의 과제를 제대로 달성할 수 있을까? 규제당국의 규제는 법률로 표현된다. 법률로 규제체제를 잘 설계하는 것이 필요한 것이다. 이것이 정치를 시작한 또 다른 이유였다.

정치에 참여한 직후 우리는 새로운 전환의 시기를 맞이했다. 코로나 팬데믹이다. 모든 것을 연결하고 인간의 삶을 편리하게 하기 위해 자연을 침해한 결과이다. 가장 큰 문제 중 하나는 기후 위기이며 우리가 사는 지구의 문제이기도 하다. 아울러 코로나 팬데믹은 우리 사회의 가장 약한 고리부터 공격하여 많은 사람들이 고통받는 상황이 연출되었다. 우리 정부는 한국판 뉴딜이라는 새로운 경제질서를 창출하는 작업을 시작했다. 기존과는 다른 경제 대전환의 출발점이라고 할 수 있다. 사실 뉴딜이라는 것 자체가 사회제도의 계약관계를 변화시키는 중

장기적 정책이다. 당장은 팬데믹에서 나오고 피해구제에 초점을 맞추지만 이 피해에서 회복하고 새로운 사회적 계약을 만드는 것을 추진하는 것이다. 우리가 살펴본 세 가지 과제와 함께 미래의 기반을 닦는 일이다. 그러나 시장 기능과 국가의 새로운 역할 정립을 통한 불평등 해소, 선도경제로서 혁신을 창출하는 제도의 디자인을 기후변화 등 지구적 문제와 같이 해결하는 뉴딜은 매우 어려운 과제이다. 이 과제도 현장의 디테일을 기초로 작은 것 하나부터 점차 큰 것까지 체계적으로 수행해야 한다.

필자는 대기업과 금융사, 은행의 현장에서 규제당국이 디테일을 놓친 채 정책을 하는 경우 정책목표와 다른 결과를 낳는 것을 많이 경험했다. 선도경제로 진입한 우리 경제에는 새로운 도전과제가 제기되었고 이 과제의 해결은 법을 만드는 것에서 출발한다고 생각하여 정치에 참여했다. 과제는 불평등을 해소하는 것(또는 공정)과 경제 활력을 높일 수 있는 혁신추구형 경제이다. 이 책은 필자의 이런 문제의식을 정책과제로 정리해본 것이다.

이 책은 총 4부로 구성된다.

1부는 혁신의 아이콘으로 불리는 플랫폼과 혁신을 다룬다. 플랫폼 경제는 우리나라뿐만 아니라 전 세계경제에 새로운 화두를 제시하면서 기존 경제질서의 변화를 요구하고 있다.

1장은 플랫폼이 무엇인지, 그리고 플랫폼이 우리에게 변화를 요구하는 내용이 무엇인지를 볼 것이다. 우리는 플랫폼을 시장market으로 본다. 남대문시장, 동대문시장과 같은 시장으로 보는 것이다. 이 관점에서 보면 시장을 개설한 사업자와 그 시장에서 장사를 하는 업체와의 관계가 드러나고 양자 간 이해상충의 문제가 핵심이라는 것을 알 수 있다. 그리고 플랫폼 사업의 성공요건은 고객을 모으는 필요조건, 즉 서비스모델과 그 고객을 활용하여 수익을 창출하는 충분조건, 즉 비즈니스 모델로 구분하여 볼 수 있다. 서비스모델과 비즈니스 모델이 분리되어 있고, 이 두 가지 요건이 다 충족되어야 플랫폼 사업은 안착할 수 있다는 것을 볼 것이다. 모든 것을 연결하는 플랫폼은 시장의 전통적 공간을 분리시키고 공장이라는 물리적 공간의 한계도 점차 무너뜨린다. 하나의 공장을 염두에 둔 전통적인 노사관계도 유동화liquidization되어 플랫폼 노동자 문제가 대두되고 있다. 플랫폼 노동자를 독립자영업체로 볼 것인가, 아니면 노동자인가의 노동성 판단이 핵심 쟁점으로 부각되고 있다.

2장은 플랫폼의 대명사가 된 핀테크, 빅테크의 출현이 우리에게 던지는 새로운 과제에 대해 살펴볼 것이다. 중국 정부의 핀테크에 대한 규제 강화의 경제적 이유를 분석한 후 미국과 중국의 무역마찰의 성격을 다룬다. 새로운 존재의 등장은 기존의 것과 마찰을 일으키고 전혀 차원이 다른 문제를 가져온다. 그 새로운 것 중 특히 부각된 것은 핀테크이다. 핀테크는 벤처기업이 활성화된 미국에서 출현했지만 중국의 그것이 광대한 시장을 바탕으로 급성장하여 미국의 핀테크와 어깨를 나란히 하면서 기존 경제질서의 재편을 요구하는 정도에 이르렀다. 중국이 WTO에 가입하고 2007~2008년 금융위기를 경험하면서 핀테크는 급성장했다. 최근 중국 당국이 알리바바에 대한 규제를 강화하고 마윈馬雲을 사실상 경영에서 배제한 것은 기업과 중국 공산당의 역학 관계로 설명하기도 한다. 우리는 그런 측면이 있을 수 있지만 본질적인 것은 새로운 기업의 등장이 기존 경제운용체제 자체를 흔든다는 점에 주목한다. 그림자 금융shadow banking이 그것이다. 통화관리, 은행 규제체계 등 기존 질서의 해체 가능성을 우려한 중국 당국의 조치이다. 한편 중국이 세계경제질서에 들어오고 세계의 공장으로 성장하는 과정은 미국 중심의 경제질서 자체를 흔들고 있다. 중국몽을 이야기하는 중국과 미국의 마찰은 필연적이며 이제 전혀 새로운 경제질서로 나아가는 과정이 될 것이다. 핀테크의 성장이 중국 내부 경제질서에 어떤 문제를 제기했고 중국과 미국의 관계에 준 영향은 무엇인지를 살펴보고 향후 세계경제질서의 방향을 가늠해보고자 한다.

3장에서는 암호화폐, 즉 가상자산의 출현이 가져온 새로운 변화를 살펴볼 것이다. 2007~2008년 금융위기는 역사적 분기점이라고 뒷날 평가될 가능성이 높다. 중앙은행 중심의 화폐운용제도에 대한 새로운 도전, 즉 가상자산이 등장했다. 제도의 해체를 목적으로 하는 가상자산과 기존 금융경제제도가 서로 만날 때 어떤 일이 벌어지는지는 앞으로 우리가 목격할 경제질서를 보는 단초를 제공할 것이다. 가상자산은 제도와 비제도가 만나는 접점이다. 새로운 현상이 제도와 연결되는 것이 갖는 의미를 볼 것이다.

2부에서는 본격적으로 시장 기능과 시장 참여자인 기업의 본질과 지배구조, 그리고 규제체계로서 경쟁정책과 금융감독체계를 어떻게 봐야 하는지를 살핀 후 국가의 시장 개입과 시장 기능의 문제를 다룬다.

4장은 네거티브 규제로의 전환이 어떤 의미인지를 살핀다. 특히 쿠팡의 미국 뉴욕 시장에서의 기업공개 과정을 통해 자본시장에서 이 규제가 어떻게 작용되는지를 볼 것이다. 흔히 경제 활력을 높이기 위해서는 규제 완화가 필요하다고 주장한다. 우리는 규제 완화가 아니라 규제의 재편이 필요하다고 본다. 시대에 따라 필요한 가치, 환경, 안전 등에 대한 규제는 강화되어야 하며, 이미 기능을 상실한 규제는 없애야 한다. 시대에 따라 사람들이 중요하게 여기는 가치는 변화한다. 1970년대와 같은 개발연대에 환경의 가치는 우리에게 사치였고 경제성장을 위해서는 환경이 조금 희생되어도 되는 것으로 여겨졌다. 그러나 지금 환경은 매우 중요한 가치가 되었다. 시대의 변화에 따라 중시해야 하는 가치는 다른 것이다. 여기서는 규제제도의 전환이 기업의 혁신을 촉발하는 계기가 된다는 것을 구체적인 사례를 통해 살펴본다.

5장은 규제의 대상이 되는 기업의 지배구조를 살펴본다. 주식회사 제도와 기업의 이사회, 그리고 주주 간의 관계를 살펴본 후 2020년 통과된 공정3법, 그리고 우리가 발의한 상장회사 특례법이 필요한 이유 등을 볼 것이다. 그뿐만 아니라 벤처기업의 혁신을 위해 차등의결권 제도, 기업형벤처캐피탈CVC 등의 의미도 살펴볼 예정이다. 3부에서 다룰 ESG 등 새로운 과제는 주주자본주의shareholder capitalism의 문제점을 지적하고 있다. 특히 2007~2008년 금융위기로 불평등이 심화되고 기후변화 등 우리에게 제기된 새로운 과제를 해결하기 위해서는 주주자본주의적 시각에서 한 차원 더 나아가 이해관계자 자본주의stakeholder capitalism로의 전환을 요구하고, 이 장에서는 우리가 주주자본주의의 가장 기초적인 부분도 미흡하다는 것을 볼 수 있다. 우리에게는 이 두 가지 과제가 동시에 제기되고 있다.

6장에서는 삼성그룹과 공정거래, 즉 경쟁정책 및 기업 지배구조에 대해 볼 것이다. 대기업집단, 즉 재벌 문제와 지배구조 개혁을 다룰 때 삼성그룹을 어떻게 볼 것인가가 핵심 주제로 떠오른다. 박근혜 대통령의 역사적인 탄핵도 삼성그룹의 지배구조와 상속 문제로부터 출발했다. 이 문제는 아직도 진행형이고 경쟁정책과 지배구조를 보는 시금석이 된다.

7장은 핀테크가 가져온 혁신의 내용과 그들이 요구하는 변화의 의미를 볼 것이다. 핀테크가 금융서비스, 즉 결제서비스를 시작으로 금융 전반 서비스로 영역을 넓히면서 금융결제원망으로의 직접 접속과 청산에 참여하려는 전자금융거래법이 갖는 문제점을 지적할 것이다. 우리나라 금융당국은 중국에서 활성화된 전자결제서비스를 벤치마킹하여 새로운 혁신을 위해 이 정책을 추진한다고 주장하고 있지만 오히려 중국 정부는 그 반대의 경로를 취하고 있음을 지적할 것이다. 한편 빅테크는 데이터 분석을 통해 소비자에게 맞춤형 서비스를 제공하기 때문에 개인정보의 취득과 그 분석이 사업 성공의 관건이 된다. 맞춤형 서비스는 경제학에서 말하는 가격차별화의 다른 표현으로 소비자 후생을 기업이 가져가는, 기업 이익 확대를 위한 중요한 수단이다. 개인정보 데이터를 활용하여 맞춤형 서비스를 제공하는 것을 빅테크뿐만 아니라 모든 기업이 추구함에 따라 개인의 사생활은 노출될 수밖에 없다. 개인정보는 기업 이익의 원천이 되고 있는 것이다.

두 발로 선 경제

8장에서는 감시자본주의와 경쟁정책의 새로운 변화를 볼 것이다. 개인정보 취득과 활용을 통한 맞춤형 서비스가 빅테크 등 모든 기업의 사활이 걸린 것이 되고 있음은 우리에게 새로운 문제를 제기한다. 민주주의의 기초는 개인의 사생활 보호에 있는데 이것이 무너지고 있는 것이다. 이에 대해 '감시자본주의surveillance capitalism'의 시대가 열리고 이를 새롭게 규율할 수 있는 체계 구축이 필요하다는 주장이 나오고 있다. 개인정보 데이터의 소유권은 그 개인에게 있는데 기업이 대가 없이 이윤의 원천으로 사용하고 사생활이 보호되지 않는 자본주의의 문제를 제기하고 있다. 한편 빅테크의 경제 지배력이 높아짐에 따라 기존 경제정책의 패러다임을 적용하기 어렵다는 주장을 바탕으로 경쟁정책의 관점도 달라지고 있다. 2020년 미국 하원이 빅테크기업에 대한 청문회를 개최한 후 빅테크기업을 몇 개로 분할해야 한다는 주장도 나오고 있다. 이 주장의 핵심은 역시 시장을 만드는 주체와 시장에 참여하는 업체의 이해상충 문제이다. 우리가 플랫폼 사업의 이해상충에 주목하는 이유다. 바이든 행정부가 출범하면서 이 문제는 전면적으로 부각되었다. 최근 미국 하원 법사위소위원회에서 빅테크기업의 경쟁제한을 규제해야 한다는 법안을 민주당과 공화당이 연합하여 통과시킨 것에 주목해야 한다. 2016년 〈아마존의 반독점 역설Amazon's AntiTrust Paradox〉이라는 논문이 발표된 이후 그 이해상충과 경쟁제한에 대한 규제 흐름이 강화되었던 것이다. 특히 최근 바이든 대통령이 빅테크에 대한 행정명령에 승인하면서 쓴 "이것만은 확실히 하자. 경쟁 없는 자본주의는 자본주의가 아니다. 그것은 착취다Let me clear:

Capitalism without competition isn't capitalism. It's exploitation"라는 트위터 메시지는 이것을 잘 보여준다. 새로운 흐름이 형성되고 있는 이유와 그 방향은 우리에게도, 특히 온라인플랫폼법에 많은 시사점을 주고 있다. 아울러 개인정보보호를 위해 우리가 어디에 주안점을 둬야 하는지와 글로벌 법인세 하한을 두는 합의가 나온 이유도 살펴볼 것이다.

9장에서는 금융정책과 금융감독체계를 어떻게 해야 하는지를 보고자 한다. 금융혁신의 관점에서 빅테크가 요구하는 규제 개편은 금융정책 변화, 특히 기존 규제의 완화로 이어지는 것이 일반적이다. 최근 라임, 옵티머스 등 사모펀드 사태도 이런 맥락에서 이해할 수 있다. 금융혁신의 일환으로 간주되었던 키코KIKO 사태, 독일 환율과 연결된 DLF, P2P 대출 및 핀테크 육성정책이 금융시장에 무엇을 남겼는지를 살펴보면서 우리나라 금융감독체계의 문제를 살펴본다. 금융혁신을 위한 정책은 기존의 규제를 완화하는 것으로 필연적으로 새로운 리스크를 낳을 수밖에 없다. 금융산업정책의 추진 과정을 보면서 금융위원회가 금융정책을 수행하는 것이 타당한지를 볼 것이다. 우리는 금융위원회의 정책기능은 기획재정부로 되돌리고 금융감독원은 건전성 prudentiality 감독을 하는 금융감독원과 금융소비자보호원으로 분리하는 것을 제안한다. 육성정책을 하는 곳이 감독정책을 하는 기관의 인사권과 예산권을 가지고 통제하는 구조에서 리스크 관리가 될 수 있는지 질문을 던지는 것이다.

10장에서는 산업은행의 구조조정 과정에서 보아야 할 대기업집단의 지배구조와 공정거래위원회의 역할을 최근 대한항공과 아시아나의 합병을 예로써 살펴본다. 우리나라의 항공산업은 대한항공과 아시아나의 2개 대형항공사Full Service Carrier: FSC와 여러 개의 저가항공기Low Cost Carrier: LCC가 경쟁하는 구조이다. 출범한 지 10여 년밖에 안 된 LCC는 논외로 하면 양사 간 경쟁 서비스 체제이다. 이 두 회사의 부채비율 등 경영지표는 매우 좋지 않았는데 코로나 팬데믹으로 인해 산업은행 등 정부의 자금 지원 없이는 생존하기 어려워 전략산업으로서 항공산업의 재편은 불가피한 측면이 있다. 이런 의미에서 산업은행이 대한항공과 아시아나의 합병을 통한 구조조정을 추진하는 것은 충분히 이해할 수 있다. 아시아나의 경우 회사가 출범한 후 정상적으로 이익을 창출한 것이 예외적일 정도로 경영에 문제가 있는 회사였다. 이 와중에 대주주 형제 간의 경영권 분쟁으로 회사의 중요한 자산을 일부 대주주의 이익을 위해 매각하는 등 재벌체제가 갖는 문제를 전면적으로 드러낸 회사이다. 대한항공도 정도의 차이가 있지만 동일한 문제를 지니고 있었다. 구조조정을 추진함에 있어 기존 대주주의 책임 문제 등 구조조정의 원칙이 지켜지지 않고 다른 주주의 권익을 침해하는 등 많은 문제를 드러내고 있다. 또한 두 회사의 합병은 독점구조를 야기하여 경쟁정책의 관점에서 문제가 있다. 구조조정은 제기될 수 있는 이런 문제를 치유하면서 전략산업으로서 항공산업의 발전과 소비자 후생을 함께 고려해야 하는데 과연 그렇게 진행되고 있는지 살펴볼 것이다.

11장에서는 이상의 2부에서 구체적인 사례를 통해 정책당국이 시장을 바라보는 관점을 확립하는 것이 중요하다는 것을 몇 가지 정책들을 통해 볼 것이다. 2007~2008년 금융위기를 거치면서 시장 기능만으로 불평등과 같은 구조적 문제를 해결할 수 없고 국가의 새로운 역할이 요구되고 있다. 새로운 개입주의의 필요성이다. 그렇다고 해서 국가가 시장에 문제가 발생한다고 항상 개입해 문제를 해결해주는 것이 아니다. 시장 기능 중 어느 부분에 어떻게 개입해야 하는지를 보아야 한다. 시장의 인센티브 구조를 잘 이해해야 하는 것이다. 여기서는 이자율상한제, 부동산정책, 중고차 시장 진입제한 정책, 비정규직의 정규직화 문제 등 주요 정책에서 시장을 보는 시각 정립의 중요성을 살펴볼 것이다.

3부에서는 우리 시대의 새로운 과제로 떠오르는 불평등 문제와 기후위기에 대한 정책을 다룬다. 한국형 뉴딜정책은 우리 사회가 직면하는 이 문제를 해결하기 위한 종합적 정책 패키지이다. 불평등의 구조적 문제를 어떻게 다루고 구체화해야 하는지를 볼 것이다.

12장은 불평등 문제가 왜 제기되었는지를 본다. 2007~2008년의 금융위기가 이 문제를 전면적으로 제기했고 경제학에서도 불평등 문제가 본격적으로 분석되기 시작했다. 토마 피케티의 《21세기 자본》도 이 과정에서 탄생했고, 각국은 이 문제를 해결하기 위한 방법을 찾기 시작했다. 물론 시작한 지 얼마 되지 않았기에 정립된 이론이 있는 것도 아니며 각종 다양한 정책이 등장했다. 소득주도성장론도 이런 시도 중 하나였다. 이 과정에서 누구도 예상하지 못했던 코로나 팬데믹은 불평등의 문제를 더욱 부각시켰다. 코로나 팬데믹은 외부에서 경제 시스템 전반에 충격을 주었다. 경제 시스템에 주어진 외부의 충격은 언제나 그 경제의 가장 약한 고리에 먼저 충격을 주는 경향이 있다. 플랫폼 경제의 확산으로 고용의 유동화가 진전되어 특수고용직, 플랫폼 노동자, 비정규직 등이 먼저 충격을 받았다. 이 문제의 해결을 위해 전국민고용보험제의 도입이 거론되고 있지만 그 보험료를 어떻게 누가 부담할지는 논란이 거듭되고 있다. 이를 위해서는 국세청의 사회보험통합징수체제를 구축하는 것이 필요하지만 그에 대한 합의는 아직 이루어지지 않고 있다. 코로나 방역 과정에서 우리나라 공공의료보험체제의 우수성이 드러났지만 우리의 공공의료기관 비중은 7퍼센트에 불과한 상황이다. 이것은 공공의료보험체제를 구축하고 있지만 의료기관은 민간이 담당하는 불안정한 구조인 것을 반증한다. 하루아침에 공공의료를 확대할 수 없기 때문에 그 대안으로 주치의 제도 도입에 대한 관심이 높아지고 있지만 논의가 본격적으로 진행되지 않고 있다. 코로나는 우리 사회가 다양하게 연결되어 있고 이런 위기에서는 취약계층을 사회적으로 돌볼 수 있는 체제의 구축이 필요하다는 것을 인식시켜 주었다. 이런 의미에서 우리는 사회연대기금의 필요성을 주장하고 제정법안을 제출했다. 이 법에서 우리는 자발적인 사회적 합의를 이끌 수 있는 마중물을 정부가 제공하는 방식에 초점을 맞추었다.

13장에서는 한국판 뉴딜 정책에 대해 살펴보면서 그 정책은 구호가 아니라 현장에서 모든 국민이 느낄 수 있는 방식으로 추진되어야 한다고 주장한다. 거대담론이나 필요성을 강조하는 것이 아니라 현장에서 느낄 수 있는 것에서 출발해야 한다. 예를 들어 우리가 민원서류를 발급받을 때 똑같은 일을 반복적으로 하는 것이 아니라 통합인증시스템을 구축하여 개인정보보호와 간편함을 동시에 이룩할 수 있는 방안을 제시했다. 정부 각 부처의 시스템이 병렬적으로 연결된 것이 아니라 체계적으로 통합되어야 한다는 점이다. 아울러 개인정보보호를 위한 망 분리 또한 물리적으로 분리시키는 것이 아니라 데이터 중심으로 전환하는 것도 제안한다. 정부 재정 데이터를 투명하게 공개하는 시스템 구축도 아주 작은 것부터 시작할 수 있다. 이 장에서는 그린 뉴딜, 또는 에너지전환정책에 관해서도 살펴본다. 그린 뉴딜을 위한 2050년 넷제로Net Zero는 기업의 모든 활동에서 매년 발생하는 510억 톤의 이산화탄소를 탄소포집 등을 통해 제로로 만드는 것을 의미한다. 이를 위해서는 화석연료 사용을 줄이고 신재생에너지 사용을 확대해야 한다. 에너지 생산에서 화석연료의 비중을 줄여야 함을 의미한다. 풍력이나 태양광 발전을 확대해야 한다. 그러나 풍력이나 태양광 발전의 경우 그 생산량이 일정하지 않고 자연환경에 따라 편차가 크다는 단점이 있다. 날씨에 따라 에너지가 과다생산되면 출력을 저감시키거나 발전을 중지해야 하고 어떤 경우에는 필요전력을 얻지 못하는 사태가 발생하기도 한다. 이 과정을 평탄화시키기 위해서는 과다생산되었을 때 에너지를 저장하는 방안을 강구할 수 있는데 양수발전이나 배터리, ESS를 사용할 수도 있고 물을 수전해하여 수소로 저장하는 방법을 쓸 수도 있다. 이런 의미에서 수소경제가 거론되기도 한다. 문제는 그 비용이다. 안정적인 기저발전을 위해 원자력을 활용할 수 있다는 주장도 있다. 냉각수 문제와 노심용융 문제를 해결한 SMR이 거론되기도 하지만 아직 상용화가 되지 않았을 뿐만 아니라 핵폐기물 문제는 여전히 남은 과제다. 한편으로는 핵융합을 거론하지만 아직 연구단계로서 2050년 경 상용화가 예상되므로 넷제로와 걸맞은 것은 아니다. 풍력, 태양열 등 재생에너지의 비중을 늘리는 것은 에너지 생산이 여러 곳에 분산되기 시작했다는 것, 즉 예전과 같이 독점적 생산과 공급이 아니라 다양한 공급주체를 연결해주는 것이 중요한 과제가 되었음을 의미한다. 또한 재생에너지의 간헐성을 다른 에너지원과 조합하여 어떻게 관리하느냐, 즉 수급관리가 중요하게 되었음을 의미한다. 재생에너지를 늘림과 동시에 다원적 생산주체에 대한 수급관리, 이것을 누가 하느냐의 문제가 등장할 수밖에 없다. 스마트 그리드가 중요해지는데 이것을 하나의 경제주체, 즉 국가 또는 공기업이 할 수 있을까? 시장원리를 잘 활용하는 것이 중요하다.

수소차와 전기차의 경쟁에서 어느 것이 나은 방법인가를 따질 때에도 마찬가지다. 탄소에너지를 사용하는 내연기관을 대체하는 것은 동일하지만 전기차는 생산된 에너지를 배터리로 저장하는 것인데 그 에너지를 무엇으로 생산한 것인지 따져보아야 한다. 수소를 추출하여 보관하는 것도 마찬가지다. 결국 에너지의 생산에서 소비에 이르기까지 전 과정에서 어느 정도 탄소를 사용한 것인지를 따져보아야 한다. 이런 의미에서 탄소발자국carbon footprint의 개념이 중요하다. 이 관점을 유지하면 수소차와 전기차의 우월성 논란은 결국은 경제성의 문제임과 동시에 어느 기술이 더 빠르게 발전할 것인가에 달린 것으로 한쪽의 일방적 우위를 점치기는 어렵다. 에너지 믹스를 어떻게 하여 우리 목표에 달성할 것인가의 문제다. '탈원전'과 같은 이념적 구호가 아니라 기후변화에 따른 탄소배출 저감을 위한 구체적인 에너지 믹스가 어떤 것이 될지 살펴보아야 한다. 우리 생활 주변에서 체감할 수 있는 그린 뉴딜 정책의 필요성에 주목하고 ESG를 살펴볼 것이다. ESG는 자본시장에서 가장 큰손인 블랙록의 CEO가 모든 투자에서 이것을 기본적 지표로 삼을 것이라고 주장하면서 시장의 주목을 받았고 투자 판단의 기본 지표가 되고 있다. 각 회사들은 재무제표에서 ESG 공시를 해야 할 뿐만 아니라, 그 공시에 대한 평가 등 기업에 부담을 주는 것도 사실이다. ESG도 ESG 공시 평가 문제, 그에 따른 비용과 편익 등 시장에서 그것을 평가하여 가격에 반영시키는 가격기능을 어떻게 작동하게 만들 것인가가 중요하다. 국가가 직접 시장에 개입하여 주체가 되려는 것을 버려야 한다. 시장을 어떻게 보는지의 관점이 핵심이다.

14장에서는 우리나라의 구조적 문제인 저출생과 화폐단위 변경의 문제를 다룰 것이다. 우리나라의 합계출생률은 이제 0.84에 불과하여 많은 문제를 낳고 있다. 이것이 보여주는 것은 우리나라의 미래가 밝지 못하다는 것이며 각종 사회적 갈등이 증폭되고 있다는 점이다. 이는 복합적인 문제로 사회제도 전반의 구조적 개혁이 필요함을 반증하고 있다. 이민/영주권제도의 재정비, 다문화가족정책 등 사회통합정책의 필요성을 제기함과 동시에 사회공동체를 복원하는, 즉 경쟁 중심의 사회에서 포용사회로의 전환이 필요하다는 것을 말해준다. 화폐단위 변경 문제는 오랫동안 거론되어왔던 기초적인 과제였지만 인플레이션을 초래할 가능성과 부패 가능성 때문에 본격적으로 논의되지 못했다. 하지만 이제는 검토할 때가 되었다고 생각한다.

두 발로 선 경제

15장에서는 기본소득론, 부의 소득세, EITC 등 불평등한 소득을 교정하기 위한 다양한 정책 시도에 대해 살펴보고 이들 정책이 상호보완적일 수 있다는 것을 볼 것이다. 기본소득론이 나온 이유 중 하나가 복지정책의 전달 경로의 복잡성과 그에 따른 비용 등이었다. 기본소득의 필요성을 말하는 경우에도 아직 이 정책을 현실에서 시도한 경우가 적다는 것에 주목해야 한다. 각국마다 그 정책을 받아들이는 사람들의 성향에 따라 정책의 효과가 달라질 수도 있다. 또한 기존에 시행되고 있는 복지정책을 대체하는 것인지, 아니면 보완하는 것인지를 살펴볼 필요가 있다. 소득 불평등뿐만 아니라 자산 불평등도 중요한 문제다. 특히 부모의 자산에 따라 청년들이 세상에 진입할 때 전혀 다른 조건에서 경쟁하고 그 불평등이 확대되는 것은 심각한 문제다. 미래가 불안정하고 계획을 세울 수 없는 암담한 상황이 청년들이 직면한 현실이다. 세대 간 자산의 불평등 문제를 해결하기 위해 청년기본자산플랜의 필요성을 볼 것이다. 국민연금이 현세대와 과거 세대의 연대를 의미한다면 청년기본자산은 현세대와 다가오는 미래 세대의 연대이다. 사회연대기금, 기본소득, 청년기본자산의 문제를 거론할 때 뒤따르는 것은 그 재원을 어떻게 할 것인가이다. 우리는 증세를 주장하지는 않는다. 어떤 목표가 있다면 그 재원 마련은 국민적 동의를 바탕으로 해야 한다. 증세 문제에 대해 거부감을 갖는 이유는 현재 정부의 재정지출이 과연 효율적인가, 그리고 그 목표에 맞게 집행되고 있는가에 대해 의문을 갖기 때문이다. 자발적으로 작은 것부터 시행하면서 그것이 적절하게 사용되고 있다는 신뢰를 회복하는 것이 먼저이다. 신뢰가 형성되면 자연히 국민적 동의도 따를 것이다. 사회연대기금, 청년기본자산 등 우리는 법안을 만들면서 바로 이런 신뢰를 얻기 위한 장치를 두려고 노력했다.

4부에서는 카카오뱅크의 인가에서부터 서비스 준비 및 상품도입 과정 등을 통해 인터넷전문은행을 인가할 때의 정책목표와 현실의 차이 등을 살펴볼 것이다. 새로운 길을 갈 때에는 예상치 못한 일들이 생길 수밖에 없고 그 과정에서 우리는 전혀 모르는 새로운 것을 발견하기도 한다. 여기서는 이것이 무엇인지 돌아볼 것이다. 나아가 핀테크와 인터넷전문은행으로서 카카오뱅크의 사업모형이 전혀 다르며 카카오뱅크는 은행 라이선스 자체가 사업모형을 규정 짓는 것임을 볼 것이다.

이상에서 우리는 현장의 경험을 통해 우리 사회가 직면하고 있는 혁신과 공정을 위해 네거티브 규제 시스템으로의 전환이 왜 필요한지 보았다. 2007~2008년의 금융위기 이후 본격적인 화두로 등장한 불평등의 문제를 어떻게 해결해야 하는지, 시장 기능을 통해 IMF 위기를 해결하는 와중에 그 시장 기능 자체가 문제가 있고 국가의 새로운 역할이 요구되는 상황에서 시장 기능을 어떻게 봐야 하는지 볼 것이다. 핀테크, 빅테크의 등장과 중국의 세계경제질서 편입에 따른 새로운 질서가 형성되어 가고 있지만 아직 정립되지 않은 유동적인 세계경제에서 우리가 중점을 둬야 하는 것이 무엇인지도 살필 것이다. 나아가 누구도 예상하지 못했던 코로나 팬데믹으로 인해 우리가 풀어야 할 것들이 더욱 선명하게 부각되었지만 하나도 쉽게 해결할 수 없는 과제를 어떻게 접근해야 할지 의견을 제시할 예정이다. 역시 정답은 없고 새로운

두 발로 선 경제

길을 모색하는 과정이다. 필자는 이 모색을 정치를 통해 하려고 한다. 정치란 다양한 이해관계의 충돌 속에서 서로 다른 사람들이 차선의 방법이라도 찾아나가는 것이다. 서로 다름을 인정하는 것, 정답은 없다는 것에서 출발하여 작은 것 하나라도 개선하는 과정이다. 책을 쓴다는 것은 일종의 구속이며 약속이다. 이 책은 처음 정치를 시작할 때 무엇을 생각했는지 초심을 되새기며 필자의 과제를 대중에게 공개하는 것이다.

책을 쓸 때 제일 어려운 것은 제목을 무엇으로 하는가이다. 여러 가지 주제를 엮어주는 문제의식이 무엇인지를 되묻는 것이기 때문이다. 제목을 '두 발로 선 경제'로 정한 이유는 다음과 같다.

첫째, 이 책을 관통하는 가장 중요한 화두는 공정과 혁신이다. 혁신은 공정을 바탕으로 하지 않으면 발생하지 않는다. 공정한 질서가 없고 새로운 것을 시도하는 창의적 아이디어에 대한 이익을 누군가 노력 없이 가져간다면 아무도 그런 시도를 할 이유가 없다. 공정이 바탕이 되어야 하는 이유다. 그러나 서로 다름을 인정하지 않고 같은 것을 요구한다면 혁신도 생길 수가 없다. 혁신과 공정은 우리 경제를 지탱하는 두 발인 것이다. 더불어민주당의 강령에서 경제 분야는 "공정한 시장경제질서하에서 성장과 분배가 조화롭게 실현되는 혁신적 포용국가를 만든다"는 문장으로 시작된다. 바로 이 의미를 찾아보려고 한 것이다.

둘째, 강령에서 시장경제질서와 포용국가를 강조하고 있다. 시장과 국가의 관계를 어떻게 봐야 하는지에 대한 입장을 요구하고 있다. 우리는 시장경제에서 살고 있다. 시장 기능이 갖는 의미와 국가가 개입해야 하는 것을 적절히 인식하는 것이 중요하다. 이 책에서 바로 이 문제에 대해 구체적으로 살펴보려고 하는 것이다.

마지막으로, '선' 경제이다. 두 발을 땅 위에 둔 관점을 유지하려고 한 것이다. 경제는 현실이고 구체적이고 각각의 경제주체의 욕망을 이해하는 것이며, 그것을 토대로 인센티브 구조를 만드는 것이 경제정책이다. 현실에 바탕을 두지 못한 채 머릿속에서만 스스로 그린 경제를 상정할 경우 경제정책은 의도한 바와 전혀 다른 결과를 낳을 수 있다. 현실에 바탕을 둔 경제정책을 찾아보기 위한 것이다. "Down to Earth", 즉 실사구시의 경제정책을 모색하는 것이다.

이 책은 필자가 대기업, 자본시장, 은행(인터넷전문은행) 등 현장에서 경험한 것을 바탕으로 썼기에 혼자만의 것이 아니다. 필자와 같이 한 많은 사람들의 도움이 없었다면 나올 수 없었다. 필자와 관계된 모든 사람에게 신세를 진 것이다. 대학에서 세상을 바라보는 눈을 길러주신 변형윤 교수님과 돌아가신 고 김수행 교수님을 비롯한 많은 은사님, 그리고 현대그룹과 동원증권/한국투자금융지주의 여러 임직원, 카카오뱅크에서 같이한 동료들이 나에게 많은 가르침을 주었다. 현대그룹에 있을 때부터 지금까지 언제나 많은 조언을 해주신 이계안 전 의원, 한국금융지주의 김남구 회장님과 한투/카뱅에서 수없이 많은 토론을 한 김주원 부회장님, 윤호영 대표에게 고마운 마음을 표시하고 싶다. 아울러 우리 의원실의 김성영, 이승현, 박광채, 전상규, 한진, 조재성, 최성원, 유신욱, 강소라, 조희수, 문정경, 이서현 등에게도 고마운 마음을 전한다. 이들과 같이 한 팀으로 다양한 주제를 논의했기 때

두 발로 선 경제

문이다. 우리 지역의 시도의원들에게도 마찬가지 마음이다. 한겨레신문사의 최우성, 김경락 두 분은 몇 개월간 내가 생각하는 주제에 관해 의견을 서로 교환했고, 그들의 많은 지적도 이 책에 반영되었다. 자본시장에서 다양한 경험을 갖고 있는 연세대 국제학대학원 이남우 교수, 서울대 경영학과 이관휘 교수, 명지대 경제학과 우석진 교수, 그리고 〈손에 잡히는 경제〉에서 어려운 경제 이슈를 대중에게 쉽게 전달해주는 이진우 진행자는 이 책의 초고를 먼저 읽고 귀중한 제언을 해주었기에 그 고마운 마음을 전하고 싶다.

많은 사람의 도움으로 이 책이 나오지만 이 책의 잘못과 미흡함은 전적으로 필자의 책임이다. 마지막으로, 정치를 하게 되어 사생활이 거의 노출되게 되어 마음고생을 많이 하는 아내 김경애와 아들 이상원에게 미안하고 고맙다는 인사를 전하고 싶다.

PART I

플랫폼과 혁신

CHAPTER 1

시장 혁신의
아이콘,
플랫폼

플랫폼 확장의 다양한 모습

디지털 시대에 접어들면서 경제활동 무대가 인터넷, 모바일 등 보이지 않는 세계로 급속히 확장되고 있다. 2021년 현재 전자상거래 e-commerce 플랫폼 기업이 마치 대세인 듯 경제 시스템의 중심에 서 있지만 실상은 오프라인 시장과 원리는 같다.

플랫폼이란 단어가 일상의 언어가 되었다. 디지털 경제를 대변하는 용어를 넘어 이젠 '플랫폼 정당'이라는 말까지 등장할 정도로 정치, 경제, 사회, 문화 전반에 걸쳐 통용되고 있다. 그렇다면 플랫폼이란 무엇인가? 그 의미를 추적해보면 온라인과 오프라인 플랫폼의 원리는 동일하다는 것을 알 수 있다.

플랫폼 하면 떠오르는 것은 기차 승강장이다. 기차 승강장은 떠나는 사람과 도착하는 사람이 끊임없이 오가는 분주한 장소로 사람이 많이 모이는 곳이다. 물건을 팔기 좋은 조건을 갖춘 장소라는 의미다. 오가는 사람들이 많으니 음료수와 같은 간단한 먹을거리부터 여러 상품을 가져다 놓고 거스름돈만 준비하면 된다. 서울역을 생각해보면 이해가 쉽다. 예전에는 기차 승강장에서 간단한 음식이나 신문, 잡지 등을 판매하고 역 근처에 많은 음식점과 상점이 있었지만 이제는 기차 승강장이 백화점, 할인마트, 푸드코트 등 쇼핑몰의 모습을 갖추고 있다.

디지털 시장을 한번 보자. 디지털 세계로 옮겨져 눈에 보이지 않을 뿐, 그 과정은 오프라인과 다를 바 없다. 사람들이 많이 모이는 포스트, 즉 목 좋은 장소에 잘 팔리는 물건을 가져다 놓고 온라인으로 결제할 수 있도록 상행위를 하는 모든 과정이 플랫폼 경제다. 네이버, 다음, 카카오 등에서 같은 원리가 작동된다.

눈에 보이지 않는 온라인 전자상거래 프로세스를 파악하려면 오프라인에서 어떻게 상거래가 이루어지는지를 보면 된다. 우리나라에서 오프라인 플랫폼 사업모델을 가장 잘 적용한 곳이 있다. 롯데백화점이다. 롯데백화점은 한국에서 오프라인 플랫폼 사업모델을 새롭게 제시한 기업으로 평가된다. 롯데백화점 이전의 전통적인 백화점은 자신들의 책임 아래 상품을 조달하고 판매하는 미국식 백화점이었다. 상품이 판매되지 않고 남으면 재고도 그들의 책임인 모델이었다.

롯데백화점은 그 모델을 바꾸었다. 자신들은 장소를 제공하고 상품 판매업체를 입점시킨 것이다. 재고는 상품 판매업체의 책임이다. 롯데

백화점은 사람들이 많이 모이는 장소에 건물을 짓고 사람들을 모을 수 있는 마케팅을 시작했다. 롯데백화점은 플랫폼이 되어 마케팅 활동을 하고 품질 기준에 맞는 입점업체를 선정하는 품질관리를 책임지게 된다. 그리고 입점업체에게 이 활동의 대가로 수수료를 받는 모델을 제시했다. 뒤이어 우리나라의 백화점은 모두 이 모델을 따르게 되었다.

무역으로 확장해보면 1970년대 재벌그룹의 종합상사 역시 플랫폼 성격을 띠고 있다. 예를 들어 삼성전자가 미국 시장에 세탁기를 팔 때 삼성전자가 직접 미국에 대리점을 만들 수 있다. 규모의 경제가 되기 때문이다. 하지만 시장이 작을 때는 어떻게 해야 할까? 칠레와 같이 수요가 많지도 적지도 않은 애매한 국가로 진출해야 할 상황일 때는 여러 품목을 판매하는 종합상사, 즉 삼성물산이 등장하게 된다. 삼성전자의 가전제품은 물론 제일모직의 의류 등 삼성그룹에서 생산하는 상품을 비롯해 건설 수주까지 삼성물산이 대행을 하는 것이다. 삼성물산이 적정 마진을 받고 그룹의 상품을 글로벌 시장에 내다 파는 방식이다. 삼성그룹에 삼성물산이 있다면 현대그룹에는 현대종합상사가 있다. 현대중공업의 선박이 대표 상품이다. 종합상사에 상품을 공급하고 또 수출 관련 일을 하는 기업들이 서로 생태계를 이루며 경제활동을 하게 된다.

플랫폼과 시장은 동의어

전통적인 시장은 어떠한가. 예를 들어 동대문시장을 떠올려보자. 이

승만 정부 시대 정치 깡패로 이름을 날린 사람이 있었다. 대한청년단 종로구 동부 단장직을 맡았던 씨름선수 출신 이정재다. 동대문시장에서 광목을 팔던 그는 깡패와 시비가 붙자 씨름기술로 상대를 제압하고, 김두한의 부하로 주먹세계에 뛰어들게 된다. 이후 이정재는 김두한이 정계에 진출하자 빈틈이 생긴 동대문시장의 이권에 본격적으로 관심을 두면서 부를 축적해나갔다.

그는 상인들에게 수수료를 받았지만 동대문시장 상인들에게 인심을 잃지는 않았다. 상인들은 깡패들의 주먹이 무서워서 돈을 냈을까? 이유는 간단했다. 공권력이 제대로 작동하지 않던 시절 상거래 질서를 온전히 관리한 건 주먹이었다. 상인들 중 가격이나 무게를 속이는 사람을 응징하고 유통기한이 지난 상품을 판매하는 불법행위를 골라내는 등 시장질서를 유지하는 역할을 했기 때문에 인심을 잃지 않고 돈을 받을 수 있었다. 상인들은 깡패들의 폭력뿐만 아니라 경제적인 이유도 있었기 때문에 순순히 수수료를 상납한 것이다.

원래 플랫폼 모델로서 백화점은 앞에서 살펴본 바와 같이 마케팅을 대신해주는 것과 입점업체가 취급하는 상품의 질을 관리하여 그 백화점에서 산 상품에 대해 품질보증 같은 의미를 부여하고, 그 대가로 입점 수수료를 받는 것이 핵심이다. 만일 입점 수수료에 더해 자신들이 지불해야 하는 마케팅 비용을 별도로 입점업체에 전가하거나 품질관리 실패에 대한 책임을 전가할 경우 공정거래법의 규율 대상이 되는 것이다. 시장이라는 공간을 제공하는 업체(재래시장연합회 또는 백화점)와 그곳에서 장사를 하는 입점업체 간에는 항상 이해상충의 문제가 발생할 가능성이 있다. 연합회에서 특정 업체에게 유리한 조건을 제시하는 경우가 바로 그것이다. 백화점의 경우 백화점이 일부 취급품목에 대해 직접 입점하는 경우가 이에 해당한다. 만일 백화점이 직접 상품을 취급(입점)하거나 백화점의 계열사 또는 이해관계가 있는 업체에게 다른 입점업체보다 유리한 조건을 준다면? 부당지원 또는 차별의 문제가 일어난다. 일감 몰아주기와 유사한 현상이 발생하는 것이다. 이 경우 공정거래법은 그 이해관계가 있는 업체에 제공하는 가격 등의 조건이 제3자에게 제공하는 것과 동일할 것을 요구한다(arm's length price). 대형마트와 재래시장, 그리고 백화점의 차이는 무엇일까. 기본적인 기능은 같다. 반면 재래시장의 상점은 대부분 주인이 운영하지만 대형마트는 주인이 별도로 있고, 그들이 종업원을 채용해 경영하는 방식이다. 대형마트는 현대적인 건물에 편리한 주차장까지 갖추고 있어 재래시장과 달리 보인다. 하지만 서양식 라이프 스타일을 선호하는 시민들을 위해 편리성을 갖춘 것일 뿐 본질적인 차이는 없다.

재래시장과 백화점은 시장이란 공간이 있고 거기에서 장사하는 사람들이 독립적인 경제주체라는 점에서 동일하지만 이마트와 같은 대형마트는 근본적인 차이가 있다. 대형마트의 경우 예외가 일부 있지만 그곳에서 장사하는 사람들은 노동자이다. 따라서 재래시장과 백화점의 경우 공간을 제공하는 주체와 장사를 하는 사람들의 관계는 계약관계의 문제로 되고, 여기서 이른바 갑을 관계가 등장하고 공정거래법의 적용을 받는다. 그 계약이 갑에게 일방적으로 유리한 것을 방지하기 위해 표준계약서 등을 작성하게 하고 그 위반에 대해 처벌하는 것

이다.[1]

한편 대형마트의 경우 그곳에서 일하는 사람들은 대부분 노동자이기 때문에 노사관계의 문제가 추가된다. 물론 대형마트에서 상품을 조달하는 업체와의 관계, 반품이 되는 상품에 대한 비용부담의 문제 등은 백화점과 동일하다. 특히 자체브랜드Private Brand: PB 상품을 취급할 경우에는 더더욱 이해상충의 문제가 중요하게 등장한다. 플랫폼과 관련된 공정거래법 적용에서 가장 중요한 것은 이해상충의 문제를 어떻게 해결할 것인가이다.[2]

플랫폼, 공정한 규칙이 작동해야 한다

온라인과 오프라인 구분 없이 공정거래법이 제대로 작동해야 한다. 플랫폼이라는 디지털 시장에서 상거래를 주도하는 기업에게도 같은 방식으로 법과 제도가 적용되어야 한다. 플랫폼 기업은 인공지능, 알고리즘 등의 기술로 공정성을 주장한다. 사람들 역시 플랫폼, 디지털

---

1 프랜차이즈 사업의 경우도 동일하다. 프랜차이즈 본사와 가맹업 간 계약관계에서의 불공정 문제가 중요한 이슈가 되고 공정거래법의 적용 대상이 되는 이유다.

2 온라인 플랫폼 공정화에 관한 법률은 8장에서 상세히 다룰 것이다. 어떤 의미에서 이런 이해상충을 제거하는 가장 근본적인 방법은 제조업체와 유통업체를 같이 하는 것을 금지하는 것일 수도 있다. 그러나 현실적으로 이것은 거의 불가능하다. 따라서 공정거래법에서는 이런 거래에 대해서는 소비자와 이해관계자들이 알 수 있게 공시하도록 하고 있다. 공시의 원칙은 모든 이해관계자가 이 사실을 알게 하고 그 거래에 의해 자신의 이익이 침해당하면 소송을 통해 그것을 해결하도록 한다는 것이다. 따라서 공정거래법에서는 공시 의무 위반에 대한 처벌이 아주 강하다. 거래관계를 규율하는 다른 법률인 자본시장법에도 이런 정신이 반영되어 있다. 이것은 시장에서 발생하는 일은 시장 참여자가 가장 잘 안다는 원칙 아래 자율적으로 해결하도록 유도하는 것이다. 이를 위해서는 소송제도가 효율적으로 운영되어야 한다. 이에 대해서는 4장에서 자세하게 다룬다.

경제라는 신개념 속에는 공정과 정의가 자동으로 포함된다는 환상에 빠진다. 정말 그럴까?

디지털 경제의 논리인 알고리즘은 블랙박스이다. 알고리즘의 투명한 공개가 필요하지만 영업비밀이라는 방패에 숨어버린다. 2020년 공정위 사무관들이 알고리즘의 편향성을 찾아낸 것은 투명성과 공정성이 영업비밀이라는 블랙박스에 가려져서는 안 된다는 것을 잘 보여준다. 알고리즘은 오염된 데이터 또는 만드는 사람에 의해 편향될 수 있다. 애플의 앱스토어, 네이버의 스마트스토어, 카카오 등 디지털 경제를 주도하는 기업들은 이윤 창출이 존재 이유이자 최고의 가치다. 결국 자신들의 영리추구를 위해 유리하게 운영하는 게 당연지사다. 이에 대한 정부의 감시감독이 철저해야 하는 이유다.

하은광 공정위 서비스업감시과 사무관(이하 하은광) 작년에 공정위에서 네이버 사건을 총 3개를 처리를 했는데 부동산 부문, 쇼핑 부문, 동영상 부문, 그렇게 차례로 처리를 했습니다. 우선 부동산 부문부터 설명을 드리자면, 네이버가 부동산114나 매경닷컴 같은 부동산 정보업체로부터 매물정보를 공급 받아서 이용자들이 보기 좋게 게시를 하고 있는데요. 이런 매물정보들을 부동산 정보업체가 네이버의 경쟁사인 다음부동산, 지금 카카오라고도 하죠. 거기에 제공하지 못하도록 네이버와 부동산 정보업체 간의 계약서에 제공하지 못하는 내용을 삽입했습니다.

김혜민 PD(이하 김혜민) 독점했군요?

하은광 네. 매물정보 수급을. 그 결과로 경쟁사인 다음부동산이 매물정보를 수급하지 못했을 거 아니에요? 그렇기 때문에 이제 시장에서 퇴출됐던 것으로 밝혀졌습니다. 두 번째로는 쇼핑 부문인데요. 네이버는 스마트스토어라고 하는 자사가 직접 운영하는 오픈마켓을 가지고 있습니다. 소비자가 상품정보에 대해 검색을 하면 검색결과가 쭉 나오잖아요? 그때 스마트스토어의 상품이 다른 오픈마켓에서 G마켓도 되고 11번가도 되고. 이런 상품보다 유리하게 노출이 되도록 2012년도부터 다섯 차례에 걸쳐서 쇼핑검색 알고리즘을 조정했습니다. 그래서 그 결과로 오픈마켓 시장에서 네이버가 운영하는 스마트스토어가 차지하는 비율이 급증하게 됩니다. 마지막으로 동영상 부문은 쇼핑 부문하고 행위사실이 상당히 비슷한데요. 네이버는 네이버TV라고 하는 동영상 서비스를 직접 제공하고 있습니다. 많은 분들이 보시겠지만. 그래서 2017년도에 동영상 검색 알고리즘을 개편하는데요. 네이버TV 테마관에 가산점을 주는 방법으로 자사에게 유리한 방법으로 알고리즘을 개편했습니다. 그래서 그 결과 알고리즘 개편 이후 일주일 정도 만에 네이버TV 테마관의 노출 수 증가율은 40퍼센트 이상이 되었습니다.

(중략)

김혜민 알고리즘. 저는 말만 들어도 멀미가 날 것 같은데. 이거 어떻게 입증하신 거예요? 그 과정 얘기를 김현주 사무관님이 좀 해주세요.

김현주 공정위 기업집단정책과 사무관(이하 김현주) 일단 검색 알고리즘이라는 게 기본적으로 검색 노출순위를 결정하는 일련의 수식들이거든요. 그러다 보니까 그것만 들여다봐서는 사실 그게 의미하는 바라든지 그로 인한 효과를 분석하는 건 쉽지는 않았습니다. 그래서 사건을 조사하는 과정에서는 일단 검색 알고리즘 자체를 당시의 사건을 같이 하던 경제학 박사 출신 사무관님과 함께 라인 바이 라인으로 자체적으로 분석을 했고. 그와 더불어서 중점을 뒀던 건 네이버 스스로가 검색 알고리즘을 변경할 당시에 의도나 효과를 어떻게 분석했었는지 당시 그들의 자료를 확보하는 것에 중점을 두고 추진을 했었습니다. 좀 더 구체적으로 말씀을 드리자면 검색 알고리즘 결과로 결국은 스마트스토어 상품이 얼마나 노출이 되는지 그 비율이 결정이 되게 되는데요. 스마트스토어 상품의 노출비율이 시기에 따라서 어떻게 변동이 되고 있는지 그걸 먼저 분석을 했고요. 그래서 그 노출률에 급격한 변동률이 있었다면, 그 시기에 혹시 그걸 유도하기 위한 알고리즘 변경이 있었는지 당시에 네이버가 작성했던 자료들을 역추적해서 집중적으로 분석을 했습니다. 그래서 이렇게 검색 알고리즘 변경이나 효과에 대해서 위원회가 자체적으로 분석한 자료뿐만 아니라 그들의 자료를 함께 증거로 제시했기 때문에 좀 더 위원회의 조사 결과가 신뢰성 있게 다가가지 않았나 생각이 듭니다.

(중략)

김현주 네. 그렇습니다. 사실 플랫폼에서 검색 노출순위라는 것은 저희가 일반적으로 생각하는 것보다 그것을 이용하는 소비자나 입점업체한테 매우 중요한 요소거든요. 그만큼 소비자 선택 가능성에 미치는 영향이 크기 때문인데, 네이버 쇼핑 같은 경우는 상품이 노출되는 페이지가 1페이지에서 3페이지를 벗어나게 되면 사실 소비자가 그 상품을 클릭할 확률조차 급격히 감소를 하게 됩니다. 그런데 이렇게 중요함에도 불구하고 실질적으로 노출순위를 결정하는 검색 알고리즘의 주요 요소에 대해서는 소비자나 입점업체들한테 충분한 정보가 제공되지 못하고 있는 경우가 사실 많거든요. 그렇기 때문에 이 점을 이용해서 온라인 플랫폼이 소비자 이익에 반하는 방향으로 검색 알고리즘을 조정할 수 있는 여지가 생기는 것이기도 하고요. 사실 이번 사건으로 네이버에 과징금을 부과함으로써 이러한 온라인 플랫폼의 행위에 대해서 비단 네이버뿐만 아니라 다른 온라인 플랫폼 사업자나 소비자에게도 경종을 울리게 되는 계기가 되지 않을까 생각이 됩니다.

<YTN라디오 생생경제> 인터뷰 중, 2021.1.21.

플랫폼 기업을 바라보는 관점: 서비스 모델(필요조건)과 비즈니스 모델(충분조건)

"플랫폼은 시장이다."

이 명제의 관점에서 본다면 플랫폼 사업 또는 기업의 성격이 뚜렷하게 보인다. 우선, 시장은 사람이 많이 모여야 한다. 플랫폼 사업자가 이용자user 수에 초점을 맞추는 이유도 이해가 된다. 시장에 사람이 모이지 않으면 그 시장은 시장으로서의 기능을 상실한다. 결국 이용자 수가 적으면 제대로 된 플랫폼 사업을 할 수 없다.

플랫폼 사업에서는 어떤 사업 하면 가장 먼저 연상되는 사업체, 즉 'TOM Top of Mind(최초상기)' 만들기가 핵심이다. 이메일 무료 제공을 시작으로 검색서비스를 통해 시작한 포털업체 네이버, 다음 그리고 무료문자 서비스를 통해 사업을 전개한 카카오톡 모두 소비자의 TOM을 장악하고 이용자 수를 모으는 것, 즉 사람들을 모으는 시장을 만들려 한 것이다.

플랫폼 사업자들의 핵심지표가 이용자 수, 월간 활성 이용자 수 Monthly Active user: MAU 그리고 그 플랫폼에 머무는 시간이 되는 이유이다. 이는 이 사업을 할 수 있는 전제조건 또는 필요조건necessary condition이다. 검색을 하려면 구글 또는 네이버, 친구와 SNS로 대화를 하려면 카카오톡, 쇼핑을 하려면 쿠팡, 이런 식으로 소비자들에게 처음 떠오르는 서비스의 내용은 다르지만 목표는 단 하나다. 이용자 수를 늘리고 그곳에 오래 머물게 하는 것, 즉 시장을 만드는 것이다. 이것

표 1-1 플랫폼 사업모델의 필요조건과 충분조건

필요조건	충분조건
서비스모델	비즈니스 모델
고객 모으기 - 고객 수 - MAU, DAU - 재방문 횟수 등	어떻게 돈을 벌 것인가
비용 줄이기	수익 만들기

을 '서비스모델service model'이라고 할 수 있고, 플랫폼 사업의 필요조건이 된다.

플랫폼 사업의 필요조건인 이용자 수를 확보하기 위해서는 돈을 투입해야 한다. 사람을 모으는 데 많은 돈이 필요하다 보니 사업을 영위하기가 쉽지 않다. 이메일 서비스, 무료 문자 메시지 서비스, 대용량 데이터 처리를 위한 서버 구축과 마케팅 등등. 요컨대 돈을 벌어 쓰는 비용을 초과하는 비즈니스 모델business model을 갖추지 않으면 지속을 장담하기 어렵다.

"어떻게 돈을 벌 것인가How to make money."

단순한 질문에 명쾌한 답을 할 수 있어야 플랫폼 사업은 지속가능해진다. 이것이 바로 플랫폼 사업을 영위하기 위한 충분조건이다. 요컨대 플랫폼 사업은 이용자를 확보하는 필요조건(서비스모델)과 이를 활용하여 돈을 버는 충분조건(비즈니스 모델)이 결합될 때 지속가능한 사업이 되는 것이다.

아마존은 플랫폼 사업의 필요조건과 충분조건을 충족시키며 대표적인 플랫폼 사업의 시대를 열었다고 평가받는다. 1994년 창업한 아마존은 배송·물류시스템을 갖추는 서비스모델을 선택하고 이에 집중 투자해 성장했다. 초기 아마존은 미국 전역에 걸쳐 빠른 도서 물류 시스템을 구축하기 위해 많은 투자가 필요했다. 물류센터를 구축하고, 배송 인력을 효율적으로 관리하는 일 등에는 천문학적 비용이 필요했고, 천문학적인 적자 역시 당연하게 받아들여졌다.

2003년부터 아마존은 흑자로 전환되었다. 신속한 물류배송 시스템을 구축한 덕분에 아마존은 책은 물론 거의 모든 상품을 취급하는 전자상거래업체가 되었다. 소비자들이 쇼핑을 할 때 가장 먼저 떠올리는 브랜드가 되었으니 TOM 달성에 성공한 것이다.

그러나 이익은 물류배송에서 발생한 것이 아니었다. 주인공은 클라우드 서비스였다. 이용자 수의 폭발적인 증가, 모든 상품을 거래하고 검색하는 TOM의 달성 등으로 아마존은 완전히 새로운 비즈니스 모델을 발견한다. 바로 데이터 처리였다. 데이터 용량 및 처리 속도 등에서 노하우가 쌓이면서 다른 기업들의 데이터 관리가 수익의 원천이 될 수 있다는 사실을 발견한 것이다. 이용자 수 확보(=비용:필요조건)를 통한 배송 서비스모델을 구축하고, 이 과정에서 새로운 수익원을 낳는 클라우드 비즈니스 모델(=수익:충분조건)을 발견함으로써 아마존의 플랫폼 사업은 지속가능한 엔진을 장착하게 되었다.

데이터를 모아서 다른 사업을 하겠다는 사전적이고 구체적인 계획이 있었던 것도 아니다. 이용자들이 모이자 이들의 데이터로 새로운 사업을 할 수 있겠다는 판단이 섰고, 이렇게 나온 서비스가 아마존 클

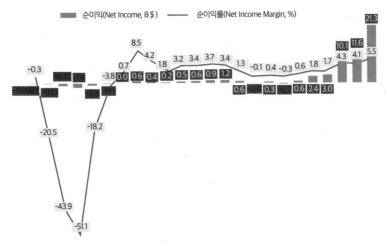

그림 1-1 아마존 순이익 추이(1997~2020)

자료: 〈[실적 차트] 아마존 연도별 매출 및 이익 추이〉, 꿈꾸는섬(happist.com).

라우드 서비스다. 아주 우연한 발견이었다.

플랫폼 사업을 하는 국내 핀테크기업들을 살펴보자. 카카오페이, 토스 모두 적자를 면치 못하고 있다. 앞에서 언급했듯이 사람을 모으려면 돈이 든다. 가입자들에게 할인 등의 당근을 줘야 하고 간단한 QR 코드 하나 사용하는 것도 돈이다. 입간판이라도 세워야 하는데 전국 모든 가맹점에 세우려면 이것도 만만찮은 비용이다. 핀테크기업의 재무제표를 보면 수수료 비용이 제일 큰 이유가 여기에 있다. 그다음이 판매관리비이다. 문제는 이렇게 비용을 쓰면서 확보한 이용자를 활용하여 수익을 발생시킬 수 있는가이다.

일부 기업은 펀드를 소개하고 수수료를 받아 수익을 창출한다. 토

표 1-2 토스 재무성과

(단위: 억 원)		2017년	2018년	2019년	2020년(연결)
영업수익		206	548	1,187	3,898
비용	은행지급수수료	440	616	1,033	2,851
	판관비*	162	381	1,415	1,967
	비용 소계	602	997	2,448	4,818
당기영업이익(손실)		-391	-445	-1,244	-910
자본총계		247	1,081	1,360	4,032

* 판관비 = (영업비용+영업외비용) - 은행지급수수료
자료: 금융감독원 전자공시시스템 비바리퍼블리카 감사보고서.

스, 카카오페이 등은 고객이 확보되어 있으니 펀드와 같은 금융상품을 판매할 수 있다. P2P Peer to Peer는 고객모집이 어려운데, 플랫폼에서는 고객이 모이니 수수료를 줄 수 있는 구조가 이루어지는 것이다.

아마존 사례에서 확실하게 눈에 들어오는 대목이 있다. 플랫폼 기업 중에 사업 초기부터 비즈니스 모델을 상정한 곳은 찾기 어렵다는 것이다. 쿠팡이 아직 적자인 이유도 여기에 있다.

특히 핀테크기업의 경우 고객이 많다는 점만 부각시켜 가능성이 있다고 강조하고 평가기관에서도 이 점에 프리미엄을 주면서 높게 평가하고 있다. 하지만 고객 끌어모으기 다음 단계에서 어떻게 돈을 벌 것인가라는 관문을 넘어선 기업은 보이지 않는다. 아마존이 우연히 클라우드 서비스를 한 것이 마치 성공 사례처럼 평가받고 있지만 이마저도 사전에 계획된 것이 아니었다. 핀테크 사업을 판단하려면 이 두 가지

를 함께 평가해야 한다.

플랫폼 사업의 이해상충: 수익 창출을 위한 유혹

플랫폼 비즈니스에서 발생할 독점 문제를 어떻게 관리할 것인가는 디지털 경제에서 공정경쟁을 통한 기회균등이 이루어질 수 있는가에 대한 문제이다. 포털사이트가 사람을 많이 모이게 한 뒤 전자상거래를 하면서 자신들의 결제서비스를 쓰면 혜택을 주는 행위는 불공정거래가 움트는 징조라고 할 수 있다.

플랫폼 경제에서 빠지지 않는 이슈 중 첫 번째는 데이터 문제이다.[3] 대표적인 플랫폼 기업인 배달의민족을 예로 들어보자. 이용자들이 자주 주문하던 음식을 미리 파악했다가 이를 마케팅에 활용하는 것은 기본이다. 방어를 좋아하는 사람에게 방어가 제철일 때 주문을 권하는 형식이다. 주문은 내가 했는데, 데이터는 플랫폼 기업의 소유다. AI 시대에 데이터는 마케팅 필수요소다. 그런데 데이터의 주인이 누구인가에 대한 고민은 지금껏 심각하게 공론화한 적이 없었다. 그동안 인터넷에 접속해 활동하는 수많은 행적과 관련된 데이터에 대해 사람들은 애플리케이션을 무료로 사용하는 대가라고 생각할 수도 있다. 정부 혹은 규제당국이 플랫폼 기업에게 데이터를 요구하면 고객의 개인정보 보호를 위해 암호 처리화되어 있어서 줄 수 없다고 하면 그만이다. 데

---

3 8장 '감시자본주의와 경쟁정책의 변화'에서 이 문제를 다루는 세계적 추세를 자세히 설명할 것이다.

이터는 한 사람의 라이프 스타일은 물론 행동 패턴까지 모두 파악할 수 있다. 지배를 당하게 될 수도 있는 것이다.

마이데이터, 즉 데이터 주권 문제는 플랫폼 경제에 이르러 화두가 되었다. 미국 〈파이낸셜 타임스Financial Times〉 기자 라나 포루하Rana Foroohar는 자신의 저서 《돈 비 이블Don't be evil》에서 데이터 주권 관련 이슈를 심각하게 제시하고 있다. 구글과 같은 대형 플랫폼 이용자들은 서비스를 무료로 누리고 플랫폼은 취합한 데이터를 독점하는 현상이다. 구글과 같은 대형 플랫폼 기업이 취합한 데이터를 누가, 어떻게 관리·보호하는지를 면밀하게 점검하고 개인정보보호의 관점에서 철저하게 감독해야 한다.

중국의 경우 개인정보를 누가 집적하고 관리하느냐의 관점에서 볼 때 심각한 금융산업의 이슈가 있다. 신원 확인, 즉 '사회적 신용등급social credit scoring system'의 문제다. 2019년 홍콩에서 민주화운동이 벌어져 시위를 진압할 때 중국 공산당은 위치정보는 물론 안면인식까지 총동원해 시위대를 진압했다. 중국의 금융 시스템에서는 고객의 신용인증과 확인을 위해 중국의 공안 데이터베이스를 사용한다. 요컨대 중국의 금융 시스템에서 수집된 개인정보는 모두 중국 공안이 가져간다.

단순한 문제가 아니다. 신장 위구르 독립운동을 하는 사람이 한국의 누군가와 자주 만난다는 사실이 확인된다면 바로 그 한국 사람을 조사해 기록으로 남긴 후 신용등급을 떨어뜨릴 수도 있다. 조지 오웰George Orwell의 디스토피아 소설 《1984》에서 펼쳐지는 감시사회가 현실이 되는 것이다.

이 같은 문제를 방지하기 위해 우리나라에서는 실명 인증을 별개의 두 곳으로 분리하여 그것을 결합할 때 개인정보를 확인할 수 있도록 법제화되어 있다. 코로나19COVID-19 팬데믹으로 우리가 어느 곳을 방문할 때면 QR 인증을 하는 것이 일상화되고 있다. 만일 내가 방문한 장소와 동반자의 정보를 QR 인증을 하는 카카오나 네이버가 수집하여 활용한다면? 이러한 우려 때문에 개인정보를 두 곳에 나눠서 관리하는 것이다. 예를 들어 A라는 사람이 어떤 음식점에 방문할 경우 그 사람의 전화번호와 이름 등은 개인정보보호센터에, 식당 정보는 카카오나 네이버에 보관된다. 그 후 이 음식점에서 코로나가 발병되었다면 질병관리본부에서 식당 정보를 바탕으로 카카오나 네이버에 그 시간에 방문한 사람 정보를 요청하면 방역 추적이 된다. 분리된 두 곳의 정보를 합쳐야만 개인정보를 특정할 수 있는 것이다. 아울러 정보의 보관기간은 2주다. 2주 후면 전부 폐기된다. 이런 체계로 개인정보를 보호하는 것이다.

인증체계가 한쪽에 집중되는 순간 민주주의 체제가 흔들리게 된다. 마이크로소프트의 기술자들이 안면인식을 하지 않겠다고 선언한 것도 같은 맥락이다. 민주주의의 기반을 흔들기에 안면인식 기술을 쓸 수 없다는 것이다. 구글도 마찬가지다. 회사가 전 세계의 억압적인 정부와 협력하고 독점적인 AI 기술을 개발하며 증오단체의 광고로 수익을 얻는다는 이유로 2021년 1월 구글 내에 노조가 결성되었다.

많은 학자들이 우려했던 감시자본주의가 이미 현실이 되고 있다. 감시자본주의는 인간의 경험을 비즈니스의 원자재로 여기는 새로운 경제질서를 의미한다. 감시자본주의 개념을 정의한 사람은 하버드대 경영대학원의 쇼사나 주보프Shoshana Zuboff 명예교수다. 그는 감시자본주의가 디지털 감시기술로 생산된 재화와 서비스를 인간의 행동수정이라는 새로운 글로벌 구조의 하위에 두는 기생적 경제논리라고 비판했다. 감시자본주의는 경제와 정치 시스템에 위협이 되며 사회적 통제를 위한 수단이 될 가능성이 높다고 주보프 교수는 지적했다.[4]

핀테크산업에도 이 같은 문제는 잠재되어 있다. 만약 개인정보보호와 관련된 정보네트워크를 개방하고, 제도를 제대로 갖추지 않으면 어떻게 될까. 개인정보가 어디로 흘러가 어떻게 사용되는지 알 길이 없다. 심각한 사고가 발생할 수도 있다. 정보는 개인의 자기결정권에 의한 것이기 때문이다.

플랫폼 노동자는 노동자인가

다음으로 중요한 쟁점은 플랫폼 노동자의 지위 문제다. 배달 노동자rider의 노동권과 인권 관련 문제도 같은 맥락이다. 과거 외식업계의 대명사 중국집을 생각해보자. 중국집 주인이 경영자로 사업 전체를 지휘통제하고 책임을 졌다. 배달에 필요한 오토바이도 주인이 사고, 직원이 배달하다 사고가 나면 주인이 책임을 지고 치료해줬다. 그러나 지금은 배달 플랫폼 업체도 식당 주인도 모두 책임을 지지 않는다. 결국

---

4 이 문제는 8장에서 자세히 다룰 것이다.

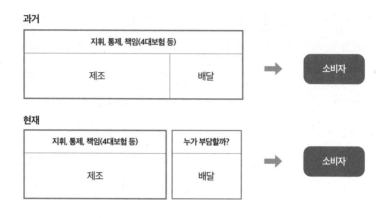

그림 1-2 배달 시장의 변화(플랫폼 노동자의 탄생)

모든 책임은 배달 노동자에게 전가되어버렸다.

이 문제는 글로벌 공통 쟁점이 되고 있다. 일반적으로 노동관계법은 하나의 물리적 공간에서의 노사관계를 전제로 탄생했다. 근대적 공장이나 작업장, 회사를 전제로 생긴 것이다. 자본은 노동력을 고용하여 작업을 지휘 통제하고(인사평가 등 포함) 그 고용에 수반되는 제반 비용을 부담하고 임금을 주는 관계를 전제로 노동관계법이 정립되었다. 그러나 플랫폼 경제에서는 하나의 작업장이 공간적으로 분리되는 유동화 경향이 있다. 그러면 이런 분리가 있었을 때 플랫폼 노동자의 지위는 노동자인가, 아니면 독립자영업자인가? 초기 플랫폼 공유 사업, 예를 들어 우버 또는 에어비앤비의 경우 내가 자동차를 가지고 다른 일을 하다가 남는 시간, 또는 집에 없는 상황에서 자동차를 이용하여 다른 사람을 태워주거나 숙박시키는 경우를 상정한 것으로 노동자성을 판단할 필요가 없었다. 그러나 공유서비스만을 목적으로 차량을 운행하는 경우는 노동자로서 노동관계법의 적용을 받아야 하는지, 아니면 독립자영업으로 봐야 하는지 문제가 된다. 이에 대해 미국 캘리포니아에서는 AB5 Assembly Bill No.5 주법이 시행되었다. 2019년 9월 18일 개빈 뉴섬Gavin Newsom 주지사가 차량호출 서비스업체 1, 2위인 우버와 리프트 등 플랫폼 경제 종사자를 노동법상 보호받지 못하는 독립계약자Independent Contractor로 취급하는 AB5에 서명하면서 트위터에 "AB5 법안은 우리의 노동자와 경제를 위한 기념비적인 법안이다. 이 법안은 노동자를 독립계약자로 잘못 분류해 노동자가 최저임금, 유급 병가, 건강보험 등의 혜택을 받지 못하는 것을 줄이는 데 도움이 될 것"이라고 말했다. AB5법은 기업이 노동자에게 노무를 제공받을 때 이른바 'ABC 테스트'를 통과해야 독립자영업자로 계약할 수 있도록 했다. 즉 일하는 사람이 a) 회사의 통제와 지시로부터 자유롭고, b) 그 회사의 통상적인 비즈니스 이외의 업무를 해야 하며, c) 스스로 독립적인 고객층을 갖는 등 해당 사업에서 독립적인 비즈니스를 구축해야 한다는 것이다.

그 이후 매사추세츠 등도 이와 유사한 기준을 통해 독립사업자 여부를 판정하는 사례가 뒤따르고 있다. 사실 우리나라의 노동관계법도 비슷한 판정기준을 갖고 있다.[5] 다만 우리나라와 AB5의 결정적인 차이는 이 ABC 테스트를 사업자(예를 들어 우버나 리프트 등)가 해야 한다는 점이다. 즉, 입증책임이 노동력을 제공하는 노동자가 아니라 그 계약을

---

5 성신여대 권오성 교수의 연구에 따르면 전 세계 대부분의 국가가 비슷한 기준을 적용하고 있다.

그림 1-3 플랫폼 노동자 지위

미국 캘리포니아 주정부 ABC 테스트(AB5) & 기업입증책임 (2020.1 시행)	**독립사업자 3가지 기준** • 업무수행 관련 회사의 통제와 지시로부터 자유로울 것 • 회사의 통상적인 비즈니스 이외의 업무를 해야 함 • 회사에서 독립적으로 스스로 수립한 비즈니스 영위
미국 매사추세츠 주정부 우버 및 리프트 '운전자 보호위반' 고발 (2020.7)	• 운전자는 독립사업자가 아닌 피고용자 • 최저임금, 상해보험, 근로시간, 병가 등 위반

한국 중노위,
타다 드라이버 부당 해고 인정
(2020.7)
	• 계약관계: A(서비스 운영자), B(타다앱 개발 & 중개),
	  C(운전용역 제공 프리랜서 계약)
	• 운전자는 근로기준법상 근로자: 복장, 운행 매뉴얼, 회사
	  지시, 운행시간 준수, 시급에 따른 월급 지급
	• 운전자의 사용자는 운영자인 A(쏘카)라고 판정

체결하는 사업자에게 있다는 점이 특징적이다.[6] 다시 미국 캘리포니아의 AB5법을 살펴보자. 플랫폼 회사의 노동자를 독립계약자와 정규직 근로자로 분류하는 규정을 강화, 성문화했다. 2020년 1월 1일 법안이 발효되었지만, 플랫폼 회사의 노동자가 독립계약자인지 정규직원인지에 대한 논란이 증폭되었다. 이후 플랫폼 기업들은 AB5법을 무력화하기 위해 주민투표를 발의하고 그해 11월 주민투표가 이루어졌다. 바이든Joseph R. Biden Jr.이 당선된 2020년 11월 대선에서 캘리포니아에서는 우버의 계약자를 독립계약자로 봐야 한다는 제안California Proposition 22이 제출되어 58.4퍼센트로 가결되었다.[7]

한편 2021년 2월 12일 쿠팡이 미국 뉴욕 증시에 상장하기 위해

---

6 이처럼 디지털 뉴딜 시대에 혁신과 플랫폼 노동자 보호를 어떻게 해야 하는지 철저한 숙고의 과정이 필요하다는 것을 말하고 있다.

S-1(미국 증권거래위원회에 제출·공시하는 상장 신청서)을 제출한 사실을 기억하는가? 이 부분에도 플랫폼 노동자에게 위협적인 사안이 들어 있다. 쿠팡은 쿠팡에서 근무하는 플랫폼 노동자를 독립자영업자로 정의했다. 한국 정부가 노동자가 아니라 독립자영업자로 판정ruled out했다고 명시적으로 설명한 것이다.[8] 미국 캘리포니아주는 AB5법에 의해 노동자성을 인정했다가 2020년 대선 때 주민투표에 의해 노동자성이 없는 것으로 되었지만, 영국에서는 노동자성을 인정하는 판결이 있었다. 플랫폼 노동자 관련 사안은 이제 글로벌 화두가 되었다.

---

7 우버와 리프트는 이 Proposition 22 통과를 위해 2,000억 원이 넘는 광고홍보비를 지출했다고 한다. 이 제안에서는 자영업자로 보지만 최저임금의 120퍼센트를 시간당 급여로 인정하고 건강보험료를 지급하는 것이 포함되어 있다.

8 한국 정부가 그런 판정을 한 적이 없기 때문에 최종 보고서에는 이 구절이 삭제되었다. 상세한 내용은 5장 147쪽의 글상자 참조.

CHAPTER 2

핀테크산업의 성장과 불편한 미중관계

중국이 눈엣가시인 미국

2020년 11월, 중국 최대의 이커머스 플랫폼 알리바바는 핀테크기업인 앤트그룹을 상하이 증시와 홍콩 증시에 동시 상장하기 위해 준비하고 있었다. 앤트그룹은 350조 원 규모의 주식으로 사상 최대 규모의 상장그룹이 될 것이라고 기업공개Initial Public Offering: IPO를 대대적으로 예고했다. 앤트그룹의 기업공개를 하루 앞둔 11월 4일 중국 당국은 앤트그룹의 운영체계에 '중대한 문제'가 있음을 지적하며 IPO에 제동을 걸었다. 앤트그룹은 중국 최대의 온라인 결제시스템 '알리페이'의 운영자다. 알리페이 서비스가 시작된 후 중국 내에서는 현금, 수표 사용은 물론 신용카드 결제도 대폭 줄어들었다.

그림 2-1 중국 앤트그룹의 IPO 중단

앤트그룹 IPO 연기 핵심 이유: 과도한 레버리지 + 공산당 지위 위협

과도한 레버리지로 2008년 모기지 사태와 2017년 P2P 부실 사태와 유사 + 방대한 데이터에 금융당국 부담 느껴

- 소액대출에서 단 1.67%의 자본으로 360조 원이 넘는 대출을 이행. 대부분의 자금은 금융기관과 공동대출을 하거나 ABS를 통해 조달. 앤트그룹의 ABS는 정교하게 설계되어, 우량/중간/비우량 신용대출자 대출채권을 골고루 섞어서 리스크를 낮춤. 이는 2008년 모기지 사태와 유사
- 앤트그룹 사용자는 모든 시중은행 사용자보다 많은 수준. 하지만 앤트그룹은 강한 규제를 받지 않기에 정부에 데이터 제공 안 함
- 나무 심기, 소상공인 지원, 금리인하 등 사회적 공헌을 통해 막대한 영향력 행사

대출업무 과한 레버리지: 자기자본 1.67%, 2008년 모기지 사태와 흡사	공산당 지위 위협

앤트그룹 ABS 발행 규모
단위: 억 위안

연도	값
2014	25
2015	60
2016	662.8
2017	3120.41
2018	1725.2
2019	1180
2020년 1~6월	269.7

- 알리페이 고객계좌 수 > 은행 카드 회원 수. 은행보다 영향력 세져

- 시장점유율 50% 이상으로 독점기업. 다수 중국인의 생업을 위협한다 판단(오프라인 상점 타격 막대, 빈부격차 확대)

- 샹후바오(Xianghubao)라는 공동체 보험을 만들어 열악한 중국 의료제도 보완

앤트그룹 사업별 매출 현황

		매출액 (억 위안)	비중(%)
온라인 금융	소액대출 (화베이, 제베이)	285.86	39.4
	재테크 (위어바오)	112.83	15.6
	보험	61.04	8.4
지불결제	알리페이	260.11	35.9
과기혁신	블록체인 등	5.44	0.8

(2020년 6월 말 기준)

- 앤트 포레스트(Ant Forest): 알리페이 사용자의 사소한 생활정보들을 활용해 나무 심기 프로젝트 진행

자료: 앤트그룹, 아주경제, 한국투자금융지주.

자료: 앤트그룹, 기사종합, 한국투자금융지주.

10억 명이 사용하는 알리페이는 스마트폰에 전자결제 애플리케이션만 설치하면 어디서든 쉽게 결제를 할 수 있다. 게다가 대출과 투자 서비스도 제공한다. 돈이 부족하면 알리페이에서 제공하는 소액대출 서비스 화베이花唄로 신용 한도에 따라 즉시 대출을 받을 수 있고, 여윳돈이 생길 때는 알리페이의 투자상품 코너에 입점한 협력 금융기관들이 제공하는 금융투자상품 리차이理財를 이용해 투자도 할 수 있다.

알리바바의 창업자 마윈은 IPO에 앞서 "기차역 관리하는 방식으로 공항을 관리할 수 없듯이 과거의 방식으로 미래를 관리할 수 없다"며 중국의 은행체제를 전당포 운영에 비유했다. 국내 언론에서는 마윈의 이 같은 독설이 중국 정부의 심기를 불편하게 했다는 보도 일색이었다. 마윈이 중국 금융당국을 강하게 비판한 탓에 밉보였다, 혹은 중국의 공산주의 일당독재가 디지털 경제의 선두기업의 발목을 잡는다는 식의 논평을 쉽게 찾아볼 수 있었다. 물론 괘씸죄가 일부 작용했을 수도 있다. 그러나 사건의 본질은 다른 데 있었다. 앤트그룹과 관련해서 벌어진 사태의 본질은 '그림자 금융shadow banking(섀도 뱅킹)'의 위험성을 중국 정부가 제재한 것이다.

그림자 금융이란 감독당국의 엄격한 규제를 받지 않는 비非은행 금융기관과 그들이 취급하는 금융상품을 의미한다. 눈에 잘 띄지 않는 특징을 부각시켜 그림자라는 수식어가 붙게 되었다. 단기금융펀드Money Market Fund: MMF, 환매조건부채권Repurchase Agreement: RP, 신용파생상품, 자산유동화증권Asset Backed Securities: ABS, 자산유동화기업어음Asset Backed Commercial Paper: ABCP, 헤지펀드 등이 대표적인 그림자 금융 상품이다.

복잡한 금융거래·상품을 판매하면서 은행과 유사한 기능으로 자금중개를 하지만 규제 대상에서는 비켜나 있다. 은행처럼 엄격한 감독·규제를 받지 않다 보니 규제의 사각지대에서 위기에 취약할 수밖에 없다.

알리페이는 2004년 알리바바의 이커머스 거래 솔루션으로 시작한 앤트그룹의 핵심이다. 중국 대륙에서 자회사 70개, 중국 외의 자회사 98개, 공동경영 또는 합작회사 58개이며 그중 29개가 핵심 자회사다. 지급결제, 소액대출, 자산관리, 보험 등의 인가를 받은 중국 최고의 핀테크기업이다. 기업공개는 인터넷전문은행인 마이뱅크MyBank를 금융지주사로 신청해 소액대출 부문만 엄격한 규제를 받고 앤트그룹은 분리시켜 IT 기업으로 등록해 기업 가치를 높이고, 이를 통해 조달된 자금을 바탕으로 새롭게 성장하고자 추진한 것이다.[1]

앤트그룹은 2016년부터 2019년까지 연평균 42퍼센트라는 고속성장을 거듭했다. 수익구조도 가격 경쟁이 치열한 지급결제 위주에서 수익성이 높은 디지털 금융서비스(매출액 비중 2017년 44.3퍼센트에서 2020년 상반기 63.4퍼센트)로 전환하는 데 성공했다. 금융지주회사가 아니어서 엄격한 규제를 받지 않은 덕분에 60배 이상의 레버리지를 일으켜 수익을 창출한 것이다.

---

1 2004년 최초의 온라인 에스크로 거래 솔루션을 출시하며 사업을 시작한 중국 이커머스 1위인 알리바바는 2009년 알리페이 모바일앱 출시, 2010년 간편결제서비스 출시, 2011년 QR 코드 결제방식 도입 이후 소비자 신용대출 서비스, 현금대출 서비스, 블록체인 플랫폼 출시, 공동체 보험 등 기존 지급결제에서 디지털 생활 플랫폼으로 전환했다.

그림 2-2 앤트그룹과 그림자 금융: 리스크 증가

소액대출: 앤트그룹의 핵심 수익원, IPO 연기의 핵심 이유 중 하나

전통 은행보다 느슨한 규제 덕에 레버리지 60배 이상을 일으켜 수익을 창출, 전체 대출금액 중
단 1.67%만이 앤트그룹 자본
- 앤트그룹의 대출 종류는 크게 3가지: ① 소비자 신용대출-화베이(Huabei) ② 현금대출-제베이
  (Jiebei) ③ 소상공인 대출-마이뱅크(MYbank)
- 2014년부터 시작해 현재 대출 규모 2.1조 위안(소비자 대출 1.7조 위안, 소상공인 대출 0.4조 위
  안): 개인 5억 명과 2,000만 이상의 소상공인이 사용 중
- 알리페이를 통해 수집한 사용자 데이터를 통해 자체적인 신용평가 시스템 개발: 지마 크레딧
  (Zhima Credit), 이를 활용해 대출 진행, 연체율 TOP 은행 수준

소액대출 CAGR 106%로 빠르게 성장, 연체율 TOP 은행 수준   (단위: 억 위안)

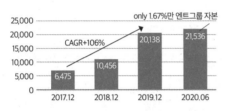

■ 대출 규모

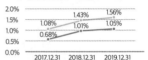

소비자 신용대출 & 현금대출 연체율
(초상은행 신용카드 연체율 1.35%)

앤트그룹 소상공인 대출 연체율
(소상공인 은행 대출 평균 연체율 3.75%)

자료: 앤트그룹, 한국투자금융지주.

앤트그룹 대출상품: 화베이, 제베이, 마이뱅크

대출상품	설명	사용자	대출한도	금리	대출기간
화베이	최초의 디지털 무담보 신용 소비 대출 (신용카드와 흡사)	젊은 층	최소: 20위안 평균: 2,000위안	40일 무이자 일일 0.05%	3~12개월
제베이	단기 디지털 현금대출	신용 데이터가 쌓인 화베이 사용자	최소: 1,000위안	일일 0.02~0.06% (연이율 7.3~21.9%) 0.04%가 대다수 중도상환 수수료 ×	3~12개월
마이뱅크	對 소상공인의 소액대출	소상공인 (타오바오/티몰/ 농업 종사자 등)		일일 0.01~0.06% (연이율 3.65~21.9%) 0.03%가 대다수 중도상환 수수료 ×	1년

자료: 앤트그룹, 방정증권(方正证券), 한국투자금융지주.

전체 대출 금액 중 1.67퍼센트만이 앤트그룹의 자기자본이었다. 레버리지는 협력은행과 같이 대출을 진행하고 이자도 비율대로 수취함과 동시에 앤트그룹이 신용평가를 담당하여 기술사용료를 받거나 오로지 플랫폼만을 제공하여 기술사용료를 수취하는 방식을 취했다. 앤트그룹은 필요한 자본을 협력 금융기관으로부터 조달하거나 매출채권담보증권ABS을 발행하여 다시 레버리지를 일으켰다. 특히 2013년부터 MMF 위어바오Yuebao(운용사는 계열사인 톈훙Tianhong)를 통해 최소 투자액 1위안 최대 7퍼센트의 금리 제공으로 주목받았고 고객 데이터를 바탕으로 170개 이상의 금융회사에 6,000개 이상의 금융상품을 판매했다. 2018년 보험의 경우도 이런 모델을 통해 진출했다.

　문제는 이런 금리를 제공하기 위해 자산을 어떻게 운용하는지였다. 금융지주회사의 경우 매우 엄격한 규제를 받을 수밖에 없다. 만일 금융지주회사로 은행의 규제를 받았다면 최소한 자기자본은 8퍼센트(바젤 I 기준, 바젤 III의 경우 최소 10퍼센트 이상)를 유지해야 할 뿐만 아니라 자금운용도 엄격히 제한되었어야 한다.

　심각한 문제는 또 있다. 알리페이는 자회사를 통해 MMF를 운용하는데, 알리페이가 지방채에 투자했다. 지방정부가 철강소, 석유화학공장 건설을 할 때 발행한 것이다. 알리페이는 자회사인 톈훙위어바오天弘餘額寶에 MMF를 운용하는데 이를 인수한 것이다.

　지방채를 통해 조달한 자금을 바탕으로 도시 하나를 조성했다고 예를 들어보자. 만약 아무도 입주를 하지 않는 유령도시가 된다면 전체가 부실이 된다. 그 채권의 회수 가능성은 줄어들어 부실채권이 된다.

심지어 중앙정부 통계에도 잡히지 않는다. 이것이 그림자 금융의 위험 성이다.

앤트그룹은 중국 금융 시스템의 취약한 구조적 위험성을 더 크게 만들었다. 중국은 공상은행 등 공식적 은행이 있지만 전국 단위의 서비스가 어렵다. 때로는 지방정부가 은행 라이선스를 허락하는 경우가 적지 않다. 중국에서는 은행 라이선스가 4~5종으로 형태도 제각각이다. 위뱅크 등 인터넷전문은행이 수신을 아주 제한할 수 있는 것도 은행 라이선스 종류가 다양하기 때문이다. 앤트그룹은 유사수신업무를 하고 있었다. 고객 자금을 운용하는 은행과 같으니, 자금운용 규정이 명확해야 하지만 그렇지 못했던 것이다. 게다가 감독 대상도 아니었다.

2016~2017년 〈파이낸셜 타임스〉가 중국 지방채 부실 문제를 1면에 크게 다루고, 2015년부터 IMF 보고서는 그림자 금융의 문제점을 언급했다. 중국 인민은행은 2018년 금융안정보고서를 통해 부실 위험이 있는 지방 은행은 파산시킨다는 내용을 담았다. 이전까지는 없던 조항이었다. 최근 중국 소규모 은행의 파산이 속출하고 있다. 중국의 사례에서는 매우 이례적인 것이다. 알리바바와 협력한 은행이 투자한 곳이 부실한 기업에 투자되었고, 그 결과 지방은행의 부실로 이어진 것이다. 이를 그냥 놔두면 중국 금융 시스템의 체계적 위험으로 전이된다는 점을 실토한 것이다.

알리바바가 금융당국의 통제 밖에서 기업공개를 통해 조달한 자금으로 지금까지 이룬 성장보다 더욱 가속 성장을 하겠다고 했으니 중국 당국으로서는 이를 통제할 경제적 필요성이 발생한 것이다. 거래량으로만 따지면 2주간 알리바바를 통해 결제한 금액이 100조 규모에 이를 것으로 추정된다. 중국 정부에서 봤을 때 앤트그룹은 국가 금융 시스템에 대한 도전이었다.

중국은 대형은행을 제외하고는 금융 시스템이 갖춰져 있지 않아 알리바바와 같은 기업에게 맡긴 점도 있었다. 금융 시스템을 갖추고 새로운 기업을 이끌기 어려우니 알리바바처럼 먼저 사업을 시작하게 한 뒤 규제 안으로 끌어들이겠다는 전략이었다.

문제는 알리바바의 덩치가 너무 커졌다는 데 있다. 중국 정부가 손을 쓰지 못할 정도가 될 수 있다는 우려가 있었을 것이다. 결국 앤트그룹의 IPO를 계기로 중국 정부가 규제에 나섰다. 처음에는 알아서 하라고 내버려두다가 이제 금융권에 걸맞은 감독을 하겠다는 일종의 선언이었다.

한편 알리바바와 같은 핀테크 사업자의 세계적 성장과 화웨이 등 전 세계 교역에서 중국이 부상하여 미국 중심의 세계경제질서를 흔드는 상황이 발생하고 있다. 트럼프 행정부에서 보여주었던 중국 때리기는 단지 공화당만의 시각이 아니고 중국을 WTO 체제에 편입하여 미국 중심의 교역체계로 끌어들인다는 미국의 국제교역전략이 잘못되었다는 반성에서 출발한다는 점을 명확히 보아야 한다.

도광양회 전략에서 주동작위 전략으로

2007~2008년 금융위기 이후 영국을 비롯한 유럽의 주요 기업은 구

조조정이 불가피했다. 이때 중국 기업들은 지방정부 등의 지원을 받아 전 세계 공장 역할을 하면서 글로벌 공급망에서 필수불가결한 요소가 되었다. 중국은 '도광양회韜光養晦(자신을 드러내지 않고 때를 기다리며 실력을 기른다)' 전략을 '주동작위主動作爲(주도적으로 일을 해나간다)'로 바꿔 자국 중심의 교역질서를 형성하기 시작했다.

덩샤오핑의 개혁·개방부터 WTO 가입을 거치면서 중국은 자신의 경제체제를 시장경제를 지향하는 지속적인 체제 전환이 필요한 과도적이고 이행적인 체제라고 인식했다(韜光養晦). 요컨대 칼을 숨기고 실력을 키워나가는 전략을 구사한 것이다. 그러나 금융위기의 과정에서 중국 정부는 중국 체제가 가진 장점(體制優勢)에 대한 논의를 시작했다. 그들의 국유기업체제나 세계와 단절된 자본시장이 오히려 경제성장과 안정에 유리할 뿐만 아니라 본격적으로 자신들만의 글로벌 가치사슬체제를 만들어나가는 것에 활용하는 전략으로 전환하게 된다(中國屈起).

2013년 시진핑의 출범과 함께 중국 특색의 사회주의 제도화의 개념이 등장했다. 체제개혁의 최종 목표가 서구 경제를 모방하거나 추종하는 것이 아니라 중국 나름의 독자적 글로벌 경제질서를 추구한다는 것이다. 자본시장의 개혁·개방을 늦추고 외국 금융기관의 진입은 허용하지만 자본이동을 제한하는 등 전략이 바뀌었다.

미국을 바짝 추격하는 중국 경제가 자신의 자본시장을 글로벌 시장과 분리하면 위안화의 환율에 정부가 손쉽게 개입할 수 있으며, 국유기업정책도 시스템을 해체하기보다 오히려 강화하여 미국 등 서구 기업과 경쟁하는 것이었다. 이러한 체제적 지원을 바탕으로 산업고도화를 위해 전략적 해외투자, 일대일로 추진 등으로 글로벌 교역질서를 그 기반에서부터 흔들고 있다. 특히 중국 정부가 산업보조금을 우회하여 '불공정한' 교역을 하고 지적재산권 보호에 나서지 않고 선진기업의 기술을 탈취하는 것을 묵인 방조하여 그동안 추구해온 교역질서가 붕괴될 수 있는 상황이 나타나기 시작했다.

글로벌 금융위기로 인해 글로벌 기업들은 구조조정이 불가피한 반면 중국 기업은 보조금을 활용하여 이들 기업을 더욱 궁지에 빠트리고 글로벌 가치사슬에 중국 기업이 깊숙이 침투하는 사례가 속출했다. 미국 중심의 교역질서가 흔들리면서 미국에서는 공화당뿐만 아니라 민주당도 중국을 WTO 체제에 편입하여 기존 자본주의적 교역질서에 포섭하려는 전략이 잘못되었다는 반성이 2010년대부터 나타났다.

중국의 국가 주도적 시장경제 체제를 세계 시장경제가 기존 자본주의적 교역질서에 수용해야 하느냐의 문제는 트럼프 시대에 무역 불균형 문제가 아니라 체제 경쟁이라는 틀로 변화, 제시되었다. 여기에 유럽연합European Union: EU까지 참여하면서 장기적인 중국 견제의 시대가 시작되었다. 미국의 대중무역 접근방식은 EU, 일본 등 선진국 간의 협력을 통해 중국을 국제무역에서 분리시켜 중국의 성장을 억제하려는 것이다. 트럼프 대통령 때부터 가시화된 중국 경제 제재정책은 바이든 정부가 들어선 후에도 계속되고 있다.

미국·EU의 오판

미국 등 자본주의적 국제교역질서는 어떤지 살펴보자. 고전적인 세계무역론의 관점에서 보면, 자유무역 체제로 들어오면 나름대로 규율이 잡힐 것이라 판단했다. 그런데 1986년 시작된 우루과이라운드 협상을 통해 1995년 출범한 WTO는 시작하는 순간부터 작동이 안 되는 구조였다.

WTO는 제2차 세계대전 이후부터 1980년대까지 작동하던 관세무역일반협정General Agreement on Tariffs and Trade: GATT(1947년 창설) 체제를 대체해서 만들어졌다. 공산주의 국가 간에도 경제상호원조회의Council for Mutual Economic Assistance: COMECON(코메콘)라는 교역질서가 작동하고 있었다. GATT와 코메콘의 공통점은 미국과 소련이라는 특정 국가가 압도적인 힘을 지니고 질서를 정리해 작동하는 구조라는 것이다. GATT와 코메콘은 1948년부터(GATT는 1947년, 코메콘은 1949년) 1990년까지 약 40년간 지속된 국제무역질서였다.

1994년 WTO가 만들어질 때로 되돌아가보자. 냉전이 종식되면서 소련은 붕괴되고 미국 혼자서는 세계 질서를 통제할 수 없는 상황이되었다. 과거 미소 간의 세력 균형에서 통하던 교역체계를 운영할 수없었으니, WTO는 출범부터 그 목적 달성이 제한적일 수밖에 없었다. GATT 체제가 예외적인 체제라는 점을 인식해야 한다. 상황은 바뀌었는데 예전 방식으로 이름만 바꾼 WTO를 만들어 미국 중심으로 질서를 잡을 수 있다고 생각한 것이다. 게다가 중국이 들어오면 교역질서를 통해서 중국을 좀 더 자본주의화하고 통제할 수 있겠다고 판단했다. 2001년 중국의 WTO 참여에는 미국의 계산이 깔려 있었다. 중국을 글로벌 교역체계로 끌어들여 통제하겠다는 것이다.

WTO에서 중요하게 봐야 할 대목 중 하나가 1990년대 초반까지 반덤핑 관세가 굉장히 많았다는 점이다. 반덤핑은 국제교역질서 내에서 공정가격 이하의 가격으로 수출함으로써 그 수출 상대국 산업에 피해를 입힌 것을 특정하여 관세를 부과함으로써 교역질서를 회복하려는 제도다. 이 제도는 개별 불공정행위와 그에 따른 국내 피해를 품목 및 산업별로 입증하고 이에 비례하여 반덤핑 관세를 부과한다.

트럼프가 사용한 전략은 반덤핑 관세는 아니었다. 정부가 특정 기업에 보조금을 지급해 무역 상대국에 피해를 주었는데 보조금을 지급받아 수출하는 경우에는 동일한 방식으로 그 보조금으로 인한 피해 상대국의 품목/산업의 폐해를 상정하여 상계관세를 부과하는 것이었다. 사실 GATT 체제에서 신흥공업국Newly Industrializing Country: NIC의 경우 보조금은 일반적으로 사용되었다. 공산주의 체제와의 경쟁에서 신흥국을 자본주의로 편입하기 위해 이런 보조금 사용을 눈감아주었다. 사실 교역에서 차지하는 비중도 크지 않아 GATT 체제를 심각하게 위협하는 것이 아니었기 때문이다. 우리나라의 정부주도성장 전략은 이러한 상황과 잘 맞아떨어졌다. 포항제철을 건립할 때 사회간접자본을 정부가 지원(자금지원 및 세제혜택 등)한 것도 보조금으로 볼 수 있다.

WTO 체제가 출범할 때 이러한 보조금의 사용은 엄격히 제한되었고 상계관세를 통해 이를 구제할 수 있는 긴급구제절차가 명확해졌다. 그런 WTO 규정에서도 보조금을 주는 것이 허용되는 부분이 있다. 보조금협정 제8.2조 (b) 지역개발보조금assistance to disadvantaged region은 일반적인 지역개발계획에 의거하여 객관적 기준을 가지고 설정되는 낙후지역을 대상으로 특정적이지 않게 하는 보조금으로서 지방정부가 자율적으로 지역발전을 위해 추진하는 사업(SOC), 이를 위한 인적자본투자 등은 예외조항으로 인정되었다. 중국 정부가 바로 이 조항을 활용한 것이다. 2008년 글로벌 금융위기 이후 중국에서는 철강, 석유화학, 조선 등 공장 짓기에 집중한다. 중국은 이미 WTO 규정을 면밀하게 검토한 후 지방정부의 지역발전투자 및 인적자본투자의 보조금을 활용한 것이다.

문제는 글로벌 금융위기 이후부터 시작되었다. 미국 등 다른 나라의 기업은 높은 부채로 인해 사업을 접거나 구조조정을 할 수밖에 없었다. 반면 중국은 그 상황에서 (지방)정부 등의 보조금을 활용하여 시장점유율을 높이고 구조조정된 빈자리를 재빠르게 파고들어 글로벌 가치사슬의 핵심으로 진입한 것이다. 트럼프가 집권하기 이전 오바마 행정부에서도 이런 심각한 상황을 인지했다.

중국굴기의 향방은 내부 역량과 외부 견제가 좌우

미국은 중국의 이런 전략을 '전략적 도전과 경쟁'으로 인식했다. 공화당뿐만 아니라 민주당도 중국이 국제교역질서를 완전히 무너뜨리고 있다고 보고 이에 적극 대응하지 않으면 안 된다는 인식이 확산되었다. 2013년 시진핑이 집권한 뒤 중국식 사회주의 강화에 나서면서 이 위기의식은 더욱 고조되었다. 중국을 견제하고 새로운 교역질서를 정립해야 한다는 인식은 민주당과 공화당, 양당이 공통으로 가지고 있는 견해였다.

중국 견제의 무역전쟁에 나서게 된 이유는 중국의 성장 자체의 문제가 아니라 그 성장의 방식, 즉 중국의 경제체제 자체가 공정하고 호혜적fair and reciprocal이지 않다는 데 있다. 따라서 미중 마찰은 트럼프의 공화당 집권의 결과로 나타난 것이 아니라 힐러리 클린턴이 대통령에 당선되었어도 계속될 수밖에 없었다.

미국 내부에서는 국제교역질서를 중국이 깨고 있으므로 "중국을 내버려둬서는 안 된다", "반드시 응징하지 않으면 미국은 무너진다" 등의 인식이 지배적이다. 트럼프가 대선 도전에 실패하고 민주당의 바이든이 정권을 잡았지만 미중 마찰이 더욱 커지고 있다는 것이 이를 말해준다. 요컨대 중국을 WTO 체제, 즉 미국 중심의 국제교역질서에 편입함으로써 통제하려는 전략이 2008년 글로벌 금융위기를 계기로 의도한 것과는 정반대로 나타난 것이다. 특히 시진핑이 등장하면서 정부의 지원을 바탕으로 성장한 화웨이 등 주요 기업들이 글로벌 가치사슬의 핵심으로 등장하고 중국을 제외하고서는 국제경제질서를 유지할 수 없을 뿐만 아니라 중국의 의도대로 교역질서가 형성된다는 위기의식이 확산되었다.

중국이 주요 산업, 특히 반도체 등 산업의 핵심도 2025년까지 선진국을 따라잡는다는 '반도체굴기'를 목표로 하면서 선진국의 지적재산권을 무시하고 투자를 확대함에 따라 이런 인식은 정책으로 구체화되기 시작했다. 차세대 정보통신망(5G)에 핵심적인 장비 산업도 중국의 화웨이가 약진함에 따라 트럼프 행정부는 화웨이의 통신장비를 사용하는 기업에 대해서는 미국으로의 수출을 제한하는 정책을 발표하기도 했다. 특히 화웨이가 백도어backdoor 전송장비로 통신망의 핵심기술 및 개인정보를 중국으로 빼돌렸다는 의혹까지 제기됨에 따라 국가안보의 문제로까지 인식되기에 이르렀다. 이런 인식은 바이든 행정부도 공유하고 있는 사안이다.[2]

한편 이런 중국 정부의 전략, 즉 보조금을 통해 경쟁 질서를 깨고 가치사슬의 핵심을 차지하는 전략도 자체적인 문제점이 노출되기 시작했고 미국의 대응 전략에 따라 전면적인 고민에 빠지게 되었다. 자체적인 문제는 과연 보조금이 효율적으로 배정되는가이다. 중국 정부가 전략적으로 육성하고자 하는 산업, 예를 들어 반도체굴기를 위해서는 이 부분에 많은 자금이 투여되어야 한다. WTO 규정에 따라 보조금은 지방정부에서 사회간접자본이나 인적자본 투자 등의 형태로 지원되어야 하는데 지방정부의 기업 지원이 방만하게 된다면 어떻게 될까? 지방정부의 투자 경쟁으로 중복투자가 발생하고 지원 프로젝트가 부동산 과잉개발로도 이어졌다. 지방정부의 사회간접자본 투자와 부동산 개발은 구별이 매우 어려운 사안이다. 설상가상으로 지방정부의 재원은 어떻게 조달되었을까? 바로 지방정부/은행의 채권발행이 핵심 수

---

2 개인정보 문제는 민주주의의 핵심 사안으로서 이 책의 8장에서 자세히 다룰 것이다.

그림 2-3 중국 그림자 금융 잔액 및 증가율

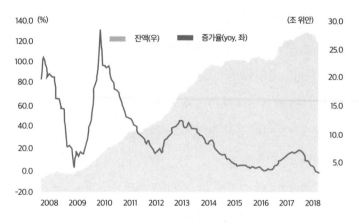

자료: 권도현·김윤경, 〈중국 그림자금융 현황 및 평가〉, 국제금융센터, 2018.

단이 되었다.

　이 채권을 누가 인수(투자)했을까? 바로 알리바바와 같은 핀테크기업이다. 알리바바와 같은 핀테크기업이 자신의 자금이 아닌 고객의 자금을 통한 차입투자를 하고, 그 투자성과의 일부를 고객에게 돌려주는 구조였다. 알리바바의 자기자본비중이 1.67퍼센트에 지나지 않는다는 것은 앞서 지적했다. 자기자본 1을 가지고 60을 투자한 것을 의미한다. 나머지 59는 고객의 돈, 즉 빌린 것이다. 그리고 고객에게 빌린 돈에 대해 이자 등을 지급(알리바바의 경우 MMF 등을 운용하는 자회사가 지급)할 의무를 갖게 된다. 만일 이 채권이 부실화된다면? 지방은행 및 지방정부의 부실로 이어지고 결국 대금지급결제 등에 사용된 자금도 부실화되어 경제 자체의 문제로 이어질 가능성이 있다. IMF 당시 우리나라의 은행이 부실했던 이유가 대기업들의 방만한 중복투자가 원인이었고, 그 채권을 가진 은행이 부실화되어 은행의 구조조정으로 이어진 것과 유사한 상황이 벌어질 수 있다. 결론은 공적자금 투입이었다. 은행의 부실로 우리나라 전체 금융 시스템이 무너질 수 있었기 때문이었다.[3] 중국에서도 동일한 일이 일어날 수 있는 리스크가 커졌다. 우리가 이 장의 앞부분에서 중국의 그림자 금융 문제와 알리바바 IPO 중단이 단순한 문제가 아니라 중국 경제 시스템의 문제라고 지적한 이유가 바로 이것이다.

중국이 경제성장을 부채에 의존해 추진하면서 그림자 금융 역시 급속히 성장했으며 이러한 성장세와 중국의 금융관리 체계를 고려했을 때 금융기관의 부실대출 비율은 공식 통계보다 높을 것이다.[4]

최근 충격적인 소식이 전해졌다. 중국이 '반도체굴기'를 위해 야심차게 진행한 사업, 즉 '칭화 반도체' 채권의 부실과 파산처리다. 야심차게 추진 중인 '중국굴기'는 내부의 문제를 어떻게 극복하느냐 하는 내치와 미국 등 서방국가들의 견제를 어떻게 헤쳐나갈 것이냐 하는 외치 등 복합적인 문제의 해결에 향방이 달려 있다.

---

3 바젤 III에서 "시스템적으로 중요한 은행"을 지정하고 특별 관리를 위해 각종 규제를 두는 이유가 여기에 있다.
4 김규환, 《중국이 파산하는 날》, 책들의 정원, 2020, p.128.

CHAPTER 3

가상자산:
제도와 비제도가
만나는 접점

눈물을 먹고 자라는 화려한 꽃

중국의 WTO 가입은 기존의 국제금융질서에 새로운 경제체제가 편입되는 과정에서 생기는 문제를 잘 보여준다. 즉 기존 제도에 새로운 제도(또는 비제도)가 만나면서 발생하는 문제다. 새로운 질서가 만들어지는 과정이다. 플랫폼 기업의 성장, 특히 알리바바와 핀테크기업의 급성장은 기존 은행의 질서에 새로운 파장을 일으키는 사례다.

2008년 글로벌 금융위기는 신자유주의 경제질서를 뿌리부터 흔들면서 새로운 경제 금융질서를 모색하는 것이었다. 낙수효과trickle down effects에 기대어 경제주체(특히 기업)에 대한 규제를 대폭 완화해 성장을 도모하는 신자유주의 경제질서의 한계를 노출했다. 여기에 중국의 등장과 체제 편입이라는 문제가 더해진 것이다.

2007~2008년 글로벌 금융위기 과정에서 등장한 새로운 제도, 비트코인의 출현에 따른 제도와 비제도가 만나는 가상자산 문제를 보자. 가상자산, 또는 암호화폐의 돌풍을 일으킨 비트코인이 나온 배경도 바로 금융위기였다. 2008년 금융위기는 파생상품을 통한 과도한 차입 금융을 통한 신용창출, 그리고 그것이 실물의 거품과 결합하면서 발생했다. 실물부문Main Street의 성장과 괴리된 금융부문Wall Street의 과도한 성장에 따른 불균형에서 생긴 것이다. 오바마 행정부와 연방준비제도이사회Federal Reserve Board: FRB의 버냉키Ben S. Bernanke 의장은 1930년대 대공황의 경험을 교훈 삼아 한편에서는 투자은행의 파생상품을 통한 레버리지를 축소하고, 다른 한편으로는 대규모 양적완화Quantitative Easing: QE를 시행한다. 레버리지 축소는 기존 투자은행들을 은행지주회사로 전환해 철저한 규제를 받게 하는 것부터 출발했다. 골드만삭스, 모건스탠리 등이 이때 은행지주회사로 전환되었다. 그 결과로 이들은 자기자본을 활용하여 투자하는 것이 제한되었다. 즉 자기자본비율규제(BIS 비율규제)를 받게 됨에 따라 보통 자기자본의 10배 이내로 자금을 운용할 수밖에 없었다. 특히 레버리지가 높은 파생상품 거래는 거의 불가능하게 되었다.

이 같은 제한이 실물경제의 위축을 가져올 가능성이 높기 때문에 중앙은행은 대규모로 자금을 공급하는 양적완화 정책을 시행했다. 적극적인 통화 공급은 그 통화의 가치에 대해 의구심을 품게 만들었다. 돈을 많이 풀면 돈의 가치가 떨어질 것이라고 보고 화폐의 가치저장 기능에 대해 의문을 가지게 되었다. 중앙은행이 발행하는 화폐도 중앙은행이 지급보증 등 뭔가를 해주는 것이 아니다.

금과 화폐를 교환해주던 금태환제도는 이미 1930년대 대공황을 거치면서 완전히 없어졌다. 다만 중앙은행이나 정부가 발행된 화폐에 대해 무엇인가 보증을 해준다는 믿음이 사회적으로 통용되기 때문에 종이에 화폐라 표기된 것이 교환의 중개수단 및 가치저장 수단이 되었다.

국제교역에서는 제2차 세계대전 이후 정착된 IMF 체제, 즉 '금 1온스=35달러'라는 교환을 미국이 보증하는 것에 의해 달러가 기축통화로의 역할을 했다. 그런데 국제교역이 증가할수록 교역에 사용되는 달러 수요는 많아질 수밖에 없고 이 체제가 유지되기 위해서는 미국이 지속적으로 달러를 공급해야 했다. 달러의 지속적인 공급 확대는 당연히 미국이 지속적으로 상품교역에서 적자를 봐야 가능하다. 1971년 닉슨이 달러의 금태환을 정지함에 따라 달러의 가치 문제는 언제나 골칫거리였다.[1] 2007~2008년 글로벌 금융위기를 극복하기 위해 미국이 양

---

1 필자의 박사학위 논문 〈1980년대 미일경제마찰과 다국적 자본〉은 이 문제를 살펴본 것이다. 보통 통상마찰이란 용어를 쓰고 무역문제로 다루는데 필자는 경제마찰이라는 용어를 사용했다. 1979년 2차 오일쇼크로 생긴 자동차 마찰, 1980년대 중반의 반도체 마찰, 그리고 1988년의 구조조정협의(Structural Impediments Initiative: SII)를 그 대상으로 했다. 자동차 마찰의 경우 일본식 간판시스템(Just In Time: JIT)과 미국 포드주의 생산시스템 간의 마찰 문제로 노사관계 등이 문제로 제기되었고 반도체의 경우 국가지원시스템 문제가 쟁점이 되었다. 한편 1985년 플라자합의, 즉 일본 엔화의 두 배 절상 등 국가경제 운용 자체의 문제도 쟁점으로 부상되었다. 이 결과가 1988년 구조조정협의로 나타났다. 구조조정협의에서는 바로 경제운용방식이 통상협상의 대상으로 등장했다. 즉 일본의 저축률, 재정수지 문제, 유통시장의 폐쇄성 등 다양한 경제정책이 협상 대상이 되었다. 여기서 필자는 1980년대 미일마찰이 단순히 교역 문제가 아니라 경제운용방식 자체의 마찰로 보고 경제마찰이란 용어를 사용했다. 또한 이것은 단순히 국가 간의 문제가 아니라 그 나라에 있는 기업, 특히 다국적 기업의 문제이고 이 기업들의 투자전략에 변화를 가져오는 것에 주목했다. 일본의 주요 자동차업체(도요타, 닛산, 혼다 등)가 미국에서 생산을 개시했을 뿐만 아니라 미국자동차노조(UAW) 등 노조의 영향력이 미미한 미국 남부에 공장을 건설한 점도 생산방식과 노사관계에 관련된 것이었다. 우리나라 현대자동차 공장이 미국 남부 앨라배마주, 기아자동차 공장이 조지아주에 있는 것도 같은 맥락이다.

적완화를 과감하게 시행했다는 것은 미국이 달러를 무한정 공급하고 있음을 의미한다. 이 과정에서 달러의 가치저장 기능에 대해 사람들이 의문을 갖기 시작했다. 금융위기에서 특히 쇠퇴하는 제조업 분야와 위기를 가져온 장본인이 금융자본의 양적완화로 큰 어려움 없이 재기하는 것을 보았다. 금융인들이 엄청난 부를 축적하고 있음을 본 사람들이 본격적으로 불평등에 대한 불만을 표출했고, 그것이 '월가 점령하기' 운동으로 나타났다. 정부 자체에 대한 신뢰에 금이 가기 시작한 것이다.

달러를 공급하는 주체인 중앙은행에 대한 믿음도 흔들리기 시작했다. 현대 금융체계는 중앙은행을 정점으로 은행들이 연결되고 모든 거래가 중앙 집중되는 체계다. 중앙 집중은 하나의 권력체계를 형성하게 되는데 화폐이론에서 '세뇨리지 효과seigniorage effect'라고 한다. 세뇨리지란 봉건영주제도 아래 영주인 세뇨르seigneur가 화폐주조를 통해 이득을 본 것에서 유래한 말로서 중앙은행이 발행한 화폐의 실질가치에서 발행비용을 뺀 차익을 의미한다.

화폐의 액면가에서 화폐제조비용과 유통비용을 뺀 차익으로 중앙은행이 갖는 독점적 발권력에 의해 발생한 것이다.[2] 비트코인은 독점력을 갖는 중앙은행 없이 거래를 하면 안 되는지에 대한 해법으로 등장했다. 중앙은행 없이 개별 거래 당사자가 서로 인증을 함으로써 거래를 하는 분산정보시스템의 가능성을 찾는 것에서 출발했다. 문제는 서로

---

2 (유통통화량×시장이자율)-(제조비용+유통비용)

인증(이것을 '채굴'이라고 한다)할 인센티브가 있어야 하는데 그것을 코인으로 제공하고 거래함으로써 그 경제적 인센티브를 주는 것이다.

이 문제를 가장 쉽게 비유적으로 정리한 글은 김승주 교수의 칼럼이다.

암호화폐 정책이 올바로 수립되려면

"이용자 보호에 우선순위 둬야"

과거 암호화폐 광풍이 몰아치던 당시 필자는 다음과 같은 글을 사회관계망서비스(SNS)에 올린 적 있다.

"최고의 짜장면 레시피(블록체인 기술)를 가진 사토시 나카모토는 고객을 모으기 위해 쿠폰(비트코인)을 발급했다. 처음에는 쿠폰이 욕심나서 간 손님들이 짜장면의 맛에 감탄해 단골이 되고, 그러다 보니 그 손님은 점점 더 많은 쿠폰을 얻게 되며 중국집도 잘되는 선순환 구조를 이루게 됐다. 사토시의 중국집이 이른바 '대박'이 나자 다른 음식점들도 자극을 받지 않을 수 없었다. 저마다 자기만의 레시피(더 좋은 블록체인 기술) 개발을 위해 매진했고 이를 팔기 위해 새로운 쿠폰(다른 종류의 암호화폐)을 만들었다.

그런데 갑자기 쿠폰이 엄청난 돈이 된다는 소문이 돌기 시작하면서 사람들은 쿠폰을 사재기하기 시작했다. 이 쿠폰이 어느 중국집 것인지, 또 짜장면 맛이 어떤지는 관심이 없었다: 광기에 빠진 사람들은 짜장면을 사먹고 쿠폰을 모으기보다 쿠폰에 프리미엄을 얹어 사고파는 데만 혈안이 돼 있었으며, 덩달아 특별한 레시피가 없는 음식점들까지도 쿠폰을 마구 찍어내기 시작했다. 뒤늦게 사태의 심각성을 안 정부가 쿠폰을 규제하겠다고 나서자 좋은 레시피를 보유한 음식점이 아닌 쿠폰 거래소들이 '쿠폰과 짜장면은 불가분의 관계라서 쿠폰을 규제하면 짜장면 레시피 개발이 어렵다'고 토로하고 있다."

지금도 상황은 별반 달라지지 않아서 실제 미국의 한 데이터 수집·분석 업체가 지난 2월 암호화폐 투자자 750명을 대상으로 조사한 결과에 따르면, 33.5퍼센트가 '암호화폐 지식이 없거나 초보 수준'이었으며 투자자 중 16.9퍼센트만이 '가치를 완전히 이해하고 있다'고 응답했다고 한다.

넘치는 유동성, 디파이(DeFi)와 대체불가능토큰(NFT)의 등장으로 인해 분명 현재의 암호화폐 시장은 지난 광풍 때보다 강한 모멘텀과 펀더멘탈을 갖고 있다. 하지만 그렇다 하더라도 실제 내재가치에 비해 가격 상승 폭이 너무 가파르며, 이에 따른 암호화폐 사기 투자 피해자들이 속출하고 있는 것도 사실이다. 이에 필자는 정부와 관련 산업계에 다음 몇 가지를 주문코자 한다.

우선 암호화폐와 같이 이해 당사자들 간의 입장이 복잡하게 얽혀 있는 사안에 대해서는 모든 현안들을 동시에 고려하는 것이 매우 어려워 우선순위를 정하는 것이 필요하며 이때 최우선 순위는 산업 활성화보다는 이용자 보호가 돼야 할 것이다.

둘째, 답은 항상 시장이 알고 있기 때문에 네거티브 규제, 즉 민간 자율규제를 기반으로 하는 정책을 펴야 한다. 단, 자율에는 항상 책임이 따르는 만큼, 사고 발생 시 강력한 손해배상의 책임을 물을 수 있는 대책도 병행돼야 할 것이다.

셋째, 관련 협회와 시민단체는 관련 업체의 이익을 무조건 대변하려고만 들지 말고, 시장이 자정능력을 가질 수 있도록 각종 장단점 분석 정보, 외국 동향 정보 등을 객관적, 전문가적 시선으로 분석해 시민들의 눈높이로 설명하려고 노력해야겠다.

끝으로 정부가 좀 더 적극적으로 나서서 관련 가이드라인을 제시하기를 원한다면, 관련 업계는 정부가 제시하는 것이 다소 엄격하다 할지라도 받아들이겠다는 각오를 보여줘야 할 것이다. 즉 마음에 드는 것만 받아들이려는 선택적 수용은 곤란하다.

암호화폐와 블록체인은 분명 화려한 꽃을 피울 수도 있는 씨앗이다. 그러나 그렇다고 해서 그것이 사람들의 눈물을 먹고 자라서는 안 된다. 이용자 보호에 중심을 둔 암호화폐 정책 마련이 시급한 때다.

김승주(고려대 사이버국방학과 학과장), 〈아시아경제〉, 2021.5.11.

그림 3-1 eCash와 비트코인

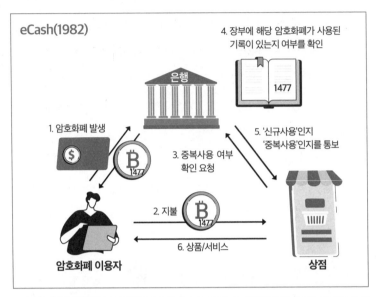

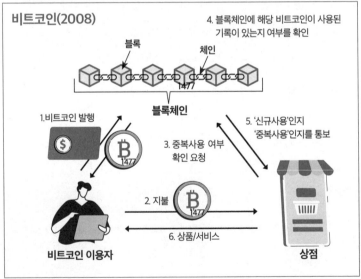

자료: 이용우 의원실 가상자산업법 입법토론회: 김승주 교수 발제 자료.

세뇨리지 효과(중앙집중권력)에 대한 반발로 탄생

　가상자산은 2007~2008년 금융위기와 그에 따른 양적완화 정책으로 인해 달러 등 중앙은행이 공급하는 화폐의 본질적 기능에 대한 의문, 즉 세뇨리지 효과를 왜 정부만이 누려야 하는지에 대한 의문에서 대안적 화폐로 등장했다. 경제학에서 화폐의 본질적 기능은 첫째 교환의 매개수단, 둘째 가치의 저장수단, 셋째 가치의 계산수단이다. 가상자산의 출현은 달러 등 기존 통화의 과다 발행으로 인한 가치의 저장수단에 대한 의문, 가치의 수시 변동에 대한 계산수단에 대한 의문, 이 의문에 의해 파생되는 교환의 매개수단 그 자체에 대한 불신이 계기가 되었다. 한마디로 중앙정부가 독점적으로 누리는 효과, 즉 권력을 개별 경제 참여자가 누리면 안 되는가 하는 중앙권력에 대한 저항에서 나온 것이었다.

　문제는 바로 이 지점에 있다. 기존 질서에 대한 부정, 그러나 개별 주체가 새로운 체제를 유지(=이른바 승인)하기 위해서 왜 이토록 번거로운 승인 절차를 거쳐야 하는지, 그리고 그것을 통해 얻을 수 있는 인센티브는 돈(=제도권)을 통해 해결해야 한다는 것이다. 제도에 대한 반발을 제도로 해결하는 모순적 상황이 발생했다. 이제 기존 제도에 대한 도전을 제도를 통해 해결하겠다는 모순적 상황을 정리해보자.

IPO vs ICO

기존 화폐제도를 부정하는 비트코인의 출발점, 그러나 사람들이 인증을 수행하도록 이끄는 인센티브가 제도권의 이익추구 동기를 활용하는 모순점에 대한 이해는 코인을 발행하는 주체와 코인을 보유한 보유자 간의 권리와 의무관계를 명확히 하는 것에서 출발해야 한다. 유가증권의 상장IPO 과정을 통해 주식을 발행한 회사와 그 상장된 주권을 보유한 보유자 간의 권리와 의무관계를 보자. 어떤 회사가 발행한 주식을 보유한 보유자는 그 회사에 대해 명확한 권리를 가진다. A라는 회사의 경우 법인으로서 온갖 의무를 갖는다. 회사가 이익을 내면 이에 대해 법인세를 내야 한다. 이것은 국가에 대해 세금을 내야 하는 조세채무를 지는 것을 의미한다. 노동자를 고용할 경우 그 노동자에 대해 임금을 지불해야 하는 임금채무를 지고, 상거래를 통해 다른 경제주체에게 거래대금을 줘야 하는 경우 상사채무를 지고, 이 과정에서 건물이나 토지를 임대하면 임대채무를 지며, 금융기관에 자금을 빌리거나 채권을 발행하여 원리금을 상환할 의무를 가진 경우 원리금 상환채무를 지는 것이다. 주식의 경우 이런 모든 채무에 대한 의무를 실행한 후 남은 자산에 대한 '잔여청구권residual rights'을 갖는다. 그러면 코인 보유자와 코인 발행자의 경우는 어떠한가?

우선 주식의 발행주체와 코인의 발행주체를 살펴보자. 발행주체는 그 보유자에게 어떤 의무를 지고 있을까? 제도권의 주식회사는 그 의무가 명확하다. 주식 보유자, 즉 주주는 앞에서 본 바와 같이 잔여청구

표 3-1 IPO vs ICO

	IPO	ICO	비고
발행주체	회사	재단	
보유자 권리	명확/잔여재산청구권	불명확	
거래소 제출서류	유가증권신고서/ 미국: SEC Form S-1	백서	
심사 여부	심사/자율	자율	NYSE 등은 심사 없음
금융상품 유무	금융상품	경우에 따라 다름 (case by case)	

권을 갖는다. 반면에 코인의 발행자는 회사가 아니고 특이하게도 재단 foundation이다. 주주는 주식회사에 돈을 투입할 때 출자라는 표현을 쓰고 그 출자에 대한 대가로 주식을 가지며 그 권리는 명확하다. 그런데 재단에 출연하는 경우 그 권리가 있을까? 답은 '없다'이다. 일종의 기부이며 출연자가 재단에게 행사할 권리는 없는 것이다. 왜 발행자가 재단일까? 그 코인 보유자의 권리가 명확하지 않기 때문이다. 재단이 코인을 발행Initial Coin Offering: ICO할 때 함께 발행하는 백서White Paper를 보면 권리와 의무가 명확하지 않다. 다만 그 프로젝트에 대한 의사결정에 참여할 권리가 있다고 서술되어 있을 뿐이다. 심지어 권리 행사 방법도 명확하지 않다. 앞에서 본 칼럼에서 짜장면에 대한 일종의 증서에 그 가게 주인이 갖는 의무는 없고 다만 그걸 가진 사람들끼리 뭔가 의미 있는 가치부여가 되었다. 이를 두고 사람들이 거래하는 것이다.

여기가 문제 발생의 지점이다. 예를 들어 미국의 테슬라와 같은 상장회사가 일정 금액의 돈을 지불하고 비트코인과 같은 코인을 매입하는 경우 이 회사의 재무상태표에는 어떻게 기입해야 할까? 대변(지출)에는 현금의 감소로 표기해야 하는데 그러면 차변(수입)에는 코인 증가로 표기되어야 할 것이다. 구체적인 예를 들면 다음과 같다. 만약 코스닥에 상장된 회사가 비트코인을 100억 원 주고 샀다고 치자. 회계처리를 하면서 현금 100억 원이 나가고 비트코인 100개가 들어온 것이다. 그렇다면 비트코인 가격은 어떻게 상정해야 할까? 상장회사라면 연말 결산할 때 회계감사보고서를 내야 한다. 그 감사보고서를 회계법인이 받아서 시가평가를 하게 되는데, 비트코인을 평가할 방법이 없다. 평가하지 못하면 '감사 의견 거절'이다. 평가가 객관적이지 않고 얼마짜리인지도 모른다는 말이다.

무엇인가 분명 있는데, 뭔지 모르겠으니 의견 거절이 나올 수밖에 없다. 결국 상장폐지될 위험에 처하게 된다. 재무상태표에 기입된다는 것은 그것이 제도에 편입된다는 것을 의미한다. 편입된 것의 권리와 의무관계가 불명확하면 문제가 된다. 이 문제를 해결하는 방편으로 회계학에서는 기타자산(무형자산)으로 간주해 처리하기도 한다.

한편 코인의 가격은 매일 바뀌며 그 변동성도 매우 높다. 그러면 그 자산의 가치를 어떻게 평가해야 할까? 만일 이 자산의 가치를 확정할 수 없다면? 재무상태표를 통해 그 회사의 가치를 판단할 수 없다. 기본적으로 재무상태표는 모든 자산을 시가로 평가하여 그 회사의 리스크를 명확히 기재하는 것을 원칙으로 한다.

변동성이 매우 크고, 더욱이 거래소마다 가격이 다른 코인을 평가해야 하는 문제가 발생한다. 그래서 가치 변동을 반영하지 않고 매입가격으로 평가하는 기타자산으로 기입하는 것이다. 물론 그 코인을 매각하면 차액을 재무상태표에 반영한다.[3] 이게 자산이냐 화폐냐 아니냐 논란을 하다가 가상의 자산으로 봐야 한다는 회계기준이 나온 이유다. 자산으로 처리하면 자산의 성격을 공시하게 되는데 그 순간 규제를 받게 된다.

여기서 역설적인 현상이 발생한다. 원래 블록체인을 기반으로 한 비트코인은 무정부주의를 바탕으로 탄생했다. 중앙은행의 무제한적 화폐 발행으로 인한 가치 하락에 대한 우려, 세뇨리지 효과를 왜 중앙은행만 누리느냐, 그 효과를 개별 경제주체도 볼 수 있다는 게 비트코인 탄생의 배경이다. 그런데 중앙 집중을 거부하면서 탄생한 코인이 거래소를 통해 현실의 거래로 편입되는 순간 다시 중앙 집중으로 들어오는 모순적 상황이 발생하는 것이다. 블록체인이 갖는 분산형 인증을 그 거래에 참여하는 주체가 자발적으로 하게 하는 인센티브가 바로 코인이다. 이런 의미에서 코인과 블록체인 기술은 불가분의 관계다. 코인과 블록체인 기술을 분리한다면 누가 인증에 참여할까? 인증에 참여한다는 것은 컴퓨팅을 통해 수많은 참가자의 거래를 승인하는 것(이른바 '채굴')인데 아무런 경제적 유인이 없다면 어떻게 될까?

코인의 권리와 의무관계를 보여주는 것이 백서이고 그 주체가 재단이라는 것에 주목해보자. 어느 회사의 주식을 가지고 있는 것을 출자했다고 하는데 재단에 자금을 투입하면 출연이라고 한다. 출자는 주식

---

[3] 재무상태표에서는 일반적으로 회사가 가지고 있는 코인은 기타 무형자산으로, 거래소가 거래를 위해 가지고 있는 코인은 재고자산으로 간주한다.

등을 통해 명확히 권리가 있지만 어떤 재단에 출연하는 경우 출연자는 그 재단에 어떠한 권리도 없다.[4] 경우에 따라 백서의 발행자와 보유자 간의 권리와 의무관계가 명확히 기술되어 있다면 그 코인은 금융상품(주식 등)으로 간주되고 금융상품에 부과되는 규제를 받게 된다. 미국의 경우 해당 코인이 백서에 의해 명확한 권리와 의무가 기술되어 있으면 증권거래위원회Securites and Exchange Committee: SEC의 감독을 받게 된다. 요컨대 코인의 성격에 따라 감독을 달리 받는 것이다. 창업투자조합을 유사 사례로 들 수 있다. 창업투자조합은 회사가 아니다. 그러나 여기서 자금을 조달하고 투자한 경우 조합을 하나의 회사로 간주하여 회사법과 자본시장법의 적용을 받게 된다. 회사가 아니지만 회사로 간주하고 규제, 감독을 받는 것이다.[5]

한편 코인 중에는 실물통화와 교환을 보증해주는 '테더USDT' 코인도 있다. 탈중앙화 금융Decentralized Finance: De-Fi(디파이)은 블록체인 네트워크를 활용하여 금융중개기관 없이 금융상품 거래가 가능하도록 만든 시스템이며 내가 소유한 코인에 대해 운영을 간섭할 중앙기관이 없는 코인을 의미한다.

개인식별정보 없이 오픈소스 기술과 블록체인, 고유 소프트웨어로

---

4 공익법인법 제13조(잔여재산의 귀속)에 따르면 해산한 공익법인의 남은 재산은 정관으로 정하는 바에 따라 국가나 지방자치단체에 귀속된다.

5 미국 증권거래위원회는 가상자산이 증권성을 갖는지 여부를 1946년 SEC vs WJ Howey Co. 소송의 기준을 사용하여 판정할 것으로 보인다. 이 테스트에서 증권성, 즉 금융상품인지 여부를 판정하는 기준은 ① 투자계약의 존재, ② 공동기업의 형성, ③ 발행자의 이익 약속, ④ 제안을 홍보하기 위해 제3자를 사용하는지 여부이다. 가상자산의 발행자는 재단인데 ②의 기업 여부가 쟁점이 되고, ③ 재단이 투자자에게 이익 약속이 있는지 여부도 쟁점이다. "New SEC Boss Wants More Crypto Oversight to Protect Investors," *Bloomberg*, 2021.8.4.

구성된 스마트 계약으로 '매수-매도' 또는 '대여-차입' 거래가 가능해 금융기관 역할을 대체할 수 있다. 또한 기존 금융 인프라는 '허브-스포크Hub-Spoke' 모델 기반으로 금융 중심지Hub와 지역Spoke 금융기관 체제로 금융서비스가 제공되어 지역별 서비스 편차 및 금융위기 시 대형 기관 집중에 따른 연쇄도산의 문제점이 나타난다. 이를 대체하기 위한 개인 맞춤형 De-Fi의 수요가 증가하고 있다. De-Fi는 사실상 코인에 대한 은행 서비스, 즉 주식담보대출, 파생상품 거래서비스 등을 하는 것을 의미한다.

디파이의 프로젝트는 스테이블 코인Stable coin(달러화 등 기존 화폐에 고정 가치로 발행하는 암호화폐), 가상자산 거래소, 대출서비스, 거래조건 등을 담아 실행을 자동화한 스마트 계약으로 이루어져 있다. 여기에서 파생되는 디파이 코인은 디파이 네트워크를 구성하는 데 필요한 프로젝트들에서 발생한 코인을 의미한다. 하지만 아직 초기 단계로 2021년 5월 현재 약 580억 달러 규모로 취약한 인프라와 해킹, 입력 실수로 심각한 사태를 야기할 수 있다는 부작용 우려가 존재한다.

디파이의 경우 가상자산 거래 생태계에서 은행, 즉 신용의 제공 및 대출 중개 등의 기능과 함께 금융투자사업자, 즉 파생상품의 유동성 공급 및 파생거래 중개 등의 기능을 하고 있다. 은행이나 금융투자회사가 이런 기능을 할 때 그것이 금융안정성과 경제운용에 큰 영향을 주기 때문에 금융당국과 경제당국은 매우 촘촘한 규제를 도입하고 있다. 2007~2008년 금융위기가 금융 규제완화로 인해 발생한 것이기에 그 규제는 더욱 강화되었다. 그런데 디파이의 경우 아직 그 어떤 규제

도 작동되지 않고 있다.[6]

코인의 성격에 따라 제도적으로 규제를 받아 제도화되거나 비제도적으로 자율적으로 거래되기도 한다. 결국 코인은 아직 제도에 편입되지는 않았지만 일부는 제도권으로 편입되는 과정에 있는 것이다. 아직까지 화폐의 성격을 갖지 않았지만 하나의 현상이 전개되고 있는 것은 분명하다. 2017년 말 우리나라와 중국을 중심으로 비트코인 열풍이 불어 그 성격을 두고 논란이 되었다. 중국에서의 비트코인 거래 불법화, 우리나라에서의 가상화폐 불인정 등으로 인해 그 열풍이 식기도 했지만 몇 년간 코인의 성격과 거래 방식도 다양화되었고 미국의 경우 가상자산거래소가 상장되기도 했다.

코로나 팬데믹 등으로 경제활동이 제한되고 위축된 상황을 극복하기 위해 각국이 엄청난 자금을 살포(=통화증발)했고 금리도 사실상 제로 상태가 되었다. 화폐가치에 대한 의구심은 더욱 커질 수밖에 없고 넘치는 유동성이 코인시장으로 유입되면서 이제는 광풍 수준이 되어버렸다.

가상자산과 특정금융정보법

가상자산 정보 사이트인 '코인마켓캡'에 의하면 원화 거래를 취급하

---

6 미국 증권거래위원회 겐슬러 위원장이 가상자산에 대해 입법을 통한 규제 필요성을 제기하는 것도 이 디파이가 사실상 금융업을 하고 있다고 보기 때문이다. 은행의 경우 정부가 인가와 각종 규제를 통해 뱅크런 등이 발생할 경우 중앙은행을 통해 안전장치와 신뢰성을 보증해주지만 이 업체는 이런 규제를 받지 않는다. 이런 의미에서 폴 크루그먼(P. Krugman) 교수는 현대판 '무규제은행(free banking)'이라고 주장한다.

는 14개 거래소의 하루 거래대금은 코스피의 그것을 3배 이상 넘어서고 있다. 가상자산은 블록체인이라는 새로운 기술의 한 응용분야로 혁신의 시대를 가져올 수 있지만, 동시에 과도한 투기 광풍으로 인한 후유증이 심각한 사회문제로 확대될 가능성이 크다. 이에 이용자를 보호하기 위한 제도적 정비가 필요한 시점인데 가상자산의 명칭부터 사업자 정의, 그리고 정부가 해야 할 제도적 장비에 대한 소모적 논쟁들과 함께 '특정금융정보법'이 시행되었다.

특정금융정보법에서는 블록체인 이슈도 제기되었다. 특히 '페이' 같은 경우 본인인증 관련해서는 은행에서 자금세탁방지 규정에 걸리게 된다. 블록체인의 벌집계좌가 그것이다. 주체가 누구인지 알 수 없기 때문이다. 벌집계좌는 가상통화 거래를 위한 가상계좌를 말한다. 주체가 누구인지 모르기 때문에 기업은 사고가 발생하면 사업을 접어야 할 수도 있는 위험에 처하게 된다. 은행에서 가상계좌를 연결해줄 때 본인인증은 필수다. 블록체인의 벌집계좌도 실명확인을 해야 한다.

가상화폐 거래소에서는 "우리에게 왜 어려운 걸 시키느냐"며 불만을 토로할 것이고 마찰이 불가피하게 된다. 결국 블록체인 기술의 활성화를 가로막는 걸림돌이 될 수밖에 없다. 블록체인 기술이 활성화된다면 새로운 시장이 열리고, 정부는 세금을 거둘 수 있는데도 금융당국에서 막는 바람에 진행하지 못했다.

2017년 청와대에서도 상황을 정확하게 파악하지 못했다. 블록체인 활성화를 추진하다가 비트코인 사태가 등장하면서 가상화폐 거래를 차단시켜 블록체인 거래 통로까지 막아버렸던 것이다. 최근 블록체인을 기반으로 한 가상화폐가 다시 수면 위로 떠올랐다.

가상화폐 이슈로 등장한 자금세탁방지를 위한 특정금융정보법은 가상자산사업자가 금융정보분석원에 신고하게 했다. 그 내용은 다음과 같다. 신고 수리를 위한 정보보호 관리체계 인증, 실명확인 입출금 계정 등의 신고, 고객 확인과 의심거래보고 및 관련 자료 보관 등 기본적 자금세탁방지, 이용자별 거래 내역 분리 등 가상자산사업자의 추가 의무를 규정하고 있다. 또한 가상자산사업자와 거래하는 금융회사에게는 사업자의 기본사항과 신고 수리 여부, 그리고 예치금 분리 보관 여부 확인 의무를 부여하고 있다.

핵심은 가상자산거래소의 자금세탁방지/테러자금, 금융실명확인 의무를 금융기관에 지운다는 것이다. 즉, 거래소 검증 책임이 금융기관에 있다는 것이다. 지금과 같이 거래소 관련 사건·사고가 연이어 발생하는 상황에서 과연 금융기관이 적극적으로 거래소와의 연계를 나설 수 있을까? 언론에 의하면 현재 거래소와 연결되어 있는 우리은행, 하나은행, 국민은행은 가상자산사업자에게 실명계좌 발급을 하지 않는 것으로 내부 의견을 모은 것으로 알려졌다.

은성수 금융위원장의 "가상자산은 금융자산이 아니니 보호할 수 없다", "등록 안 된 가상자산 거래소들은 모두 문을 닫아야 한다"는 발언은 취지는 충분히 이해되지만, 가상자산의 일일 거래규모가 약 20조 원에 육박하는 상황에서는 적절하지 않은 태도로 보인다. 이는 현실을 부인하고 오히려 사태를 혼란스럽게 만들 뿐이다.

중국이 가상자산 거래를 불법화하고, 일론 머스크의 언행으로 가상자산 시장은 혼란을 반복하고 있다. 그렇기에 필자는 가상자산 이용자를 위한 최소한의 보호 장치가 필요하다고 생각하여 '가상자산업법' 제정안을 대표 발의했다.

필자 혼자만이 이러한 생각을 한 것은 아니다. 미국 증권거래위원회SEC 게리 겐슬러Gary Gensler[7] 위원장은 최근 상품선물거래위원회Commodity Futures Trading Commission: CFTC는 가상자산 투자자를 보호할 만한 정책이 부족하다며 제도의 필요성을 역설했다. 겐슬러는 "SEC가 주식시장을 규제하는 것처럼 가상자산 시장에 대한 규제 권한을 갖고 있지만, 관리감독에 공백이 있다"며 미국 의회에 제도를 만들어야 한다고 요청한 바 있다.

반면 중국은 2017년 9월 가상화폐 신규 발행과 거래를 전면 금지한 이후 2021년 5월 국무원 금융안정발전위원회 51차 회의에서 비트코인 채굴도 강력히 단속하기로 했다. 그동안 일부 지자체 차원에서 채굴을 단속한 것에서 확대된 양상이다. 명분은 가상화폐로 인한 금융 리스크의 확대를 사전에 방지하는 동시에 전력 소모가 큰 가상화폐 채굴에 따른 전력 낭비를 막고 탄소중립과 녹색성장을 본격화한다는 것이다.

가상자산업법 제정안 대표 발의

필자는 2021년 5월, 가상자산업법 제정안을 대표 발의했다. 가상자

---

[7] 골드만삭스에서 20여 년 일했고, 바이든 대통령 인수위원회에서 금융감독 분야 인수인계를 이끌었다. 2021년 1월 바이든 대통령에 의해 제33대 미국 증권거래위원회 위원장에 임명되었다.

산 시세와 이용자가 급증하는 현실에서 소모적인 논쟁으로 시간을 보내기보다 제도적인 정비가 필요할 것이라는 판단에서다.

가상자산업법 제정안은 먼저 가상자산과 그 사업자의 정의를 명확히 하기 위함이다. 가상자산을 경제적 가치를 지닌 무형의 자산으로서 전자적으로 거래 또는 이전될 수 있는 전자적 증표로 정의하고, 가상자산사업자 중 가상자산거래업자가 되려고 하는 자는 금융위원회의 인가를, 가상자산사업자 중 가상자산보관관리업자 및 가상자산지갑서비스업자가 되려고 하는 자는 금융위원회에 등록하도록 했다.

다음으로 가상자산사업자의 의무를 부과했다. 가상자산사업자의 무인가·미등록 영업행위 및 명의대여, 불공정거래 금지, 신의성실의 원칙을 따르고 이해상충의 관리의무, 백서 등을 통한 설명의무를 부여하고 자금세탁방지와 본인확인, 그리고 해킹사고 등을 방지하기 위한 조치를 취할 의무를 부여했다.

또한 가상자산을 이용하는 이용자를 보호하기 위해 거래소에 문제가 생기더라도 이용자의 자산은 보호할 수 있도록 이용자 예치금과 예탁자산을 거래소 고유재산과 별도로 예치하도록 했다. 그리하여 가상자산 거래소의 인가나 등록이 취소된 경우, 해산, 파산선고를 한 경우에 예치기관에 예치한 가상자산예치금을 인출하여 가상자산이용자에게 우선 지급하도록 했다.

가상자산은 우리 주변에서 흔히 벌어지고 있는 현상이기에 방치할 것이 아니라 시장이 제대로 작동할 수 있도록 하는 정책 설계가 필요하다. 필자가 발의한 가상자산업법 제정안의 내용은 최소한의 장치에 불과하다. 시장의 자정작용을 통해 더욱 발전적인 제도가 정착되고, 보다 건전한 가상자산 시장질서가 정립되기를 바라는 마음이다.

'코인 민심'에 놀란 여당, 가상자산법 입법 첫발

이용우 의원은 지난 14일 국회 의원회관에서 〈오마이뉴스〉와 인터뷰에서 "정부의 규제가 미비한 틈을 타 가상자산 시장 이용자들이 유사수신행위로 인해 피해를 입고 있다"며 "가상자산업법 제정을 통해 가상자산 이용자를 보호하고, 가상자산사업자들의 옥석을 가려낼 것"이라고 밝혔다.

이 의원이 법안 발의를 서두른 데는 은성수 금융위원장이 일으킨 '논란'도 한몫했다. 은 위원장이 지난달 22일 가상자산을 "투기 자산"이라고 규정하면서 "국민이 관심을 갖는다고 해서 투자자를 보호해야 한다고 생각하지 않는다"고 말해 투자자들의 공분을 샀다.

이 의원은 "은성수 위원장의 말이 법안을 발의하게 만든 직접적인 원인이었다"며 "아주 잘못된, 적절하지 않은 태도"라고 비판했다. 이 의원은 "가상자산에 대한 정의가 아직 불분명해 이용자들을 '금융 소비자'로 보호할 수 없는 건 사실"이라면서도 "가상자산의 일일 거래규모가 약 20조 원에 육박하는 상황에서 엄연히 있는 현실을 부인하는 건 오히려 사태를 혼란스럽게 만든다"고 지적했다.

이어 "1990년대 전 세계에 인터넷 열풍이 불었을 때도 수많은 회사가 망했지만 굴지의 회사들이 살아남았던 것처럼 가상자산 시장이 앞으로 어떻게 발전할지는 아무도 모른다"고 덧붙였다.

이 의원이 발의한 가상자산법은 가상자산 발행 및 거래에 대한 정부의 사전감독과 규제를 강화한 것이 특징이다. 법안에는 가상자산 발행자가 발행 취지와 사업 내용이 담긴 '백서'를 의무적으로 공개하도록 하는 한편, 가상자산 거래소의 '먹튀'를 막기 위해 투자자들의 예치금을 분리 보관하게 하는 내용 등이 담겼다.

다음은 이 의원과의 일문일답

"가상자산 거래규모 20조 원, 현실 부정하면 혼란뿐"

가상자산업법 제정안을 냈다. 우선 핵심 내용을 소개해달라.

소비자가 가게에 가서 물건을 산다고 가정하면, 그 물건의 내용을 알아야 하지 않나. 가상자산도 마찬가지다. 이번 법안은 이용자가 자신이 사는 코인이 무엇이고 어디에 사용되는지 알게 하자는 취지다. 그래서 발행 취지와 사업 내용을 적은 '백서'(가상자산 발행인이 프로젝트의 아이디어와 기술, 방법론 등 구체적인 사업계획을 설명해둔 공식 문서)를 의무적으로 공개하도록 했다.

투자자 보호를 위해 가상자산 거래소를 관리·감독할 필요성도 거론되고 있는데.

그래서 법안에서 가상자산 거래소가 가상자산 예치금을 분리 보관하도록 했다. 투자자들이 거래소에 맡긴 투자금은 거래소 자금과는 별도로 관리돼야 한다. 거래소의 '먹튀'로부터 이용자를 보호하기 위해서다. 또 예를 들어 내가 특정 코인을 10개를 샀다고 하면 그 코인도 거래소가 별도 관리해야 한다. 거래소가 실제로는 5개밖에 갖고 있지 않을 수도 있으니 말이다.

해킹 피해를 막는 것도 중요하다. 이용자가 거래한 가상자산의 70퍼센트를 거래소가 해킹이 어려운 콜드 월렛(cold wallet, 오프라인에서 작동하는 지갑)에 보관하게 했다. 또 자금세탁을 방지하기 위해 거래소를 운영하려면 사전에 금융위원회로부터 인가를 받도록 하고, 거래소가 불공정거래행위를 할 수 없도록 했다. 거래소가 시장 조작을 위해 어떤 코인을 산 뒤 '좋다'고 밀어주고 돈을 벌 수 있지 않나.

(중략)

정부 내에서도 가상자산을 둘러싼 이견이 있는 게 사실이다.

정의가 불명확한 가상자산을 이용하는 사람들도 정부가 보호해야 하는지에 대해 의견 차이가 있다. 가상자산을 금융자산이라고 본다면 자본시장법과 금융소비자 보호 조항 등을 적용해야 한다. 그런데 가상자산은 아직 확실하게 금융자산 성격을 갖고 있지는 않다. 이렇다 보니, 금융자산도 아닌데 왜 투자자를 보호해야 하느냐는 이야기가 나오는 것이다. 틀린 이야긴 아니다. 그러나 금융상품이 아니라 해도 시장질서를 규율하는 건 필요하다. 아까도 말했듯 지난 2017년 이후 전 세계는 가상자산에 대한 정의를 내리고 이용자 보호 규율을 만들고 있는 추세다. 우리 정부는 무대응으로 일관해왔다. 아무것도 하지 않는 게 가장 큰 문제다.

"가상자산 제도화, 법안 없이도 이미 진행돼왔다"

정부는 가상자산 규제에 직접 나섰다가 시장에 '정부가 가상자산을 제도권에 편입한다'는 신호를 주게 될까 봐 걱정하고 있는 듯하다. 그런데 제정안이 나오면 사실상 제도화가 이뤄지는 것 아닌가?

제정안이 생겨도 가상자산을 완전히 제도권에 편입한다고 볼 수는 없다. 가상자산의 성격이 너무 달라 법 하나로 규정하긴 어렵다.

게다가 제정안이 만들어지기 전에도 이미 제도화는 이뤄지고 있었다. 처음 비트코인은 2008년 금융위기 때 정부가 양적완화를 하면서 돈을 풀자 중앙은행의 화폐가치가 크게 떨어지면서, 굳이 중앙은행을 통하지 말고 비제도권에서 신뢰할 수 있는 돈을 만들어보자며 시작됐다. 이때까진 비제도권이었다.

그런데 국내 회사들이 가상자산 투자에 나서면서 문제가 생겼다. 시중 회사가 돈을 주고 비트코인을 샀으면 이를 회계장부에 반영해야 하는데 재무제표에 기재할 방법이 없는 것이다. 결국 회계기준원은 2018년 가상자산을 1년 이상 보유하면 기타자산, 1년 내 처분할 경우 유동자산으로 분류하기로 했다. 2019년엔 국제회계기준(IFRS) 해석위원회가 가상자산은 화폐나 금융상품이 아니며 무형자산이나 재고자산으로 구분해야 한다고 결론을 내리기도 했다. 서서히 가상자산 제도화가 이뤄져온 셈이다.

이 의원 역시 가상자산을 무형자산으로 보고 제정안을 만들었다. 그런데 국가별로 가상자산에 대한 정의는 각기 다르다. 금융자산이나 화폐, 상품으로 여기는 나라도 있다.

정확히 말하면 각국은 가상자산 특징에 따라 '케이스 바이 케이스(case by case)'로 성격을 구분하고 있다. 미국에서는 가상자산 발행인이 직접 분류를 정하도록 한다. 발행인이 자신의 가상자산을 금융상품으로 하겠다고 '선언'하고 이를 백서에 적는 식이다. 금융상품은 증권거래위원회(SEC)의 소관이니 그 규제를 받으면 된다. 또 본인이 만든 가상자산을 상품이라고 정한다면 상품선물거래위원회(CFTC)의 규제를 받는다. 이게 내가 주장하고 있는 '네거티브 규제' 방식이다. 안 되는 것만 정해주고 나머지는 시장 자율에 맡기는 것이다. 관료들이 (허용하는 것을 정하고 나머지는 금지하는) 포지티브 규제를 하려고 책상머리에 앉아 머리를 맞대면 결국 정책엔 구멍이 나게 돼 있다.

네거티브 규제를 한다면 거래소가 난립할 가능성도 있지 않을까?

법을 만들 때 가장 고민했던 지점이 바로 거래소를 '인가제'와 '신고제' 중 무엇으로 할 것이냐는 지점이었다. 금융위는 인가제를 꺼릴 것이다. 인가를 잘못해줬다가 무슨 일이 터지면 책임이 뒤따르기 때문이다. 미국은 신고제를 채택하고 있다. 지난 3월 쿠팡이 뉴욕 증시에 상장할 당시 정부에 상장신고서만 냈다. 시장 상황을 제일 잘 아는 건 심사권자가 아니라 투자자이기 때문이다. 그만큼 책임도 크다. 신고서에 한 치의 거짓이 있어선 안 된다. 신고서 내용이 거짓으로 판명되면 소송을 당한다. 징벌적 손해배상제로 소송 규모도 큰 편이다. 그래서 쿠팡도 처음엔 '한국 정부가 쿠팡이츠 배달원들을 노동자가 아닌 독립계약자라고 판정했다'고 썼다가 지우지 않았나.

반면 우리나라는 유가증권신고서를 내면 거래소 상장심의위원회에서 심의를 한다. 시장에 들어오는 사람을 기본적으로 못 믿는 것이다. 상장신고서가 잘못됐을 때 책임을 지우는 등 여건만 정비된다면 심사할 필요도 없다. 미국 최대 가상화폐 거래소 코인베이스도 나스닥 시장에 상장했지만, 거래하는 종목은 20개 정도밖에 되지 않는다. 잘못되면 직접 책임을 져야 하기 때문이다.

(후략)

〈오마이뉴스〉 인터뷰 중, 2021.5.19.

중앙은행 디지털 통화

정보통신기술의 발전이 금융에 적용되어 비현금화 거래 비중이 급격하게 증가하고, 나아가 핀테크 내지 디지털 금융이 다양한 금융 분야의 변화를 가져오고 있는 가운데 법정통화 제도에 적용된 것이 중앙은행디지털화폐Central Bank Digital Currency: CBDC다. 은행의 배타적인 고유 업무로 운용되던 지급 업무가 2007년 이후 비은행, 비금융회사로 확대되어 예금 이외의 지급 수단이 광범위하게 허용된 것도 중요한 계기로 작동했다.

이제 은행 등 금융기관을 통하지 않은 지급 거래가 비용과 시간을 절감할 수 있어 효율성이 입증되었을 뿐 아니라 발전된 기술 수준이 지급 수단의 신뢰성을 확보하기에 이르렀다. 현금 없는 사회가 전 세계로 급속하게 진행되고 있는데, 특히 한국은 비현금화가 가장 많이 진행된 국가(2016년 기준 약 96퍼센트)로 이런 상황에서 비트코인 같은 가상자산이 지급 수단으로서의 효율성을 강조하면서 등장했다. 하지만 필수요건인 가치 안정성과 법적 신뢰성이 부족해 지급 수단으로 사용되기보다는 투자나 자본 조달 수단으로 사용되는 경우가 대부분이다. CBDC는 중앙은행이 직접 발행주체가 됨으로써 가상자산의 문제점을 해소하면서 그 가치를 보장하는 방식으로 등장했다. 한국은행은 CBDC에 대해 "중앙은행 내 지급준비예치금이나 결제성 예금과는 별도로 중앙은행이 전자적 형태로 발행하는 새로운 화폐"로 정의하고 있다. CBDC의 특징을 세 가지로 정리해보면 첫째, 발행주체가 중앙은행으로서 다른 법화와의 교환이 보장되는 중앙은행의 직접적인 채무이고 둘째, 법적 형태는 전통적인 현금과 달리 전자적 형태를 가지고 전자적 형태 구현기술에 따라 단일원장방식과 분산원장방식이 모두 가능하며 셋째, 이용주체에 따라 모든 주체가 사용할 수 있는 소액결제용 또는 일반이용형과 거액결제용으로 나뉘며 현재 논의되는 것은 일반이용형이다.

현행 특정금융정보법에서는 가상자산을 "경제적 가치를 가진 것으로서 전자적으로 거래 또는 이전될 수 있는 전자적 증표"라고 발행주체와 상관없이 폭넓게 정의하고 있어서 한국은행이 발행한 CBDC도

표 3-2 가상자산, CBDC, 일반화폐 비교

구분	가상자산	CBDC	일반화폐
발행기관	민간단체 또는 기업	중앙은행	중앙은행
발행규모	사전에 결정	중앙은행 재량	중앙은행 재량
법률기반	현재 없음	중앙은행법	중앙은행법
화폐단위	독자 단위	법정화폐 단위	법정화폐 단위
교환가치	시장 수급 결정	액면가 고정	액면가 고정
기반기술	(원칙) 블록체인	디지털 중앙원장 또는 분산원장(블록체인)	제지, 인쇄술

가상자산의 개념에 포함된다고 할 수 있다. 그러나 CBDC는 중앙은행이 법적 근거에 따른 독점적 발권력으로 발행하는 법화로서 통상의 가상자산과 같다고 볼 수 없다. CBDC 발행 시 기술적으로 중앙집중형 단일원장방식과 블록체인을 활용한 분산원장방식 모두 가능하므로 가상자산과 유사하지만, 명확하게 구별할 필요가 있다.

CBDC를 이용하면 중개 금융기관 없이 지급결제 및 송금이 당사자 간에 직접 실시간으로 이루어질 수 있어 효율성이 획기적으로 개선된다. 따라서 은행 등 금융서비스 접근이 어려운 후진국에서는 (물론 디지털 기기를 사용할 수 있어야 하지만) CBDC 사용으로 금융기관을 거칠 필요가 없어 국민의 금융 포용성이 확대될 수 있다는 장점이 있다. 그리고 중앙은행에 의해 CBDC 유통과정의 추적이 가능하게 설계될 경우 세금탈루와 자금세탁 등 불법거래를 차단할 수 있고 거래의 증거기록이 될 수 있다. 또한 실물화폐 발행에 따른 비용 절약이 가능하다.

반면 CBDC를 국민에게 어떻게 유통하는지의 문제가 관건인데 직접형과 중개기관을 통하는 혼합형으로 나눌 수 있다. 이에 따라 통화 정책의 새로운 전달 경로가 만들어져 기존 정책이 무력화될 수 있으며, CBDC 도입으로 중개 금융기관의 필요가 없어질 경우에는 대규모 뱅크런 및 금융 시스템 안정성에 우려가 있다. 이에 신중한 고려가 필요하다.[8]

분산화된 원장을 가진 가상자산과 달리 CBDC는 중앙은행이 집중화된 거래 데이터베이스 유지와 관리의 주체가 된다. 국제결제은행Bank for International Settlements: BIS 조사에 따르면, 80여 개 국가에서 CBDC 발행에 대한 연구와 실험을 진행 중이다. 아직 선진국에서 발행을 공식화한 나라는 없으나, 신흥국의 경우 지급결제서비스가 미흡한 나라에서 이를 보완할 목적으로 CBDC 발행을 시도하고 있다. 특히 중국은 처음으로 2014년부터 블록체인 기술을 이용한 디지털 위안화 발행을 추진하여 2020년 4개의 시에서 이미 성공적으로 실험을 마쳤다. 이를 국경 간 거래에 활용하여 위안화의 국제화를 촉진하려는 의지를 가지고 있다.[9]

한편 한국은행은 CBDC에 대한 모의실험을 2021년 8월부터 10개월

---

8 중국은 인민은행 차원의 CBDC를 베이징 동계올림픽부터 사용하는 것을 전제로 제도를 준비하고 있다. 그런데 CBDC에서 블록체인 기술을 기반으로 하지만 블록체인의 기본 정신, 즉 분권화되고 익명성이 보장되는 것이 아니라 인민은행이 자금세탁 등 불법적인 거래에 대해 들여다볼 수 있는 '통제가능한 익명성'을 주장하는 것이 특징이다. 이에 대해서는 이 책의 8장에서 살펴볼 것이다.

9 중국 정부는 초기 단계에서는 기술의 필요성에 의해 민간에게 이런 인프라 확충을 맡긴 후 어느 정도 수준에 오르면 직접 통제하는 방식을 취한다. 모바일앱 결제망 구축에서 앤트그룹 등을 활용한 후 인민은행을 통한 규제 도입, 은행 카드망에 대해 은련을 통해 구축한 후 인민은행망으로의 통합 등이 그러한 예이다. 블록체인에 대해서도 같은 방식을 취하고 있다. 특히 블록체인의 익명성과 분산성은 중국으로서는 받아들이기 힘든 부분이다.

간 진행할 예정이다. 이는 가상환경에서 CBDC의 '발행-유통-회수'에 대한 기술적 타당성과 오프라인 결제, 가상자산 구매 등 CBDC 확장 기능과 개인정보보호 기술에 대한 실험을 통해 CBDC 발행에 대비하기 위함이며 아직 발행계획을 잡고 있지는 않다.

PART II

시장 기능과 기업, 그리고 규제

CHAPTER 4

네거티브
규제

　우리는 1부에서 플랫폼은 시장이고 이 플랫폼에 새로운 기업이 출현함에 따라 기존의 시장논리가 잘 적용되지 않고 세계적인 교역질서도 변하고 있음을 보았다. 2부에서는 미시적 차원으로 내려가 규제, 즉 시장 참여자를 규율하는 제도와 그 안의 시장 참여자, 즉 기업의 작동원리를 살펴보고자 한다.

　새로운 환경이 등장할 때 시장질서가 재편되지 않으면 새롭게 등장하는 시장 참여자(기업)는 살아남기 어렵고, 혁신도 쉽지 않다. 혁신은 기존 질서에 도전하는 과정에서 나오기 때문이다. 기존 질서와 새로운 참여자의 갈등을 효과적으로 관리하지 못하면 사회 전체의 역동성은 떨어질 수밖에 없다. 기존의 기업은 하나의 공간에서 노동과정을 통한 생산을 전제로 한다. 그러나 이제는 생산 공간이 분리되었다. 이로 인해 기존의 법규를 적용하는 데 문제가 발생하게 된다. 시장 기능과 그 참여자, 즉 기업 그리고 규율체계인 규제를 살펴보자.

쿠팡의 기업공개와 한국의 상장제도

쿠팡의 미국 뉴욕증권거래소 기업공개IPO와 우리나라 증권거래소 기업공개를 비교하면서 이런 질문을 해보았다. "기업공개 심사를 받았을까요?" 금융당국자를 포함한 대부분의 사람들은 이렇게 답할 것이다. "당연히 받았겠죠." 너무나 당연한 것을 왜 질문하느냐고 핀잔을 줄지도 모를 노릇이다. 사실은 받지 않았다.

한국의 증권거래소에는 심사를 받아야 하지만 미국에서는 기업공개에 대한 거래소의 심사 절차가 없다. 한국이 시장을 어떻게 바라보고 있는지 단적으로 보여주는 사례다. 상장 여부는 시장에서 투자자가 알아서 할 일이며 국가는 시장질서가 유지되는지 여부와 시장 참여자의 불공정행위를 교정하는 데 초점이 맞춰져 있다.

반면 우리나라는 증권거래소가 상장 여부를 심사한다. 잘못되었을 때 책임소재에 대한 문제이다. 심사를 할 경우 심사하는 사람에게도 책임이 있다. 즉, 유가증권신고서에 그 회사의 사업계획과 위험에 대해 허위 기재하거나 오인하게 보고한 것을 제대로 심사하지 못한 책임이 따른다.

핵심은 심사받는 자와 심사하는 자 중 누가 더 사업을 잘 이해하느냐다. 자신의 자금을 자기 책임 아래 투자한 사람은 투자성과와 실패에 스스로 책임을 질 수밖에 없다. 반면 제3자로 심사한 사람에게는 상대적으로 절실하지 않다. 여기서 새로운 쟁점이 생긴다. 규제당국인 정부와 규제 대상자가 되는 시장 참여자 간 정보 비대칭성의 문제다. 항상 새로운 사업 기회를 포착하여 이윤동기에 의해 움직이는 시장 참여자가 그 사업에 대해 더욱 많은 정보를 가질 수밖에 없다.

시장 참여자보다 정보를 적게 갖고 있는 감독당국이 규제를 할 수 있을까? 앞서 나가는 시장 참여자에 대해 뒤따르는 감독당국이 과거 규제의 틀로 평가한다면 과연 혁신이 가능할까? 여기서 혁신을 위한 규제체계는 무엇일까라는 의문이 제기되며, 이에 대한 해법으로 네거티브 규제론이 나오는 것이다.

네거티브 규제의 동반자는 징벌적 배상제도

1980년대 정부 주도의 경제성장 시대에 기업 보호라는 명분을 내세워 만든 규제가 오히려 걸림돌이 되고 있다. 지난 2020년 4월 경기도 이천에서 발생한 화재 사건을 보자. 법 규정에 따르면 샌드위치 패널을 외장재로 쓰면 안 되는데 현장에서는 버젓이 사용되고 있었을 뿐 아니라, 용접할 때 소화기를 옆에 두지도 않았다. 안전관리가 제대로 되지 못했다.

만일 이러한 규제 사항을 다 지켰는데도 사고가 발생했다면 그 책임은 누가 지는가? 이천 화재의 경우 규정 자체를 위배했기 때문에 책임을 물을 수 있지만 규제를 다 지킨 경우는 어떠한가? 이때에는 그 규제를 만든 국가에 책임이 있게 된다.

정부는 규제를 완화하고, 대신 기업이 지키지 않아 사고가 발생할 때에는 강력한 책임을 지우면 된다. 기업이 스스로 안전 규정을 제대로 지킬 수 있도록 하는 손쉬운 방법이다. '소화기를 설치해야 한다' 등의 세부 조항을 법으로 일일이 나열할 필요가 없다.

굳이 소화기 규격 등을 적시할 필요가 없다. 소화기 없이도 화재를 예방할 수 있는 획기적인 아이디어를 가진 사람(또는 업체)이 있다면 그걸 적용하면 된다. 규정을 나열하고 구체적인 규격까지 제시하는 포지티브positive 규제체계에서는 이걸 적용한 업체는 규정 위반으로 처벌될 것이다. 새로운 것을 시도하지 못하게 하는 것이다. 네거티브 규제체계는 정반대다. 소화기를 설치하든 말든 전혀 문제가 되지 않는다. 화재가 발생할 때 책임을 물으면 된다. 창의적 아이디어를 통해 그 비용을 줄일 수 있다면 그 성과도 그 업체에 돌아가는 것이다.

규제는 완화하고 책임은 비례해서 강하게 물어야 한다. 이것이 네거티브 규제의 핵심이다. 하지 말아야 할 것을 일일이 정해놓고 잘잘못을 바로잡아가기보다 무엇이든 할 수 있도록 내버려두고 문제가 생기면 엄격하게 처벌하자는 것이다.

복잡하고 어렵게 생각할 필요가 없다. 아이들 교육 현장에서도 쉽게 볼 수 있다. 한겨울 난로에 다가가지 말라고 수없이 말해도 소용없다. 누군가 난로에 가까이 가서 손을 데고 나면 난로 근처에 아무도 가지 않는다. 같은 원리다. 리스크 관리를 기업이 하도록 해야 한다. 정부가 할 일은 간단하다. "내게 물어보지 말고 알아서 하라"고 하면 된다.

네거티브 규제가 제대로 작동하게 하려면 징벌적 배상을 병행해야 한다. 기업에 알아서 하라고 하되, 문제가 생기면 피해액의 수십 배에 이르는 징벌적 배상을 정확하게 시행하면 경영자의 입장에서 자칫하면 망할 수도 있다는 판단에 이르게 된다. 자연스럽게 위험요인을 철저히 점검하게 된다.

징벌적 손해배상제를 도입하면 소송이 남발할 우려도 있다. 그렇다고 안 할 수는 없다. 실제 소송이 남발되는지는 시행해보면서 부작용을 보완해가야 한다. 배상액 규모는 부작용을 하나하나 점검하면서 점차 늘리면 체계를 잡아갈 수 있다. 사회 전체에 파장이 클 수 있는 분야 대신 파장이 작은 영역들부터 시작하면 될 것이다. 안 되는 이유만 대면 수만 가지가 될 수 있으니 이제 해보자는 이야기다.

2015년 카카오뱅크를 설립할 때 규제당국의 우려는 한두 가지가 아니었다. 심지어 시스템 개발에 쓰는 프로그래밍 언어를 오픈소스 프로그램인 리눅스를 사용하는 것을 두고 논란이 있었다. 우리나라 금융계의 시스템은 유닉스 OS가 대부분인데 개방형 리눅스로 OS를 개발하겠다고 하니 반대하는 것이었다. 리눅스로 시스템을 개발하면 기업의 입장에서는 비용을 1/10로 줄일 수 있는데, 굳이 기존 OS를 선택할 이유가 없었다. 하지만 금융 규제를 담당하는 정부의 생각은 달랐다. "리눅스로 시스템을 개발하는 데가 없는데 잘못되기라도 하면 어떻게 할 거냐"는 것이었다. "우리가 책임지겠다"고 자신 있게 말하자, 당국에서는 "자칫하면 은행이 망한다"며 소비자 보호 차원에서 우려를 내비쳤다.

그림 4-1 기존 은행 vs 카카오뱅크

How to go?의 실제 [=가보지 않은 길을 가다]

은행

모바일 & 기술 주도

은행	구분	카카오뱅크
UNIX Oracle 상용 WEB/WAS	[인프라 구축] 시스템 DBMS WEB/WAS	오픈소스 기반 은행 시스템 개편 Linux X86 Oracle+MySQL Apache/Tomcat(오픈소스)
외주가 기본	자체 개발 vs 외주	코어뱅킹 외 내재화 기본
인터넷 활용 불가	개발환경	인터넷 환경에서 개발
PC+모바일 병행	Mobile only(first)	Mobile first
WEB or Hybrid	Native APP vs Hybrid	Native 개발
손익 위주의 외형 목표	모객 vs 손익	모객 우선(네트워크 biz)
수취	ATM 수수료 받아야?	무료: 고객 접점 유지비용

돌이켜보면 우리의 판단이 옳았다. 리눅스 OS로 시스템을 개발해 적은 돈으로 카카오뱅크의 시스템을 구축했고 규제당국이 우려했던 보안에도 문제가 없었다. 회사의 가치는 올라갔고, 걱정은 기우에 불과했다.

카카오뱅크의 '모임통장' 역시 젊은 세대가 요구하는 기능을 탑재한 덕에 인기를 끌고 있다. 회비를 거둬 함께 쓰는 통장이다. 더치페이를 할 수도 있고, 내역을 공유하면서 누가 어디서 어떻게 사용했는지 실시간으로 확인할 수 있다.

모임통장은 새로운 서비스가 아니다. 시중은행에도 '동창회 통장'이 비슷한 기능을 제공하고 있다. 사업계획상 모임통장을 개설할 계획을 갖고 있었다. 예비인가를 받을 때 금융위에 제출한 사업계획서에 포함된 것이었다. 그러나 구현하고자 할 때 바로 금융실명제 이슈가 표면에 드러났다. 이런 이유로 인해 그동안 시중은행에서 동창회 통장과 같은 종류의 통장에 대해 많은 불편한 사안을 추가하여 서비스를 하고 있었던 것이다. 문제는 명의자가 한 명인 데다 동창회 정관을 준비해야 하고 가입자 실명확인 등을 거쳐야만 통장을 개설할 수 있었다. 시중은행이 동창회 통장의 개설을 복잡하고 어렵게 만든 이유는 금융실명제 위반에 대한 우려 때문이었다. 회비가 수백 억이 되는 동창회라면 이자 소득의 합산과세, 분리과세 등 고려해야 할 점이 한두 가지가 아니기 때문이다. 누군가 나서서 돈의 소유자를 찾아 나서거나, 증여 여부를 따져야 하고 만약 증여라면 규제당국은 증여세를 부가해야 하는 등 복잡한 일이 벌어지게 된다.

금융실명제 이슈는 만만한 것이 아니다. 금융거래 질서의 가장 기초가 되기 때문이다. 많은 젊은 직원들과 수없이 브레인스토밍을 했다. 거의 6개월 이상 논의가 이어졌지만 출구가 보이지 않았다. 그러던 어느 날 한 직원이 회비 납부 내역이 담긴 통장을 사진으로 찍어 카톡으로 보내는 것을 보았다. 그 장면을 보는 순간 머리에 '반짝' 전구가 켜지는 듯했다. 통장 명의자가 더치페이를 하고 계산한 내역을 확인시키기 위해 통장 사진을 찍어서 회원들에게 보내는 것, 과연 실명제 위반일까? 아니다. 내가 소유하고 있는 통장을 다른 사람들의 동의를 받아 직접 사진 찍어서 보내는 것은 법적으로 위반이 아니다.

순간 게시판 개념이 떠올랐다. 카카오뱅크에 시중은행의 '동창회 통장'을 손쉽게 만들 수 있겠다는 아이디어는 그렇게 나온 것이다. 개설자가 실명제를 마치고 통장을 개설하고 회원들을 초대하고 그 초대에 승낙한 회원들은 통장에 가입이 된다. 그 사람들은 통장을 모두 볼 수 있도록 했다. 통장을 누구나 볼 수 있기 때문에 누가 모임에서 체크카드로 얼마나 썼는지, 얼마가 지출되었는지 등을 확인할 수 있다. 또 회비관리도 쉽다. 회비를 내지 않은 회원들에게는 쪽지를 보내는 재미있는 기능을 추가해 회비 내라고 종용할 수 있도록 했다. 이것이 금융실명제를 위반한 것인지 여부를 김앤장, 태평양 등 대형 로펌에 의뢰해서 법적인 문제가 없다는 확인을 받은 후 약관을 만들어 금감원으로 갔다. 은행을 비롯한 금융기관은 새로운 서비스를 개시할 때 그 약관을 금융감독원에 신고해야 한다. 따라서 금감원에 약관 신고 시 금융실명제 이슈가 나올 것을 예상했다.

아니나 다를까. 금감원의 첫 번째 지적사항이 '금융실명제 위반'이었다. 금감원이 이를 다시 검토하는 데 3개월이 걸렸지만 최종적으로 문제가 없다는 결과를 통보받았다. 2018년 11월 말 출시한 '모임통장'은 한 달 만에 이용자 수가 20만 명을 넘었고, 1년이 지난 2019년 11월 말에는 481만 명에 이를 정도로 인기였다. 최근에는 4050세대들도 이용하기 시작해 더욱 확산되고 있다.[1]

여기서 알 수 있듯이 정책 감독당국보다도 시장 참여자가 더욱 현장

---

1 카카오뱅크 모임통장 이용자는 2021년 5월 말 기준 약 870만 명에 이른다.

을 잘 알고 원칙적인 정책을 취하면 오히려 새로운 상품이 잘 나올 수 있다. 시장 그 자체를 인정하고 문제가 되면 그 주체에게 책임을 명확히 하는 것이 핵심이다.

규제의 문제를 다룰 때 핵심은 무엇일까? 규제는 시장과 관련된 부분이기에, 핵심은 시장을 보는 관점, 즉 시장을 어떻게 바라보느냐가된다. 한국 사회에는 시장을 믿지 못하는 태도가 팽배해 있다. 당국만이 선의로 사회가 잘되기 위한 역할을 한다는 생각하에, 민간 참여자를 자신들의 이익만을 추구하는 존재로 인식해 선의를 가진 당국자가앞에서 이끌어야 한다고 생각하는 것이다.

시장이란 무엇인가? 시장은 인간의 욕망이 거래되고, 교환과정이규율로 작동하는 곳이다. 그 시장의 디테일한 부분은 참여하고 있는당사자가 제일 잘 파악하고 있다. 즉, 당국자도 인간이기에, 그들의 이익을 위해 움직이는 존재이며, 결국 시장은 디테일한 현장을 잘 모르는 당국자들 이익을 위해 조종당하기 쉽다.

정책당국은 욕망이라는 시장의 본능과 디테일한 부분은 민간 참여자가 잘 파악하고 있다는 사실을 인정하고 정책을 집행해야 한다. 현장의 디테일한 영역을 규제당국이 어떻게 민간 참여자보다 많이 알 수있겠는가? 경제개발을 최우선 정책으로 내세우던 개발연대 시대와 같이 사회가 복잡하지 않은 시기에는 정책당국자가 시장 현상을 더 잘파악할 수 있었다. 하지만 시대는 변했다. 플랫폼, 가상자산 등 다양한전문 분야가 등장하고 다양한 이해관계가 복잡하게 얽혀 있는 현재에는 불가능에 가깝다. 그렇기에 정부당국이 특정한 정책을 집행하기에 앞서 민간 전문가와 참여자의 의견을 묻는 경우가 있다는 반론이 있을 수 있겠다. 그러나 이미 정부당국이 방향을 정해놓은 상황에서 민간 참여자가 자유롭게 의견을 개진하고 자세히 알려줄 수 있을까? 정책입안자의 입맛에 맞는 정보만 줄 것이고, 그에 따른 대책만을 강구하게 된다.

시장은 시장 참여자가 제일 잘 안다는 사실을 재차 확인하면, 정부 정책에서 인가제와 신고제 사이에서 고민할 지점이 생겨난다. 민간 참여자보다 시장을 잘 파악하지 못하는 정부당국이 결정하는 인가제가 과연 옳은 것일까? 2021년 5월 가상자산업법 제정안을 발의할 당시 고민한 부분이다. 가상자산거래업자에 대해 인가제를 적용할 것인지, 신고제를 적용할 것인지 고민이 되었다. 물론 가상자산업이 급격히 팽창하고 많은 이용자의 피해가 우려되는 부분이기에 인가제를 선택했지만, 인가제에 대해 무조건 신뢰하는 것은 아니다.

그렇다면 시장 규제의 대표격이라 할 수 있는 '가이드라인Guideline' 제도를 살펴보자. 규제가 생길 것으로 예상되면 시장은 자율규제를 충실히 이행하겠다고 하면서 가이드라인을 요구한다. 과연 바람직할까? 가이드라인에 숨은 의미는 이것에 명시된 내용만 지킨다면 어떠한 문제의 책임소재에서 제외될 수 있다는 것이다. 그런데 정보통신혁명 시대에 전혀 예상하지 못했던 산업이 등장하며 가이드라인이 포섭하지 못한 부분에서 문제가 생길 여지가 많다. 이러한 새로운 문제들을 어떻게 관리해야 하는지를 놓고 고민해야 할 시기다. 우리는 이를 위한 규제의 방안으로 네거티브 규제로의 전환을 주장해왔다. 현재 적용되는 방식은 법률이나 정책에 허용되는 사항을 나열하고 그 외의 조항을 허용하지 않는 포지티브 규제다.

네거티브 규제란 법률이나 정책에서 금지한 행위가 아니면 모두 허용하는 규제 방식이다. 즉, 정부당국의 규제에서 벗어난 경제주체들의 자율과 창의가 강조될 수 있다. 10년 전만 해도 우리 사회는 선진기업을 벤치마킹해 모방하는 캐치업(따라잡기) 전략으로 성장해왔다. 그러나 코로나 팬데믹 시대가 되면서 선례가 없으니 벤치마킹 대상도 찾기 어려워졌다. 새롭게 도전해야 하는 시대가 되었다. 새롭게 도전해야 하는데 포지티브 규제 방식하에서는 오래된 규제들로 선례가 없다며 금지하기에 급급하다. 이렇게 해서는 급변하는 시대에 적응할 수 없다. 네거티브 규제로의 획기적인 전환을 통해 한 단계씩 진행하면서 아무도 알지 못하는 영역을 헤쳐나가는 것이 필요하다.

다만 금지하는 것 외에 모든 것을 허용하되, 그에 대한 책임을 강하게 지는 징벌적 배상제가 함께 진행되어야 한다. 책임을 강하게 지운다면 사회 공익에 위험이 될 수 있는 일을 스스로 사전에 검열하고, 보다 안전한 제도들이 세상에 나올 수 있게 될 것이다.

미국의 세금 신고를 예로 들어보자. 세금을 더 내고 싶은 사람은 세상에 아무도 없을 것이다. 절세하고 싶고, 심지어 걸리지 않는다면 탈세도 하고 싶어 하는 것이 인간의 본능이다. 그런데 미국에서는 절세혹은 탈세를 하다가 국세청Internal Revenue Service: IRS에 적발되는 순간은행계좌 개설이 막혀서 경제활동 자체가 어려워질 수도 있다.

강력한 징벌을 통해 자발적으로 신고하게 만드는 것이다. 우리가 주장하는 징벌적 배상제도 마찬가지다. 우리가 주장하는 네거티브 규제란 단순한 규제 완화가 아니다.

규제 완화가 능사는 아니다

규제는 돈이다. 완화하면 책임을 져야 한다. 규제 개혁이 제대로 작동하려면 시장의 플레이어(기업)가 책임을 질 수 있도록 정부는 징벌적 배상을 엄격하게 규정해두어야 한다. 그러나 이 같은 네거티브 규제는 정부 내에서 설득력을 얻지 못하고 있다.

단순히 규제를 완화해주는 차원이 아니라 시대적 합의, 이를테면 안전, 생명, 환경 등 시대가 요구하는 규제들은 강화하는 규제의 재편이 필요하다. 아울러 규제와 책임이 조화를 이루는 체제를 마련해야만 기존의 규제 패러다임이 바뀔 수 있다. 지금도 언론과 기업은 규제 탓에 제대로 글로벌 경쟁을 하기 어렵다고 하는데 이에 정부 규제 개혁이 완화로만 귀결되기 쉽다. 완화해서 발생할 문제가 불 보듯 뻔한데도 말이다.

해법은 간단하다. 감독당국이 규제에 대한 명확한 가이드라인을 제시할 것이 아니라 시장의 플레이어들에게 책임과 권한을 한꺼번에 넘겨야 한다. 시장 플레이어들에게 책임과 권한을 넘기고 문제가 발생하면 그들이 책임을 지고 문제를 해결할 수 있게 해야 한다.

지난 20년간 네거티브 규제가 도입되지 않은 이유는 간단하다. 감독당국이 제시하는 규제 완화를 위한 가이드라인을 철저히 파악해 불법만 아니면 된다는 결론에 이르게 한다. 우회로를 충분히 만들 수 있다.

최근 문제가 되었던 사모펀드를 예로 들어보자. 사모펀드는 시장의 구조를 정확히 알고 참가할 수 있는 투자자들이 자율적으로 거래를 하고 당국에서는 규제하지 않는 것이 원칙이다. 이름에서도 알 수 있듯이 개인들이 알아서 돈을 모아 투자한다는 의미다. 계모임이 비슷한 형태라고 할 수 있다. 그러면 그 투자에 대해 스스로 알아서 책임져야 한다. 이에 대해 명쾌하게 이해하고 있다면, 그것을 이해하고 동의하는 사람들만 참가하도록 했어야 한다. 그런데 일반인들까지 끌어들여서 문제가 터지면 금융당국이 잘못했다고 비난을 하게 된다. 정부가 한 일이 아닌데 이 또한 정부 탓이라고 우기는 형국이다.

무슨 일이든 제도를 바꾸면 혼란이 있기 마련이다. 혼란이 생기면 시간을 두고 참고 기다리면서 자체적으로 정화시켜야 하는데 여론의 뭇매를 맞다 보면 기존에 세운 정책 방향과는 달리 엉뚱한 흐름으로 흘러가게 된다.

성숙된 자본주의, 민주주의가 이제는 자리 잡아가도록 해야 한다. 정부가 명쾌하고 투명한 제도를 만들고 나면 참가하는 자들이 권한을 누리고 책임까지 확실하게 지면서 생태계를 만들어가야만 한다. 지금까지는 그렇게 하지 못해 감독기관의 숫자가 많아지는 것이다.

카뱅 대표에서 정치 뛰어든 이용우
"책임도 묻는 네거티브 규제로"

금융관치라는 단어에 동의하나?

크게 동의하지는 않는데, 금융위는 정책상 나아가야 할 방향을 말하는 것에 그쳐야 한다. 관치라는 얘기가 나온 건 구체적인 행위까지도 지시해서다. 야구에서 공 던질 때, 자세가 모두 다른데 각도를 '45도로 던져라' 이런 건 하면 안 된다. 또 심판이 자꾸 플레이어가 되려고 하면 시장 규칙이 무너진다.

나는 시장주의자다. 시장이 할 건 시장이 해야 한다. 정부가 마중물을 제공할 필요는 있지만, 빨리 성과를 보여주고 싶어서 플레이어로 뛰는 건 심각하다.

(중략)

규제를 줄여야 한다는 뜻인가?

네거티브 규제로 전환하려면 강화할 규제와 철폐할 규제를 구분해야 한다. 막연히 규제 완화를 말해서는 곤란하다. 규제는 담당 관료와 그에 의해 보호받는 주체의 이해관계에 의해 유지되는 경향이 강하다. 그리고 새 이슈가 나오면 이에 대한 규제가 추가돼 규제가 산처럼 쌓인다. 규제 담당 관료와 규제 대상 중에 누가 정보를 더 많이 가지고 있나? 과거 정보의 비대칭성 구도에서, 주도권이 시장으로 넘어간 지 오래다. 제한된 정보, 그것도 민간에서 선별적으로 제공한 정보를 바탕으로 한 정책은 의도한 바와는 다르게 될 가능성이 매우 높다. 따라서 민간이 알아서 하게 두면 된다. 그런 후 문제가 되면 그 책임을 막중하게 지게 하면 된다.

(후략)

〈코인데스크코리아〉 인터뷰 중, 2020.2.18.

CHAPTER 5

기업 지배구조와 주식회사, 그리고 주주

회사는 누구 건가요?

2020년 국회에서 논의되었던 상법 개정안, 상장회사 특례법 모두 공통점이 있다. "회사는 주주의 것이어야 한다"는 주주자본주의다. 물론 이것으로 필요충분조건에 부합하는 것은 아니다. 여기에 이해관계자 stake holder가 포함되어야 비로소 건전하고 공정한 자본주의 사회가 된다. 이러한 취지로 2020년 12월 9일 국회 본회의에서 공정경제 3법(상법, 공정거래법, 금융복합기업집단감독법)이 통과되었다. 공정경제 3법은 '혁신적 포용국가'의 기반이자 우리 경제의 지속가능한 성장을 가능하게 하는 토대가 되는 공정경제를 위한 것이다. 우리 경제 각 분야의 기울어진 운동장을 바로잡고, '공정하고 혁신적인 시장경제 시스템'을 구현하기 위한 제도적 기반이다. 상법 개정안은 자회사의 이사가 자회사에 손해를 발생시킨 경우 모회사의 주주도 자회사 이사를 상대로 대표소송을 제기할 수 있도록 하는 다중대표소송제도의 도입, 그리고 주주총회에서 감사위원회 위원이 되는 이사를(1인 이상) 다른 이사들과 분리 선임하도록 하는 감사위원 분리선출 등의 내용을 담고 있다. 공정거래법 개정안은 사익편취 규율대상을 상장·비상장에 관계없이 총수 일가가 20퍼센트 이상 지분을 보유한 계열사 및 이들 회사가 50퍼센트를 초과하여 지분을 보유하고 있는 자회사로 확대하고, 지주회사의 자·손자회사에 대한 의무 지분율 요건을 상향(상장: 20퍼센트→30퍼센트, 비상장: 40퍼센트→50퍼센트)하되, 신규 설립 전환된 지주회사에 대해서만 적용하도록 했다. 마지막으로 금융복합기업집단감독법은 소속금융회사들이 둘 이상의 금융업을 영위하고 소속금융회사의 자산총액이 5조 원 이상으로 대통령령으로 정한 요건에 해당하는 집단을 금융복합기업집단으로 지정하고 보고·공시 등의 의무를 부여함으로써 금융시장 시스템 리스크에 대한 금융당국의 선제적 관리를 통해 시장의 안정을 확보하기 위한 것이었다.[1]

2020년 개원 후 상장회사 특례법 제정안을 대표 발의했다. 발의한 이유는 우리는 아직 주주를 주주로 대접하지 못하고 있는 것이 현실이기 때문이다. 상법에서 가장 중요한 부분이 "기업은 주주의 것이다", "감사는 독립적이어야 한다"는 대목이다. 그런데 감사조차 독립적이

---

1 〈공정경제 3법 주요 내용 및 기대효과〉, 공정거래위원회 보도자료, 2020.12.6.

지 못하니 감사위원이 등장하게 된다. 집중투표를 하느냐 마느냐, 합산을 하느냐 마느냐를 두고 승강이를 벌이고 있는 형국이다.

상장회사 특례법을 생각했던 이유는 특례법의 조항을 제대로 활용하면 더 편해지는데 지금 재계에서 반론하는 부분이 일반회사를 이야기할 때 대부분 상장 관련 부분이기 때문이다. 상장회사가 무엇일까. 주주를 초청해서 자금을 조달하는 자기자본 조달이 기본이다. 그런데 우리나라 상장회사 중에는 자본자산 가격결정 모형Capital Asset Pricing Model: CAPM을 도입해 타인자본비용보다 자기자본비용이 더 많은 곳이 대부분이다. 주주를 초대하면 그들을 대접해야 하는데 이것은 결국 비용이다. 또 영업 양수도 자산수익비율 등 대부분의 경우가 주요 자산을 매각할 때 가지고 있는 주식 비율share만큼 대접을 해주고 있느냐를 따져봐야 한다.

상장회사는 공시원칙을 철저하게 지켜야 한다. 우리가 쿠팡의 뉴욕시장 기업공개의 예를 들면서 공시원칙은 시장의 일은 시장이 가장 잘 알기 때문에 주요 정보를 신속하고 숨김없이 공시하면 그 이해관계자가 이의를 제기할 수 있고 소송을 통해 해결할 수 있는 제도적 장치라는 것을 지적한 바 있다.

공시를 잘못할 경우 페널티를 강하게 적용해야만 한다. 미국의 경우 악재를 늦게 공시할 경우 페널티를 강하게 적용하는데, 우리나라는 공시를 잘못해도 페널티가 크지 않다. 그래서 공시가 마치 기업 홍보채널로 사용되는 경우가 적지 않다.

공시로 페널티를 강하게 적용하려면 법적인 인프라의 변화가 병행되어야 한다. 지금은 상장회사가 공시를 잘못해서 주주가 손해를 입었다고 판단되어 소송을 제기하면 이를 입증하는 데 시간이 너무 오래 걸린다. 소송을 끝내는 데 5년 이상 걸리기도 한다. 다중소송, 집단소송 등이 추가 보완되어야 한다. 주주총회에서도 정확하고 신속하게 정보를 제공해야 한다. 이것이 주주참여 및 그들의 이익을 보호해주는 간결하지만 명쾌한 핵심이다.

한 걸음 더 나아가서는 이해관계자, 노동조합 추천 등이 경영에 참여할 수 있도록 길을 열어야 한다. 물론 신뢰가 기본이다. 공동의 목표로 한 지붕 아래에서 일하는 사람들이지만 이해관계가 걸리는 순간 사측과 노동자 측은 상호 적대적인 관계가 되어버린다. 신뢰가 매우 떨어진 상태다. 따라서 우선 주주를 제대로 대접해주어야 한다. 기업의 입장에서는 상대방 대접하는 과정을 빼놓을 수 없다는 점을 인식시켜야 한다.

지주회사의 투명한 지배구조도 중요한 요소다. 구글의 모회사인 알파벳과 같이 지주회사만이 상장한 것처럼 지주회사가 자회사 지분의 100퍼센트를 보유한다면 가능한 이야기다. 하지만 우리나라의 실정은 그런 경우가 거의 없다. 이러한 경우 소유지배의 괴리와 대리인 문제 등 이해상충의 여지가 생긴다. 지배구조의 투명성을 진정으로 실현하기 위해서는 지주회사만 상장할 수 있도록 지주회사가 자회사의 지분을 100퍼센트 보유해야 한다.

우리나라에서도 처음 금융지주회사를 만들 당시에는 지주회사의 자회사 지분 100퍼센트 보유 원칙이 지켜졌다. 그러나 우리금융지주를 민영화하면서 그 원칙을 저버렸다. 공적자금 회수를 통해 우리금융지주와 우리은행 모두 상장을 허용한 것이다.

동원증권의 사례를 소개하고자 한다. 2002년 이직 후 2003년 동원금융지주회사를 만들었는데, 회사를 인적분할하고 지주회사에서 지분을 가져오는 등 예전 사례를 그대로 활용했다. 자회사 중에 동원창업투자(현 한국투자파트너스)가 있었는데 당시 대주주 70퍼센트를 소유한 상장회사였다. 인적분할 후 지주회사를 만들어 2003년 동원금융지주로 상장이 되었다. 동원창업투자도 70퍼센트 상장이 되어 있는 2개를 동시에 상장시킬 수 있었다. 예를 들어 우리금융지주나 우리은행, LG지주와 LG전자 LG화학 등이 그렇게 만들어지는 것이다.

신고를 하러 금감원에 갔을 때의 일이다. "왜 증권회사에서 증권 중심으로 지주회사를 만드느냐, 지주회사 만드는 건 은행밖에 생각 안 했는데"라는 질문이 나왔다. 꿍꿍이가 있는 건 아닌가 의심하는 데 대해 '지배구조의 투명성'을 위한 조치라고 설명했다.

당시 감독당국은 100퍼센트 자회사가 되어야 이해상충이 발생하지 않는다는 점을 지적하면서 금융지주회사제도 도입 초기 문서에서 그 취지를 설명해주었다. 법적으로 명시되어 있지는 않아 문제가 없을 수도 있지만 그 기본 취지를 살려 100퍼센트 자회사를 권고한 것이다. 이를 받아들여 동원창업투자의 상장주식을 동원금융지주(현재는 한국금융지주)의 주식으로 교환해주는 과정을 진행했다. 지주회사가 상장되면 자회사는 100퍼센트 지분을 소유하는 것이 원칙이다. 두 개의 지분을 동시에 상장하면 이해상충 문제가 발생하기 때문이다. 한국투자증권을 인수할 때도 100퍼센트 지분소유 원칙을 따랐다. 우리나라 상법에는 채권신고 등 규제·신고하는 절차에 이해관계자 고객 등에 대한 보호 조항이 어느 정도는 포함되어 있다. 다만 지켜지지 않을 뿐이다.

우선적으로 실현해야 할 것은 주주자본주의다. 그다음 상법 이해관계자를 어떻게 배려할 것인지를 고려해야 한다. 추천을 받을 것인지, 자격 있는 노동자 대표로 선정할 것인지는 그때 결정하면 된다.

자본주의의 꽃은 기업이다

자본주의의 꽃은 기업이다. 그런데 우리 사회는 기업경영에 대해서 정확하게 알지 못한다. 회사의 주인은 주주이고, 모든 주주를 대표하는 이사회가 경영권을 위임받은 임원들을 선임하고, 관리감독하는 역할을 수행하는 것이 원칙이다. 회사를 설명하기 좋은 사례는 의원내각제의 선거 시스템과 의결 시스템, 그리고 각료 임명과정이다. 자본주의와 민주주의는 이원삼각체제라는 진리를 잊어서는 안 된다. 재벌총수들이 자기 이익과 회사 이익을 구분하지 못하는 것은 분명 자본주의 사회의 원칙이 아직 실현되지 못하고 있다는 증거다.

몇 년 전부터 벤처투자를 활성화하여 기업의 혁신성장을 이끌 수 있도록 해달라는 요구가 국회에 쇄도했다. 2020년 10월 정부가 검토했던 '차등의결권'도 제도화를 위한 검토 대상 중 하나였다. 창업주 혹은 벤처가 성공 궤도에 오르는 데 특별한 아이디어를 가지고 있는 사람, 그 사업을 가장 잘 아는 사람에게 1주당 가치를 몇 배 더 인정해주는 제도

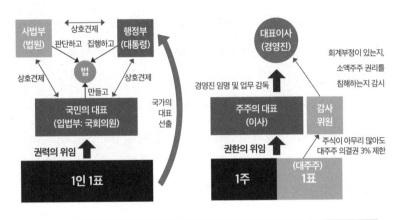

그림 5-1 민주화의 과제: 정치 vs 경제

다. 당시 정부에서 논의하던 차등의결권 제도는 비상장벤처회사를 대상으로 주주의 4분의 3이 동의하는 조건으로 1회에 한해서 실시할 수 있으며, 10년 내 상장할 때는 사라지는 제한적인 조치였다.

당시 필자는 반대 입장에 서 있었다. 현행 제도로도 충분히 할 수 있었기 때문이다. 예를 들어보자. 두 사람이 동업을 했을 때 좋은 아이디어가 있는 사람을 우대하는 차원에서 절반만 투자하고도 같은 지분을 가질 수 있다. 물론 두 사람이 동의하는 조건하에서 이루어진다. 그 자체로 두 배의 의결권을 준 게 된다. 이후에 회사가 잘 돼서 외부로부터 투자를 받을 때도 같은 방식으로 진행하면 된다. 현행 제도로도 충분히 할 수 있는데 굳이 이런 복잡한 제도를 도입할 이유가 없다. 자칫 자본시장에서 주주에게 투자는 받으면서 주주에 대한 예의는 갖추지 않겠다는 말과 다를 바 없다. 돈만 챙기고 대접은 하지 않겠다는 말이다. 만약 내가 차등의결권으로 10주의 가치를 가지고 있는데 당신은 10분의 1만 인정해, 라고 한다면 10분의 1 가치로만 인정해주면 된다. 그런데 이 논리가 아니라면 '나는 특별한 지위를 요구한다'는 것으로 해석될 수밖에 없다.

벤처회사와 간담회를 할 때도 비슷한 일이 벌어진다. 상장에 성공한 벤처회사들이 참가하니 사업이 본궤도에 올랐다고 볼 수 있는 벤처회사들이 모였다. 그들은 창업 초기 은행에서 돈 빌리기조차 어려웠다는 과거를 떠올리면서 주식시장에 나오니 더 이상 은행에서 돈 빌릴 필요가 없어졌다고 입을 모은다.

잘못된 생각이다. 이론상으로는 자기자본 주식의 가치가 은행에서 돈을 빌리기보다 훨씬 더 많은 비용이 든다. 왜냐하면 주주들은 경영에 관여할 수 있는 사람들이기 때문이다. 따라서 그들을 대접하는 데 비용이 든다는 사실을 잊어서는 안 된다. 주주는 경영에 참여할 수 있는 사람이라는 것을 인정하지 않은 채 돈만 내고 입은 다물라고 하는 순간 주주들은 투자할 이유가 사라진다.

주주자본주의가 올바르게 작동할 때에만 기업이 위기관리에도 더욱 철저하게 대비할 수 있다. 기업경영이 잘 되기 위해서는 경영진이 항상 위험을 느끼고 스스로 혁신을 해나가는 과정이 필수다. 그런데 경영이 안정되었다고 누구와도 경쟁하지 않겠다면 결국 기업은 안주해버리기 쉽다.

불투명한 미래에 닥쳐올 위기가 두려운 건 인지상정이다. 기업 현장에서 경쟁은 일상이다. 예고된 위기를 인정하고 이를 극복하면서 경쟁에서 살아남을 방법을 찾을 때 혁신의 아이디어가 싹트게 된다. 그런데 규제당국 혹은 정부로부터 보호막을 쳐달라는 것은 "우리는 안주를 하겠다"고 선언하는 꼴이다. 기업이 커졌다고 해도 같은 환경에서 경쟁해야 한다. 특별한 기업은 없다. 다만 생존경쟁에서 살아남을 수 있는 아이디어만 특별할 뿐이다. 그 아이디어가 현실이 되는 과정이 바로 혁신이다.

입법과정에서 대기업에게 유리한 법안이 만들어질 수도 있다. 벤처 회사가 커져 경영권 위협 상황이 오면 어떻게 하느냐에 대한 우려의 목소리가 나올 것이고, 그다음에는 상장회사도 해달라는 요청, 그리고 상장회사의 규모를 따지면서 대기업도 모두 대상이 될 수 있게 해달라는 로비가 벌어질 수도 있다. 결국 판도라의 상자를 여는 제도가 될 가능성이 농후하다.

동학개미들이 예전과 달라진 모습은 반길 소식이다. 그러나 우리나라 주식시장에서 장기투자를 할 수 있는 제도를 만들어달라는 요구에 차등의결권은 부합되지 않는다. 누군가는 특별 대우해달라는 차등의결권이 시행된다면 결국 시장에 참여하는 사람을 차별하게 될 수밖에 없다. 동학개미들의 요구가 특정인에 대한 특별대우를 바라는 건 아닐 것이다.

차등의결권이 정상적으로 작동하려면 주주집단소송, 다중소송 등 관련 법정 다툼의 판결이 신속하게 나와야 한다. 지금은 주주들이 손해를 입었을 때 소송을 하면 5년 이상 걸린다. 주변장치가 마련되어야만 제도가 정상적으로 작동한다. 주변장치가 미성숙한 상태라면 되레 부작용만 커지고 주식시장의 신뢰는 얻을 수가 없다.

차등의결권이 바람직한 지배구조를 유지하는 데 효과적이라는 장점에 대해 필자는 회의적이다. 도입한 기업의 자기자금 조달비용 상승과 책임경영 소홀 등 기업경영이 오히려 어려워질 수 있기 때문이다.

"논점을 벗어난 차등의결권 논란"

지난 12일 쿠팡이 미국 뉴욕 증시에 상장하기 위해 S-1(미국 증권거래위원회에 제출·공시하는 상장 신청서)을 제출하면서 많은 쟁점이 부각되었다.

첫째, 차등의결권 논란이다. 쿠팡이 한국이 아니라 미국 증시의 문을 두드린 이유 중 하나가 미국 증시의 차등의결권, 즉 창업자 등 특별한 사람에게는 일반주주와 달리 복수의 의결권을 허용하는 제도가 있어 김범석 이사회 의장이 1주당 29배의 의결권을 갖는 클래스 비(Class B) 주식을 부여받을 수 있기 때문이라는 것이다. 여기서 한발 더 나아가 우리나라에도 벤처 육성을 위해 차등의결권 제도의 도입이 요구된다는 주장도 나오고 있다.

그러나 이 주장은 논점을 벗어났다. 이번에 상장되는 주식은 델라웨어에 소재한 쿠팡유한회사(Coupang Llc)가 주식회사로 전환되어 뉴욕 증시에 상장하는 것이기 때문이다. 우리나라에 있는 쿠팡은 이 미국 법인의 100퍼센트 자회사다. 처음부터 더 큰 자금조달이 가능한 미국 시장에 상장하는 것을 예정했다고 보는 게 합리적이다. 구체적으로 보면, 김범석 의장이 2010년 창업 후 2013년 초에 미국에 쿠팡유한회사를 설립하고 10월에 국내주식을 현물출자한 것으로 공시에 나온다. 이때부터 미국 시장 상장을 준비한 것으로 보인다.

여기서 한 가지 의문이 제기된다. 현물출자하는 주식은 원화로 표시된 국내주식일 것인데 이 주식을 미국 법인에 현물출자한다면 그건 달러 표시의 주권으로 바뀌었다고 볼 수 있다. 원화가 달러로 환전되어 미국으로 송금된 것을 의미한다. 우리나라는 외환집중제를 채택하기 때문에 이것은 기획재정부(수출입은행)에 신고되어야 하는 사안이다. 현재까지 신고 여부는 확인되지 않는다. 외환거래법 위배 여부가 달린 문제이다.

차등의결권은 양날의 검

둘째, 차등의결권이 벤처투자 활성화를 가져오는가의 문제이다. 이제 사업을 시작한 스타트업이나 벤처회사를 생각해보자. 이들은 은행 등 금융기관으로부터의 차입이 어렵다. 재무실적, 담보 등이 부족하기 때문이다. 이런 접근이 어렵기 때문에 벤처투자자에게 주식을 제공하고 자금을 유치하는 것이다. 이 자금조달 비용은 은행보다 높을 수밖에 없다. 재무이론에서 자기자본비용이 타인자본

비용보다 높은 이유이다.

이렇게 투자를 받기에 투자자가 경영에 영향을 미치게 되고 이는 의결권으로 표시된다. 만일 차등의결권이 있어 투자자가 경영에 접근하는 것이 어려워진다면 투자자 입장에서는 그 회사에 대한 투자 매력도가 떨어지는 셈이고 이는 투자를 꺼리게 하는 요인이 될 것이다.

영국 파이낸셜타임스스톡익스체인지(FTSE) 그룹이나 모건스탠리 캐피털인터내셔널(MSCI) 등 글로벌 주가지수 산정기관이 차등의결권이 있는 주식을 지수 편입에서 배제하려고 하고, 캘리포니아 연기금(CalPERS) 등이 투자금지 종목으로 하는 것은 바로 차등의결권이 주주 권한을 침해할 수 있다고 보기 때문이다.

차등의결권과 벤처투자 활성화를 주장하는 논리는 자금조달을 하려는 스타트업의 일방적 논리일 뿐 자금을 공급하는 투자자의 입장을 전혀 반영하지 않은 것이다. 이러면 자본시장은 존재하기 어렵다. 미국의 경우 2000년대 초반 뉴욕 증시와 나스닥의 경쟁 등으로 차등의결권을 갖는 기업의 상장을 허용하였지만 최근 주주 보호 차원에서 이 제도의 축소가 논의되고 있다.

그러면 왜 미국 시장에서는 차등의결권을 인정하고 있는가? '계약 자유의 원칙'으로 설명될 수 있다. 주주 간의 계약은 주주들이 알아서 할 일이지 공권력이 개입할 수는 없다. 다만 이런 회사들이 공개 상장을 할 경우 그 내용을 명시적으로 주주에게 공시하여 이런 사안을 알고 투자하라는 공시 의무가 있을 뿐이다. 만일 그 공시가 잘못되었거나 오해를 유발(misleading)하여 투자자에게 손실을 입힐 경우 민사소송을 통해 징벌적 배상이나 처벌로 이어지는 구조이다. 엔론의 분식회계 등 사건에 천문학적 배상금과 처벌이 따랐던 이유이다.

따라서 차등의결권은 그것이 존재하는 시장의 법적·제도적 환경과 떼어서 생각할 수 없다. 주주 권리를 보호하는 제도 및 그것이 잘못되었을 때 신속히 교정하는 소송제도 등이 어떻게 되어 있는지 같이 보아야 한다. 우리나라에서 이 제도를 논의하기 위해서는 주주 보호 장치 등이 어떤지를 살펴보아야 한다. 필자가 발의한 상장회사 특례법 등이 제정되고 징벌적 배상 등 제도 정립이 선행되어야 하는 이유이다.

쿠팡의 S-1에 있는 세 가지 리스크

이런 의미에서 쿠팡이 제출한 S-1은 매우 중요하다. 미국은 우리나라와 달리 거래소의 상장심사제도가 없다. 다만 투자자들에게 여러 차례 기업설명활동(IR)을 하고 기관투자가들이 상장 여부를 결정하는 것이다. S-1을 제출했다고 상장되는 것이 아니라 상장 절차를 시작한 것이다. IR에서 그 내용에 문제가 있으면 실패하기도 한다. 소프트뱅크가 투자한 유명한 위워크의 상장 실패가 그 예이다.

또한 상장 이후에도 실적 공시 등을 통해 S-1의 기재 내용과 실제 사업 내용이 달라질 경우 분식회계, 또는 투자자 오도 등으로 소송에 말려들 수도 있다. 따라서 S-1의 내용 중 문제의 소지가 있는 부분을 짚어봐야 한다. 쿠팡을 위해서도 필요하다.

S-1에서 크게 세 가지 정도의 리스크가 보인다. 첫째, 많이 지적된 것으로 쿠팡의 노동자, 즉 플랫폼 노동자에 대해 한국 당국이 노동자가 아니고 독립자영업자로 판정(ruled out)하였다고 명시적으로 설명하는 부분이다. 물론 그 뒷부분에서 국회의 입법, 사법당국의 조치로 노동자로 규정되어 쿠팡에게 부담이 될 리스크도 있다고 쓰고 있긴 하다. 하지만 노동부는 아직 이에 대해 유권해석을 명확히 한 적이 없고 단지 쿠팡이 지방노동청에 그 사안을 문의했지만 답변을 하지 않았다고 전해진다.[2]

이 사안을 명시적으로 표현한 것은 법적으로 리스크가 매우 커질 수 있다. 미국 캘리포니아주는 AB5법에 의해 노동자성을 인정하였다가 작년 대선 때 주민투표에 의해 노동자성이 없는 것(prop22)으로 되었지만, 며칠 전 영국에서는 노동자성을 인정하는 판결이 있었다.

두 번째로 재무제표에서 매입채무(Account Payable)로 인한 현금흐름의 개선과 실적이 호전되고 있음을 강조하고 있다. 그런데 상품매

---

2 최종적으로 제출한 신고서에서는 독립자영업자라고 서술한 부분을 삭제하고 중대재해처벌법이 제정됨에 따른 리스크와 상호출자제한기업 지정에 따른 리스크를 추가했다.

입에 의한 매입채무의 지급은 늦추고 판매에 의한 현금유입은 즉시 반영하는 재무관행은 문제의 소지가 있다. 이는 그 회사의 현금흐름으로 보기 어려운 측면이 있기 때문이다. 쿠팡은 아직 적자인 회사다. 적자인 회사의 현금흐름 개선을 강조하기 위해 매입채무 회계 관행을 강조하는 것은 투자자를 오인케 하는 것이 될 수 있다.[3]

셋째, 상장을 통해 쿠팡이 투자할 대상을 상세히 밝히고 그에 따른 비용 요인을 적고 있는데 이 부분도 오해의 소지가 있다. 쿠팡은 S-1에서 의류 및 뷰티, 전자제품, 생활용품 분야의 자체브랜드(PB) 투자를 확대할 것이라며, 그 이유로 이익률이 높고 향후 수익성 개선에 도움을 주기 때문이라고 신고했다. 이와 함께 이러한 투자는 비용에 따라 대규모 적자요인이었지만 지금은 후발업자가 따라올 수 없는 경쟁력이 되고, 규모의 경제가 달성된 만큼 물류 투자에 대한 비용부담은 크지 않다고 기술하고 있다. 요컨대 이미 규모의 경제에 도달했고 추가투자 비용보다는 신사업의 수익성이 높아 향후 투자전망이 밝다는 것이다.

쿠팡은 초기부터 자사의 사업모델을 아마존과 비교하고 벤치마크의 대상으로 삼았다. 주목할 것은 아마존은 설립 후 약 10년간 흑자를 내지 못한 회사였다는 점이다. 주주들에게 조달한 자금으로

---

3 2021년 일사분기 실적보고에 따르면 상장에 따른 자금유입으로 영업활동순현금흐름이 -USD183백만 현금유출로 영업적자인 유통기업의 정상적인 상태를 보여준다. 반면, 전년동기에는 영업적자인 상태에서 +USD315백만이어서 납품업체 자금을 늦게 주고 판매대금을 자금으로 활용한 것을 알 수 있다. 아마존 같은 플랫폼 기업이 적자에도 불구하고 현금흐름을 유지하는 비결이다.

막대한 물류비용을 투자했고 그 본업에서는 이익을 내기 어려웠다. 그러다 물류처리와 주문정보의 처리 등을 통해 의외의 수익원을 발견했다. 바로 정보를 처리하는 과정에서 얻은 데이터 처리 및 보관기술, 즉 클라우드 서비스다. 아마존 웹 서비스(Amazon Web Service: AWS)가 최대 수익원이 된 것이다.

아마존과 쿠팡의 사업모델은 기존의 사업관행을 파고들어 소비자들이 놀라는 서비스(Wow Services)를 제공함으로써 시장을 장악하는 것을 출발점으로 한다(필요조건). 여기에는 엄청난 비용이 든다. 고객 획득 비용이다. 획득된 고객 및 데이터 처리 능력을 통해 수익원천을 발견한다(충분조건).

그러면 쿠팡의 경우는 어떤가? 아직 명확하지 않다. 자기 브랜드 사업이란 것은 제조업체를 유통업체인 쿠팡의 영향력 아래 놓겠다는 것인데 그러기 위해 필요한 비용은 얼마가 될까. 또 촘촘한 물류센터만으로 가능한 일인지 아직 명확하지 않다. 아울러 데이터 처리의 비용들은 어느 정도인지도 불분명하다. 이런 상황에서 쿠팡이 스스로 밝힌 향후 사업전망은 상당히 낙관적이며, 제시한 사업전망과 실제 실적이 괴리될 때 그 리스크는 매우 커질 수 있다.

다시 한번 아마존의 경우를 떠올려보자. 아마존이 미국 시장을 장악하면서 이제 경쟁상대는 월마트 정도가 남았다. 아마존이 유통 독점을 형성한 결과 미국 유통, 제조업의 생태계는 어떻게 변하였는지 곰곰이 살펴보아야 한다. 미국의 자본시장에서는 분기, 연간

실적보고가 중요하다. 시장의 기대보다 좋은(better than expectation)
경우 주가가 올라가는 구조이다. 예상된 기대와 실적의 관계가 핵
심이다. 언제나 실적보고의 압박을 받는다.

그런데 쿠팡은 아직 적자인 회사이다. 아마존의 AWS와 같은 수익
원을 발견하지 못한다면 그 실적 압박은 비용절감 압박으로 돌아
올 수밖에 없다. 비용의 데이터에 의한 관리, 시간당 생산량(Unit
Per Hour: UPH) 관리가 바로 그것이다. 최근 쿠팡의 노동관리가 사
회적 이슈로 등장하는 이유이다. 상장 후 이런 경향은 나아질까?
이는 쿠팡이 새로운 수익원을 발견하느냐 여부에 달려 있다.[4]

쿠팡의 뉴욕 증시 상장 시도는 좋은 일이지만 차등의결권을 도입
해야 하는 근거가 될 수 없다. 오히려 상장회사의 투자자를 보호할
수 있는, 우리가 발의한 상장회사 특례법 제정 등을 통해 제도를
정비하고 차분히 논의해야 할 사안이다. 동시에 그에 따르는 리스

---

4 우리는 앞에서 플랫폼 사업모델은 고객을 모으는, 즉 비용을 쓰는 모델과 비즈니스 모델은 그 모은 고객을
활용하여 돈을 버는, 즉 수익모델로 봐야 하고 이 두 개가 동시에 충족되는 경우는 적다고 보았다. 이런 의미
에서 보면 쿠팡의 물류센터 구축, 배송업무 등은 비용이 수반되는 전형적인 사업이다. 쿠팡이 기업공개를 한
이상 분기별로 실적과 실적전망을 시장에 보고해야 한다. 쿠팡이 아직 적자인 상황에서 그 기업의 미래상을
보여주기 위해서는 규모의 경제가 달성되어 적자가 축소되는 모습을 보여주는 것이 필요하다. 이런 관점에
서 본다면 물류센터의 비용절감, 즉 UPH 등에 집착하고 안전관리와 같은 비용을 절감하는 데 주력할 수밖에
없다. 이런 의미에서 쿠팡 물류센터에서 감염자가 많이 발생하고 산재가 빈번한 것은 필연적일지도 모른다.
또한 아마존처럼 쇼핑과 관련된 일을 할 경우 매입채무는 부채이지만 현금흐름의 관점에서는 긍정적인 지
표로 매입파워를 보여주는 것이기도 하다. 그런데 2021년 일사분기 실적보고에서 매입채무에 의한 현금흐
름 개선 효과가 더 나빠졌다는 사실을 본다면 쿠팡의 미래에 대해서 아직 낙관적인 평가를 하기 어렵다. 이
런 의미에서 쿠팡은 기업공개를 위한 사업설명서에서 쿠팡 실존적 딜레마(existential dilemma)를 거론하고
있다. 쿠팡의 비즈니스 모델에서 핵심적인 '속도와 신뢰성'을 추구하는 동시에 인건비를 통제해야 하는 딜레
마가 그것이다.

쿠팡 상장 시 차등의결권 문제가 거론되며 차등의결권 도입 주장이 힘을 얻기도 했다. 쿠팡이 한국이 아니라 미국 증시에 상장한 이유 중 하나가 미국 증시의 차등의결권 때문이라는 것이다. 앞에서 지적했듯이 이 주장은 논점을 벗어났다. 그 주식은 델라웨어에 소재한 쿠팡유한회사가 주식회사로 전환되어 뉴욕 증시에 상장하는 것이기 때문이다. 우리나라에 있는 쿠팡은 이 미국 법인의 100퍼센트 자회사다. 처음부터 더 큰 자금조달이 가능한 미국 시장에 상장하는 것을 예정했다고 보는 것이 합리적이다. 다음 글은 쿠팡의 미국 증시 기업공개와 관련하여 그 성격과 공시원칙에 따른 리스크를 지적한 것이다.

"차등의결권은 무엇이며 왜 문제인가"

(전략)

김혜민 PD (이하 김혜민) 그러면 자연스럽게 얘기를 차등의결권으로 넘어갈게요. 왜냐하면 차등의결권도 자기의 경영을 방어하기 위해 아까 말씀하신 대로 눈치 봐야 될 사람들이 너무 많은 거잖아요. 기업의 대표들이. 거기에 있어서 자기의 경영권을 방어하기 위한 하나의 권리인데, 여기에 대한 이야기를 좀 해보고 싶은 거예요. 차등의결권에 대해서 좀 쉽게 설명을 해주시겠어요?

이용우 더불어민주당 의원 (이하 이용우)   가장 쉽게 설명하면 우리가 돈 1천 원짜리가 있습니다. 그런데 5천 원짜리가 있죠. 누구는 5천 원짜리를 가지고 5배의 의결권을 행사하는 거고, 누구는 1주로 1천 원의 의결권을 행사하는, 아니면 1만 원짜리로 해석해서 1만으로 해주는 이런 겁니다.

김혜민   1주에 1의결권이 원래 맞는 거죠?

이용우   네.

김혜민   그런데 차등의결권은 1주에 조금 더 많은 의결권을 주는 거예요.

이용우   창업주나 특별한 아이디어를 가져서 그 사업을 가장 잘 아는 사람한테 너의 공로를 인정해서 나보다 5배 인정해줄게, 10배 인정해줄게, 이런 제도로 변경하는 겁니다.

김혜민 아무나 이 의결권을 가질 수 있는 게 아니라 지금 말씀하신 것처럼 창업주나 회사에 공을 세우거나 아주 중요한 키를 가진 사람이 가질 수 있는 거죠?

이용우 그건 회사에 결의하기 나름입니다. 주주가. 이렇게 1천 원짜리를 5천 원으로 인정해주려면 다른 주주들이 다 인정해주는 게 상례거든요. 그니까 차등의결권을 도입할 때 원래 기본원칙은 100퍼센트 주주 동의가 필요한 사안입니다.

김혜민 쉬운 일은 아니네요?

이용우 쉬운 일이 아닙니다.

김혜민 지금 그런 이야기를 들어봤을 때 차등의결권이 취지는 나쁜 것 같지는 않은데, 이걸 왜 이 시점에 도입하기로 했는지 배경을 듣고 뒷얘기로 이어가면 좀 더 이해가 더 빠를 것 같아요.

이용우 벤처회사나 여러 회사들이 투자를 받을 때 돈을 받으면 자기 지분율이 희석되죠. 그러다 보니까 희석되고 다른 사람들이 경영에 간섭하는 게 싫으니까 나는 특별한 권리를 가진다, 예컨대 이재용 부회장은 나는 특별한 권리를 가진다를 인정해주는 겁니다.

일종의 계급을 인정해주는 거라고 보시면 됩니다.

김혜민   그런데 이재용 부회장이 이거 가질 수 없는 거 아니에요?
비상장벤처기업 창업경영주들만 가질 수 있는 거잖아요.

이용우   현재 정부에서 논의되고 있는 거는 비상장벤처회사, 그리
고 4분의 3의 동의, 그리고 1회 한해서 할 수 있고, 10년 이내에 상
장할 때는 없어지는 아주 제한적인 조치입니다.

김혜민   까다롭고 제한적인 조치네요. 그럼 저는 비상장벤처기업
창업경영주에게 복수의결권을 주고 경영권을 중소벤처기업들이
방어할 수 있다면 좋은 거 아닌가? 이런 생각이 들거든요. 그리고
이렇게 까다롭고.

이용우   그런데 원래 현행 제도로도 이게 가능합니다. 굳이 이 제
도를 도입하지 않더라도, 예를 들면 우리 같이 동업을 했어요, 아
이디어가 있으면 제가 5천만 원을 내고, 2천 5백만 원을 내고 같은
지분을 가져도 됩니다. 두 사람이 동의하면. 그러면 그 자체로도
벌써 두 배의 의결권을 준 거예요. 그러다가 회사가 잘 돼서 벤처
투자를 누군가한테 투자를 받는다 그럴 땐 5배, 10배 그러면 그 사
람은 10배의 돈을 내고 의결권을 10분의 1을 가져가는 거잖아요.

현행 제도에서 충분히 가능한데 굳이 이런 복잡한 제도를 도입할 이유는 없다는 거죠.

김혜민 그런데 왜 굳이 이걸 하겠대요? 지금 홍남기 기획재정부 장관도 벤처기업의 투자를 위해, 활발한 사업을 위해 하겠다 이러거든요.

이용우 저는 그 자체가 잘못됐다고 봅니다. 아까 말씀드릴 때 5천 원, 1만 원짜리를 누가 가지고 있고, 내가 투자를 한다면 저는 한 주니까 10분의 1의 가치로 투자를 하지, 그걸 똑같은 가치로 투자를 할 이유가 없거든요. 그렇기 때문에 그 자체가 논리 모순에 빠져 있는 거라고 보입니다.

김혜민 그런데 중소기업, 벤처기업들 입장에서는 되게 원할 것 같다는 생각이 드는데 어떠세요?

이용우 오늘도 그렇고, 어제 중견기업이나 이렇게 이야기를 합니다. 그 말은 한마디로 자본시장에 나와서 주주를 모시면서 그 사람들을 주주 대접을 안 하겠다는 거하고 똑같은 이야기입니다. 그러니까 차등의결권을 내가 10주를 가지고 있는, 가치를 가지고 있는데, 너는 10분의 1만 인정해 그러면 10분의 1 가치로만 해주면 되거든요. 그런데 그게 아니고 나는 특별한 지위라는 걸 요구하는 거에 불과합니다.

(중략)

김혜민　홍 부총리는 일단 이게 편법적인 지배력 강화 수단으로 악용되는 걸 철저하게 방지하기 위해서 여러 가지 복수의결권 행사를 제한하겠다, 하고 얘기하고 있거든요.

이용우　그래서 75퍼센트 규정이 나오는데, 사실 75퍼센트의 규정이 근거가 별로 없습니다. 사실 지분율에서 가장 중요한 게 50퍼센트, 3분의 2, 그다음에 100퍼센트인데 갑자기 왜 75퍼센트일까? 뭔가 안 좋다는 걸 인정하고 있는 사안이다, 숫자가 근거가 없습니다.

김혜민　분명히 악용되는 거를 알고 있다, 말하지는 못하지만. 무슨 제도가 추진되면 명과 암은 있지 않습니까? 암을 줄여가는 게 맞는 거지만. 정부 입장에서는 얻는 게 더 많다고 생각하는 게 아닐까요?

이용우　저는 왜 그런 생각을 하는지 잘 모르겠습니다. 자본시장에서 아까 동학개미도 얘기했지만, 누군가는 특별대우를 해달라 그러면 이 사람들, 시장에 참여하는 사람을 차별하는 행위가 되거든

요. 이거는 말이 안 되고 그다음에 외국에서 그렇게 돼 있다, 예컨
대 구글이나 창업할 때 100퍼센트 동의해서 했던 것들이고요. 특히
미국 같은 데 그게 있을 때 뭔가 차별적인 행위나 잘못된 행위를
했을 때 주주소송이나 이런 걸 통해서 빨리 그걸 시정해줄 수 있는
그런 장치들이 주변에 잡혀 있습니다. 그런 장치가 있는데 우리한
테는 그런 장치가 없다는 거죠.

(후략)

〈YTN라디오 생생경제〉 인터뷰 중, 2020.10.29.

장기투자에 의결권을 더 주자는 견해에 대해

차등의결권과 함께 나오는 주장 중에는 장기투자에 대해 인센티브
를 주자는 주장이 있다. 이를테면 단기차익 목적의 외국계 주주(행동주
의 투자자 및 외국계 펀드) 지분이 높을수록 배당, 자사주 매입으로 내부
자금을 써서 기업 투자가 낮아진다는 외국인 지분(단기투자자)과 저투
자 사이에 상관관계가 있다는 주장들이 존재한다. 하지만 과거 한국의
대기업들은 소액주주가치를 평가하는 데 인색했다. 지나치게 낮은 배
당률은 정상화 단계에 들어서 있다.

투자에는 금융투자(인수합병지분투자), 실물투자, 인적자본투자 등이

있다. 그런데 위의 주장과 연구에서는 이를 다 포괄해서 분석한 것인지 결과에 의문이 든다. 예를 들어보자. 장기투자자 지분이 높다고 기업경영 성과가 좋다는 주장이 검증된 바 없다. 이는 자칫 대주주 지분이 높으면 기업경영 성과가 더 좋다는 논리로 오도될 수 있다.

기업의 경영 성과는 장단기 목표의 설정, 그리고 이를 균형적이고 전략적으로 추진한 결과로 열매를 맺게 된다. 주주들의 장기투자를 이끌어내려면 투명한 정보를 제공하고 주주가치를 정당하게 제공하는 기업 경영진의 노력이 선행요건이다. 선행요건이 갖춰져야만 주주의 신뢰를 얻을 수 있다. 적정 수준의 경영권 보호도 필요하지만, 한국 상황에서는 투명한 기업 지배구조와 균형적 견제가 더 필요하다.

2014년 프랑스는 플로랑주법Florange Act을 제정했다. 플로랑주법은 2년 이상 보유한 상장기업 보유주식에 대해 의결권을 2배Double Voting Rights 부여할 수 있도록 하는 법이다. 단, 주주들이 다수결(3분의 2)에 의해 이 방침을 거부할 수 있으며, 단기주주들의 영향력을 제한해서 장기적인 관점에서 기업경영을 유도하기 위한 목적으로 제정했다.

프랑스에서 많은 회사가 도입했지만 법안 제정 취지와 무관하게 투자자들이 외면했다. 도입 후 장기투자를 하는 외국주주는 오히려 감소했고 일반투자자들도 이를 도입하지 않은 기업의 주식을 선호하는 현상이 나타났다.[5]

---

5 Thomas Bourveau, Francois Brochet, and Alexandre Garel, "The Effect of Tenure-Based Voting Rights on Stock Market Attractiveness: Evidence from the Florange Act", Mimeo. Columbia University, New York, 2019.

기업주도형 벤처캐피털 Corporate Venture Capital: CVC

우리나라 공정거래법에는 금산분리 규정이 있다. 즉 일반지주회사는 자회사나 손자회사로 금융회사를 보유할 수 없고, 금융지주회사는 반대로 자회사나 손자회사로 일반회사를 보유할 수 없다. 이 금산분리 규정이 중요한 이유는 금융회사는 고객의 자금을 받아 다른 고객에게 돈을 빌려주는 일종의 자원배분을 하는 곳이고, 일반회사는 그 자원을 빌려 쓰는 주체다. 자원배분을 하는 심판(금융)과 자원을 사용하는 선수(일반회사)가 같은 팀이면 안 된다는 아주 기본적인 원칙을 정의하고 있기 때문이다.

일반지주회사는 금융회사인 벤처캐피털을 보유할 수 없는데 벤처투자 활성화를 명분으로 일반지주회사가 벤처캐피털을 보유할 수 있게 하자는 주장이 나오기 시작했다. 2018년 5월 10일 김상조 당시 공정거래위원장이 대기업의 벤처투자와 인수합병M&A을 활성화하기 위해 일반지주회사에 금융회사로 분류되는 CVC를 둘 수 있도록 허용하겠다고 발표했다. 반면에 시민사회단체들은 일반지주회사가 벤처캐피털을 보유하게 될 경우 대기업집단에의 경제력 집중 현상이 심화되고 편법적인 경영권 승계의 수단이 될 가능성이 있다며 반대 목소리를 높이고 있었다.

그런데 2020년 7월 30일 관계부처 합동으로 '일반지주회사의 CVC 제한적 보유 추진방안'을 발표했다. 주요 내용은 벤처투자 확대, 벤처 생태계의 질적 제고 및 벤처·대기업 동반성장을 명분으로 일반지주회사가 CVC를 보유하도록 허용하되 투자행위만 허용(타 금융업 금지), 지주회사가 지분 100퍼센트를 보유한 완전자회사로 설립, 차입규모 제한(자기자본의 200퍼센트) 및 펀드 조성 시 외부자금 출자는 40퍼센트로 제한하고 총수 일가의 사익편취를 막기 위해 소속 기업집단 총수 일가 지분보유 기업 투자금지를 조건부로 하겠다는 것이었다. 그런데 구글 등 선진국 사례를 보니 구글의 지주회사인 알파벳이 전액 출자하여 설립한 기업주도형 벤처캐피털인 구글벤처스는 지주회사 알파벳이 100퍼센트 출자한 펀드를 통해 활발하게 벤처기업에 투자하고 있었다. 반면 국회에 발의되어 있는 다른 의원들의 법안을 보면 대부분 아무런 제한 없이 일반지주회사가 CVC를 보유할 수 있게 허용하자는 내용이었다. 그러나 법안을 준비할 때 대기업집단에 경제력이 집중되는 현상과 편법승계에 악용될 가능성을 배제할 수 없게 된다는 점을 고려하게 되었다. 이에 미국처럼 금융기능은 없애고 순수 투자행위만 할 수 있는 CVC를 허용해야 한다고 판단을 내렸다. 고심 끝에 법안을 준비해 2020년 6월 25일 공정거래법 개정안을 대표 발의했다.

필자가 발의한 법안은 미국의 경우와 같이 100퍼센트 자회사 요건을 갖추고 외부자금을 끌어들이도록 하지 못하는 것이지만, 미국은 규정이 없다. 규정이 없더라도 기업이 스스로 이러한 지배구조를 구성한다. 그 이유가 무엇일까? 분쟁이 발생했을 때 소수주주가 집단소송을 할 수 있는 다중대표소송제도와 징벌적 배상제도가 존재하기 때문이다. 필자가 다중대표소송과 징벌적 배상에도 관심을 갖는 이유다.

독점규제 및 공정거래에 관한 법률 일부를
다음과 같이 개정한다.

제8조의2에 제8항 및 제9항을 각각 다음과 같이 신설한다.

⑧ 제2항 제5호의 규정에도 불구하고 아래 각 호의 모든 조건을 충족할 경우 일반지주회사는 「벤처투자 촉진에 관한 법률」에 따른 중소기업창업투자회사의 주식을 소유할 수 있다.

1. 일반지주회사가 중소기업창업투자회사가 발행한 주식의 총수를 소유할 것

2. 「벤처투자 촉진에 관한 법률」 제37조 제1항에서 규정한 각 호의 사업만을 영위할 것

3. 벤처투자조합의 조성은 지주회사의 계열사 또는 자기자본 출자로만 할 것

4. 중소기업창업투자회사가 동일인 및 직계가족이 지분을 보유하고 있거나 사실상 지배하고 있는 벤처기업에 투자하지 않을 것

⑨ 제8항에 따라 일반지주회사가 중소기업창업투자회사의 주식을 소유하는 경우에는 그 중소기업창업투자회사의 투자 현황, 자금대차관계, 특수관계인과의 거래관계 등을 포함하여 대통령령으로 정하는 사항을 공정거래위원회에 보고하여야 한다.

이후 필자가 대표 발의한 내용이 대폭 수용된 대안이 2020년 12월 9일 국회 본회의를 통과했다. 이번 CVC 사태를 겪으며 한 가지 크게 깨달은 바가 있었다. 판사는 판결문으로 말해야 하듯이 국회의원은 법안으로 말해야 한다는 것이다.

CHAPTER 6

삼성과
공정거래

삼성의 숙원사업, 자동차

필자는 삼성그룹과 많은 인연이 있었다. 대학원에 진학했을 당시 사회과학, 경제학 쪽에서는 지금은 진부할 수도 있는 이른바 '사회구성체 논쟁'이 있었다. 이 논쟁은 다분히 사변적이었는데 필자는 구체적으로 우리 경제가 어떠한지 보는 것이 중요하다고 생각했다. 그래서 경제학과 사회학 분야 대학원에서 공부하는 사람들이 모여서 우리 경제를 구체적으로 분석하는 연구를 계획했다.

당시 분석 대상으로 삼았던 것은 바로 자동차산업이었다. 1980년대 초 중화학공업 투자 구조조정에 의해 자동차산업이 재정비되었다. 대우자동차는 GM과 합작하여 승용차와 상용차를, 현대자동차는 독자적으로 승용차와 상용차를, 그리고 기아자동차는 상용차 생산에 특화했다. 또 동아자동차(현 쌍용자동차)는 특장차에 집중하기로 했다. 하지만 1985년부터 그 특화가 완화되었다. 대우는 월드카를 지향하며 '르망'을, 현대차는 '액센트'를 생산하기 시작했으며, 포드와 협업한 기아자동차는 '프라이드'를 생산하는 등 경쟁체제가 도입되었다.

당시 국내 기술로는 엔진을 자체생산하지 못했다. 대우, 기아는 GM과 포드의 생산기지가 되었고, 현대자동차는 미쓰비시의 엔진을 사용하면서 자체 엔진 개발에 심혈을 기울였다. 기계산업의 꽃이라는 자동차산업이 선진국의 도움 없이(즉 종속되지 않고) 성장할 수 있느냐가 쟁점이었다. 이 문제를 살펴보기 위해 현대, 기아, 대우자동차 현장을 방문하여 현장의 현실을 직접 보면서 연구를 진행했었고 연구의 결실을 엮어 단행본 《한국자본주의와 자동차산업》으로 출간하기도 했다.[1] 그 과정에서 자동차산업 전반에 대한 이해도를 높일 수 있었다.

현재 진행 중인 삼성생명법(보험업법) 관련 문제도 여기서 출발한다. 삼성그룹의 자동차산업 진출이 그것이다. 1994년 12월 5일, 삼성그룹은 숙원사업이었던 자동차산업 진출을 언론을 통해 공식 발표했다. 이 날 삼성그룹의 승용차사업을 총괄했던 21세기 기획단 김무 대표이사 부사장(당시 삼성중공업 대표이사)은 기자회견을 열고 1995년 6월 부산 신호공단에 승용차 공장을 착공해 2002년까지 연간 50만 대의 생산 능력을 갖추겠다고 밝혔다.

---

1 한국산업사회연구회(류재헌, 조형제, 신상숙, 이용우, 전병유), 《한국자본주의와 자동차산업》, 풀빛, 1988.

필자가 서울대에서 박사학위를 마치고 1995년 현대경제연구원에 입사했을 때 현대그룹에게 삼성의 자동차산업 진출은 발등에 떨어진 불이었다. 그룹 종합기획실은 비공개적으로 이 사안을 심층적으로 검토해야 한다는 과제를 맡게 되었고, 분위기는 상당히 심각했다.

"삼성은 (자동차산업) 망하는 길로 가게 될 겁니다."

내 답은 짧고 굵었다. 1995년으로 잠시 돌아가보자. 현재의 전기차, 수소차와 같이 전자부문이 자동차산업에서 차지하는 비중은 크지 않았다. 자동차산업은 기계산업이었다. 톱니바퀴를 예로 들어보자. 서로 맞물린 톱니에 작은 오차가 있다면 기계 전체는 효율적으로 작동하기 어렵다. 연구개발과 실물 공정과정이 정확히 맞아떨어질 때까지 오랜 노하우가 축적되어야 한다. 학습효과learning curve가 있어 단층적 발전을 하는 전자산업과는 다른 지점이 있다. 학습효과는 특정 기술이나 지식이 실제 공장에서 구현되기까지 걸리는 학습비용과 시간을 의미한다. 기계산업에서 학습효과는 시뮬레이션으로 끝나는 게 아니라 같은 제품을 만들어 끊임없이 확인하는 과정을 거쳐야 한다.

굴삭기를 예로 들어보자. 당시 굴삭기는 현대중공업보다 대우가 더 잘 만들었다. 굴삭기가 효율적이고 반복적으로 작동하기 위해서는 앞부분을 구성하는 버킷bucket, 암arm, 붐boom이 견고하면서도 유연해야 한다. 쇠로 만든 기계가 유연하려면 부품끼리 한 치의 오차 없이 맞물려 잘 돌아가야만 견고하고 효율적으로 작업할 수 있다. 경쟁력을 갖춘다는 말이다. 그런데 암을 내릴 때 기름이 많으면 헐렁거리고 기름이 없으면 빽빽해서 작동이 잘 안 된다. 현대중공업에서는 어떻게 하면 헐렁거리지도 않고 뻑뻑하지도 않게 할 수 있을까에 고민이 집중되어 있었다. 어느 날 일본의 기술자와 대화를 하던 중 암 사이에 미세한 홈을 만들어 윤활유를 부으면 적당한 양만 남고 빠져버린다는 사실을 알게 되었다. 하지만 이를 구현해내려면 쉽지 않았다. 일본의 기술자가 무심코 내뱉은 말이지만, 대화 속에는 숱한 시행착오라는 고난의 시간이 배어 있었다. 기계산업의 특징이기도 하다.

만약 5년 전쯤(2015년경) 삼성이 자동차산업에 진입했다면 이야기는 달라진다. 내연기관이 전기자동차로 바뀌면서 구동체계 자체가 전환되는 시점이었으니 말이다. 그럼에도 불구하고 쉽게 성공하기 어려운 분야라는 사실은 분명하다. 자동차산업은 자체적으로 새로운 차종을 개발하는 데 전자제품보다 더 오래 걸린다. 연구개발research and development: R&D을 거쳐 공장의 한 라인에서 30만 대 이상이 나와야만 신차가 생산과 소비라는 시장 시스템을 갖출 수 있기 때문이다.

삼성자동차 관련 이슈는 첫 직장에서 추적한 덕분에 전말을 알게 되었다. 현대경제연구원에서는 주로 삼성이 한다고 발표한 사업의 타당성을 검토했고, 검토 결과로 내린 결론은 '삼성자동차는 성공할 수 없다'였다.

대우그룹의 '세계경영'도 주목을 받고 있던 터라 이에 대한 분석도 진행하게 되었다. 재무와 각종 실적 자료를 모아서 분석해보니 이상한 점이 많았다. 당시 그 어느 회사도 이익을 제대로 내지 못하는데 전 세계로 공장을 짓고 해외진출을 거듭하는 것이었다. 이런 것이 가능할까 하는 의문이 들었다. 지속적인 차입과 지급보증이 맞물려 있었다. 어느 한쪽에서 차입을 할 수 없으면 그룹 전체가 흔들릴 수 있는 상황이 었다.

대우가 내건 경영 모토 '세계경영'의 중심에 대우자동차와 (주)대우가 있었다. 제조업으로 세계 각지에 진출했던 대우자동차의 상황은 이런 면에서 더욱 심각했다. 당시 이런 것이 IMF 외환위기로 이어질 것이라는 예상은 미처 하지 못했지만, 무엇인가 심각한 문제가 발생하고 있다는 사실은 감지할 수 있었다.

사실 현대그룹의 상태도 그리 좋은 상황은 아니었다. 고 정주영 회장의 정치권 진출 시도로 현대그룹은 정부의 견제를 받고 있었다. 신규사업 진출에 어려움을 겪었고, 산업은행 등을 통한 차입도 어려웠다. 어쩔 수 없이 긴축경영을 해야 할 상황이었다.

IMF 외환위기가 터지기 직전 대우자동차의 상태가 좋지 않았고, 삼성자동차의 성공 가능성이 매우 희박한 상황에서 현대자동차는 어떤 선택을 해야 하는가 하는 질문이 제기되었다. 당시 현대그룹 종합기획실에 근무하고 있었던 터라, 자동차산업을 연구했던 필자에게 이와 같은 질문이 집중되었다. 삼성그룹의 삼성자동차가 안착하기 위해서는 어떤 전략을 쓸까? 입장을 바꾸어 생각해보았다. "삼성이 자동차산업에서 살아남으려면 기아차를 인수합병할 수밖에 없겠구나." 주변에서는 "설마"라며 말도 안 되는 일이라고 손사래를 쳤지만, 내 판단은 달랐다.

1997년 4월, 내 생각이 옳았다는 징후가 포착되었다. 삼성그룹이 방계 금융사를 활용해 기아자동차 지분을 매집하고 있었다. 당시 기아자동차는 대우, 삼성자동차보다는 건실했지만 경영의 취약성을 드러내고 있었다. 이런 상황에서 삼성그룹이 지분을 매집하고, 김선홍 회장이 경영권 방어를 위해 핵심영역과 관계없는 사업 확장을 하면서 상황은 더욱 악화일로에 있었다.

만일 삼성자동차가 기아자동차를 인수하게 된다면 현대자동차는 어떤 운명을 맞을까? 필연적으로 대우자동차를 인수할 수밖에 없게 될 것이다. 결국 대우자동차의 부실을 떠안을 수밖에 없다는 결론에 이르렀다. 최악의 결론이었다. 이를 피하기 위해서는 삼성자동차가 쉽게 기아자동차를 인수하는 것을 막아야 했다. 현대그룹으로서 최선의 방안은 현대자동차가 기아자동차를 인수하는 것이고 이를 위해서는 현대그룹이 기아자동차의 백기사가 되어야 했다. 현대차도 나섰다. 방계 계열사를 통해 기아차 주식 매집에 나섰고 이러한 과정을 통해 기아자동차 인수에 이르게 되었다.

짖는 개는 물지 않고, 무는 개는 조용하다

대기업의 상호지급 보증, 부채비율 등 대기업의 경영에 문제는 이미 누적되어 있어 폭탄 돌리기를 하고 있던 상황이었다. IMF 외환위기가 터지고, DJ 정부가 들어서면서 대기업의 구조조정이 단행되기 전에 이미 현대그룹은 계열사들을 소그룹으로 나누고 독립경영을 준비하고 있었다.[2]

---

2 5개 소그룹으로 나누는 일이었는데, 상속과 맞물린 것이었다.

그림 6-1 현대차 그룹 의결권총액발행 주식 기준

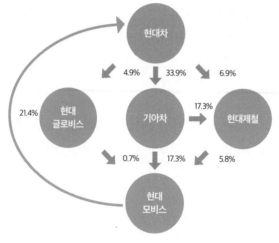

2020.9.30 기준

　현대자동차는 기아자동차를 인수한 후 자동차플랫폼(엔진/섀시) 통합개발, 현대차와 기아차의 상품 포지셔닝 차별화, 현대/기아차 계열사 통폐합 및 구조조정을 단행했다. 이 과정에서 '현대차-기아자동차-현대모비스-현대차'의 순환출자구조가 만들어졌지만 정상은 아니었다. 정리하는 데 시간이 필요했다.[3]

　한편 기아자동차 그룹을 인수하고 계열사 지분 및 사업을 재정비하

3　2017년 순환출자를 해소하고 대주주 지분율을 높이기 위해 모비스를 최상위 지배회사로 두는 '사업 지배회사체제'를 추진했다. 그러나 당시 모비스 분할 비율(존속 0.79 대 분할 0.21) 및 글로비스와의 합병비율(모비스 분할 0.61 대 글로비스 1)이 글로비스 대주주인 총수 일가에게 유리하고 모비스 주주에게 불리하게 추진되었다. 모비스 주주에게 불리하게 되자 헤지펀드인 엘리엇을 필두로 ISS, 한국기업지배구조원 등 국내외 의결권자문사와 기관투자자들의 반대로 무산되었다. 아직도 남아 있는 과제 중 하나다. 이에 대해 우리는 2020년 공정거래위원회에 현대차 그룹이 순환출자 구조를 해소할 계획을 갖고 있는지 서면 질의한 바 있지만, 현재까지 현대차 그룹은 그 개선방안을 제시하지 못하고 있다.

면서 재벌의 지배구조에서 핵심적이면서도 위험성이 높은 사안을 더욱 깊게 보게 되었다. 바로 상호지급보증, 순환출자, 일감 몰아주기 등 공정거래법에서 핵심 쟁점으로 떠오르는 문제들이다. 이 문제를 제대로 정비하지 못하면 재벌, 즉 대기업집단은 다시 IMF와 같은 위기에 빠질 수밖에 없다.

IMF 외환위기 이후 구조조정 과정에서 삼성 이건희 회장은 채권단에 자신이 보유한 삼성생명 주식을 일부 제공했다. 생명보험 주식의 가치평가 문제에 주목하게 된 계기였다. 이 문제는 추후 보험업법의 문제가 되어 현재에 이른다.

한편 삼성생명에 얽힌 사안을 살피다 보니 현재까지 문제가 되고 있는 삼성SDS의 전환채권인수 등 이재용 부회장 상속 문제에도 눈을 돌리게 되었다. 또 하나의 중요한 쟁점도 이 과정에 등장했다. 바로 금산분리 문제였다. 금산분리 관련 사안은 1997년 현대그룹 종합기획실에서 직접 경험한 바 있었다.

IMF 외환위기의 원인 중 하나는 재벌계 종합금융사가 단기로 외화자금을 조달(일부 종금사에만 외화자금 조달 기능)하여 동남아시아 등 신흥개도국에 장기투자했다가 만기 불일치mismatch로 부실 투자가 발생한 것이다. 금융의 핵심인 부채만기관리에 실패한 것이었다. 이는 중국의 그림자 금융 이슈와 유사하다.

현대그룹도 계열사로 현대종금을 두고 있었는데 IMF 직후 단기자금 만기가 돌아와 다른 계열사가 이를 대신 막아줄 수밖에 없었다. 결국 위험에 빠지는 전 계열사를 보고만 있을 수밖에 없었다. 금융사와 제조업체가 한 그룹에 있기 때문에 전체 그룹이 위기에 빠지는 구조가 갖는 한계를 절실하게 체험했다. 혹자는 금산분리 원칙은 낡았다고 주장한다. 하지만 금산분리는 당연히 지켜져야 할 자본시장의 원칙이다. 기업이 은행에서 대출을 받는 경우를 생각해보자. 은행은 신용평가를 하고 대출을 받는 기업은 그 자원을 쓰는 주체다. 다시 말해 은행은 심판이고 기업은 선수인데 이러한 심판과 선수가 같은 팀이라면 어떻게 되겠는가. 이것이 금산분리 원칙의 핵심이다.

금산분리 원칙이 바로 서야 공정한 금융거래 환경을 조성할 수 있다. 당시 금융이 제대로 돌아가지 않으면 좋은 회사들이 망하게 된다는 사실을 체감하게 되었다. 결국 수신업무를 할 수 있는 특혜성 논란, 저금리 단기자금을 들여와 고금리로 장기 대출하는 행태의 장기화 등 외환위기의 주범으로 몰린 탓에 종합금융회사는 대부분 구조조정의 대상이 되었다.

2000년 현대자동차를 떠나 현대투신운용으로 옮겼다. 현대투자신탁증권은 3투신(한국, 대한, 국민) 중 하나인 국민투자신탁을 현대그룹이 인수한 것으로서 투신상품(금융상품=펀드)을 운용하고 판매하는 금융회사였다. 당시 금융당국은 펀드를 운용하는 회사(투신운용사)와 펀드를 판매하는 회사(신탁증권회사)는 이해상충이 발생하기 때문에 회사를 달리해 인수하게 했다.[4]

IMF 위기의 직격탄이 투신사에 떨어진 것이다. 투신사는 기업들이

---

4 현대투신증권과 현대투신운용으로 법인 분리되었다. 증권이 모회사, 운용이 자회사로 이해상충을 해소한 것은 아니었다.

발행하는 채권, 주식 등을 인수하여 이를 운용하는 상품을 고객에게 파는 금융회사다. 당시 투신사가 인수하는 채권은 장부가(즉, 발행가)로 평가하고 있었는데 채권이 부실화되면 금융사가 고객에게 주어야 할 돈은 장부가로 그대로 지불해야만 했다. 그러나 그들이 인수하여 운용하는 채권은 대기업의 부실로 인해 그 가치가 현저히 모자라는 것이다. 예를 들어 회사가 주어야 할 채무가 100인데 그들이 갖고 있는 채권은 거의 0에 가까웠다. 이른바 시가 평가와 장부가 평가의 괴리가 부실해진 결과였다. 현대투신운용에 몸담고 있을 때 이런 상황에서 투신사와 투신증권을 매각할 수밖에 없었다. 투신사가 기능을 하지 못해 자본시장 자체가 작동되지 않자 IMF 위기 이후 진행된 구조조정 작업이 불가능해진 것이다. 정부가 부실기업에 수조 원의 공적자금을 투입해 비로소 자본시장이 작동하게 되었다. 공적자금 투입을 통해 부실을 청산하는 일이 수반될 수밖에 없었다.

우선적으로 현대투신 매각 작업이 진행되고 있었다. 엄청난 공적자금이 투입된 반면 그 매각가격은 형편없이 낮았다. 이를 인수한 곳은 외국계 자본이었다(AIG가 관심을 가지고 인수 논의가 진행되다가 성사되지 못했고, 이후 푸르덴셜이 인수했다).

자본시장에서 핵심기능을 수행하는 자산운용사를 외국 기업에 넘기는 과정에 엄청난 공적자금이 투입되는 것을 보면서 '우리나라 금융사가 하면 안 될까?' 이런 의문을 가졌다. 이를 할 수 있는 우리나라 금융사가 어디일까 찾던 중 동원증권의 대주주와 만나게 되었다. 비슷한 생각에 공감하면서 동원증권으로 이직을 결심, 남은 두 개의 투신사,

즉 한국투자신탁과 대한투자신탁 중 하나를 인수하는 작업에 들어갔다.

동원증권을 선택했던 이유는 금융으로만 기업을 운영하고자 하는 대주주의 비전이 큰 몫을 했다. 물론 대주주가 필자의 견해에 공감하기도 했지만, 당시 금융당국의 정책목표, 즉 재벌이 아닌 금융만을 전업으로 하는 금융전업그룹을 설립하고자 하는 목표가 그에게 있었다. 동원증권은 금융전업그룹으로 전환할 수 있는 기업 가운데 하나였기 때문이다.

당시에 금융전업그룹으로 성장할 수 있는 그룹으로는 뮤추얼펀드로 급성장하기 시작한 미래에셋증권, 동원그룹, 신영증권, 대신증권, 동양증권, 교보생명 등이 있었다. 그중 동원그룹과 인연이 닿았던 것이고, 또 대주주가 이와 같은 견해에 공감하고 결정해주었기 때문이다.

동원증권이 살아남으려면 금융을 전업으로 하는 그룹을 만드는 게 방법이었다. 동원산업이 지분을 많이 가지고 있는 동원증권이 계열 분리를 해야 한다는 결론에 이르렀다. 이유는 두 가지였다. 동원산업과 동원증권 모두 상장회사인 데다 동원증권의 주가가 어느 수준 이상 올라가면 동원산업은 신고되지 않은 지주회사가 돼버린다. 지주회사의 요건에 총자산 중 자회사 지분가액 비율(지주비율)이 50퍼센트를 넘어야 성립된다는 항목이 있다. 이미 20퍼센트를 가지고 있으니 주가가 오르면 가치가 올라가므로 불안해진 것이다.

금융지주회사를 만들고 계열 친족 분리를 하면 충분히 이 상황을 벗어나고 투신사 인수에 좋은 자리를 선점할 수 있다고 보았다. 당시 동원그룹 회장이 1991년에 100억 상당의 상속세를 내고 아들들에게 지분을 넘겨 났다. "이거 잘됐다. 에버랜드와 같은 논란 없이 가능하겠구나"라고 판단했다.

계열분리를 하지 않았다면 인수할 때 경쟁자가 많아지고 결국 동원그룹 전체가 복잡해질 것이라고 설명했다. 계열분리해서 100퍼센트 자회사 만들면 이사회 결의와 주총을 거쳐 배당을 하면 쉽게 자금조달이 가능할 수 있으니까 간단했다. 한국투자신탁증권과 대한투자신탁증권 인수전에 그렇게 뛰어든 것이다.

"짖는 개는 물지 않는다", "빈 깡통이 요란하다"는 말이 있다. 능력이 되지 않으니 소리라도 내보자는 격이다. '무는 개'는 조용히 상황을 파악해 기회를 놓치지 않는다. 그렇게 해서 2003년 1월 동원증권은 한국투자신탁증권의 인수를 추진해 (주)한국투자금융지주로 간판을 바꿔 달았다. 당시 주변에서는 비판의 목소리가 높았다.

한국투자신탁증권과 대한투자신탁증권 둘을 놓고 비교했다. 재무상태표로 분석해보니 한투가 답이었다. 하나은행이 어부지리로 대한투자신탁을 인수합병해 하나금융투자가 된 것이다. 여기서 끝이 아니었다. SK생명, 동양생명, 교보생명 등 금융권의 문제는 계속되었다. 금융권에 대한 재벌 대주주의 관심은 떼려야 뗄 수가 없다. 안정적인 자금조달을 위해서는 금융사를 가지고 있어야 하기 때문이다. 금융사를 가지고 있으면 시가발행, 전환사채나 신주인수권부사채발행주식을 이용해서 자기 지분을 확보하는 '에쿼티 파이낸스equity finance' 기법을 활용하기 쉽다. 재벌 대주주들이 자금 없이도 이런 방식으로 할 수 있는 데는 지배구조의 허점을 이용하기 때문이다. 우리가 지배구조 문제에 천착하는 이유도 여기에 있다.

생보사는 누구의 것인가?

은행은 주주의 것이 아니고 은행의 CEO는 고객의 예금에 대한 책임도 있고, 예금보험에 의해 보호되기 때문에 감독기관에 의해 엄격히 규제된다.[5] 생명보험업도 비슷한 성격을 갖는다. 생명보험회사가 주식회사의 형태를 띠고 있다고 하더라도 그 내용은 주식회사와 많이 다르다. 생명보험회사는 보험료를 납입하는 계약자들의 상호부조적 성격을 본질적으로 갖고 있다. 여러 명의 계약자들이 향후 발생할 사고에 공동으로 대비해 돈을 납입했다가 그 계약자 중 어느 사람에게 사고가 발생하면 그 손실을 보전하는 것이다. 문제는 사고의 발생이 확정되어 있는 것이 아니라는 점이다. 미래의 일이다. 그러면 납입해 둔 자금과 실제 손실액의 차액은 누구의 것일까? 바로 계약자의 것이 된다. 생보사의 계약자배당 문제가 생보사의 본질과 관련된 것임을 알 수 있다. 여기서 어떤 생보사의 주주가 자기자본으로 10을 납입하고 계약자들이 10을 납입한 경우를 상정해보자. 이 돈으로 미래에 벌어질 어떤 사고에 대비하는 경우 전체 자금 20을 어딘가에 보관해 두어야 할 것이다. 은행에 맡길 때에는 이자를 받게 되고 건물을

---

5 은행업의 이런 특성은 이 책의 4부 '카카오뱅크'를 다루는 곳에서 구체적으로 볼 것이다.

사면 건물의 임대료와 건물의 가치 상승분을 취할 수 있으며 주식에 투자할 경우는 주식 상승분(또는 하락분)을 얻을 수 있는 권리를 갖게 된다.

이제 투자한 주식의 가격이 10,000원에서 20,000원이 되었다면 주가 상승분 10,000에서 주주가 요구할 권리는 얼마일까? 오로지 주주의 것인가? 계약자가 가져야 할 부분은 얼마일까? 논리적으로는 주주와 계약자가 각각 5,000원의 권리를 갖는 게 타당할 것이다. 생보 상품은 이렇게 운용한 결과의 일부를 계약자에게 주어야 한다. 기본적으로 유배당상품인 것이다. 배당을 하지 않는 것을 명확히 하는 상품은 무배당상품이다. 유배당상품은 손실분도 그 비율에 의해 공유하는 반면 무배당상품은 손실분을 오로지 주주가 책임진다.

생명보험사를 기업공개할 때 계약자배당 문제가 핵심이 되는 이유다. 부실화된 삼성자동차의 처리 과정에서 주주로서의 책임을 다하기 위해 이건희 회장이 보유한 삼성생명 주식을 70만 원의 가치로 간주하여 350만 주를 채권단에게 출연했다. 여기서 이 주식의 가치문제는 역시 계약자배당 문제와 다시 연결될 수밖에 없다.[6]

한편 은행이나 생보사 등은 고객에게서 받은 자금을 운용하는 데 있어서도 그 건전성을 확보하기 위해 지켜야 하는 것들이 있다. BIS 비율이라는 것도 이것의 일종이다. 생명보험의 경우 지급여력비율을 지켜

---

6 이 당시 상황을 엿볼 수 있는 증언이 보도되었다. "외환위기 때 삼성차 퇴출 연계해 삼성생명 상장 특혜 얻어내", 〈뉴스버스(Newsverse)〉, 2021.8.4. 이 기사를 쓴 심정택 교수는 2016년 《이건희傳》(새로운현재)을 출간한 바 있다.

야 한다. 지급여력비율[7]은 보험사가 보험계약자 등에게 보험금을 제때 지급할 수 있을지 여부를 파악할 수 있는 지표로서 최소한 100퍼센트 이상이 되어야 한다. 이 비율에 미치지 못하면 부실금융기관이 되고 시장에서 퇴출된다. 이런 상황이 오기 전 완충장치를 두어 150퍼센트 미만이 되면 감독기관에게 자본 확충 계획을 제출하고 승인받아야 한다. 2000년대 초반 교보생명과 삼성생명이 바로 이런 점에서 문제가 되었다. 2004년 교보생명의 지급여력비율은 약 135퍼센트 수준이었다.[8]

자본 확충을 위해서는 대주주의 추가 출자가 필요했지만 대주주는 증자에 참여할 수 있는 자금이 부족했기 때문에 기업공개를 하는 것이 유일한 자본 확충 방안이었다. 바로 이 지점에서 계약자배당 몫을 어느 정도 인정해주어야 하느냐가 문제가 되었다. 금융당국은 이 문제를 해결하기 위해 생보사 상장 자문위원회를 민간에 두고 논란을 벌인 끝에 생보사 상장 시 계약자 몫은 없다고 결론을 내렸다. 채권단이 보유하고 있던 삼성생명 주식의 가치평가 문제도 1단계 해결되고 삼성생명 기업공개의 길도 열린 것이었다.[9] 은행과 생보사에서 알 수 있듯이 금융회사가 고객의 돈을 받아서 운용을 하는 경우 그것은 전적으로 주주의 것이 아니었다. 고객의 돈을 받아서 운용하는 금융회사는 자산운용사, 저축은행 등이 있다. 이들 회사에 대한 감독당국의 개입이 불가

---

7 지급여력비율=(자산 - 부채 + 내부유보자산)/(책임준비금 4% + 위험보험료의 3%). 책임준비금은 보험회사가 청산할 때 가입자에게 돌려주어야 할 돈이다.

8 "외국계생보사 지급여력도 국내사 압도", <머니투데이> 2004.11.23.

9 여기서 1단계라 한 것은 여전히 계약자배당 문제는 남아 있기 때문이다. 외국의 경우 상호회사(Mutual Company)로 보고 기업공개를 불허하거나 기업공개 시 계약자에게 일정한 주식을 부여한 경우도 있다.

피한 이유다. 손해보험의 경우는 취급 상품에 따라 상대적으로 감독의 정도가 정해진다. 요컨대 고객의 돈을 받는, 즉 수신기능이 있는 경우 감독당국의 개입은 강해진다. 이를 고려하면 여신전문회사의 경우 수신기능이 없기 때문에 그 회사가 잘못되더라도 피해가 주주에게 귀속되므로 감독의 정도가 가장 약하다.

금융회사의 경우 이렇게 모인 돈의 운용 관련 규제 외에도 여러 가지 규제가 뒤따른다. 우리가 앞에서 IMF 외환위기의 원인 중 하나가 종합금융사가 단기로 조달한 자금을 동남아시아 등에 장기로 투자한 것, 즉 자금의 만기 불일치라고 지적한 바 있다. 예를 들어 3개월짜리 기업어음Commercial Paper: CP을 발행해 자금을 조달한 뒤 이를 3개월 이상의 프로젝트에 투자하면 문제가 생긴다. 3개월 후에 자금을 갚아야 하는데, 1년 이상의 장기 프로젝트에 투자하게 되면서 문제가 발생하는 것이다. 원활한 사업 진행을 위해서는 만기 연장을 네 번이나 해야 한다. 만약 만기 연장이 되지 않으면 자금을 반환해야 하는데 이를 위해서는 진행되고 있는 투자프로젝트를 중단해 자금을 회수한 후 반환할 수밖에 없다. 자금을 원래 계획된 대로 회수할 수 없어서 반환 요청에도 자금을 지불할 수 없는 부도가 발생하는 것이다. 이른바 자산-부채 관리Asset Liability Management: ALM가 그것이다. 또한 투자한 자산 또는 보유하고 있는 채권의 가치가 현재의 가치에 미치지 못하는 경우 또 다른 문제가 발생한다. 예를 들어 1,000원짜리 채권을 가지고 있는데 그것이 현재 시장에서 500원에 거래되고 그 정도의 가치밖에 없는 경우를 생각해보자. 금융사는 그 채권을 바탕으로 금융소비자에게 금융상품을 판매할 것이다(투자신탁회사의 펀드). 금융상품에 대해 고객이 환매를 요구하면 이 경우에도 자금을 반환할 수 없게 된다. 바로 금융회사가 운용하는 채권, 주식 등의 시가평가의 문제다. 금융회사의 경영에서 가장 중요한 것이 바로 ALM이며 이를 위한 기초가 되는 것이 바로 보유자산의 시가평가다.

다음과 같은 경우를 생각해보자. 만일 a, b, c, 세 사람이 각각 3개월, 6개월, 1년짜리 예금을 들고 금리가 a1, b1, c1이라고 하자. 이 경우 원칙적으로 은행은 각각 3개월, 6개월, 1년짜리 채권을 운용해야 한다. ALM은 이렇게 자산의 만기와 채무의 만기를 일치시켜야 한다는 원칙으로 모든 자산과 부채의 만기를 일치시킨다면 그 금융기관은 이익을 낼 수 없다. a, b, c가 모두 만기에 자금을 반환하지 않고 일부를 재예치한다면 어떨까? 고객의 수가 아주 많은 경우 모든 고객이 자금을 전부 반환하라고 요구하지 않고 일부는 재예치할 것이다. 금융기관은 미리 예상하고 일부를 1년 만기가 아닌 좀 더 긴 만기, 예를 들어 2년짜리 만기의 채권을 보유할 것이고 그 1년 만기와 2년 만기의 금리차로 이익을 발생시킬 수 있다.[10]

금융 감독당국은 이 불일치를 어느 정도 허용할 것인가를 결정한다. 금융당국의 규제가 금융회사의 이익과 곧바로 연결되는 구조인 것이다. IMF 위기 이후 2000년대 초반 우리나라의 모든 금융회사가 보유하고 있는 채권, 주식 등은 시가평가 원칙이 정립되었다.

---

10 가중평균만기(duration)가 그것이다. 은행보다는 생보사의 가중평균만기가 길 수밖에 없는 것이 생보사가 판매한 상품, 즉 보험회사가 계약자에게 지불해야 하는 채무의 만기가 길기 때문이다.

이 두 가지가 금융회사 회계원칙의 근본이 된 것이다.[11] 우리나라에서 이 원칙이 적용되지 않는 금융부문이 하나 있다. 바로 삼성생명 관련 사안이다. IMF 위기 이후 우리나라 모든 금융회사에 시가평가의 원칙이 도입되었으나 보험업계의 계열사 주식 투자한도 계산 시 계열사 주식가치를 평가하는 기준은 여전히 취득원가다.

보험회사는 '보험업법 제106조'와 '보험업감독규정 별표 11'의 규정에 따라 계열사 주식은 총자산의 3퍼센트 이내로만 보유할 수 있다. 그런데 이 한도를 계산할 때 다른 업권의 금융회사들의 경우 시가평가를 하는 반면에 유독 보험회사는 취득원가를 기준으로 한다. 그 결과 2020년 6월 말 기준으로 삼성생명의 총자산(일반계정의 경우)은 230조 원이며 그중 3퍼센트는 약 7조 원인데 삼성생명이 보유하고 있는 계열사 주식의 가치는 취득원가를 기준으로 하면 약 5조 7천억 원으로 법이나 규정을 위반하지 않는다. 그러나 다른 업종의 경우처럼 시가로 평가하면 32조 원에 달해 한도에 비해 25조 원을 초과하는 주식을 합법적으로 보유하고 있는 셈이다.

삼성생명이 삼성그룹에서 중요한 이유는 삼성그룹의 수익창출원cash cow으로 가장 중요한 계열사인 삼성전자 주식을 8.51퍼센트를 보유한 사실상의 최대주주(국민연금 제외)이기 때문이다. 즉 삼성그룹은 사실상의 지주회사 격인 삼성물산이 삼성생명의 최대주주이며 삼성생명은

---

11 우리나라는 2011년부터 IFRS(국제회계기준)를 전면 도입했다. 공정가치 평가가 가장 중요한 원칙 가운데 하나로서 금융상품은 취득원가가 아닌 시가를 공정가치로 본다. 보험사는 직면하는 각종 리스크들을 감당하는 데 필요한 자본을 갖추도록 RBC(Risk-based Capital)를 규제자본으로 갖추어야 하는데, 비율 산출 시 자산-부채를 공정가치로 평가해야 한다.

삼성전자의 최대주주로서 지배구조를 형성하고 있다. 따라서 삼성생명이 보유하고 있는 삼성전자 주식은 삼성그룹의 지배구조에서 가장 중요한 역할을 하는 핵심 주식이다.

삼성생명이 보유하고 있는 삼성전자 주식은 1970년대에 거의 전부를 삼성생명의 유배당 보험계약자의 돈으로 매수한 것이다. 따라서 삼성전자 주식에서 발생하는 이익은 원칙적으로 계약자배당의 몫이어야 한다. 그러나 삼성생명이 상장할 때 생보사 상장 자문위원회는 삼성생명 상장 시 계약자 몫은 없다고 결론을 내린 바 있다. 이는 고객의 돈을 운용해서 생긴 이익은 고객에게 배당해야 한다는 금융의 기본원칙, 즉 계약자배당 원칙을 저버린 처사다. 삼성생명이 보유하고 있는 삼성생명 주식에서 생긴 이익을 계약자에게 배당하기 위해서는 삼성생명 주식을 매각해야 한다. 왜냐하면 평가이익은 배당의 재원이 아니기 때문이다. 문제는 삼성생명이 보유하고 있는 삼성전자 주식은 투자자산 운용 차원이 아니라 그룹 지배구조를 위해 장기 보유하려는 목적이기 때문에 자발적으로 매각할 가능성은 희박하다고 분석된다.

그런데 우리가 대표 발의한 보험업법 개정안이 국회를 통과하여 삼성생명이 보유하고 있는 삼성전자 주식의 대부분을 매각할 경우, 고객의 돈으로 그룹을 지배하는 잘못된 지배구조가 바로잡힐 뿐만 아니라 그동안 고객들이 자신들의 권리인 계약자배당을 받지 못했던 잘못도 바로잡히게 될 것이다.

지워지지 않는 삼성의 그림자

삼성의 그림자는 짙고 두텁다. 삼성생명의 상장을 한국투자증권이 맡아서 했다. 이해상충이 심한 탓에 금융이 독립된 덕분에 맡을 수 있었다. 금융과 산업이 분리되어 있어야 제대로 할 수 있기 때문이다.

2000년대 초반부터 한투가 삼성그룹주펀드를 판매했다.[12] 삼성그룹주에만 투자하는 것이다. 우리나라 주식시장이 삼성그룹에 의해 주가가 오르락내리락한다는 논리에 따라 설계한 상품이다. 삼성이 잘나갈 때는 수익률이 좋았다. 고객에게도 판매하기 쉬웠다.

2017년 삼성바이오로직스의 분식회계 의혹과 삼성물산의 제일모직 인수합병(2015년) 과정에서 불거진 삼성 이슈가 터지면서 문제가 되기 시작했다. 한투가 이해당사자로 걸려 있었다. 삼성물산 발행주식의 약 2.85퍼센트를 가지고 있어서 국민연금 다음으로 큰손이었다. 한국투자신탁운용이 의결권을 어떻게 행사하느냐는 핵심 이슈가 되었다. 운용사는 고객의 관점에서 펀드수익률을 높이는 방향으로 의결권을 행사해야 한다.

금산분리가 되어 있더라도 상대가 강하면 금융기관은 무시하기가 어렵다. 강자와 대립하면 안 되기 때문이다. 펀드 판매에 자금을 넣었

---

12 2002년 동원투신운용에서 설정 운용된 펀드다. 삼성그룹의 상장된 회사에만 투자하는 펀드로 삼성전자 등 계열사의 성과가 좋아 가장 인기가 좋은 상품 중 하나다. 그러나 삼성그룹에만 투자해야 하기 때문에 투자 대상이 15개 정도로 제한적이고 삼성그룹 이슈에 따라 성과가 좌우되는 한계, 즉 변동성이 높은 펀드였다. 그러나 마케팅적으로는 상당히 쉽게 판매할 수 있는 펀드였기 때문에 인기가 높았다. 동원금융지주가 한국투자증권을 인수한 후 동원투신운용과 한국투자신탁운용을 합병하여 한투운용이 계속 운용한 펀드다 (2015년 당시 446만 주, 2.85%).

고, 수수료를 받는 입장이기 때문이다. 우리나라에서는 금융사가 자산 운용업을 독립적으로 하기 어려운 구조다.[13]

우리가 금산분리 관련 이슈를 더욱 강력하게 주장하는 이유는 이 문제에 직간접적으로 연관된 일을 해본 경험으로 어떻게 작동하는지를 알고 있기 때문이다. 복잡한 경제원리 탓에 잘 모르는 일반인들이 피해를 입을 수 있는데도 제도권 내에서 공식적으로 진행되는 경우가 적지 않다. 핀테크의 본질에 관해서도 마찬가지다. 과거의 틀로는 해석이 안 되지 않는다. 다만 한 가지 중요한 것은 근본적인 원리는 통한다는 것이다.

이재용 삼성 부회장의 승계 문제가 국가의 사법체계를 흔들 만큼 이제 재벌이 국가를 좌우하는 힘을 가지게 되었다. 재벌개혁이 불가피한 이유다. 대기업의 이 같은 관행은 우리나라의 산업계 전반에 미치는 영향이 막대하다. 중견기업이 그대로 따라 하는 데 문제의 심각성이 있다. 디지털 생태계가 조성된 후 만들어진 IT 관련 기업들도 마찬가지다. 정부부처의 정보를 수집하는 대관업무를 위해 부서를 별도로 만드는 등 정관계 로비에 더욱 신경을 쓰는 것이다.

---

13 여기서도 이해상충의 문제가 발생한다. 원래 자산운용사는 펀드의 판매사였던 증권사의 자회사 또는 계열사인 경우가 많아 판매사가 자기 계열사 펀드를 주로 취급하는 것을 제한하고 있다. 또한 운용사는 주식 및 채권을 사고팔 때 증권사에 주문을 주는데 이 경우도 계열 증권사에 주문하는 비중을 제한하기도 한다. 역시 제조사와 판매사가 모자 또는 계열사로 연결되어 있는 경우의 이해상충이며 자본시장법에서는 이 이해상충 방지를 위한 규정이 많이 존재한다. 금산분리의 문제도 같은 차원의 문제다. 금융사는 제조사의 신용도를 평가하여 대출 등 자산운용을 하는 회사로 자금공급에 있어 일종의 심판과 같은 역할을 한다. 그런데 이 심판과 돈을 조달하는 제조사(산업자본)가 자회사 또는 계열사인 경우 그 객관성을 유지할 수 있을지 의문이 드는 것이다. 객관성이 유지되지 못하면 경제의 혈액이라고 할 수 있는 자금이 비효율적인 곳으로 흐르게 되는 현상이 발생한다.

미국의 경우 독과점기업에 대해서는 기업 분리를 단행하지만,[14] 우리나라에서는 쉽지 않다. 이를 해결하지 못하면 새로운 산업을 만들어내는 생태계 조성은 더욱 어렵다. 정치에서 이 같은 문제를 제기하면 혁신을 방해한다는 논리로 논의 자체를 막아버린다. 여기서도 새로이 등장한 것이 기존 질서에 도전하는 현상이 나타난다. 그러나 한편으로는 기존 질서는 낡은 것이고 버려야 하며 새로운 혁신만이 중요하기 때문에 이들을 육성해야 한다는 주장이 나온다. 반면 다른 한편으로는 기존 주체들이 새로운 주체들의 도전을 질서를 깨는 것으로 여겨 금지해야 한다는 상반된 주장이 나오기도 한다. 이런 논의가 발전하고 새로운 혁신을 이끌어내기 위해서는 기존 질서의 본질이 무엇이고 새로운 도전이 기존 질서의 어느 부분에 도전하는지, 그리고 그것이 사안의 본질과 관련된 일인지 등을 면밀히 살펴보아야 한다. 현상 자체에 집착하여 새로운 것을 추구하다가 본질적인 경제원리의 린치핀 Lynchpin을 제거하는 우를 범하거나 새로운 시도를 봉쇄하여 경제의 혁신을 방해해서도 안 된다. 새로운 시도는 어쩌면 우리가 모르는 새로운 경제생태계를 구축하는 과정일 수도 있기 때문이다. 이제 장을 바꾸어 혁신의 상징으로 부상하고 있는 핀테크와 그 혁신에 대해 살펴보자. 핀테크가 처음 등장할 때 기존 금융권에 대해 "기울어진 운동장"이라는 비판을 했지만 최근에는 기존 금융권이 빅테크에 대해 동일한 비판을 하고 있다. 왜 이런 현상이 발생할까?

---

14 8장 '감시자본주의와 경쟁정책의 변화'에서 자세히 살펴볼 것이다.

CHAPTER 7

핀테크와
혁신

혁신은 기술이 아니라 프로세스에서 출발한다

일반적으로 혁신이라고 하면 새로운 기술의 출현을 연상한다. 기술
중심적 사고다. 혁신은 기존에 존재하는 프로세스를 축소하는 것이다.
즉 a-b-c-d-e로 연결되는 프로세스에서 어느 하나 또는 그 이상을 줄
이는 것이 혁신이며, 기술은 이 프로세스를 줄이는 데 기여할 수 있다.
기술만으로 혁신을 말하는 것은 곤란하다.

최근 '혁신기술' 하면 떠오르는 것이 핀테크산업이다. 핀테크가 주
로 공략하는 분야는 전자지급결제서비스이다. 사업의 가장 관건인 수
익성 있는 비즈니스 모델의 부재로 유사 여수신업무, 상품중개 등에
관심을 보이고 있다. 정부는 특정 기술의 산업화 육성이 아니라 시장

의 선택에 맡기는 기술중립성 원칙과 기술적 차이가 규제의 차이로 나타나지 않도록 '동일서비스-동일규제' 원칙을 지켜야 한다. 또한 디지털 혁신의 궁극적 목적인 금융소비자 편익의 증가, 이용자 보호, 금융시스템 안정이라는 입장에서 핀테크에 대한 정책과 입법을 판단해야 할 것이다.

우리 금융당국은 전자금융거래법 개정안에서 전자지급거래청산 의무화와 전자지급거래청산기관의 사례로 중국 왕롄을 들었다. 종합지급결제사업자로 지정된 빅테크에 대해 전자자금이체업무 등을 인가하여 소액결제시스템 접근을 허용하고 소액결제업무를 담당할 전자지급거래청산업의 신설, 금융결제원을 청산관으로 지정하여 금융위의 피감기관 지위를 부여하고자 했다. 즉, 빅테크에 대한 은행 수준의 건전성 규제 대신에 거래투명성 및 권리관계 확정을 위해 중국과 같이 모든 전자지급거래를 외부중앙기관을 통해 청산하도록 하는 것이다.

유럽에는 국내의 금융결제원과 같은 기관이 없다. 전 세계 유일의 디지털 중앙청산기관인 왕롄은 중국의 알리페이, 위챗페이 등 양대 모바일 결제회사를 견제하여 은행결제망인 유니온페이Union Pay를 지원하고, 이용자들의 지급거래정보를 집중하여 사회 신용평가 시스템 Social Credit System을 구축하려는 공산당의 목적이 보인다. 그리고 이러한 왕롄조차도 빅테크 내부거래를 제외한 핀테크와 외부 금융기관 간 거래만 외부청산하고 있다.[1]

금융위원회가 추진하는 전자금융거래법 개정안은 혁신이라 할 수 없다. 기술만으로 혁신이 이루어지지 않는다. 진정한 디지털 혁신은 시스템 안정과 이용자 보호 모든 측면을 고려해야 한다. 시스템 안정과 국제적 정합성 측면에서 무엇보다 안정성이 중요한 중앙결제시스템은 중앙은행이 담당하는 것이 정상이다. 그리고 이용자 보호 측면에서 엄청난 거래 건수를 가진 핀테크 내부거래까지 외부청산하는 것은 결제시스템 부담과 개인정보 유출 논란만 일으킬 뿐이다.

왕롄 설립 전후 중국의 지급결제망을 보여주는 것이 〈그림 7-1〉이다. 왕롄 설립 전에는 소액결제망이 은행결제망과 직접 연결되어 있었다. 그런데 우리가 앞에서 보았듯이 소액결제망(모바일의 알리페이 등)을 운용하는 핀테크는 금융규제 밖에서 사실상의 금융업을 영위하는 그림자 금융을 확대했다. 그로 인해 전체 결제망의 안정성을 해칠 수 있다는 것을 인지하고 페이망을 일반은행의 망과 엄격히 분리하여 페이망의 불안이 은행결제망으로 전이되지 않도록 함과 동시에 규제체

---

1 여기서 우리는 중국이 지급결제망 구축과 관련해 독특한 접근방법을 가지고 있다는 것에 주목해야 한다. 중국의 은행 시스템, 금융 시스템의 발전경로는 자본주의의 그것에 비해 낙후되어 있다. 카드 결제시스템도 19세기 말 외상거래시스템에서 발전되어 나온 것이다. 예를 들어 다이너스카드는 미국 뉴욕의 금융인들이 자주 방문하는 식당에서 외상을 하는 과정에서 생긴 회원제 카드였다. 그들이 이 카드를 가지고 있으면 이 카드를 받는 식당에서 카드만으로 외상결제를 하고 사후결제하는 방식이었다. 이 카드는 일정한 요건을 가진 사람들만을 대상으로 한 것이었다. 아멕스카드는 역무원을 통한 송금과정에서 나왔다. 이런 것이 점차 확대되면서 가맹점과 전자결제, 그리고 금융으로 연결되었고 세계적인 결제망을 구축하기 위해 비자카드나 마스터카드 결제망이 구축되었다. 지속적으로 진화되어 형성된 것이다. 반면 중국은 이런 카드망을 구축하기 어려운 상황이었다. 전국적인 카드 가맹점을 구축하는 것은 쉬운 일이 아니다. 그런데 중국이 본격적으로 경제발전을 이룩하고 WTO 가입을 통해 글로벌 경제망으로 들어왔던 당시는 모바일폰이 대중화되는 상황이었다. 따라서 이동통신망을 통해 결제체제를 구축하는 것이 훨씬 쉬웠다. 이때 중국은 알리바바나 텐센트 등이 그들의 상거래를 위한 결제망을 구축하는 것을 용인했다. 우리가 2장에서 살펴보았듯이 이런 지급결제망은 은행업무와 연결되므로 정부의 엄격한 규제를 받아야 하는 것이었다. 규제를 받지 않을 경우 경제운용 자체가 흔들릴 수도 있기 때문이다. 따라서 민간이 구축한 망체계가 어느 정도 단계에 이르면 국가가 개입해 규제체계를 만드는 것이다. 중국의 글로벌 신용카드망이 은련카드로 자율적으로 운용되다가 정부의 망으로 들어와 인민은행의 규제체제로 편입된 것이나 소액결제망을 왕롄으로 통합한 것이 바로 그러한 과정을 보여준다.

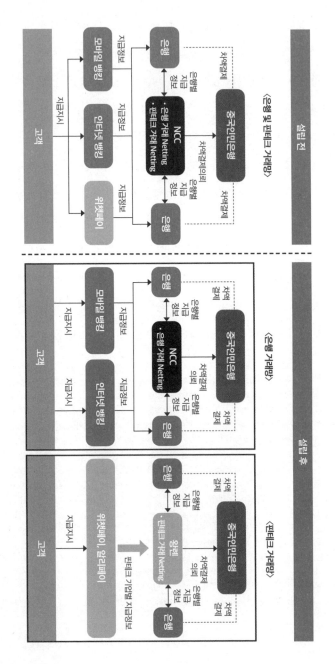

그림 7-1 웰렌 설립 전후 중국의 지급결제망 비교

그림 7-2 전자금융업자의 소액결제시스템 참가구조

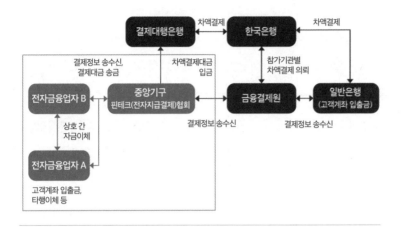

제로의 편입을 시도하고 있음을 알 수 있다. 우리나라 금융당국이 전
자금융거래법을 제정함에 있어 페이망이 발전된 중국을 벤치마킹하고
있다고 주장하면서 중국도 하는데 우리가 못할 이유가 없다고 말하고
있다. 그림을 잘 보면 이 주장은 전혀 핵심에 접근하지 못하고 있음을
알 수 있다. 우리나라의 금융결제원망은 이미 은행 간 결제체제로 1986
년 어음결제를 위해 설립되어 독립적으로 운용되고 있다. 그런데 여기
에 중국의 왕롄 설립 전의 불안정한 체계로 핀테크의 결제망을 통합하
려고 한다. 거꾸로 벤치마킹한 것이다.

　이에 우리는 빅테크의 지급결제시스템 참가는 단계별로 접근해야
한다고 주장한다. 빅테크의 재무건전성이 은행 등 기존 금융기관에 비
해 상대적으로 열악하므로 결제불이행이 발생하면 시스템의 리스크가
파급될 우려가 적지 않다. 전자금융법 개정안은 이들 업체에 대한 지

급결제시스템 참가를 허용하면서도 이에 대비한 안정장치는 아직 미흡하다.

핀테크가 지급결제시스템에 참가할 때 직접 참가보다는 1단계로 저축은행 등 서민금융기구처럼 중앙기구를 통해 지급결제시스템에 참가함으로써 직접 참가에 따른 위험성을 해소할 수 있을 것이다. 이를 위해 전자금융업자의 중앙기구를 신설하고, 그 역할과 책임을 명시하는 방향으로 개정안을 마련해야 한다. 추가적으로 현행 지급결제시스템 참가제도와 조화되도록 중앙기구의 자금이체 수행의 법적 근거, 중앙기구의 결제불이행 발생 시 대응체계(차액결제이행용 담보 등), 한국은행의 감시수단(자료제출, 공동검사) 등이 반영되어야 한다.

"전자금융거래법 개정안 문제 있다"

2006년 선도적으로 '전자금융거래법'을 제정했음에도 이후 모바일 환경, 핀테크 혁신을 반영하지 못하고 있었다. 최근 금융위원회 주도로 핀테크 디지털 금융산업의 중요성을 인식하고, 혁신을 장려하기 위한 전면 개정안 추진은 늦었지만 적절하다. 그런데 개정안에 너무 많은 내용을 담으려다 보니 여러 마찰을 일으키고 있다. 핀테크산업화 추진에 있어서 정책당국은 동일서비스-동일규제 원칙을 지키고, 금융소비자의 편익 증가 및 보호, 금융 시스템 안정이라는 정책 목적을 잊지 말아야 한다.

개정안 가운데 몇 가지 문제점을 지적하고 싶다.

첫째, 종합지급결제사업자 도입 관련이다. 종합지급결제사업자는 유럽연합 지급서비스지침(PSD2)의 지급결제, 전자화폐 발행, 지급지시 전달 등을 영위하는 '전자화폐기관(E-Money Institution: EMI)'과 유사하지만, 업무 범위가 훨씬 넓은 반면 규제 수준은 낮아 핀테크 특혜에 가깝다. 기존 금융업권과 비교하여 동일서비스-동일 규제 원칙이 필요하다. 종합지급결제사업자는 고객 거래계좌를 자체 개설하면서 충전금 운용 수익, 결제대행업 수수료, 자금이체업 가맹점수수료, 후불결제업 이자수익 등 확실한 수익기반을 마련할 수 있다. 또한 새로 시행되는 금융소비자보호법 대상이 아니어서 적은 규제로 높은 판매채널 경쟁력을 보유하게 된다. 유사 은행·신용카드업을 영위하면서 영업행위 및 건전성 규제는 거의 없다.

둘째, 개정안은 종합지급결제사업자에 대해 거래 투명성 및 이용자 보호를 명목으로 통상의 청산과 달리 모든 내부거래정보를 외부 집중시켜 청산하도록 했다. 그러나 이용자의 선불충전금 보호는 외부 은행에 별도로 예치하고 문제 발생 시 고객이 우선변제권을 행사할 수 있으면 큰 문제없다. 엄청난 거래 건수를 가진 핀테크 내부거래까지 외부청산하는 것은 결제시스템 부담과 개인정보 유출 논란만 일으킬 뿐이다.

마지막으로, 핀테크 업체의 결제시스템 참가와 청산기관을 금융결제원으로 지정하여 금융위의 피감기관 지위를 부여하려는 문제다. 국가의 중앙결제시스템은 무엇보다 안정성이 중요하기에 국제적 정합에 맞추어 중앙은행이 담당하는 게 정상이다. 그리고 핀테크가 결제시스템에 참가하려면 인적·물적 설비, 자금세탁방지 의무 실행 여부 등에 대한 심사를 받고 대가를 지불해야 한다. 핀테크 업체별 직접 참가보다는 협회 차원의 시스템과 위험관리체제를 구축하여 금융당국의 감독을 받는 방식으로 직접 참가에 따른 위험요소를 줄여야 한다. 지난 2월 국회 공청회에서 한국핀테크산업협회 회장은 수많은 트래픽을 처리하기 위한 협회 차원의 청산시스템 준비에 상당한 시간과 노력이 필요하다고 답한 바 있다. 핀테크 업체들의 지급결제망 참가에 따른 비용과 망 안정성에 대한 무임승차를 허용해야 하는 이유를 찾기 어렵다.

동일서비스-동일규제 원칙 아래 개선 방향을 제안하고자 한다. 새로운 업종 및 전자지급거래 청산업의 신설은 타 금융업권과의 규제 차익에 따른 영향과 결제시스템의 안정성, 그리고 거래규모 추이에 따른 단계적 접근이 필요하다. 우선 편리하고 수수료를 낮추는 지급결제서비스 제공과 충전금 외부예치 의무화 등 이용자 보호 체계를 위주로 개정해야 한다. 핀테크 업무 가운데 지급결제서비스는 중앙은행이, 기타 개인여신, 자산관리, 투자, 신용정보 등 업무는 정부부처가 각각 담당하는 것이 국제관례이므로 금융위와 한은이 충분한 협의와 역할 분담을 통해 이후 개정 작업을 진행하는 것이 바람직하다.

〈한겨레신문〉 기고문, 2021.3.24.

서울시 제로페이, 과연 혁신인가?

서울시가 운영하는 제로페이는 혁신의 상징이 될 수 있을까. 제로페이는 서울시가 2019년 1월 스마트폰 앱(QR 코드)을 통해 가맹점과 고객이 계좌이체 결제를 할 수 있도록 구현한 간편결제서비스이다. 2020년 7월 기준 가맹점 수는 약 57만 개로 신용카드 가맹점 대비 23퍼센트 수준이다. 제로페이에 참가한 은행은 신한은행, KB국민은행, 우리은행, 하나은행 등 19개이며 핀테크 업체는 네이버페이, 페이코, 카카오페이 등 19개 업체이다. 제로페이는 가맹점에게 수수료 절감과 모바일 지역상품권 가맹점 자동가입 등의 혜택을 주고, 고객에게는 소득공제 30퍼센트, 지역상품권 사용 등의 혜택을 주어 사용량이 급증했다.

제로페이를 두고 혁신인지 아닌지 여러 의견이 있었다. 제로페이가 디지털 혁신으로 성공하기 위해서는 이해당사자 간에 공생할 수 있는 생태계가 만들어져야 한다. 구체적으로 보자. 고객혜택과 가맹점 관리, 그리고 매출처리가 주요 기능으로 작동한다. 체크카드나 신용카드의 경우 카드사가 모든 역할을 책임지고 있지만, 제로페이는 정부, 지자체, 페이, 한국간편결제진흥원이 나누어서 역할을 담당하고 정부가

그림 7-3 결제서비스 BM 구조 이해: 제로페이 vs 체크카드

결제서비스가 지속되기 위해서는 ① 고객혜택, ② 가맹점 관리, ③ 매출처리(승인/매입)가 주요 기능. 체크카드/신용카드의
경우 카드사가 모든 역할을 책임지고 있으나, 제로페이는 정부/지자체, 페이, 한국간편결제진흥원이 나눠서 역할을 담당

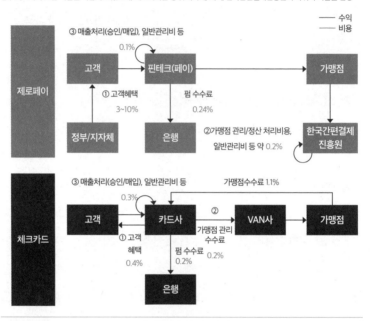

시장 플레이어로 참여하고 있다. 여러 혜택들을 미끼로 강제 이식한
생태계가 조성된 셈이다. 만약 정부와 지자체의 지원이 사라지게 되면
어떻게 될까. 지속가능성은 현저하게 낮아 보인다.

체크카드와 제로페이의 결제서비스를 주요 기능별로 비교해보면,
고객관리(혜택)에 있어 체크카드는 카드사(혹은 은행)가 담당하고 가맹
점수수료를 재원으로 약 0.4퍼센트의 고객혜택을 제공한다. 반면 제로
페이는 정부(혹은 지자체)가 담당하고 세금을 재원으로 모바일상품권
구매에 3~10퍼센트의 혜택을 제공한다. 가맹점 관리에 있어서는 체

크카드는 VAN사(일부는 카드사)가 담당하고 가맹점수수료를 재원으로 카드사가 VAN사에 약 0.2퍼센트의 수수료를 제공한다. 반면 제로페이는 한국간편결제진흥원이 담당하고 가맹점수수료의 0~0.5퍼센트를 수취한다. 매출처리에 있어서도 체크카드는 카드사가 담당하고 가맹점수수료를 재원으로 카드사가 은행에 약 0.2퍼센트 펌뱅킹 관련 수수료를 제공하고 0.3퍼센트 자체 프로세싱 비용이 발생된다. 반면, 제로페이는 핀테크(페이사)가 담당하고 현재 수익모델은 없어 펌뱅킹수수료와 매출처리 비용 등으로 약 0.3퍼센트의 비용이 발생한다.

참여사(핀테크)는 펌뱅킹수수료 약 0.24퍼센트 및 매출처리 비용을 부담하고, 고객은 가맹점이 부족하고 카드결제보다 결제방식이 불편하다고 느끼기 쉽다. 게다가 가맹점은 결제시간이 길어 불편하다. 제로페이의 성장은 고객의 결제 습관이 변경된 것이 아니라 모바일상품권 프로모션 혜택에 의한 것이라고 판단할 수 있다. 제로페이는 결국 기존 은행 펌뱅킹 기반 결제서비스로, 혁신의 상징이 되기는 어렵다.

정부가 혁신이라고 극찬하고 장려했던 부분 중 하나는 P2P 금융이다. P2Ppeer to peer란, 온라인상에서 개인과 개인이 직접 연결되어 파일을 공유하는 개념이다. 이전에 음악 파일이나 영화를 서로 공유하던 것을 떠올려보면 쉽다. 이러한 시스템에 금융을 씌운 것이 P2P 금융이다.

P2P 금융플랫폼은 ICT 기술, AI 및 빅데이터 활용으로 차주에 대한 광범위한 데이터 기반 신용평가, 투자자와 차주 사이에 투명하고 활발한 정보공개, 저렴한 정보비용 및 간편한 대출 프로세스로 혁신금융이

그림 7-4 P2P 대출 영업구조

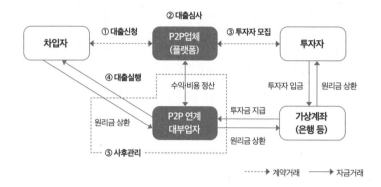

자료: ⟨P2P 연계대부업자 실태조사 결과 및 투자자 유의사항⟩, 금융감독원, 2018.5.28.

그림 7-5 연체율 급등에 따른 위험요인

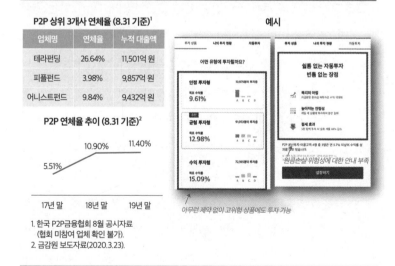

1. 한국 P2P금융협회 8월 공시자료
   (협회 미참여 업체 확인 불가).
2. 금감원 보도자료(2020.3.23).

라고 평가받았다. 차입자가 대출신청을 하면 P2P 플랫폼은 대출심사를 하고, 투자자를 모집한다. 투자자는 은행 등의 가상계좌를 통해 투자금을 입금하고 그 돈은 P2P 플랫폼과 연계되어 있는 대부업체를 통해 차입자에게 전달된다. 차입자는 다시 대부업체를 통해 원리금을 상환하고 은행 가상계좌를 통해 투자자에게 원리금이 상환되는 방식이다.

금융당국도 2015년 '혁신금융'이라며 핀테크산업의 대표주자로 P2P 금융을 지원하기 시작했다. 금융위원장은 P2P 업체 중 한 곳에 직접 방문해 새로운 금융이라며 높게 평가하기도 했다. 금융당국의 전폭적인 지원을 받은 P2P 금융은 2015년 국내 도입 당시 27개 업체, 누적대출 373억 원으로 시작하여 약 270개 업체, 11.5조 원에 이르는 누적대출액을 달성하기에 이르렀다.[2]

P2P 대출이 이렇게 성장할 수 있었던 배경으로는 토스, 카카오페이 등 금융플랫폼의 무책임하고 무분별한, 고수익 투자 광고가 있었다. 카카오페이는 10퍼센트 안팎의 수익률을 누구나 취할 수 있다는 점을, 토스는 2017년경부터 소액 분산투자와 부동산 소액투자, P2P 분산투자 서비스를 제공하며 광고를 시작했다. SGG페이는 15만 원 투자 리워드를 제공했고, 네이버는 투자 시에 네이버페이 포인트와 투자지원금 제공 이벤트를 진행한 바 있다.[3] 이러한 금융플랫폼의 인지도를

---

2 P2P 금융플랫폼인 미드레이트의 P2P 대출시장 현황자료에 따르면 평균연체율은 17.89퍼센트, 부실률은 14.27퍼센트였다.

3 2020년 9월 기준, 토스의 경우 피플펀드, 어니스트펀드, 테라펀딩, 투게더펀딩, 8퍼센트(투자 5개 사), 테라펀딩, 데일리펀딩, 8퍼센트, 핀다, 피플펀드(대출 5개 사), 카카오페이의 경우에는 피플펀드, 테라펀딩, 투게더펀딩(투자 3개 사), 데일리펀딩, 피플펀드, 8퍼센트(대출 3개 사) 등의 P2P 상품을 광고하고 있었다.

활용한 공격적인 광고행위로 인해 이용자는 고수익이 가능한 안전한 투자로 오인했고, 고위험 상품에도 간단하게 투자할 수 있어 무분별한 투자로 이어졌다. 그러나 전문가의 입장에서 본다면 익히 공개된 높은 투자수익률을 납득하기 어렵다. 현재 제기되고 있는 P2P 대출 부실사태는 예견되었던 결과다.

관련 사건·사고도 끊이지 않았다. 자세히 들여다보니 일부는 금융플랫폼과 P2P 플랫폼 간의 이해상충의 소지도 있었다. 어느 금융플랫폼은 P2P 투자 제휴를 맺고 있는 주 업체의 대주주 중 1인이었으며, 2퍼센트 이내의 수수료를 이용자로부터 수취하고 있었다. 금융플랫폼이 적정한 감시를 하지 않은 채 공격적인 광고를 진행했다는 합리적 의심을 하지 않을 수 없다.

또한 부동산 관련 투자가 80퍼센트 이상을 차지하고 있었다. 그중 많은 상품이 부동산대출한도규제인 담보인정비율Loan to Value: LTV 80퍼센트 이상까지 가능해 부동산 규제를 회피하는 수단으로 사용되었으며, 원금손실의 위험이 높아 부실 우려가 굉장히 높았다. 연체율은 약 18퍼센트를 차지했다.

'혁신금융'이라는 포장지에 '불건전 대출'이라는 시한폭탄이 도사리고 있는 모양새였다. 고위험 투자상품으로 P2P 플랫폼의 독립성과 소규모 분산투자가 리스크 관리의 핵심이지만 금융당국의 '혁신금융' 정책기조 아래 제도적 정비와 리스크 관리 없이 그저 부동산대출 규제라는 정책목표의 우회수단으로 사용된 것이다. 게다가 플랫폼이 투자금 손실을 돌려 막아 오다가 버티기 어려워지자 대형 부실사태가 발생해 이용자의 피해가 급증하게 되었다. 금융위원장이 현장에 방문해 칭찬했던 그 업체는 550억 원대의 대출 사기로 구속된 바 있으며 현재는 폐업한 상태다.

그럼에도 불구하고 이용자 보호에 대한 금융당국의 대책은 전무했다. 무엇보다 P2P 플랫폼이 대출업무를 실행하기 위해서 연계대부업체를 자회사로 두는 형태로 사업을 운영하기에 금융당국은 증가하는 P2P 대출업체를 관리·감독할 권한이 없다며 법적 구속력이 없는 '가이드라인' 수준에서만 소극적으로 권고했을 뿐 어떠한 조치도 취하지 않았다. 심지어 영업 중인 P2P 플랫폼의 대출 잔액, 연체율, 대출 분야 등에 관한 정보도 전혀 보유하고 있지 않았으며 민간 P2P 업체가 취합한 정보에만 의존하고 있었다. '온라인투자연계금융업법'이 실행되자 감사보고서를 받아 점검하는 등 뒤늦은 조치를 취하기 시작했다.

금융감독원이 2019년 11월에 제출한 'P2P 연계대부업자 감사보고서 제출현황' 자료에 따르면 237개 대상 업체 중 감사보고서를 제출하지 않은 회사가 145개로 61퍼센트에 이르렀다. 제출한 회사는 3분의 1에 불과할 정도였다. 연체율 평균이 17퍼센트인 기업에 온라인투자연계금융업법을 시행한다고 정부가 발표하자 적자가 심해 더 이상 운영하기 어렵다고 해당되는 기업들이 하소연을 털어놓기도 했다.

P2P 대출업은 플랫폼 구조로 운영된다. P2P 연계대부업자들은 쉽고 간단히 투자할 수 있다는 그럴듯한 홍보문구로 회원부터 먼저 확보한 후 회원들끼리 대출할 수 있도록 자리를 마련해주고, 그들은 회원들에게 수수료를 받아서 수익을 내는 구조다.

토스, 카카오페이 등 P2P 연계대부업자들의 대출 규모가 (2020년 기준) 11조 원에 이른다. 그런데 대출 대상이 대부분 부동산과 신용을 담보로 하고 있다. 부동산대출한도규제 LTV를 회피하는 수단으로 활용될 우려가 크다. 특히 LTV 80퍼센트까지 대출이 가능한 상품이 많아 주택가격이 조금만 떨어져도 원금이 손실될 위험이 크다. 정부가 억제한 대출시장의 우회로 역할을 하게 되는 셈이다.

그들은 '전투자형 수익추구'라는 솔깃한 홍보문구로 회원들에게 소액투자를 유도해서 1~2만 원씩 모으기 시작했고 몇 분 만에 완판되는 신기록을 세우기도 했다. 플랫폼 기업이기에 가능한 시장구조다.

손실률은 16퍼센트로 집을 담보로 잡았다면, 주택가격이 내려가면 분명 심각한 문제가 생기는 구조다. P2P 연계대부업자들이 안전한 투자라고 광고하면서 회원들을 모으는 사이, 금융감독원에서는 감독권한이 없어서 조사할 수 없다고 하면서 다만 실태 파악만 할 뿐이라고 선을 긋고 나섰다.

사고의 조짐은 이미 보이고 있다. 대출업의 특성상 초기에는 위험과 부실요소가 가시화되지 않지만, 시간이 지나면서 누적되면 터지게 되어 있다. 카카오페이의 피플펀드를 예로 살펴본다면 지분이 10퍼센트 이상인데 자신이 투자한 회사에서 취급하는 상품을 엄격히 심사하지 않는 것은 금융권에서는 상상할 수 없는 이해상충이다.

우리는 혁신은 기술에 있는 것이 아니라 기존 여러 가지 프로세스 중 몇 가지를 생략하면서도 동일한 서비스를 하는 것이라고 했다. 이런 의미에서 제로페이 또는 서울페이가 혁신이 아님을 지적했다. 카드

결제를 할 때 카드단말기의 설치, 가맹점에서 사용한 전표를 모으는 행위, 그리고 그것을 은행에서 매입해 자금을 지급하는 행위, 그 전표의 진위 여부를 확인하는 일 등 다양한 프로세스가 있다. 서울페이나 지역카드의 경우 기존의 카드/은행결제망을 그대로 이용하는 것이다. 다만 소비자의 접점에서 모바일 QR을 사용하는 것이 특징이다. 중국은 카드/은행망이 발전되지 않아 백지에서 모바일과 모바일 결제를 도입할 수밖에 없었지만 그 과정에서 발생하는 인가/규제받지 않은 금융업의 탄생 등의 문제로 인해 새로운 규제가 도입되고 있음을 알 수 있었다. 그러면 우리의 경우는 어떤가? 기존 프로세스가 워낙 발달해 있기 때문에 모바일과 모바일로 연결되는 결제가 잘 다루어지지 않는 것이다. QR 결제를 위해서는 QR을 읽을 수 있는 단말기를 설치해야 한다. 코로나19 팬데믹에서 우리가 일상적으로 보는 QR 리더기를 누가 설치하고 그 비용은 누가 부담할까? 원칙적으로 그 사업을 하는 사업자가 하는 것이 맞다. 전국의 모든 가맹점에 그것을 설치하는 데 드는 비용은 상상하기도 어렵다. QR 리더가 읽은 정보를 지급의무가 있는 소비자의 결제로 연결 짓는 것은 결국 은행/카드망을 사용할 수밖에 없다. QR 정보를 읽을 수 있는 카드단말기가 개발되어 설치된다면 이런 결제망은 구축될 수 있지만 이 경우도 동일한 망을 사용하는 것이다. 하나의 프로세스가 더 추가된 것에 불과하다.[4]

카카오뱅크 예비인가를 받을 때 사업계획서에 이런 것을 고민하고

---

4 삼성페이의 경우 기술적으로 카드단말기에 모바일폰을 접속하면 그 정보를 읽을 수 있는 기술을 특허로 보유하고 있기 때문에 소비자에게 부담을 주지 않지만 역시 기존 망을 그대로 이용한다는 것은 동일하다.

이른바 앱투앱App to App 결제를 추가한 적이 있었다. 핵심은 계좌에서 계좌로 결제를 하는 것으로서 카드 결제망에서 VAN사와 PG사가 없는VAN-PG less 결제망을 구축하려고 했다.[5] 카카오뱅크의 주주사에 VAN사와 PG사가 없었던 이유도 여기에 있다. 이런 결제망을 구축하려고 하면서 카카오뱅크의 주주사로 참여하고 싶어 했던 VAN사, PG사를 참여시키는 것은 이치에 맞지 않기 때문이다. 그러나 카카오뱅크는 아직 이런 결제망을 구축하지 못하고 있다. 결제망을 구축하기 위해서는 기존의 망을 대체할 수 있는 새로운 인프라를 구축해야 하기 때문이며 이것은 어느 한 회사가 할 수 있는 것도 아니다.[6] 여기서 우리는 혁신이 프로세스의 단축 또는 생략에서 나오는 것이며 기술은 이것을 효과적으로 이룩하는 데 필요한 수단임을 알 수 있다. 새로운 기술이 나왔을 때 그것이 프로세스 절감에 어떤 방식으로 활용되는지를 이해해야만 한다. 새로운 현상에만 초점을 맞추다가 본질적인 것을 보지 못하면 안 된다.

---

5 VAN사는 오프라인 가맹점에 카드단말기를 설치하고 승인을 중계하며 PG사는 온라인 가맹점과 결제 정보를 중계하는 업체이다. 대표적인 VAN사는 나이스정보통신과 한국정보통신, KIS정보통신 등이 있으며 PG사는 NHN한국사이버결제와 KG이니시스 등이며, 단말기 통합이 된 POS사도 있다.

6 실제 모바일 간의 결제를 이루기 위해서는 그것을 사용하는 고객의 습관도 고려할 필요가 있다. 이미 카드로 간단히 결제할 수 있는데 결제할 때 모바일을 구동하는 불편함을 고객에게 요구할 수 없다. 그러기 위해서는 그 불편함에 대한 대가로 혜택을 주어야 한다. 그 혜택이라는 것이 캐시백(cash back) 또는 할인가격 제공인데 그 비용은 누가 부담할 것인가? 캐시백이나 할인 혜택은 페이사업자와 가맹점이 그 협상력에 따라 나눠서 부담한다. 이런 의미에서 본다면 현재 각종 지역카드의 혜택은 중앙정부와 지방정부가 제공하는 것이다.

CHAPTER 8

감시자본주의와 경쟁정책의 변화

구글은 당신이 무엇을 할지 알고 있다

핀테크의 급속한 성장은 기존 경제질서를 변화시키고 있다. 앞에서 이들의 사업 방식을 그 필요조건인 사업모델과 충분조건인 비즈니스 모델로 설명한 바 있다. 필요조건은 고객을 모으는 것으로 기업이 돈을 써야 하며, 비즈니스 모델은 모은 고객을 활용해 기업이 돈을 버는 것이었다. 온라인에서 고객 모으기는 사실상 고객의 데이터 수집을 의미한다.

하버드 경영대학원의 쇼사나 주보프 교수는 인간의 개인적 경험을 무료로 수집, 추출해 은밀하게 상행위의 원재료로 이용하고, 이것이 곧 권력이 되는 새로운 자본주의 체제를 '감시자본주의'로 정의했다.

감시자본주의의 생산주체는 상품 및 서비스 개선에 필요한 것 이상의 '잉여적' 행동 데이터를 수집하고, 이를 자원으로 삼아 광고 등의 상품을 생산, 판매해 수익을 얻는다. 주보프는 이러한 데이터들은 이용자가 미래에 할 행동을 예측하고 유도하는 작업에 사용된다며 이는 사회적으로 민주주의 근간을 흔들 뿐 아니라 스스로 판단하고 행동하는 개인성을 지워버리는 "위로부터의 쿠데타"라고 표현하고 있다. 쉽게 이야기하면 대기업이 이용자의 행동 데이터를 기반으로 한 광고를 통해 그 사람의 행동을 유도하는 것이다. 구글의 타깃 광고가 대표적인 사례다. 구글의 검색 결과에서 발생하는 개인정보를 분석해 광고주에게 맞춤형 광고를 판매하는 형식이다. 페이스북도 예외는 아니다. 디지털 경제가 자리 잡으면서 거의 모든 기업들이 개인의 행동 데이터를 수집, 분석해 이를 자신들의 이익 창출에 활용하고 있다. 개인의 데이터를 수집하는 것은 대부분 사용자의 동의가 없거나 사용자가 알아차리지 못한 사이에 벌어지며, 이것이 감시자본의 원천이 된다.

사용자 개개인의 활동으로 만들어진 정보로 검색서비스가 개선되므로 정보제공자가 정보 가공의 혜택을 그대로 받는 구조다. 개인정보는 개인의 검색 경험 향상을 위해 활용되기 때문에 필요 이상의 개인정보 활용도 없다. 그러나 수익모델, 즉 충분조건을 위해 키워드 광고나 맞춤광고를 도입함에 따라 그 정보제공자가 자신의 개인정보가 어떻게 활용되는지 알 수 없는 상태로 이윤창출 구조에 사용된다.

인터넷 접속 시 IP주소, 모바일 기기 및 위치정보 등을 활용해 그 개인의 취향을 추론할 수 있는 것이다. 이른바 쿠키를 통해 정보를 저장하고 행동 패턴을 파악해 수익창출에 사용한다. 사용자는 수익의 원료가 되는 행동정보를 제공하면서도 그 대가는 지불받지 못한다.

구글의 이러한 수익창출 방식을 따라 페이스북, 아마존, 마이크로소프트 등 많은 기업들이 데이터를 활용하는, 이른바 빅데이터의 시대가 왔다. 통신, 유통, 금융, 자동차산업 등 거의 모든 산업에서 개인의 행동정보 데이터를 분석해 수익성을 높이기 위해 경쟁하고 있다. 미국 일리노이주에 본사를 둔 보험사 올스테이트의 경우 안전벨트 착용 여부, 차량 속도, 주행시간 등을 모니터링해 자동차보험료 산정에 활용하고, 은행은 개인의 신용평가에 수집된 데이터를 활용한다. 특히 구글, 페이스북, 애플, 아마존, 마이크로소프트 등이 데이터 수집에 집중하고 있다.[1]

브래드 스미스Brad Smith 마이크로소프트 회장은 그의 책《기술의 시대Tools and Weapons》[2]에서 개인정보 데이터가 집중됨에 따라 나타나는 문제와 대응을 소개하고, 이에 마이크로소프트가 어떻게 대응하고 있는지를 잘 보여준다.[3] 특히 국가권력, 그리고 민주주의를 지속하기 위해 개인이 어떻게 준비해야 하는지를 말하고 있다.

"우리는 거울 속에서 우리가 보고 싶은 모습뿐만 아니라 남들이 바

---

1 아마존은 2021년 2월부터 배달 트럭에 인공지능(AI) 감시 카메라 시스템을 설치하여 운전자의 과속, 불법 유턴 등 안전운전 위반 행위에 점수를 매기고 그것을 운전자에게 피드백해주고 있다. 아마존은 이것이 사고 48% 감소, 정지신호 위반 20% 감소, 안전벨트 미착용 60% 감소 등 효과가 있다고 주장한다. 드라이버아이(Driveri)와 멘토(Mentor) 앱이 결합된 것으로, 모바일 감시 앱인 것이다. 만일 이런 것을 정부가 한다면 우리는 받아들일 수 있을까? 그런데 지배구조상 사회·정치적으로 통제받지 않는 기업이 이런 것을 한다면? 중국의 CBDC 등이 문제가 되는 이유를 이 사례에서 알 수 있다. "아마존 배달차량의 인공지능 감시 카메라 논란", 〈한겨레신문〉, 2021.8.5.

2 브래드 스미스·캐럴 앤 브라운, 《기술의 시대》, 이지연 옮김, 한빛비즈, 2021.

라보는 우리 모습을 들여다보아야 한다는 사실을 배웠다." 스미스 회장이 미국 법무부로부터 제기된 반독점 소송을 겪으며 털어놓은 말이다. 그는 정부가 더 엄격히 규제하고 기업의 이와 같은 활동에 개입하는 것이 모두를 위해 더 좋은 경우도 있다고 주장했다. 스미스는 반독점 소송을 통해 개인정보보호의 문제가 민주주의의 핵심이라는 사실을 깨달았다고 밝혔다.

개인정보와 민주주의가 연결되는 지점은 이렇다. 근대적 프라이버시 기본권이 탄생한 지점은 미국의 헌법에서 확인할 수 있다. "집은 그의 성이며, 왕의 사자가 악의적 호기심 때문에 수색을 당하거나 문서를 염탐당하지 않는다." 1789년 미국의 수정헌법 제4조에 반영된 내용이다. 이 원리는 우체국의 밀봉된 편지도 프라이버시 기본권이 지켜져야 한다는 것이다. 인터넷을 활용한 전자우편(이메일)의 경우는 어떠한가? 1986년 레이건이 서명한 전자통신프라이버시법에 의해 동일한 원칙이 관철되는데, 9·11 테러 이후 공공의 안전을 위해 청구되는 영장의 범위가 광범위하다면 어떻게 되겠는가?

시간이 흘러 데이터가 중심이 되는 사회에 들어서면서 클라우드에 보관된 데이터를 그 데이터센터가 소재한 국가에서 보고자 한다면 이를 거부할 수 있는지 등에 대한 논쟁이 부각되고 있다. 이에 대한 명확

---

3 이 책에서 가장 인상적인 서술 부분은 다음이다. "클라우드 서비스는 IT 서비스를 제공하는 대상과 지역을 바꾸어 놓았을 뿐만 아니라 고객과의 관계 역시 재정의했다. 클라우드 서비스는 IT 기업들을 어찌 보면 은행과 같은 기관으로 바꿔 놓았다. 사람들은 은행에 돈을 맡기고, 이메일이나 사전, 문서, 문자 메시지처럼 가장 개인적인 정보를 IT 기업에 저장한다"(45쪽)는 구절이다. 이 구절은 이른바 금산분리/은산분리 원리와 상통하는 것으로 보인다. 내 자산을 맡겨 두었는데 그것을 금융기관 또는 그와 관련된 유관 회사에서 활용한다면? 사업기반 자체가 무너지는 것이 된다.

한 기준과 원칙을 정립하지 못한다면 클라우드 서비스의 존재 기반은 무너질 수밖에 없다.

2010년대 개인정보보호와 클라우드, 데이터 주권 등의 쟁점이 전면에 부각된 이유다. 스미스는 현장에서 이 문제에 부딪히며 클라우드 서약Cloud commitment의 네 가지 원칙인 프라이버시와 보안, 준법, 그리고 투명성을 도출한 과정과 그 이행 과정의 에피소드를 정리했다.

스미스의 《기술의 시대》는 우리 사회에도 경고를 하고 있다. 기술과 혁신에만 매몰되어 민주주의에서 가장 중요한 프라이버시 문제를 가볍게 취급하여, 혁신을 가로막는 낡은 규제로만 보고 있는 것은 아닐까.

정보 집중의 세 가지 방향

감시자본주의 시대에는 한 나라의 정부를 비롯한 어떤 조직도 따라가기 어려울 만큼 데이터가 한 기업에 집중되고 있다. 그 기업이 개인의 일상생활을 통제하고 관리하고 한 걸음 더 나아가 영향을 주고 있다. 2016년 미국 선거에서 구글 애널리틱스Google Analytics가 영향을 미친 것을 상기해보면 위험수위는 이미 높아져 있다고 감지된다.

정보의 집중은 세 가지 방향으로의 대응이 나온다. 첫째, 정보의 집중에 따른 독점화, 둘째, 데이터 주권을 확보하기 위한 법제화, 셋째, 글로벌 빅테크기업이 조세피난처나 세금이 낮은 국가에 법인을 두고 이윤을 창출하는 국가에 의무를 다하지 않는 것을 방지하기 위한 국제적 협력 등이다.

데이터 집중에 의한 독점 문제를 살펴보자.[4] 바이든 행정부에서 대통령경제자문회의Council of Economic Advisers: CEA의 빅테크 및 경쟁정책 책임자로 임명된 대만계 미국인 법학자 팀 우Tim Wu를 주목할 필요가 있다. 우는 2003년 네트워크 사업자들이 인터넷상의 모든 콘텐츠를 동등하게 취급해야 한다는 의미로 '망 중립성Network Neutrality' 개념을 처음으로 발표했던 인물이다.

그는 망 중립성 개념에 의해 통신사의 통신망, 케이블TV 업체의 망에 현재 빅테크기업으로 성장하게 되는 구글, 페이스북이 콘텐츠를 자유롭게 이용할 수 있는 논리적 기반을 만든 사람이다. 만일 이 개념이 없었다면 통신망, 케이블TV 망을 가지고 있는 기존업체에 콘텐츠를 올리는 기업의 이용료가 올라가고 구글, 페이스북 같은 회사의 성장에 많은 장애가 따랐을 것이다.[5] 현재의 빅테크기업이 성장할 수 있는 기반을 만든 우가 이들 기업이 가져온 독점 문제를 제기하고 있는 것이다. 그는 2018년 출간된 《빅니스The Curse of Bigness》[6]에서 영국의 마그나 카르타, 미국 헌법 등의 전통에서 존재했던 권력의 집중은 민주주의를 위협에 빠뜨린다는 명제를 되살려냈다. 그는 "전 지구적 독과점을 용인해도 전 세계인이 기본적으로 평등하며, 산업의 자유 혹은 민주주의 자체가 보장될 수 있을까?"라고 자문하면서 이에 대해 "민주주

---

4 우리가 이 책을 '플랫폼이란 무엇인가'라는 질문에서 시작하면서 데이터 문제에 집중한 이유가 여기에 있다. 바로 독점의 문제와 연결되는 것이다.

5 트럼프 대통령은 이 망 중립성이 문제가 있다고 지적하고 이 정책을 수정하고자 했다. 망 중립성으로 인해 기존의 통신사 등이 투자한 망 구축 비용을 회수하지 못한다고 지적한 것이다.

6 팀 우, 《빅니스》, 조은경 옮김, 소소의 책, 2020.

의 국가는 집중된 사적 권력과 부에 대하여, 그리고 정치에 영향을 미치는 것에 대해 특단의 조치를 취해야 한다"고 답했다.

그는 네트워크 효과 등으로 인해 원가는 내려가는데 왜 더 비싸질까를 물으면서 이 저주에서 벗어나기 위해서는 다음과 같은 조치가 필요하다고 주장한다. 첫째, 합병통제로서 합병 기준을 훨씬 어렵게 만들라는 것이다. 특히 업계를 재편할 수 있는 100억 달러 이상의 대형합병은 더욱 높은 기준을 맞추게 한다. 아울러 각국 간에 이를 이루기 위한 협력의 필요성을 강조한다. 둘째, 시장조사를 통해 경쟁을 억제하는 것은 제거하는 것이다. 셋째, 미국식 '트러스트' 해체의 전통을 살려 오래된 독점기업을 주기적으로 조사하고 해체해야 시장을 역동적으로 만들 수 있다고 주장한다. 넷째, 독점수익의 재분배다. 2020년 미 하원은 구글(온라인 검색), 마이크로소프트(PC 운영체제), 애플(모바일 운영체제), 페이스북 등 이른바 빅테크 4대 천왕에 대한 독과점 상황을 조사한 후 8월에 이들을 불러 청문회를 열었다. 미 하원이 발표한 빅테크기업의 반독점보고서[7]에는 구글, 페이스북 등 빅테크기업을 분할하는 것이 바람직하다고 지적하고 있다. 바로 우리가 앞에서 플랫폼은 시장이며 그 시장질서를 형성하는 업체가 그걸 활용하여 사업을 하는 것은 불공정하다는 주장과 일맥상통한다.

미국 컬럼비아대학교 법학대학원 교수 팀 우는 《빅니스》에서 거대 플랫폼 기업은 데이터라는 막대한 무기로 우리의 삶을 뒤흔드는 엄청

---

7 Singlehurst, T. A., O'Neill, C. T., Sanyaolu, D., "US House Subcommittee Report on Big Tech Pushes for Legislative Changes/CDM/Channel 4/Britbox US", Citi Research, 2020.

난 힘을 획득했고 그것이 시장에 악영향을 미쳐 양극화가 점점 커지고 있다고 주장한다. 또한 기업들이 규모의 경제를 달성하고 독점을 하는 행태가 역사적으로 진행되어왔던 사실과 그러한 일들이 민주주의에 도전하고 우리의 삶을 철저하게 파괴한다고 밝혔다. 국가의 독점사업권 부여를 통한 인위적인 독점은 용납되어서는 안 된다고 경고한다. 수평적 결합을 통해 독점을 이루는 경우에는 단순하게 가격과 소비자잉여 부분만을 축소하는 대신 폭넓은 독점의 폐해를 고려해야 한다고 주장한다. 경쟁 과정에서 상대가 몰락해 독점적 지위에 오른 경우는 성격이 다르다. AT&T, IBM, MS 경우와 같이 과감하게 분할하는 것이 시장의 역동성과 효율성을 높인다고 지적했다. 독점기업에 강력한 비판자로 자리매김했던 팀 우는 바이든 미국 대통령에 의해 바이든 정부의 기술 및 경쟁정책 특별보좌관으로 임명되었다. 미국이 현재 얼마나 거대 플랫폼 기업의 독점을 우려하고 있는지 알 수 있다.

한편 2021년 3월 바이든 미국 대통령은 '아마존 저격수'로 유명한 리나 칸Lina Khan을 연방거래위원회Federal Trade Commission: FTC 위원으로 내정하여 의회의 승인을 얻은 후에 위원장으로 임명했다.[8] FTC는 한국의 공정거래위원회 격으로 기업의 불공정행위 여부를 판단하는 규제기관이다. 커져 가는 핀테크 업계 반독점 운동을 이끌고 있는 리나 칸은 2017년 〈예일 로 저널The Yale Law Journal〉에 〈아마존의 반독점 역설〉을 발표했다.

칸의 논문[9]은 미국 경쟁법이 처음 도입되었을 때의 정신을 다시 살려야 한다는 것을 강조하고 있다. 20세기 초 미국에서 반독점법

(Sherman Act, Clayton Act 등)이 도입된 것은 19세기말 도금시대Gilded Age에 거대 독점이 국가권력을 좌우하고 민주주의 자체에 위협을 주기 때문에 거대기업을 분할해·권력에의 접근을 막아야 한다는 공감대가 형성되었기 때문이다. 이들 법에 의해 거대 통신사 ITT가 분할되었고 석유 공룡인 스탠더드 오일Standard Oil도 6개로 분할되었다. 이처럼 거대기업은 가차없이 분할되었다. 이들 경쟁법이 주목한 것은 시장구조와 행위자들의 경쟁제한 행위였다. 칸이 주목한 것은 약탈적 가격predatory price을 통한 경쟁제한이었다. 약탈적 가격이란 경제학 교과서에 있는 진입저지가격entry barrier price 개념을 적용한 것이다. 진입저지가격은 어떤 독점회사가 독점이윤을 향유하고 있는 상황에서 새로운 경쟁자가 그 시장에 진입하고자 할 때 그 진입을 막기 위해 경쟁자의 한계비용 이하로 책정하는 가격을 말한다. 경쟁을 제한하는 행위로 당연히 경쟁법에서는 규제의 대상이 된다. 그러나 이 약탈적 가격에 대

8 바이든이 리나 칸을 FTC 위원으로 상원 인준을 요청했을 때 그녀의 빅테크에 대한 강력한 입장, 예를 들어 2020년 하원에서 GAFA(Google-Apple-Facebook-Amazon)의 지배주주를 불러 청문회를 열고 이들 회사를 분할해야 한다는 하원보고서 채택에 앞장선 그녀의 입장을 볼 때 인준이 어려울 것이라는 견해가 일반적이었다. 그런데 민주당계 상원의원 전원의 지지(찬성 48, 불투표 2), 그리고 공화당계 상원의원의 거의 절반의 지지(찬성 21, 반대 28, 불투표 1)를 획득해 무난히 인준을 받았을 뿐만 아니라 곧바로 FTC 위원장으로 선임했다. 민주당 의원의 지지는 충분히 이해될 수 있지만 공화당의 지지는 전혀 다른 방향에서 빅테크에 대한 반대 논리가 나오고 있다는 것으로 봐야 한다. 트럼프와 매우 가까운 공화당 상원의원인 조시 할리(Josh Hawley)가 쓴 《빅테크의 전제(The Tyranny of Big Tech)》를 보면 공화당 의원들의 빅테크에 대한 반감을 이해할 수 있다. 한편 2020년 민주당 대선 경선에 참여한 에이미 클로버샤(Amy Klobuchar)는 《안티트러스트(Antitrust: Taking on Monopoly Power from the Gilded Age to the Digital Age)》에서 공화당과 다른 측면에서 빅테크의 독점을 문제 삼고 있다. 전혀 다른 방향에서 접근하고 있지만 빅테크 규제에 대한 필요성은 초당적으로 공유하고 있는 것이다. 한편 2021년 7월 바이든은 빅테크와 적극적으로 싸워왔던 조너선 캔더(Jonathan Canter)를 법무부 반독점국장으로 지명하여 이른바 '반독점 3인방'을 완성했다.

9 칸의 지도교수가 CEA의 빅테크 및 경쟁정책 책임자로 지명된 팀 우다.

해 시카고의 법경제학자들[10]이 그 지속가능성에 대해 문제 제기를 하기 시작했다. 이른바 '연쇄점의 역설Chain store paradox'론이 등장한 것이다. 진입저지가격은 그것이 1회의 게임일 때 성립한다. 진입저지가격을 설정하면 그 기업도 손해를 볼 수밖에 없다. 과연 이런 가격을 지속적으로 설정하는 것이 가능한가? 합리적인 경제주체라면 제 살 깎기 경쟁을 할 수 없는 것이다. 진입저지가격을 설정하여 독점이윤뿐만 아니라 제 살을 깎는 것은 논리 모순이다. 따라서 게임을 지속적으로 한다면 오히려 가격을 올려 새로운 진입자를 받아들여 독점이윤을 나누는 것이 합리적이다. 그런데 2개의 연쇄점이 독점이윤을 나누고 있다면 그 이윤을 얻기 위해 또 다른 경쟁자가 진입할 것이다. 이때에도 진입저지가격을 설정하는 것이 합리적인가? 아니다. 받아들여야 한다. 이것이 지속적으로 반복된다면 독점이윤은 없어지고 완전경쟁가격이 성립할 수밖에 없다는 것이 연쇄점의 역설[11]이다. 요컨대 약탈적 가격은 비합리적인 것이 되고 만다.

한편 이런 약탈적 가격을 설정한 경우 소비자는 어떻게 되는가? 시장균형에서 형성되는 가격보다 낮은 가격으로 상품을 구매할 수 있기 때문에 이득을 본다. 시카고학파는 경쟁법의 목표가 행위를 규제하는 것이 아니라 그 행위가 가져오는 소비자 후생의 변화를 고려해야 한다

---

10 밀턴 프리드먼(Milton Friedman)의 영향력 아래 있었던 리처드 포스너(Richard Posner), 프랭크 이스터브룩(Frank Easterbrook) 같은 학자들이 약탈적 가격의 지속가능성에 의문을 제기한 일련의 학파를 형성한다. Robert H. Bork, *The Antitrust Paradox: A Policy at War with Itself*, New York: Basic Books Inc., 1978.

11 Reinhard Selten, "The Chain Store Paradox", *Theory and Decision* 9-2, 1978.

고 주장했고 1980년대 레이건 행정부가 집권하면서 이 논리가 경쟁법에 도입되었다. 경쟁법의 적용에 있어서 경제분석이 중요하게 등장한 계기가 된 것이다.[12] 경쟁법이 미국에 처음 도입될 때 시장구조, 즉 시장 지배력에 기업들의 반경쟁적 행위의 잠재성과 동기가 있다고 보았다. 지배력 집중의 예방, 남용을 규제했던 구조주의의 시각이 그 행위가 가격인상 등 소비자 후생을 감소시키는 행태적 규제 위주의 시각으로 전환이 일어났던 것이다.

아마존의 경우 지속적으로 적자를 내면서, 이는 소비자 후생을 증가시키는 것으로 규제의 대상이 될 수 없다. 천사기업인 것이다. 칸은 상품의 소비자가격이 유일한 반경쟁적 행위의 기준이라면 회사는 '소비자 친화적'이라고 평가받을 수 있지만 적자를 10여 년간 감수하면서 플랫폼으로서 아마존의 거래상 지위를 이용해 공급자들에게 저가의 납품을 강요해왔고, 경쟁 사업자라 할지라도 아마존의 물류/풀필먼트에 종속되어가고, 소비자의 구매 데이터를 축적해 '개인화'된 광고와 차등적 가격을 제시하는 것에 주목했다. 이제 다시 데이터를 통한 개인화된 가격의 제시를 주목했다. 가격차별화는 경쟁가격에서 형성된 소비자잉여를 공급자가 가져가는 것이다. 극단적인 개인화 가격 제시, 즉 가격차별화는 소비자 후생 자체를 없애는 효과를 갖는다.[13] 이 논문을 통해 칸은 20세기 초 경쟁법 도입 초기의 문제의식으로 돌아가

---

12 M&A 심사에 경제분석을 통해 소비자 후생의 변화를 측정하는 일이 등장한 것이다.

13 수요곡선에서 가격과 물량의 면적(사각형) 위의 삼각형이 소비자 잉여인데 순서대로 지급할 의사가 있는 가격(willing to pay)을 경매식으로 제시하면 삼각형의 소비자 잉여는 사라진다.

그림 8-1 미국 의회 빅테크기업 독점규제 촉구

서 시장이 경쟁구조와 동학을 통해 규제하거나 이해상충이 발생하는 부문을 분할하자고 주장한다.

그는 논문에서 1890년에 제정된 미국의 반독점법으로는 현재 아마존 같은 대형 온라인 플랫폼의 폐해를 다루지 못한다고 주장했다. 즉, 시장을 독점하고 가격을 높여 이익을 취하는 기업은 규제할 수 있지만, 데이터 독점과 그로 인한 시장 지배력을 앞세운 아마존은 규제할 수 없다는 이야기다. 리나 칸은 대형 온라인 플랫폼의 행위들이 단기적으로는 소비자에게 도움이 되는 것처럼 보이지만, 데이터 독점을 자행하고 그 데이터를 통해 자사 이익에 맞는 기능이나 상품을 만들면서 장기적으로는 시장의 다양성을 저해하여 오히려 소비자에게 해가 되고, 시장 자체 구조에 악영향을 준다고 했다. 이에 리나 칸은 아마존과 같은 플랫폼을 볼 때 더 이상 소비자 이익으로만 기업의 시장 지배력을 판단할 수 없으니, 기업의 지배력 집중을 견제했던 초기 반독점법

체제로 돌아가거나 플랫폼의 독점지배를 인정하고 공익사업utility으로 취급해 규제하는 방법이 필요하다고 말한다.

또한 리나 칸은 2020년에 미국 하원 법사위원회 반독점소위원회의 민주당 측 인사로 활동하며 페이스북과 아마존, 구글, 애플 등 빅테크 기업의 독점규제를 촉구하는 보고서를 작성하기도 했다. 구글과 아마존은 플랫폼 사업과 상용서비스commercial service를 동시에 추구하며 이해상충 우려가 있는 행위를 했고, 애플은 앱스토어의 강력한 시장 지배력을 이용해 공정한 시장 경쟁을 방해했다고 지적했다. 팀 우에 이어 이러한 리나 칸을 임명한 것은 현재 시장의 공룡이라 할 수 있는 거대 플랫폼 기업의 독점을 해소하고 공정한 시장을 위한 바이든 대통령의 의지라고 할 수 있다.[14]

한편 2021년 5월 워싱턴 DC 검찰은 아마존을 반독점법 위반 혐의로 고소했다. 고소 이유는 "아마존이 입점업체에게 같은 제품을 다른 플랫폼에 더 저렴한 가격에 판매하지 못하게 막으며 소비자가격을 인위적으로 통제했다"는 것이었다. 리나 칸의 임명을 비롯해 4대 빅테크기업의 반독점 행위 해소를 위한 일들이 본격적으로 시작될지 지켜봐야 할 일이다.

또한 최근 아마존은 콘텐츠 강자인 할리우드 영화 제작사 MGM을 인수하기로 발표했다. 이에 FTC 심사가 진행될 것이다. 팀 우와 리나

---

14 미국 하원은 6월 25일, 법사위원회를 열어 빅테크기업 독점규제 관련 5개 법안(American Choice and Innovation Online Act, Ending Platform Monopolies Act, Platform Competition and Opportunity Act of 2021, Merger Filing Fee Modernization Act of 2021, ACCESS Act of 2021)을 양당(민주당, 공화당) 협의를 통해 가결했다.

칸의 FTC가 이를 어떻게 심사하는지 주목할 수밖에 없게 되었다.[15]

올바른 시장 규칙을 위한 온라인 플랫폼 공정화법

우리도 정부를 상대로 핀테크기업의 데이터 독점과 시장질서 경쟁 방해 행위를 명확히 규제해야 할 필요가 있다고 주장한 바 있다. 그러면 과연 우리나라는 이런 문제에 대해 어떻게 접근하고 있을까? 온라인 플랫폼 공정화에 대한 법률안이 이 문제에 대한 접근법이다. 그러면 법의 내용은 무엇인가? 2020년 국정감사에서 공정거래위원장에게 이 문제에 대해 질문한 바 있다. 전반적인 문제의식은 비슷했지만 실제 적용에 대한 것은 인식의 차이가 컸다. 그것이 현실화된 것이 온라인 공정화에 대한 법률로 구체화되었다. 그러면 그 법안의 내용과 문제의식은 어떠했을까? 정부가 제출한 법안을 한번 살펴보자.

최근 디지털 경제의 가속화와 코로나19 확산에 따른 비대면 거래 폭

---

15 미국의 반독점법 적용, 특히 거대기업 분할 소송의 역사를 보면 흥미로운 부분이 발견된다. 1974년 법무부가 IBM을·분할하기 위한 소송을 제기했는데 이 소송으로 인해 IBM은 소프트웨어를 끼워 파는 행위나 자사의 소프트웨어를 탑재하는 것이 소송에 악영향을 줄까 봐 소프트웨어를 외부 기업에서 조달하기로 결정한다. 이 결정으로 마이크로소프트사가 탄생했다. 이 소송은 레이건 행정부가 등장한 이후 1982년 기업분할 없이 종결되었다. 당시 웹 브라우저 시장에서 넷스케이프가 우세했는데 마이크로소프트사는 자사의 익스플로러를 끼워 팔아 지배적인 웹 브라우저로 만들고 사실상 넷스케이프를 퇴출시켰다. 아울러 워드 프로그램, 스프레드 프로그램 등 당시 주도적인 회사들이 있었지만 MS Office로 통합하여 끼워 팔기를 통해 지배적인 사업자가 되었다. 이로 인해 1998년 법무부로부터 기업분할 소송에 직면했다. 우리가 앞에서 거론한 브래드 스미스가 이 소송을 위해 MS에 합류해서 현재 회장이 되었다. 이 소송은 2002년 부시 행정부에 의해 기업분할 없이 합의 종결되었다. 이 당시 인터넷망에 대한 망 중립성 개념이 도입되어 구글이나 페이스북 등이 시장에 진입할 수 있는 길이 열렸다. 여기서 우리는 미국의 경쟁법 도입과 이를 통한 소송 과정에서 새로운 진입자가 나타나고 있음을 알 수 있다. 이제 그 대상은 아마존과 같은 플랫폼 기업이 되었다.

증으로 입점업체와 소비자를 연결하는 관문인 온라인 플랫폼의 우월적 지위가 크게 강화되었다. 온라인 플랫폼은 초기 막대한 시스템 투자 및 홍보와 공짜 마케팅을 통해 고객을 모집하여 가두어둔 후에는 핵심 데이터 축적과 네트워크 효과 이점을 누리기 때문에 거래 상대방에 대한 지배력을 증가시킬 가능성이 있다. 즉 온라인 플랫폼에 대한 거래 의존도를 남용하여 불공정한 거래조건을 부과하고 과도한 경제적 이익을 취할 유인이 높다.

그러나 기존 오프라인 중심의 갑을관계법으로는 온라인 플랫폼 분야 불공정행위에 대응하는 데 한계가 있다. 온라인 플랫폼은 거래에 직접 참여하지 않는 중개서비스로 일종의 시장이다. 따라서 자신의 명의로 소매업을 영위하는 사업자에게 적용되는 대규모 유통업법이 적용되지 않으며, 일반법인 공정거래법에도 온라인 플랫폼 거래에서의 계약서 작성, 교부와 표준계약서 작성, 상생협력 등 분쟁예방 및 거래 관행 개선을 위한 근거규정이 없다. 온라인 플랫폼의 불공정한 갑질 관행을 효과적으로 규제하기 어려운 상황이다. 이에 따라 공정위에서 정부 입법으로 '온라인 플랫폼 공정화법' 안을 2021년 1월 국회에 제출했으며, 여야 의원입법안 포함 총 6개 법안이 국회 계류 중이다.

온라인 플랫폼 공정화법은 시장 규칙을 바로 세우면서도 플랫폼이 가지는 역동성이 저해되지 않도록 최소규제 원칙을 적용하고, 혁신 분야인 점을 감안해 규율방식도 유연하게 설계하는 것을 기본 방향으로 하고 있다. 주요 내용은 다음과 같다.

가. 적용범위: 온라인 플랫폼을 통하여 입점업체와 소비자 간 거래 개시를 중개하는 서비스를 제공하는 사업자 가운데 산업의 혁신이 저해되지 않도록 매출액 100억 원, 판매금액 1,000억 원 이상에서 시행령이 정하는 금액 이상인 사업자만 적용

나. 계약서 필수 기재사항: 플랫폼 사업자와 입점업체 간 거래관계의 투명성, 공정성 제고를 위해 입점업체 이해관계에 영향이 큰 핵심 거래조건들을 계약서 필수 기재사항으로 함. 즉, 중개서비스의 내용 및 대가, 서비스 제한, 중지, 변경 조건, 상품의 반품, 환불 등에 관한 사항, 상품노출 순서 및 기준, 거래과정에서 발생한 손해 분담기준 등을 필수 기재

다. 사전통지 의무: 계약내용 변경, 계약해지 및 서비스 제한 중지 시 해당 내용 및 사유를 미리 통보해야 함. 서비스 제한 중지는 7일, 계약해지는 30일 전 통지

라. 불공정거래행위의 금지: 온라인 플랫폼 중개서비스사업자가 거래상 우월적 지위를 이용하여 입점업체를 대상으로 구입 강제, 경제상 이익 제공 강요, 부당한 손해전가, 불이익 제공, 경영간섭 등 불공정행위 금지

마. 보복조치 금지: 온라인 플랫폼 이용사업자(입점업체)의 신고, 조사협조 등을 이유로 한 보복조치 금지

바. 자율적 거래관행 확립 및 분쟁 예방을 위한 제도의 기반 마련: 표준계약서, 공정거래협약, 서면실태조사, 분쟁조정협의회 설치

등 근거 조항 마련

사. 제재수단: 플랫폼 산업의 혁신저해를 방지하기 위해 형벌규정은 보복조치 또는 시정명령 불이행만 적용하며, 과징금 부과 상한은 법 위반금액의 2배 이상 또는 산정이 곤란한 경우 10억 원 이내로 기준 강화

아. 동의의결: 거래 단절 우려로 소송을 제기하기 어려운 소상공인 비중이 높은 점을 고려하여 입점업체의 신속하고 실효적인 피해구제가 가능한 동의의결제 도입. 동의의결은 조사 대상인 행위에 대하여 플랫폼 중개업자가 불공정한 거래내용의 자발적 해소, 입점업체의 피해구제, 거래질서 개선 등을 위한 자율적 시정방안을 공정위에 제출하고, 공정위가 적절하다고 판단하여 종결하는 것

여기서 알 수 있는 것은 아직도 플랫폼의 본질을 정확히 인식하지 못하고 있다는 점이다. 글로벌, 특히 미국 등에서 접근하는 방법에 대해 어느 정도 이해하는 듯하지만 본질적인 것에 접근하지 못하고 있다. 네이버, 카카오 등의 사업모델에서 무엇이 문제인지, 경쟁 촉진을 위해 시장질서를 유지하는 기능과 그것을 활용하는 것을 분리해야 하는지의 문제로 다가가지 못하고 있다. 해결해야 할 우리의 과제이기도 하다.

기본적인 방향은 시장을 만드는 플랫폼 기업과 그 시장에서 경제활동을 하는 기업에서 우월적인 지위를 사용하는 것에 대해 전통적인 시장조치와 같은 엄격한 법 집행이다. 여기서 중요한 것은 바로 이해상

충이다. 제조와 유통기업 간의 독립적 힘을 갖도록 하는 것, 그리고 유통기업의 계열 또는 관계회사에 대한 지원행위가 어떠한 방식으로 일어나는지 봐야 한다. 특히 데이터를 활용한 지원, 차별 등에 주목해야 한다.[16]

다음으로 나타나고 있는 것은 EU와 같이 개인정보보호법General Data Protection Regulation: GDPR을 비롯한 개개인의 데이터 주권을 통해 거대 IT 기업 중심의 개인정보 활용을 견제하는 움직임이다.[17] 여기서 중요한 것은 정보의 소유 주체가 누구이며 그 정보를 이용하는 빅테크가 그 소유 주체에 대해 지불해야 하는 비용은 무엇인가이다.

중요한 것은 개인정보가 어떻게 수집되고 사용되는지 알 수 있도록 투명성을 보장하고 알고리즘의 판단에 대해 설명을 요구할 권리가 개인에게 있음을 명확히 하는 것이다. 2020년 초 데이터 3법이 과연 그걸 잘 표현하고 있는지 살펴봐야 한다. 데이터 3법은 개인정보보호법, 정보통신망법, 신용정보법 개정안을 총칭하는 것으로, 추가 정보를 결합하지 않고서는 특정한 개인을 식별하지 못하도록 처리된 가명 정보 개념을 도입하고 4차 산업혁명 시대에 맞춰 이용자와 기업의 데이터 활용을 확대하기 위한 것이다.

---

16 EU의 빅테크 규제 관점은 시장을 제공하는 업체와 거기에서 활동하는 업체는 이해상충이 발생하기 때문에 같은 업체가 할 수 없고 분리되어야 한다는 것이다.

17 최근 EU는 아마존에 대해 개인정보보호규정(GDPR) 위반을 이유로 역대 최고액인 1조 202억 원의 과징금을 부과했고, 이에 아마존은 항소 의사를 밝혔다. 향후 추이가 주목된다.

데이터 3법 주요 내용

개인정보보호법 개정안

- 개인정보 개념을 개인정보, 가명정보, 익명정보로 구분한 후 가명정보를 통계작성 연구, 공익적 기록보존 목적으로 처리할 수 있도록 허용
- 행정안전부, 금융위원회, 방송통신위원회 등으로 분산되어 있는 개인정보 관리감독을 개인정보보호위원회로 일원화

정보통신망법 개정안

- 정보통신망법상 개인정보보호 사항을 개인정보보호법으로 이관
- 온라인 개인정보보호 관련 규제 및 감독 주체를 방송통신위원회에서 개인정보보호위원회로 변경

신용정보법 개정안

- 가명처리된 개인신용정보를 빅데이터 분석 및 이용의 법적 근거 명확히 마련
- 가명정보는 통계작성, 연구, 공익적 기록보존 등 위해 신용정보주체의 동의 없이도 이용, 제공할 수 있음

즉, 가명정보를 정보 주체의 동의 없이 데이터로 활용할 수 있도록 허용하는 것이다. 정부는 이를 통해 빅데이터 사업자들이 가명처리된 데이터를 분석해 이전보다 질 높은 혁신적인 서비스를 제공하게끔 하려는 의지를 가지고 있다. 그러나 민감한 건강정보와 신용정보가 무분별하게 남용되고 이로 인한 또 다른 유출의 우려도 존재한다.

사실 데이터 3법이 통과되면서 이와 같은 문제가 수없이 제기되었다. 그러나 구체적으로 숙고되지는 못했다. 이 부분에 대해 좀 더 상세하게 검토해야 할 상황이다. 그러나 정부는 이 법에 의해 조속히 산업을 육성하는 것에 관심이 옮겨가 있다. 이에 대해 지난해 정무위에서 질의를 한 바 있다. 개인정보보호와 데이터의 소유권이 누구에게 있는지, 그리고 그 비용은 누가 내고 있는지에 관한 것이었다.

그러나 아직 사회적 합의를 이끌어내지 못한 상황이다. 무엇이 더 중요한지, 즉 데이터 산업을 통해 기업이 필요한 것을 제공하는 것이 중요한지, 아니면 개인정보보호를 중시해야 하는지 말이다. 우리나라의 경우 일반적으로 이런 경우 산업 육성에 초점이 맞춰진다. 상대적으로 그 기초가 되는 개인정보보호는 경시되는 경향이 있다. 이에 대한 사회적 합의, 그를 위한 토론이 절실히 요구되는 상황이다.

빅테크/대기업의 과세 회피 경쟁에 대한 국제 흐름

마지막으로 살펴봐야 하는 것은 빅테크가 국가권력 간의 경쟁을 유도해 그 과세를 회피하고자 하는 것이다. 구글과 페이스북을 비롯한 빅테크기업들은 전 세계를 대상으로 막대한 이익을 창출하고 있지만 그에 비해 현저히 적은 법인세를, 법인이 존재하는 본사에만 납부하고 있다. 소득이 있는 곳에 세금이 있다는 과세의 기본원칙이 지켜지지 않는 것이다. 최근 미국 재닛 옐런Janet Yellen 재무장관과 G7은 이러한 국가 간 법인세 경쟁을 끝내고 공정성을 보장하기 위해 글로벌 과세의 최저한도(15퍼센트)를 설정하고 이익률이 10퍼센트 이상인 대규모 다국적 기업들에 대해서는 매출이 발생한 국가가 이익의 20퍼센트에 대해 과세할 수 있도록 하는 것에 합의를 보았다. 기업에 대한 정부의 통제 원칙이 설정되었다는 점이 의미가 있다. 경제협력개발기구OECD 역시 이러한 방안을 논의하고 있으며, 7월 베네치아 G20 재무장관 회의에서 구체적인 합의안을 공개한 후 오는 10월 G20 정상회의에서 합의에 이를 것으로 기대한다.

G7 재무장관들
"15% 글로벌 최저 법인세" 합의

주요 7개국(G7)이 글로벌 최저 법인세율을 설정하기로 합의했다. 나머지 대다수 국가들이 동참할 경우, 세금을 회피하기 위해 세율 낮은 나라에 법인을 둬온 구글, 페이스북 등 글로벌 대기업들에 타격이 가해질 것으로 보인다.

주요 7개국 재무장관들은 4~5일(현지시각) 영국 런던에서 연 회의 뒤 6일 성명을 내어 글로벌 최저 법인세율을 적어도 15퍼센트로 설정하기로 합의했다고 발표했다. 주요 7개국은 미국, 캐나다, 프랑스, 독일, 이탈리아, 일본, 영국이다.

이들은 또한 이익률이 10퍼센트 이상인 대규모 다국적 기업들에 대해서는 매출이 발생한 국가가 이익의 20퍼센트에 대해 과세할 수 있도록 했다. 합의문에 특정 기업을 명시하지는 않았지만 애플, 아마존, 구글, 페이스북 등 외국에서 큰돈을 벌어들이면서도 세금은 내지 않은 미국 기반의 글로벌 기업들을 겨냥한 조처다.

글로벌 최저 법인세 도입은 조 바이든 미국 행정부가 적극적으로 동참하고 나서면서 국제적 논의가 활발해졌다. 바이든 정부는 도널드 트럼프 정부 시절 35퍼센트에서 21퍼센트로 내린 법인세율을 중간 수준인 28퍼센트까지 올리는 방안을 추진하고 있다. 바이든 대통령은 "낙수효과는 작동한 적 없었다"며 대기업과 부자들의 세금을 올려서 인프라 투자와 복지 확대의 재원을 충당한다는 구상이다. 바이든 대통령에게 글로벌 최저 법인세 도입은 국내적으로 법인세 인상의 명분을 강화하고, 미국 기업들이 세율이 더 낮은 국가로 빠져나가는 것을 막는 효과가 있다.

재닛 옐런 미 재무장관은 이번 합의에 대해 성명을 내어 "글로벌 최저 법인세는 법인세 바닥 경쟁을 끝내고, 미국과 전 세계의 중산층, 일하는 사람들을 위한 공정성을 보장할 것"이라고 환영했다.

옐런 장관은 기자들에게 이번 합의는 트럼프 시대 이후 다자협력이 부활했음을 보여준다고 말했다.

글로벌 최저 법인세 도입과 짝을 이뤄 논의된 것은 디지털세다. 프랑스, 영국, 이탈리아 등은 미국의 정보기술(IT) 대기업들에 디지털세라는 것을 만들어 과세해왔다. 이번 주요 7개국 재무장관 회의에서 미국은 디지털세를 즉시 없애기를 원했지만, 유럽 국가들은 이번 합의안이 최종적으로 적용된 후에 하겠다고 맞선 것으로 알려졌다.

이번 재무장관들의 합의는 7월 주요 20개국(G20) 재무장관 회의와 10월 경제협력개발기구(OECD) 회의를 거쳐 최종 결정될 것으로 보인다. 그러나 낮은 법인세율을 유지하고 있는 국가들은 이에 반대하고 있다. 가장 대표적인 나라는 법인세율이 12.5퍼센트로 서유럽에서 가장 낮은 아일랜드다. 아일랜드는 낮은 법인세율을 통해 구글, 애플 등 거대 정보기술 기업들의 유럽 본부를 유치했다. 파스칼 도노호 아일랜드 재무장관은 주요 7개국 재무장관 합의대로 법인세율이 올라가면 연간 법인세의 5분의 1, 약 20억 유로(약 2조 7,000억 원)를 잃는다며 12.5퍼센트 세율을 유지하겠다고 밝혔다. 또한 미국에서도 국내적으로 공화당이 글로벌 최저 법인세율 도입은 미국 기업들에 손해가 된다며 반대하는 점이 변수가 될 수 있다고 〈워싱턴 포스트〉는 지적했다.

최저 법인세율 도입으로 타격이 예상되는 미국의 정보기술 대기업들은 확실성 측면에서 이번 합의를 환영한다는 원론적 논평을 냈다. 페이스북 대변인 닉 클레그는 트위터에 "페이스북은 주요 7개국의 많은 중대한 진전을 환영한다"며 "오늘의 합의는 기업들의 확실성을 향한 중대한 첫걸음이고, 글로벌 과세 체계에 대한 대중의 믿음을 강화한다"고 밝혔다. 구글도 "국제 조세 규칙을 업데이트하려는 노력을 강력하게 지지한다"며 "각국이 균형 잡히고 지속가능한 합의를 곧 완료하기 위해 계속 협력하기를 희망한다"고 밝혔다.

〈한겨레신문〉, 2021.6.6.

핀테크, 빅테크의 데이터를 통한 혁신은 단순히 기술 혁신의 문제가 아니라 민주주의 체제 전반에 대한 새로운 관점으로의 도전이라는 것을 알 수 있다. 이 문제에 대해 단순히 성장의 관점으로만 접근한다면 우리는 문제의 본질에 전혀 접근하지 못한 채 사회구성의 기본원칙을 무너뜨릴 수도 있다는 것을 이해해야 한다.

CHAPTER 9

네거티브 규제와
금융·금융감독체계

금융정책은 규제 정도의 변화를 수단으로 한다

우리는 앞에서 기존의 제도를 파고들어 새로운 질서 및 사업모델을 추구하는 과정에서 제도의 충돌과 접점을 살펴보면서 네거티브 규제와 그에 따른 책임(징벌적 배상)이 필요함을 확인했다. 이제 금융정책과 금융감독정책이 어떤 관계를 유지해야 하는지에 집중하고자 한다. 라임, 옵티머스 등 사모펀드 사태의 정책 경과를 점검하면서 금융감독이 어떤 체계를 유지해야 하는지를 알아보자.

먼저 금융정책과 금융감독정책의 정책목표 차이를 인식해야 한다. 금융정책은 기본적으로 규제정책이다. 금융은 타인의 돈을 위탁 운용하는 것이 사업의 본질이다. 따라서 타인의 돈이나 자산을 위탁받아

운용할 때 그 자금을 위탁한 사람이 지정한 바와 그 의도에 맞게 운용해야 한다. 여기서 이른바 본인principle과 대리인agent 문제가 발생한다. 기업 지배구조와 유사한 문제가 금융에서는 더 심각하게 나타난다. 주주와 집행임원의 관계와 유사하지만 그 정도는 더욱 심각하다.

은행을 예로 들어보자. 은행의 자산은 주주가 투입한 자기자본과 고객의 예금이다. 이 자산을 대출로 운용하여 그 차익을 이익으로 하는 구조다(Net Interest Margin: NIM). 만일 이 은행을 100퍼센트 소유하고 있는 주주가 있다면 그 주주는 은행의 자산운용, 즉 대출 등에 대해 의사결정을 할 수 있을까? 일반적인 회사의 경우에는 의사결정을 좌우할 수 있을 것이다. 그러나 은행은 그럴 수 없다. BIS 비율 10퍼센트를 지켜야 한다면 그 은행은 자기자본 1에 대해 10을 대출할 수 있다.[1] 그러면 9는 무엇일까? 바로 고객의 예금이다. 은행의 주주는 설령 100퍼센트 주주일지라도 그 은행에 영향을 주는 것은 산술적으로는 10퍼센트에 불과하다.

은행은 고객의 자산 9에 대해서도 책임져야 하는데 이 9는 예금보험에 의해 제도적으로 보장된다. 따라서 정책/감독당국이 관여할 수 있는 여지가 생기게 된다. 바로 금융산업에서의 규제다. 생명보험의 경우도 유사하다. 생보사가 고객으로부터 납입 받은 보험료도 계약자의 소유다. 보험금 지급 및 운용의 결과로 생기는 이득의 일부는 주주의

---

1 개인신용대출의 경우 위험가중자산(Risk weighted Assets: RwA)이 100퍼센트다. 이것을 가정한 경우다. BIS=자기자본/RwA이기 때문이다. 담보대출의 경우 RwA가 100퍼센트 미만이다. 즉 그 대출이 상환되지 않을 때 은행이 손해 보는 정도를 RwA로 보기 때문이다.

것이 아니라 계약자의 것이다.[2] 저축은행의 경우도 유사하다. 각 업종에 따라 그 책임의 정도는 다르지만 주주에게만 책임을 지는 것이 아니다. 또한 대출자산 및 잔여자산의 운용도 국채, 회사채 등 고객에게 지급되어야 할 자금의 유동성을 고려해 규제가 수반된다.[3]

금융정책은 기본적으로 규제 정도의 변화를 그 수단으로 한다. 한편 우리가 IMF 위기에서 경험했듯이 금융기관의 부실은 전 경제의 운용 자체에 문제를 야기하기 때문에 부실을 막기 위한 금융기관의 건전성 유지도 중요한 목표다. 따라서 건전성prudentiality 감독도 중요한 정책 목표다. 이것이 바로 금융감독정책의 목표가 된다. 나아가 금융상품은 그 상품이 판매됨으로써 종료되는 것이 아니라 시간에 따라 그 가치가 변동하는 특징이 있다. 금융상품은 고객의 자산을 특정한 용도로 운용 하겠다는 일종의 계약이기 때문이다. 금융소비자와 금융기관 사이에 는 그 상품의 내용에 관한 정보의 비대칭성이 항상 있기 마련이다. 복잡한 금융상품일수록 금융소비자는 그 상품에 관한 정보가 금융기관 보다는 적을 수밖에 없다. 이는 금융상품을 판매했을 때 금융기관이 소비자에게 그 상품의 성격을 정확히 설명했는지, 소비자에게 그 위험 을 정확히 알렸는지 등의 문제를 항상 내포하고 있다. 판매자는 구매 자에게 그 상품의 성격을 정확히 설명해야 하는데, 만일 그렇지 않다

---

2 계약자배당을 말한다.

3 자산운용사의 경우 펀드도 고객의 것이다. 그렇기에 자산운용사의 주주가 펀드 운용에 관여하는 것은 제한된다. 펀드매니저가 선량한 관리자의 주의의무(fiduciary duty)에 따라 운용하는 것이 원칙이다. 우리는 이런 의미에서 미래에셋자산운용 등에 관심을 가지기 시작했고 그룹 오너가 투자 방향을 결정하고 그 리스크가 금융사 경영에 전가되는 행태를 지적한 바 있다.

면 일종의 사기(불완전판매) 문제가 발생한다.

금융상품 판매와 관련해 금융소비자 보호도 중요한 정책과제가 된다. 금융상품은 판매되었다고 그 상품이 완결된 상태로 소비자에게 이전되는 것이 아니다. 따라서 판매된 이후에도 그 위험이 누구에게 귀속되느냐의 문제가 발생한다. 특히 금융상품에 대한 정보는 판매사가 더 잘 알고 일반 소비자는 잘 모르는, 정보 비대칭성이 발생하기 때문에 소비자 보호가 매우 중요한 과제가 된다. 금융정책은 규제 정도의 변화가 일반적이며 이에 따른 위험이 증가하고 금융기관의 건전성에 영향을 주게 된다. 나아가 금융소비자에게도 영향을 주는 것이다.

금융정책은 하나의 금융산업 내 어느 부분을 진흥하는 정책으로 이해할 수 있다. 감독정책은 그 진흥정책에 따른 위험을 제어하는 동시에 금융소비자가 구매하는 상품의 성격 변화를 가져오게 된다. 금융정책은 가속페달, 감독정책은 브레이크에 비유할 수 있다. 따라서 어떠한 금융정책을 추진하는 것은 건전성 변화를 예측하고 이에 대한 대비책을 함께 준비해야 한다.

2020년 불거진 라임, 옵티머스 등 사모펀드가 왜 심각한 사회적, 경제적 문제가 되었을까. 금융정책과 감독체계는 어떻게 바꿔야 할까.

2015년 사모펀드 규제 완화 이후 금융사고가 잇따르고 있다. 2019년 6월 DLF 금리파생투자 0.8조, 10월 라임펀드 해외무역금융 부실펀드 매매 1.5조, 2020년 1월 알펜루트 레버리지 투자(TRS) 0.4조, 4월 디스커버리 미국 핀테크 대출펀드 0.4조, 6월 팝펀딩 P2P 대출 채권펀드 0.2조, 옵티머스 정부매출채권 투자사기 0.5조, 7월 젠투 레버리지 해외채권 투자 1.3조 원 등 연이어 발생하고 있다. 규제를 완화할 때 처음부터 규제를 어떻게 풀어야 하고 사고가 터졌을 때 어떻게 리스크를 최소화할 수 있는지를 대비해야 한다. 혁신과 규제 사이의 균형이 맞지 않으면 사고로 이어지게 된다. 2015년 박근혜 정부 당시 사모펀드 관련한 규제를 완화했다. 인가제였던 사모펀드 운용사 설립을 등록제로 전환하고, 전문투자형 사모펀드(헤지펀드) 최소 투자금액을 종전 5억 원에서 1억 원으로 낮추었으며, 사모펀드 설정을 금감원 사전 승인에서 사후 보고 방식으로 전환했다. 또한 사모펀드 판매 시 적합성과 적정성 원칙을 면제하고 투자 광고를 허용했다. 한국의 골드만삭스를 육성하기 위한 사모펀드 혁신 육성 방안이었던 것이다.

금감원에 따르면 DLF 판매 잔액이 8,224억 원에 이르렀다. 우리은행(4,012억 원), 하나은행(3,876억 원) 두 은행에서 금액 기준 96퍼센트를 판매했는데, 개인투자자 3,654명이 7,326억 원을, 법인 188개 사가 898억 원을 투자했다. 손실률은 상품의 판매 시기와 만기에 따라 다르지만, 쿠폰금리를 포함해 98.1퍼센트의 손실률을 기록한 상품도 있었다.

손실률만큼이나 충격적이었던 것은 DLF 판매 은행들의 불완전판매였다. 금감원은 지난해 10월 DLF 판매 은행 중간조사 결과를 발표했다. 조사 결과에는 각종 불완전판매 사례도 소개됐다. 1분간 전화통화를 하면서 고위험 상품인 DLF를 판매한 사례, 노후자금을 정기예금에 예치하려던 75세 고령자를 DLF로 유치한 사례 등이다. 충격적인 불완전판매 사실이 드러나자 금감원 금융분쟁조정위원회(분조위)는 은행들에 '역대 최고' 수준의 배상비율을 결정했다. 분조위는 부의된 6건 가운데 투자경험이 없고 난청인 79세 치매환자에게 DLF를 불완전판매한 사례에 대해 80퍼센트의 배상비율을 결정했다. 또 투자경험이 없는 60대 주부에게 '손실확률 0퍼센트'를 강조한 사례에 배상비율 75퍼센트, 예금상품을 요청한 고객에게 기초자산인 이자율 스와프(CMS)를 잘못 설명한 사례에 대해서는 손실액의 65퍼센트를 배상하라고 결정했다.

〈매일경제〉, 2020.4.2.

그러나 혁신에 따르는 관리감독 방안이 뒤따르지 않았다. 진입부터 설립, 운용, 판매 전 단계에서 대폭적으로 규제 완화를 했지만, 이에 걸맞은 감독기관의 모니터링 기능이 부재하고 운용사 및 판매사의 책임 부담이 없었다.

사모펀드 사고는 금융당국의 허술한 감독으로 예견된 사고였다. 자산운용사는 리스크 관리를 위한 내부통제 소홀 및 손해배상책임 능력이 미흡했고, 판매사와 수탁기관은 판매에 집중하여 수탁기관의 감시 견제가 제대로 이루어지지 않았으며, 투자자는 리스크 관련 정보 부족으로 위험에 노출될 수밖에 없었다. 일부는 만기가 맞지 않는 구조와 자사펀드 편입 등 펀드 간 위험전이의 가능성이 농후했으며 TRSTotal

그림 9-1 사모펀드 사고, 해결책

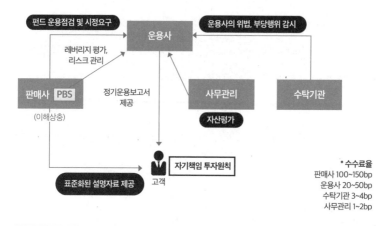

Return Swap(신용위험과 시장위험을 모두 이전시키는 신용파생상품) 거래를 통한 레버리지 역시 확대되었다.

또한 수수료율을 자세히 살펴보면 판매사는 100~150bp, 운용사는 20~50bp, 수탁기관은 3~4bp, 사무관리는 1~2bp를 취하는 형식이다. 이러한 수수료 구조에서 운용사의 위법과 부당행위를 감시할 수탁기관과 자산평가를 할 사무관리기관이 열심히 할 동력이 있겠는가? 이렇게 위험이 널려 있음에도 불구하고, 최소한 리스크를 관리할 수 있는 정부당국의 장치는 찾아볼 수가 없었다. 이에 은행들은 사실상 공모펀드를 규제를 회피하기 위해 시리즈로 설계 제조하여 50인 이상의 투자자에게 사모펀드의 청약을 적극적으로 권유하는 등 위법행위를 저질렀다.

자본시장법 제199조 제1항 및 제8항은 50인 이상의 투자자에게 사모펀드의 청약을 권유하고 펀드를 시리즈로 설계·제조하고 판매하는 것을 금지하고 있다. 그럼에도 불구하고 위법행위를 저질렀던 이유는 무엇일까? 당시 은행들이 집중했던 파생결합증권Derivatives Linked Securities: DLS, 파생결합펀드Derivative Linked Fund: DLF 상품[4]이 투자자들이 옵션을 매도하는 형식의 상품이지만 투자자들이 시세를 파악하기 어렵고 정보가 부족한 점을 악용해 금융회사들이 고수익을 얻을 수 있었기 때문이다. 그리고 그에 대한 징벌이 크지 않은 점도 작용했을 것이다.

어떻게 문제를 미연에 방지할 수 있을까? 간단한다. 펀드가 설정될 때 이를테면 주식형 펀드이고 파생형이라고 가정한다면, 주식형이 규모(사이즈)가 얼마나 되는지 찾아보면 나온다. 기초자산의 규모를 보고 그 기초자산으로 만들 수 있는 시장 크기는 얼마일까를 계산하면 된다. 펀드 규모가 1,000억이 넘어가면 기초자산과 이에 따른 파생상품 시장 규모를 점검하고, 그 뒤로는 차후에 5,000억이 넘어가면 점검하고 다시 1조가 넘어가면 점검을 하면 된다. 체크포인트만 설정해놓고 때가 되어 확인하면 그만이다. 이 같은 점검은 거시지표로만 봐도 확인할 수 있다. 체크포인트에 걸리는 곳이 있으면 가서 확인하면 될 사안이다. 이것이 금융감독원의 역할이다. 금융위원회가 규제를 완화했을 때, 금융감독원은 규제 완화로 인해 초래할 위험요소risk가 무엇인지 확인할 수 있는 구조가 마련되어야 한다. 그런데 당시 금융위가 보

---

4 DLS: 주가뿐만 아니라 이자율, 통화, 실물자산 등을 기초자산으로 해서 정해진 조건(기초자산의 가격이 움직이는 특정 범위)을 충족하면 약정한 수익률을 지급하는 상품으로 정해진 조건 구간을 벗어나게 되면 원금손실을 보게 되는 유가증권. DLF: DLS를 편입한 펀드.

여준 것은 혁신을 위해 규제를 완화했다는 성과를 챙기기 급급했다. 결국 옵티머스, 라임펀드와 같은 사모펀드의 부실은 금융당국의 규제 완화가 불러온 예고된 재앙이었다.

이에 금융당국은 사모펀드의 최소 투자금을 종전 1억 원에서 3억 원으로 올리기로 했다. 그러나 사모시장의 불건전한 플레이어들 외에 정상적으로 들어온 시장 참여자까지도 한번에 침체시킬 수도 있다. 이것은 사모펀드의 혁신과 함께 조화를 이루지 못한 규제를 순간순간 대증요법을 사용함으로써 사모규정을 완전히 무력화시키는 결과를 초래할 수도 있다.

금융위가 혁신사례로 꼽았던 P2P 연계대부업체 '팝펀딩' 대표가 2020년 7월 사기 혐의로 검찰에 구속기소됐고 팝펀딩은 같은 해 6월 폐업 신고했다. 금융위원회와 금융감독원의 역할은 견제와 균형check & balance이 기본이자 핵심이다. 팝펀딩 사모펀드 사고는 게이트, 비리 등의 차원에서 바라볼 것이 아니라 정책을 잘못하면 어떻게 되는지를 여실히 보여주는 좋은 사례다. 금융감독 기구 재편이 불가피한 이유이기도 하다.

미국의 금융정책은 어떠한가? 우리나라와 달리 금융감독정책은 독립된 기관에서 수행하는 것이 일반적이다. 재무부에서 국제통화 관련한 정책의 기조를 정하고 미국 연방준비제도이사회FRB에서 금리를 정하고, 미국 증권거래위원회SEC와 상품선물거래위원회CFTC 등 규제 관련 기관이 규칙을 정한다. 또한 정책에 관련된 부분은 시장에서 자율적으로 하도록 하되 이 기구들은 건전성 감독에 주력한다.

키코 문제로 본 금융소비자 보호 이슈

키코Knock-In Knock-Out: KIKO 사태는 2007년과 2008년 수많은 수출 중소기업들을 위험으로 몰아넣은 금융사고였다. 금융감독당국이 공식적으로 인정한 피해금액이 3.2조 원에 달할 정도였고 관련 기업들의 수가 738개 사에 달할 정도의 대형 금융사고였다.

키코 사태는 수출중소기업들의 환위험을 헤지hedge하기 위한 파생상품거래로서 선물환거래에 비해 좋은 환율에 환위험을 헤지할 수 있는 제로코스트Zero-Cost 상품이라고 은행들이 권유한 외환거래의 일종인 통화옵션계약이다. 그런데 키코 거래는 사실상 은행과 기업 간에 콜옵션과 풋옵션을 교환하는 거래였는데 은행들은 이러한 상품구조를 기업들에게 제대로 설명하지 않고 판매했다. 2008년 글로벌 금융위기로 인해 달러 가치가 급등하자 키코 거래기업들이 막대한 환차손을 입게되었다.

키코 거래기업들이 은행을 상대로 부당이득금 반환 청구소송을 제기했으나, 2013년 대법원 전원합의체에서 일부 불완전판매가 인정되었지만 결론적으로 은행의 손을 들어주었다. 대법원 판결의 핵심은 키코 거래를 통해 은행들이 취한 이득이 콜옵션거래금액을 기준으로 이 사건 각 통화옵션계약의 수수료율을 산정하면 최소 0.058퍼센트에서 최대 0.48퍼센트로서 펀드 등 다른 금융상품거래에 비해 현저하게 높다고 볼 수 없으므로 원고의 상고를 기각한다는 것이다. 그러나 통화옵션계약의 수수료는 옵션거래금액이 기준이 아니라 옵션가격, 즉 옵

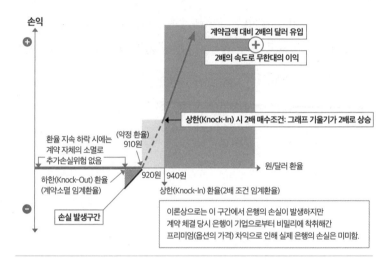

그림 9-2 실제 일반적인 키코 상품의 손익구조도(은행의 손익 측면)

션프리미엄을 기준으로 부과한다는 점에서 대법원 판결에는 중대한 오류가 발견된다(보통 옵션거래금액이 옵션프리미엄보다 훨씬 많다). 은행들이 키코 거래를 통해 취한 이득을 옵션프리미엄을 기준으로 수수료율을 산정하면 선물환거래에 비해 수십 배 비싸다. 따라서 펀드 등 다른 금융상품거래에 비해 현저하게 높다고 보아야 한다.

2013년 대법원 판결의 문제점에 비추어 키코 거래 은행들이 키코 피해 기업에 대한 금융감독원 분쟁조정결과를 수용할 것을 촉구하기 위해 2020년 산업은행 국정감사를 준비하고 있던 중 뜻밖의 사실을 발견하게 되었다. 산업은행이 거래기업들에게 옵션가격, 즉 옵션프리미엄을 제시하지 않고 옵션의 행사가격을 마치 옵션가격인 양 설명하며 키코 거래를 권유했다는 사실이 드러난 것이다.

금융거래에서 가장 중요하게 고려해야 할 사항은 언제 어떤 금융거래(즉 주식, 채권 또는 파생금융상품)를 얼마나(즉 수량) 어떤 가격에 누구와 거래할 것인가일 것이다. 고려해야 할 거래조건 중에서도 어떤 가격에 거래할 것인가가 가장 중요한데 이 가격을 거래 상대방에게 알려주지 않고 일방이 임의적으로 거래한다는 사실이야말로 산업은행이 불완전판매를 했음을 보여주는 가장 중요한 증거다.

舊은행업감독업무시행세칙(2005.12.23. 개정되고, 2010.11.17. 개정 전의 것)

제65조(금융거래 시 유의사항) 금융기관은 업무취급에 있어 이용자를 보호하고 금융 분쟁의 발생을 방지하기 위하여 다음 각 호의 사항에 유의하여야 한다.

6. 장외 파생상품거래(규정 제84조의 규정에 의한 금융거래약관을 이용한 거래 제외)

마. 거래와 관련된 각종 비용은 공정하게 부과하여야 하며, 비정형 파생상품 거래 시에는 내재된 개별 거래별로 각각의 가격정보(금융기관의 거래원가가 아닌 대고객 거래가격 수준의 정보를 말한다)를 제공하여야 한다.

산업은행은 대법원 판결 중 일부 내용, 즉 금융기관의 거래원가를 설명하지 않아도 된다는 내용을 들어 자신들이 키코 거래의 가격정보를 제공하지 않은 것이 아무런 문제가 없다고 주장했다.

우선 감독규정 마.목에 따른 설명의무의 범위에 관하여, 서울고등법원은 (한 거래 안에 내재된) 개별 옵션의 가격정보는 설명할 필요가 없다고 명확히 판시하였습니다{위 서울고등법원 2011.5.31. 선고 2010나34519(본소), 2010나34526(반소) 판결}.[5] 서울고등법원은 "만약 은행이 대고객 가격으로서의 옵션의 이론가를 고객에게 제공하게 되면 자연히 콜옵션 이론가와 풋옵션 이론가의 차액 상당인 수수료의 규모가 공개될 수밖에 없다. 그러나 은행업감독업무시행세칙 제65조 제6호 마.목의 규정을 보면 금융기관은 '거래원가가 아닌 대고객 거래가격 수준의 정보'를 제공하도록 규정하고 있는데, 여기서의 '거래원가'가 옵션의 이론가를 뜻하는지 아니면 파생상품 판매에 소요되는 비용이나 이윤, 즉 수수료를 의미하는지는 분명하지 아니하나 원가를 공개할 의무가 없다고 하는 위 규정의 취지는 적어도 금융기관이 파생상품을 판매하면서 수취하는 수수료의 규모를 공개할 필요는 없다는 뜻으로 이해할 수 있다"라고 판시했고, 해당 사안(즉, 수산중공업 사건)에 대하여 대법원은 위 서울고등법원의 판단에는 위법이 없다고 설시하였습니다{대법원 2013.9.26. 선고 2011다53683(본소), 2011다53690(반소) 판결}.

---

5 (주)수산중공업이 (주)우리은행 등을 상대로 제기한 소송(이하 '수산중공업 사건')의 항소심 판결이다.

그러나 산업은행이 주장하는 근거인 대법원 판결은 은행이 키코 거래의 원가(즉 이론가)를 공개할 의무가 없다는 뜻이지 대고객 거래가격 수준의 정보도 공개할 의무가 없다는 뜻은 아니다. 그런데 산업은행은 은행업감독업무 시행세칙을 위반하여 대고객 거래가격 수준의 정보도 공개하지 않았으므로 당연히 불완전판매에 해당한다.

또한 국정감사에서 이동걸 산업은행 회장의 발언을 보도하면서 칼럼으로 쓴 모 언론사 기자를 상대로 산업은행 이 회장은 허위사실 유포 및 명예훼손에 해당한다며 1억 원의 손해배상청구소송을 제기했다.[6]

사모펀드와 키코 사태 등 금융사고는 금융감독체계의 허점으로 인한 것이다. 이러한 일련의 문제는 지금도 진행형이다. 최근 등장한 각종 페이들, 즉 새로운 지불결제시스템에서 토스TOSS로 정보를 넘겨줄 때, 토스는 개인정보를 얼마나 보관한 후 폐기하는지를 확인하는 질문에 업체들은 식은땀을 흘리기도 했다.

과학기술정보통신부 중앙전파관리소에서 국감 당시 필자의 질의에 확인을 해보니 부가통신사업자 신고를 하지 않은 업체를 확인한 것이다. 신고하지 않으면 벌금은 물론 상당히 강한 제재가 있었다. 문제는 규제가 낡았다는 데 있다. 부가통신사업자는 과거 VAN사업자를 말한다. 인터넷 상용화도 되기 전에 있었던 옛날의 규제였다. 카카오페이

---

6 언론인이 취재한 내용에 의견을 제시한 것에 대해 소송을 제기하는 것이 과연 바람직한지 생각해볼 일이다. 산업은행 측은 이미 대법원에서 종결된 사안이라는 입장을 가지고 있는데 이 재판과정에서 대법원의 판결에 옵션가격을 잘못 적용했다는 것, 그리고 비정형파생상품에 대한 가격정보를 제공해야 한다고 했는데 제시하지 않았다는 것 등 추가적 사실 등에 대해 재판과정에서 다시 부각될 가능성이 높아졌다. 재판부가 어떤 결론을 내릴지 주목된다.

는 분사를 하면서 신고 절차를 놓친 것이다. 그런데 당시 카카오뱅크, 케이뱅크, 농협은행을 비롯해서 카드회사들이 모두 누락되어 있었다. 규제로만 따지면 정보통신망법 위반이다. 그 자리에서 "실수였다. 곧바로 등록하겠다"는 말로 무마되었다. 세상이 변했으면 규제도 이에 맞게 바뀌어야 한다. 시대에 맞지 않은 규제가 계속 쌓여 있는데, 요즘 맞지도 않는 위반이라며 단속을 벌이면 웃음거리가 될 수밖에 없다.

감독당국의 은행 배당 제한이 관치인가?

지난 2020년 12월 HSBC가 미국 연방준비제도FED의 스트레스 테스트를 통과하지 못해 자사주 매입 등 주주환원에 어려움을 겪게 되었다는 기사가 화제를 일으켰다. 미국의 은행 중 유일하게 스트레스 테스트를 통과하지 못했기 때문이다. 반면 우리나라는 적지 않은 금융회사가 건전성 스트레스 테스트를 통과하지 못해 금융회사의 배당을 자제해야 한다고 강조했다. 윤석헌 금융감독원장은 "일부 금융회사가 코로나19 장기화에 따른 건전성 스트레스 테스트를 통과하지 못했다"고 밝히면서 대손충당금을 확보할 것을 요구했다. 스트레스 테스트는 예외적이지만 일어날 가능성이 있는 시나리오를 가정해 금융 시스템 전체의 잠재적 손실을 측정하고 재무 건전성을 평가하는 방법이다. 자산과 부채 등 재무상태를 측정해 효율적으로 리스크 관리를 할 수 있는 관리기법 중 하나다.

은행은 결제 인프라가 붕괴되면 금융 시스템 전체가 흔들릴 수 있기 때문에 각 은행은 내부유보금을 쌓아놓아야 위기에 대응할 수 있다. 1997년 IMF 외환위기 때 제일은행 한 곳이 휘청거리니 금융권 전체가 흔들리면서 결국 공적자금까지 투입해야 하는 상황이 벌어졌다. 2008년 미국 서브프라임 사태로 인한 글로벌 금융위기에도 마찬가지였다. 은행이 BIS 총자본비율을 산출할 때 시스템 리스크 관리를 위해 1퍼센트를 추가로 쌓도록 되어 있는 이유도 여기에 있다. 리스크 적립용인데 감독당국이 고안한 것이니 은행은 대손충당금을 쌓아두면 된다. 그것도 뒤늦게 2018년부터 시작한 것이다.

기업금융보다 가계부채가 늘기 때문에 가계부채에 대해서는 리스크 가중치를 10퍼센트를 더 쌓고, 기업금융을 활성화시키기 위해서 차감을 해주는 등의 방식을 썼다. '만약 정책이 그때 나왔다면 은행은 꼼짝 못 하겠구나' 싶었다. 건드리면 안 되는 뇌관이었다. BIS 비율 산출 산식에 있는 내용을 손대는 순간 비율 자체에 대한 신뢰가 떨어져버리는 것이다. 전체 리스크를 검증받게 되기 때문이다. 당시 언론에서는 10퍼센트 가중해서 시스템적으로 감독당국이 정책적으로 할 수 있다고 했다. 어불성설이다. 당시 그대로 두었어야 했다.

코로나19의 팬데믹 상황에서도 마찬가지다. 금융당국이 대손충당금을 더 쌓으라고 가중치를 낮춰줄 수도 있었다. 그러나 이미 그 방식을 엉뚱한 데 써버린 것이다. 근거가 무엇인가에 대해 물어보면 규정을 제시하면 그만이다.

바젤은행감독위원회는 2010년 11월 열린 서울 G20정상회의에서 금융규제 권고안(바젤 III)을 채택했다. 우리나라는 2013년 12월부터 바젤 III를 적용하기 시작했다. 글로벌 자기자본 규제인 바젤 III의 요건은 자본과 리스크 계산을 통해 BIS 비율이 평균 12퍼센트는 되어야 한다. 은행 평균은 14퍼센트 정도다. 과거에는 8퍼센트에 불과했으니 차이가 많이 나는 셈이다. 대부분 은행은 10퍼센트 아래로 내려가지 않도록 주의를 기울인다.

"복잡한 이야기는 됐고, 사고나 치지 마"

새로운 아이디어에 기반한 금융상품을 출시할 때 금융당국에 이 상품의 적절성 여부를 약관심사 등을 통해 상의한다. 이때 보통 "복잡한 이야기는 됐고 사고나 치지 마" 이런 이야기를 많이 듣게 된다. 다른 한편 새로운 혁신적 상품을 출시하라고 요구받기도 한다. 아무것도 하지 않으면서 겉으로는 혁신을 하라는 말이다. 의사결정권자들의 이 같은 혼선은 실무진에게는 악재다. 어느 장단에 춤을 춰야 하는지 알 길이 없다. 결국 조직 전체는 방향을 잃고 헤매게 된다. 모든 분야에 리스크는 내재되어 있다. 리스크의 정체를 파악하고 어느 정도 감당할 것인지 명확히 선을 그은 다음 행동에 나서야 하는데 결국 오리무중이다. 사고가 터질 때까지 그냥 내버려두게 된다. 마치 시한폭탄이 언제 터질지 모른 채 폭탄을 돌려가며 시간을 보내는 것이다.

금융기관은 일반 기업보다 리스크가 크다. 직원들의 연봉이 높은 이유 중에는 리스크에 대한 책임소재가 높기 때문이기도 하다. 이를테면 징계를 받게 되면 몇 년간은 취업을 할 수가 없다. 이에 대한 보상인 셈이다. 외부에서 봤을 때 하는 일도 없이 돈만 많이 받는다는 지적이 있을 수 있지만, 높은 연봉에는 높은 책임이 내재되어 있다는 사실을 알아야 한다. 받는 만큼 책임을 져야 한다는 것이다.

금융시장에 책임감을 얼마나 느끼는지 물어봐야 한다. 정부부처에서는 리스크가 무엇인지, 책임소재는 무엇인지에 대한 명쾌한 정의가 없고 모두 팔짱 낀 채 눈치만 보는 것이다. 2008년 금융위원회 설립 후 비민주적인 조직개편에 문제가 제기되기도 했다. 금융감독체계는 옳고 그르고를 따질 문제가 아니라 실행 원칙을 명확히 정하고 책임소재를 밝힌 후 그대로 따라 하면 된다. 정책, 소비자 보호를 어떻게 할지에 대한 답을 내놓아야 한다. 민간에게 자율적으로 맡길 것인지, 아니면 정부에서 할 것인지 명확히 설정하고 이를 맡아서 할 수 있는 전문가를 배치하면 간단하게 해결된다. 금융브로커가 아닌 전문가 말이다.

감독과 정책의 균형이 핵심이다. 금감원과 금융위가 나뉘어 있어 시너지가 나지 않는 것도 문제다. 결국 전문가가 자신의 일에 충실한 시스템이 아니라 줄 잘 서면 승진할 수 있다는 암묵적인 눈치가 형성된다. 위에서는 말 잘 듣는 아랫사람 혹은 학벌 중심으로 패거리가 형성되어 끌어주고 당겨주고 하는 것이다.

금융 전문가 양성은 그림의 떡이다. 결국 금융지식이 부족한 대중을 무시한 채 꿍꿍이로 흐를 가능성이 크다. 각 부서별로 동일한 기준의 통계를 만들고 서로 공유할 수 있도록 투명성을 갖추면 된다. 그런데 각 부서별로 기준이 서로 다른 통계를 내놓고, 그럴듯하게 해설만 해놓으니 기준으로 삼을 통계를 찾기 어렵다. 전문가가 없다.

결국 고위 관료로 올라갈수록 실무를 아는 사람을 찾기 어렵게 된다. 순환보직 체제로 정부 인사가 움직이게 되니 한 가지 정책을 끝까지 파고들기가 어렵다. 한 가지 정책을 파고들어 가다 보면 승진에서 누락되기 십상이기 때문이다.

우리나라 관료 제도를 바꾸자는 목소리가 나오는 이유이기도 하다. 승진 코스, 그리고 전문가 코스를 별도로 구분해서 관료를 양성해야 한다. 모든 공무원을 순환보직 체제에 적용하다 보니 전문가로 살아남기가 불가능한 구조다. 기재부에 1, 2차관이 있고, 차관보를 둔 것은 외부 전문가를 위한 자리로 전문가 의견을 듣기 위한 것이지만 뜻대로 움직이지는 못하고 있다. 정부부서에 담당관은 승진 코스가 아닌 전문가로 조언을 해주라는 취지이지만 외부 전문가의 시각을 받아들일 뜻이 없는 것이다.

금융감독체계는 어떻게 바뀌어야 하나?

IMF 사태 이후만 보더라도 우리나라는 카드 사태, 키코 사태, 저축은행 사태, 동양 사태 및 사모펀드 사태 등 툭하면 대규모 금융사고가 발생해 수많은 피해자를 양산했다. 그때마다 금융감독체계를 개편해야 한다는 목소리는 높았지만 여전히 2008년 금융위원회와 금융감독원으로 이원화된 금융감독체계가 유지되고 있다.

무엇이 문제일까? 연혁적으로 보면 IMF 사태 이전에는 재무부–재정경제부–기획재정부로 이어지는 정부부처가 금융정책 및 금융감독업무를 담당해왔고, 은행감독원, 증권감독원 및 보험감독원 등이 정부부처로부터 금융감독업무를 위탁받아 금융감독업무를 수행해왔다. 그후 IMF 외환위기를 겪으면서 IMF의 요구에 따라 은행감독원, 증권감독원 및 보험감독원이 통합되어 금융감독원이 새롭게 출범했다. 그러다가 2008년 이명박 정부가 들어서면서 금융위원회가 기획재정부로부터 독립해 국무총리 산하기관이 되어 국내금융정책과 금융감독업무를 담당하고, 금융감독원이 금융위원회로부터 금융감독업무를 위탁받는 형태로 금융감독체계가 개편되었다.

그러나 개편 당시부터 비판의 목소리가 높았다. 국내금융업무와 국제금융업무가 분리되어 있는 나라가 없다는 점과 금융정책과 금융감독업무를 한 기관에서 담당하는 것은 자동차로 치면 액셀과 브레이크를 같이 밟는 것이나 마찬가지라는 이유에서였다. 또한 2008년 이후 키코 사태, 저축은행 사태, 동양 사태 및 사모펀드 사태가 연이어 터지면서 금융감독체계 개편 요구가 봇물 터지듯 나왔고 관련 법안들도 활발히 발의되었지만 결국 논의도 제대로 못 해보고 전부 임기만료 폐기되는 현상이 반복되었다. 심지어 박근혜 정부 시절에는 대통령이 나서서 수차례 금융감독원에서 소비자보호기능을 분리해 별도의 기관으로 만들라고 지시했다. 하지만 당시 야당이 금융감독원만 분리하지 말고 금융위의 금융정책기능을 기재부로 보내고 금융감독기능은 금융건전성감독위원회와 금융소비자보호위원회로 분리해야 한다고 주장하며 흐지부지되고 말았다. 그사이 영국이나 오스트레일리아 등 해외에서는 쌍봉형태Twin Peaks Model의 금융감독체계로의 전환이 이루어졌다.

쌍봉형태의 금융감독체계란 금융회사의 건전성을 감독하는 금융감독기관과 금융회사의 영업 행위를 감독하는 금융감독기관이 서로 견제와 균형을 이루는 형태의 금융감독체계를 말한다.[7]

우리나라 금융감독체계의 문제점은 금융위원회와 금융감독원으로 이원화되어 있는 체계로 인해 책임소재가 불분명하고, 산업을 진흥하는 목적으로 금융정책업무와 시장을 감시하는 금융감독업무를 금융위원회가 같이 하다 보니 금융정책을 위해 금융감독이 희생되는 일이 반복되었다는 점이다. 예를 들어 '모험자본을 육성하기 위해서'라는 명분하에 사모펀드 규제를 대폭 완화한 결과 사모펀드에 대한 감시감독이 약해진 틈을 타 불완전판매가 성행하여 결국 대규모 사모펀드 사태가 발생하게 된다. 따라서 산업진흥을 위한 금융정책기능과 시장 감시 및 금융소비자보호를 위한 금융감독기능은 분리시켜 서로 견제와 균형을 이루도록 할 필요가 있다.

---

7 금융회사들은 감독기관이 늘어나는 것에 부담을 느끼고 반대하는 것이 일반적이다. 당연하지만 시어머니에 시누이까지 간여하는 것이기 때문이다. 그런데 문제는 다른 곳에 있다. 금융회사의 경우 감독유관기관은 금융위원회, 금융감독원이다. 경우에 따라 예금보험공사와 한국은행도 감독유관기관이다. 문제는 이들 유관기관 간에 정보소통이 되지 않는 것에 있다. 금융위원회에서 요구하는 자료를 금감원이 따로 요구할 뿐만 아니라 자료 작성이 기준도 통일되지 않고 서로 다른 경우가 비일비재하다. 물론 정책 및 감독의 목표에 따라 보고자 하는 시각이 다를 수 있기 때문에 그럴 수는 있지만 피감기관의 입장에서는 중복되고 기준이 그때그때 다른 자료를 제공하다 보니 부담이 가중되는 것이다. 심지어 A라는 기관에서 요구한 자료를 다른 B기관에 제공하지 말라거나 자료 제공 사실 자체를 보안을 유지해달라고 하는 것이다. 쌍봉형 감독체계를 반대하는 실질적인 이유이다. 이 문제의 해결은 간단하다. 피감기관에서 감독기구에 보고한 자료를 유관 감독기관이 공유하는 메커니즘을 만들면 된다. 요구하는 자료의 기준도 서로 조율한다면 업무량은 줄어든다. 다른 시각에서 접근하는 것을 유관기관에서 알고 있다면 불필요한 낭비를 막을 수도 있고 정책 관련 금융통계자료가 축적되고 체계적인 감독을 할 수 있다. 쌍봉형 감독체계의 문제가 아니라 감독기관 운영의 문제이다. 투명성을 높이고 다양한 다른 시각을 서로 인정하는 정부 유관부처의 운영이 핵심이다. 즉 정부기관의 거버넌스(governance)의 문제인 것이다. 권력은 정보에서 나온다는 구태의연한 자세를 버리고 투명하고 공개적인 정책/감독 집행 구조를 만드는 것이 우선이다.

금융위원회의 금융정책기능은 기획재정부로 이관하고[8] 금융감독기능은 금융건전성감독원과 금융소비자보호원이 담당하되 금융감독원이 민간기구임을 감안하여 예전의 금융감독위원회처럼 원장과 부원장 등 일부 직책에는 공무원을 임명해 행정명령을 발동할 수 있는 근거를 마련하는 것이 필요하다고 생각한다. 다만 금융건전성감독원과 금융소비자보호원이 충돌할 경우 금융안정협의회(기획재정부, 금융건전성감독원, 금융소비자보호원, 한국은행 및 예금보험공사로 구성)를 총리 산하에 두어 기관 간 이견을 조정하는 것이 필요하다. 우리는 이러한 내용을 담은 '금융감독기구 등의 설치에 관한 법률'과 '금융소비자보호법 개정안' 및 '정부조직법 개정안'을 준비 중이다.

왜 금융서비스에 네거티브 규제를 우선적으로 도입해야 할까? 2019년 파생결합펀드DLF 사태를 돌이켜보자. 이 상품이 시중에 판매해도 되는지 여부를 은행에서도 명확히 파악하지 못한 채 시작했다는 데서 사고는 예고되었다. 2008년 글로벌 금융위기 때 중소기업이 큰 타격을 받은 외환파생상품 키코 역시 불완전판매가 사고의 주요 원인이었다. 금융당국이 정확하게 파악하지 못한 상태에서 인가를 해주면 프로세스를 통으로 꿰고 있는 이른바 시장 전문가에게 당하기 쉽다. 따라서 어떤 상품이든 알아서 팔고, 소비자 보호를 확실하게 하라는 조건을 제시하면 그만이다.

---

8 이렇게 되면 기획재정부는 예산, 세제, 경제/금융정책 등 너무 많은 기능을 가진 공룡조직이 될 가능성이 높다. 견제와 균형을 위해 기획재정부를 기획예산처와 재정금융부로 나누는 것을 검토해보아야 한다. 기획예산처는 청와대나 국무총리실의 지휘를 받는 것을 고려할 수 있을 것이다. 미국은 의회 산하에 두고 있는데 의회에 대한 국민의 불신과 예결위를 상설화하는 방안 등도 검토해보아야 할 것이다.

일어날 수 있는 금융사고에 대해서는 미연에 파악하고 만약 사고가 터졌을 때는 기업에게 엄격한 책임을 물을 수 있도록 법적으로 철저하게 준비하면 된다. 그런데 감독당국의 미온적인 태도가 문제를 일으키게 된다. 규제를 완화하겠다는 명분을 내세우며 사모펀드를 판매할 수 있도록 허가를 내주는 것이다.

법적으로 문제가 없어서 판매한 것이 아니다. 사모펀드는 말 그대로 사적인 모임으로 만든 펀드다. 즉, 계모임과 같다는 것이다. 계주가 누구인지를 알고 모인 계모임도 문제가 발생할 수 있는데, 하물며 모임 밖에 있는 일반인들에게 판매할 수 있도록 하는 것은 어불성설이다. 게다가 규제당국은 사모펀드를 만든 사람의 이력을 보면 믿을 만한 사람인지 쉽게 알 수 있다. 그냥 숫자로만 사모펀드가 나오는 게 아니다. 사고가 터진 사모펀드에는 금융상품 브로커들이 반드시 있다. 사기다. 결국 사고는 예고된 수순이었다. 내년쯤 되면 P2P 대출업계에도 사고가 터질 가능성을 배제할 수 없다.

금융권에 네거티브 규제를 적용하고 징벌적 손해배상제를 엄격하게 적용하면 금감원의 업무도 줄어들게 된다. 금융회사에서 신상품 판매를 문의하면 스스로 알아서 하라고 하면 된다. 모르는 상품을 굳이 시간 들여 공부할 필요도 없다. 금감원은 제도를 엄격하게 파악하고 있어야 한다. 금융위도 마찬가지다. 혁신을 위해서는 마치 상품에 대해 완벽하게 꿰뚫고 있어야 한다고 생각하는데, 되레 제도나 정책에 대해서는 명확하게 파악하지 못하는 경우가 적지 않다. 혁신이 공무원의 몫이어야 한다는 잘못된 분위기가 화를 부르는 것이다.

CHAPTER 10

재벌의
지배구조와
공정거래법

IMF 외환위기의 잔재는 청산되지 않았다

1997년 IMF에 구제금융을 요청했던 국가부도사태 당시 불거진 대우그룹 문제는 아직도 말끔히 해소되지 않았다. 대우조선해양은 물론 대우건설 문제도 남아 있다. 부채를 리파이낸싱Refinancing(재대출, 재융자. 보유 부채 상환을 위해 다시 자금을 조달하는 금융거래)을 거쳐 재무구조를 바꾸지 않는 이상 어렵다.

"세상은 넓고 할 일은 많다"고 외치던 김우중 당시 대우그룹 회장은 세계로 뻗어나가는 대우를 알리기에 바빴다. 그러나 IMF 외환위기가 터지자 대우그룹은 해체되었고 역사의 뒤안길로 사라졌다. 당시 대우그룹 출신들은 그룹의 청산을 두고 "대우그룹의 세계경영은 문제가 없었고 정권에 밉보여서 그런 것이다. 그 이후 대우그룹의 회사들이 잘 경영되는 걸 보면 알 수 있지 않은가"라고 지금도 모이면 입을 모아 한탄한다고 한다. 그러나 잘못된 생각이다. 재무구조가 좋지 않은 상황에서 해외로 진출해봤자, 폭탄 돌려막기에 불과했을 것이다. 대우가 해체된 후 해외로 진출한 그룹 내 여러 기업들 중 한 곳에서 채무가 계속 쌓여 있다는 게 실제로 드러났기 때문이다. 아시아나 사태도 마찬가지다. '형제의 난'으로 불리는 경영권 분쟁 과정에서도 그들은 케이터링 사업부를 외부로 팔고, 회사자산을 이용해 오너 자신의 지분을 챙겨가면서, 경영권을 확보하는 데에만 몰두했다.

대한민국은 기업의 지배구조 문제를 제대로 해결해본 적이 없다. 외환위기 당시 국가부도사태라는 긴박한 상황에서 떨어진 IMF의 권고사항을 숙제하듯 해치우거나, 불가피하게 채무 조정을 할 경우 최대주주에 대한 처벌이 대부분이었다. 처벌할 때에는 최고경영자가 경제사범이 되어 수감되는 경우도 있다.

구조조정의 원리: 부채는 없어지지 않는다

여기서 잠시 부실기업의 구조조정 원리, 특히 부채 처리방식을 살펴보자. 한 가지 명심할 것은 부채는 없어지지 않는다는 것이다. 기업 부채의 뒷면에는 채권자가 있다. 즉 부채는 채권자와 채무자의 권리로 연결되어 있다. 기업의 부채를 줄여주는 것은 채권자에게 그만큼의 손실을 감수하라는 것이다. 따라서 부채 처리에 있어 채권자와 채무자의 이해관계 조정이 핵심이 되는 이유다. 우선 채권자, 즉 금융기관이 신용평가를 제대로 하지 않고 대출이 실행되어 부실이 발생하면 바로 그 금융기관의 책임자와 관련자에 대해 책임을 묻게 된다. 공적자금이 투입된 금융기관의 임직원에 대한 조사와 그 책임에 따른 재산 환수 작업이 따르는 이유다. 다음으로 채무자, 즉 기업이 무분별하게 투자하여 부실을 발생시킨 경우 그 의사결정에 간여한 사람에게 책임을 묻는 것이 뒤따른다. 책임자라 하면 그 회사의 임원과 지배주주[1] 등을 말한다. 부실 투자에 대한 책임에 따라 그 사람의 재산을 추징 몰수하고 불법 행위에 대한 처벌이 뒤따르는 것이다. 그러면 채무 처리는 어떻게 하는가? 첫째, 부채 탕감이 있다. 이것은 채무자의 의무를 줄이고 채권자의 권한을 축소하는 것이기 때문에 채권자가 동의하기 어렵다. 이에 기업구조조정촉진법에 의해 채권자 동의절차를 간소화하는 법률적 장치를 두기도 한다.[2] 다음으로 채무재조정rescheduling이 있다. 예를 들어 어떤 기업이 1,000의 부채를 안고 있고 5년 동안 이를 상환해야 한다면 매년 200씩 부채를 상환해야 한다. 특이한 사정에 의해 올해 200을 상환할 수 없다면 채권자와 채무자가 서로 상의해서 부채상환기간을 10년으로 조정할 수 있다.[3] 이런 것을 채무재조정이라고 한다. 이 경우

---

1 이사회에 등재되어 있지 않더라도 사실상 의사결정에 간여한 기업의 총수도 해당된다. 지분이 하나도 없더라도 사실상 의사결정에 간여한 사람에게도 책임을 물을 수 있게 했다. 대기업집단의 총수는 실질적으로 계열사의 의사결정에 간여하면서도 이사회에 등재되어 있지 않아 책임소재가 불투명하였기에 이사회 등재를 권유하기도 했다.

2 감독기관 등에 의한 지시라 할지라도 채권금융기관의 임직원은 합당한 법적 근거가 없으면 배임혐의로 처벌받을 수도 있는 사안이다. 즉 채권금융기관의 주주나 이해관계자가 해당 기관의 임직원을 배임혐의로 고발할 수 있는 것이다.

부채규모는 변화가 없다. 마지막으로 출자전환debt equity swap이 있다. 이것은 채권자가 가지고 있는 채권을 주식으로 전환하는 것을 의미한다. 출자전환이 일어나면 이자를 지급하는 채권이 이자가 없는 주식으로 바뀌고 자본금이 증가하게 된다. 이때 기존 주주는 회사가 파산하지 않는 대신에 자신의 지분이 희석되어 권리가 축소되는 책임을 지게 되는 것이다. 이때 의사결정에 간여한 대주주 또는 지배주주와 소액주주 간의 책임의 무게가 다른 것을 어떻게 할 것인가? 출자전환을 할 때 기존 지분에 대한 감자減資(주식회사가 주식 금액 혹은 주식 수를 조절해 자본금을 줄이는 것)와 동시에 하는 경우가 많은데, 대주주 또는 지배주주와 소액주주 간의 감자 비율에 차등을 주는 차등감자를 통해 해결하게 된다. 예를 들어 대주주는 100:1, 소액주주는 10:1과 같이 감자 비율에 차이를 두는 것이다. 이 예에서는 대주주에게 10배의 책임을 물은 것이다. 채권단의 채권자금 회수는 어떻게 되는가? 채무조정이 일어난 기업의 경영 성과에 따라 주식의 가치는 변화할 것이고 경영이 호전되면 주식을 매각하여 회수하는 것이 일반적이다. 부실기업의 구조조정은 결국 회사를 그대로 둔 채 채권/채무자의 이해관계를 재조정하는 과정으로 앞에서 본 1) 부채의 탕감, 2) 채무재조정, 3) 출자전환 등을 결합한 방식이 사용되는 것이다. 채권 회수는 결국 그 회사의 경영 성과에 좌우될 수밖에 없는데 이렇게 조정된 회사를 적절한 제3자를 찾아 매각하거나 경영자에게 맡기게 된다. 대주주나 그 회사의 임

---

3 물론 이럴 때 금리의 재조정도 수반된다.

원의 경우 잘못된 의사결정으로 인한 책임이 크기 때문에 초기에는 경영권이나 경영에 간여하지 못하게 배제하는 경우가 많았지만 새로이 선임된 경영진은 그 회사의 상황을 정확히 몰라 잘못된 경영을 하는 경우도 많았다. 회사의 경영 내용은 그 회사의 사람이 잘 알 수 있다는 논리로, 경영권 교체를 원칙으로 운영되던 구 회사정리절차는 2006년 채무자회생법(일명 통합도산법)의 시행에 따라 기존 경영자 관리인 제도Debtor In Possession: DIP가 도입되었다. DIP 제도는 회생절차 시 예외적 사유(재산의 유용 또는 은닉이 있거나 부실 경영에 중대한 책임이 있는 경우 등)를 제외하고는 기존 법인대표자를 관리인으로 선임해야 한다는 규정으로 DIP 도입 후 법정관리를 신청하는 기업이 급증했다. DIP가 기업회생에 의미가 있는 제도였지만 일부 부실기업에서는 경영책임이 있는 부실 대주주가 자신의 경영권을 유지하면서 채무탕감, 이자감면 등 공적자금/채권자자금이 투입된 회사를 되사는 도덕적 해이가 발생하기도 했다.[4]

구조조정 과정에서 부채 탕감 이외에는 부채의 총량은 줄지 않고, 다만 기간, 금리, 주식 등 재무구조 개선을 통해 기업회생을 추구하는 것이다. 이 구조조정의 종결은 채권단이 자신들의 채권을 기간을 늘려 회수하거나 출자주식을 매각하여 채권을 회수하고 그 회사가 정상적으로 경영되는 것을 의미한다. 이런 의미에서 우리나라는 아직 IMF 구

---

4 채권단 자율협약 대신 법정관리를 신청하고, 오너가 경영권을 유지하면서 채무를 탕감 받아 되사간 웅진그룹이 DIP 악용의 대표적 사례다. 이런 것을 방지하기 위해서도 공시제도의 엄격한 운용, 소송을 통한 신속한 해결, 채권단의 역할 강화 등 제도 개선이 필요하다.

조조정을 완료한 것이 아니다. 대우그룹의 경우를 보자. 엄청난 부채로 구조조정에 들어간 대우그룹의 핵심 계열사는 대우자동차, 대우건설, 대우조선, (주)대우 등이었다. 이 중 (주)대우만이 포스코에 매각되어 구조조정이 완결되었다고 할 수 있다. 자동차, 건설, 조선/해양은 아직도 산업은행을 중심으로 한 채권단의 손에 있다. 물론 중간에 금호그룹에 대우건설이 매각되었고, 대우자동차는 우여곡절 끝에 GM에 매각되었지만 산업은행을 중심으로 한 채권단은 채권 회수도 하지 못하고 여전히 공적자금에 의존하는 상황이 지속되고 있다. 이런 의미에서 IMF 구조조정은 완료되지 않은 것이다.[5]

구조조정의 핵심기관, 산업은행

이런 구조조정에서 핵심적 역할을 하는 것이 산업은행이다. 구조조정 과정에서 확립된 원칙은 1) 지배주주의 자구노력, 즉 신규자금의 투입, 2) 대주주에 대한 책임 묻기, 즉 차등감자 등을 통한 지배력 낮추기, 3) 회사의 방만 경영 요소 정리 등이 수반되어야 하며, 이 과정을 주도하는 것이 산업은행을 중심으로 한 채권단이다. 정책금융의 집행기관으로서 산업은행이 자동차, 조선, 항공, 해운 등 기간산업에 속하는 부실 대기업 구조조정을 주도하고 있다. 그해 산업에 대한 전문성

---

5 당시 대우그룹의 경영에 간여했던 사람들은 대우그룹은 회사는 문제가 없었다고 주장하지만 채무 상황으로 볼 때 그들의 주장은 의미 없는 소리에 불과하다. 엄청난 부채를 안고 이 부채를 상환하지 못한 채 경영을 하는 것이 경제원리에 맞는 이야기인지 생각해볼 일이다.

을 바탕으로 국가 경제를 우선한 공정한 절차가 요구됨에도 불구하고, 종종 정치적 이유로 잘못된 지원이 결정된다. 이에 대한 책임을 면하기 위해 구조조정 원칙에서 벗어나거나, 경영권 분쟁 중인 기업의 특정 주주 지원, 주주-채권자 간 이해상충 문제 개입 등 자본시장의 기본질서를 해치는 일이 발생하고 있다.

산업은행의 자금은 바로 세금이다. 대기업의 부실경영을 국민이 책임지고 있는 형국이다. 분명 잘못된 것이다. 제대로 된 기업의 지배구조를 만들어내야만 한다. 지금 대한민국에서는 자본주의 경제를 표방하면서 일부 기업들이 시장의 질서를 위반하고 있다.

제대로 된 지배구조를 형성하기 어려운 이유는 분명하다. 감독당국과 결탁하고 있기 때문이다. 기업의 성장 가능성과 잠재력을 믿고 선뜻 투자한 주주의 이익은 위기상황이 되면 헌신짝처럼 내팽개치고 자신들의 지분확보에 급급하다. 한술 더 떠 기업 경영진은 경영부실을 무마하기 위해 정부와 감독당국을 자신들의 이익 대변자로 변질시키는 데 총력을 기울이게 된다.

웅진그룹도 마찬가지다. 경영에 실패한 아버지는 묘수를 부려 지분을 확보한 다음 아들에게 물려주었다. 누가 봐도 납득이 가지 않았던 경영실패에 대해서는 반드시 책임을 져야 한다. 물러나는 것이 해결책의 전부는 아니지만 눈 가리고 아웅하는 식은 곤란하다. 2세 경영진들의 손으로 일궈낸 회사가 아니다. 게다가 그들은 경영 실력을 검증받지도 않았다. 결국 회사가 성공했던 비즈니스 모델을 기반으로 탄탄하게 성장하기보다는 그럴듯해 보이는 다른 사업을 시작해 아버지보다 더 큰 성과를 내려는 욕심을 부리게 된다. 경험이 없는 새로운 일을 하다 보니 결국 실패하게 된다. 1990년대 삼성은 영화사업에 진출해 실패했고, 현대자동차는 양판점을 시작했다 접었다. 새로 시작하는 회사의 CEO는 대부분 2세 경영진의 친구들이다. 방만한 경영으로 흐르기 쉬운 조건이다. 기업경영은 취미가 아니다. 특히 금융 부분에 대해서는 철저해야 한다. 돈이 누구에게서 왔는지 빌린 돈이라면 반드시 갚아야 하고 돈을 빌려준 사람(주주)을 소홀히 대접해서는 절대 안 된다. 이것이 바로 주주자본주의의 본질이다.

2세 경영진이 스트레스를 유독 심하게 받는 기업경영을 왜 굳이 하려고 안달이 났을까, 의문이 들 수도 있다. 실제 자기 시간이라곤 없는 게 CEO의 하루인데 왜 이 같은 어려운 일을 그들은 선뜻 나서려는 것일까. 정상적인 기업경영에 관심이 있어서가 아니다. CEO 자리란 힘들이지 않고 부를 챙길 수 있는 '황금 방석'이라는 사실을 이미 여러 차례 목격했기 때문이다. 결국 '경영이 권력'이라는 잘못된 인식을 갖게 된 것이다. 그들은 기업경영의 본질을 체험하지 못했다. 위기의 순간이 오면 때로는 뼈아픈 의사결정도 과감하게 내려야 하는 게 CEO의 역할이다. 그런데 그들은 의사결정을 제대로 해본 경험도 없다. 신사업을 추진한다고 치자. 왜 이 사업을 해야 하는지, 모든 가능성을 따져 철저하게 계획을 세워도 위기의 순간이 오게 마련이다. 그런데 그들은 사업을 추진하면서 위기의 순간을 겪으며 결단을 해본 경험이 부족하다. 그러다 위기에 처하면 회사 내에서 잔뼈가 굵은, 사업 기획 단계부터 투입돼 전 과정을 꿰뚫고 있는 전문가의 목소리는 뒷전으로 밀어두고 대신 해외의 유명 컨설팅 회사의 목소리에 귀를 기울인다. 이 또한 위기의 순간을 극복하기 위해 결단을 내려본 적이 없는 이른바 무능한 경영자의 한 단면이다. 자본주의 시장경제가 정상적으로 돌아가기 위해서 여러 가지가 이루어져야 하지만, 우선적으로 능력 있는 경영자를 키워야 한다. 스스로 어떤 이해관계가 얽혀 있는지를 파악하고 기업을 위해 최선의 결정을 내리고 실천해나가는 사람이다. CEO는 최대주주가 시키는 일을 하는 사람이 아니다.

지배구조 개선과 지주회사제도, 공정 3법이 필요한 이유

참여정부 당시 대기업의 순환출자 해소를 유도하고 지배구조를 단순화하여 경영의 투명성을 높이려는 차원으로 지주회사제도를 도입했다. 지주회사제도는 지주회사를 통해 계열회사 출자를 수직적으로 체계화하고 대기업집단 지분소유구조를 단순화할 수 있으며 기업경영에 대한 책임을 명확히 구분할 수 있다는 장점이 있다. 그러나 우리나라 현실에 적용해보았을 때, 지주회사 중심의 기업집단 역시 '재벌'이라는 성격과 경영권을 가진 대주주가 총수 일가라는 자연인일 수밖에 없다는 단점이 있다. 그리고 총수 일가가 경영권 강화의 수단으로 지주회사제도를 이용해왔다. 즉 총수 일가는 재벌기업을 장악하고 있다. 하지만 회사는 특정인에 의해서가 아니라 시스템에 의해 움직여야 한다. 이사회가 제대로 작동하고 전문경영인이 책임질 수 있는 구조가 필요하다. 즉, 모든 주주를 대표하는 이사회가 경영권을 위임받은 임원들에 대한 선임과 관리감독 역할을 수행할 수 있는 구조를 갖추어야 한다. 이를 통해 기업은 건강해지고 글로벌 스탠더드에 부합하는 기업구조를 만들 수 있게 된다.

이 대목에서 '공정경제 3법'의 필요성으로 연결된다. 공정경제 3법이란 2020년 8월 31일 발의하고 12월 9일 본회의를 통과한 상법 일부개정안, 공정거래법 전부개정안, 금융그룹감독법 제정안을 묶어서 일컫는 말이다. 경제민주화를 위한 기본이자 출발점으로 총수 일가가 본인들만의 이익을 위해 일방적 의사결정을 내리는 것을 견제할 수 있다.

행정부와 국회의 관계를 생각하면 쉽다. 국민을 대표하는 국회의원이 행정부를 견제하며 견실한 정책적 대안을 마련하기 위해 애쓴다. 우리가 잘 아는 애플의 이사회에는 구글 CEO와 자산운용사 블랙록BlackLock 설립자가 포함되어 있다. 우리나라에도 현대자동차에 외국인 이사가 존재한다. 실질적인 감시와 견제가 활발히 이루어지고, 창의적 발전을 모색하기 위해서다. 이에 감사위원 분리선임과 3퍼센트 룰을 통해 기존에 대주주의 위치를 점한 총수 일가의 독단적인 의사결정을 방지하여 기업지배구조를 정상화하는 데 목표를 두고 있다.

우리는 이러한 인식에 기반을 두어 회사는 주주의 것이고 주주는 동등하게 대우받을 수 있도록 시장질서를 바로잡아 자본시장을 발전시키기 위해 '상장회사에 관한 특례법안'을 발의한 바 있다. 상장회사법은 현행법에서는 상장회사 관련 조항이 특례규정으로 지배구조 부분은 법무부의 소관인 '상법'과 재무활동 부분은 금융위원회가 소관하는 '자본시장과 금융투자업에 관한 법률'로 나뉘어 있어 이를 하나로 통합하는 것이 주된 목적이다. 두 가지로 구분되어 있어 법적으로 정합성이 맞지 않는 상장회사 특례규정으로 인한 문제를 바로잡고 모호한 분류기준과 소관부처 간 다른 입법정책으로 인한 혼란을 방지하기 위해서다.

이렇게 상장회사의 건전한 지배구조를 형성하고 원활한 재무 활동을 지원하여 투자자를 보호하며 자본시장의 공정성과 신뢰성 및 효율성을 도모함으로써 자본시장의 질서를 바로잡을 수 있다고 생각했다. 회사는 주주의 것이라는 가장 기본이 되는 원칙이 정립되어야 주식시장과 자본시장이 발전할 수 있다.

비상장회사가 상장IPO한다는 것은 무슨 의미일까? 새로운 주주들을 모신다는 것이다. 주주를 대리하는 경영진은 그 주주들을 본인들과 동등하게 대우해야 한다. 그러나 앞에서 살펴본 바와 같이 현실에서는 경영진이 주주가 아닌 자신의 이익을 추구하여 회사의 주식을 보유하고 있는 주주의 이익을 침해하는 일이 발생하기도 한다.

KB증권의 현대증권 인수과정에서 드러난 소수주주 차별문제와 삼성물산과 제일모직 간의 합병 과정에서 드러난 자사주 처분문제, 현대중공업의 지주회사전환 과정에서 드러난 자사주 마법문제 모두 일련의 문제로 불거진 사건들이다. 필자는 OECD 지배구조 권고의 원칙을 반영하여 발의한 '상장회사 특례법'이 하루속히 국회를 통과하여 우리나라 자본시장의 건강한 발전에 이바지하기를 바란다.[6]

---

6 이와 관련하여 2020년 7월 30일 '상장회사법 제정을 위한 공청회'를 진행했다.

상장회사 특례법 주요 내용

1. 이해관계자들이 상장회사의 공시사항과 회사정보를 손쉽게 찾아볼 수 있도록 인터넷 홈페이지의 유지와 공시사항의 홈페이지 게시를 의무화함(안 제5조).

2. 상장회사가 주주총회를 소집하는 경우 주주총회일의 4주 전에 통지 또는 공고하도록 하고, 주주총회 소집 통지 시에 사업보고서와 감사보고서도 통지하도록 함으로써 사업보고서 제출 후에 주주총회가 열릴 수 있도록 함. 또한 주주총회에서 의안을 결의할 때 요구되는 의결정족수를 산정할 때 의결권이 없거나 이 법 또는 다른 법률에 따라 의결권 행사가 제한된 주식은 출석한 주주의 의결권의 수 및 발행주식총수에 산입하지 아니함을 명확히 함(안 제6조).

3. 의결권을 행사하거나 배당을 받을 자 기타 주주 또는 질권자로서 권리를 행사할 자를 정하기 위한 주주명부의 폐쇄, 기준일을 권리를 행사할 날에 앞선 2월 내의 날로 정하도록 함(안 제7조).

4. 상장회사의 임원(다만 사외이사와 감사는 제외함)의 결격사유를 새로 정하고, 사외이사의 경우 결격사유에 해당 상장회사 및 그 계열회사에서 임직원으로 재직하거나 재직했던 자로서 퇴직 후 3

년이 지나지 아니한 자와 해당 상장회사에서 6년을 초과하여 사외이사로 재직했거나, 해당 상장회사 또는 그 계열회사에서 각각 재직한 기간을 더하면 9년을 초과하여 사외이사로 재직한 자를 추가함(안 제8조).

5. 주주의 대표소송 시 소를 제기한 주주가 제소 후 발행주식을 보유하지 아니하게 된 경우에도 제소의 효력을 인정함(안 제15조).

6. 소수주주들의 경영권 프리미엄 향유 및 주주가치 제고를 위하여 의무공개매수제도를 도입함(안 제19조).

7. 상장회사의 최대주주 및 그의 특수관계인은 상장회사가 최대주주, 그의 특수관계인, 계열회사 및 그 밖에 대통령령으로 정하는 자와 합병 등의 행위를 위한 주주총회 결의를 할 때에는 소유하고 있는 상장회사 주식의 의결권을 행사할 수 없도록 함(안 제20조).

8. 감사위원회위원 선임 시 감사위원회위원의 분리선임을 의무화하고, 최대주주는 합산 3퍼센트, 일반주주는 단순 3퍼센트를 초과하는 주식에 대해서는 의결권 행사를 제한함(안 제25조).

9. 자기주식의 처분 시 주주평등의 원칙에 따라 소각이나 주주에게 그가 가진 주식 수에 따라 균등하게 배분하는 경우 등에 한하도록 함(안 제29조).

10. 회사분할 시 자기주식의 의결권 부활을 막기 위해, 분할신설회사 또는 분할합병신설회사로의 자기주식 승계를 금지하고, 분할회사가 소유하는 자기주식에 대하여는 분할신설회사, 분할

합병신설회사의 신주발행을 금지함(안 제30조).

11. 중요한 자산의 양도 또는 양수의 경우에도 주주총회의 승인을 얻도록 함(안 제31조).

12. 일정한 시점을 배당기준일로 전제한 규정을 삭제하여 배당기준일 관련 규정을 개선함(안 제38조).

13. 상장회사관계단체의 설립근거와 검사 및 처분에 관한 규정을 신설함(안 제44조, 제45조 및 제46조).

"삼성생명법으로 오히려 삼성생명과 삼성전자 주가 올라가"

김혜민 이용우 의원께서 발의하신 삼성생명법 관련된 내용 자세히 들어봤고요. … 삼성생명법뿐만 아니라 이번에 또 내신 것 중에 하나가 주주 관련된 이야기예요. 상장회사법 맞죠? 공정과 주주 평등 원칙 실현하기 위해 발의했다라고 하셨는데 어떤 내용들이 포함되어 있습니까?

이용우 상장회사법은 원래 자본시장법을 만들면서 그 전의 증권거래법에 있던 조항들 일부는 상법으로 갔고 일부는 자본시장으로 갔었습니다. 그런데 사실 상장회사라고 하는 거는 일반회사보다 더 특수한 회사죠. 일반인들에게 공개하는 회사고, 주주를 초청하는 회사입니다. 그러면 주주를 초청했으면 주주한테 그런 대우를 해달라 그런 건데 그 내용을 국회와 행정부와 국민들하고 한번 비교를 해보겠습니다. 국민들이 국회의원을 뽑지 않습니까? 내 의사를 반영하라고 그렇게 뽑는 게 바로 주주총회가 그겁니다. 주주가 다 한 표씩 행사해서 이사를 뽑는 거죠. 국회의원인 저는 제가 하는 모든 의사록이나 다 공개가 됩니다. 그렇듯이 제가 사외이사라든지 이사가 돼서 했으면 그 사람이 한 행동이 공개가 되어야 하는 겁니다. 그 사람은 또 경영진 집행임원들한테 임무를 주지 않습니까? 그건 행정부거든요. 사외이사는 행정부를 감시해야 되는 의무를 가지고 있습니다. 그런데 만약에 그런 걸 감시를 하지 않고, 둘이 결탁을 하거나 한쪽에 쏠리는 현상이 발생을 하거나 일반주주의 이익을 침해할 경우에 문제가 되는 거 아니겠습니까? 그럴 때 가장 중요한 건 한 행위들을 다 공개를 해야 되고, 의사결정을 할 때 저 회사를 사야 되겠다 그럼 왜 사는지, 무슨 이유로 사는지 공개하고 주주의 동의를 받는 절차들이 필요한 것입니다. 그게 바로 상장회사법에 규정되어 있던 내용들입니다. 일반적인 개인 회사나 몇몇 회사 같은 경우에는 주주가 대여섯 명 이러면 자기들끼리 알아서 하기 때문에 회사법의 원리가 되는데 많은 주주들을 초청한 상장회사의 경우에서 많은 주주들이 분산되어 있으니까 저 회사에서 무슨 결정을 냈는데 왜 했는지도 몰라 이러면 그게 뭐 주주의 권리, 결과적으로 나의 권익을 침해한 거야, 나에게 물어보지도 않았어, 이런 것 당연히 물어보는 절차, 사외이사는 어떤 걸 공개해야 되고, 집행임원이 공개해야 되는 것들, 이런 것들을 쭉 하고 자산의 처분이나 M&A 경우에 있어서 소액주주들이 권익을 어떻게 보호해줘야 될 건가, 그래야지만 그 시장을 계속 또 드러낼 수 있거든요.

김혜민 제가 의원님 말씀을 들으면서 의원님이 발의하신 목적은 기업을 옥죄는 게 아니라 나는 주주들 이익을 극대화하기 위해, 기울어진 운동장을 제대로 만들기 위해서 하는 거다 계속해서 강조해주시는 것 같아요. 그래서 이번에 상장회사법도 의원님은 대주주의 배임이나 일탈을 예방하고 더욱 엄격한 책임을 부여하는 법안이다, 하고 설명하시기도 하셨고요.

(후략)

〈YTN라디오 생생경제〉 인터뷰 중, 2020.9.9.

혈세로 재벌을 돕는 게 과연 옳은가

지난 2020년 11월 16일 언론은 대한항공이 아시나아항공을 인수하기로 결의했다는 뉴스를 앞다퉈 보도했다. 아시아나 항공의 계속되는 적자로 인한 경영부실 문제가 심각해지고 있던 터라 업계에서는 예상된 수순이라는 반응이었다.

항공산업 개편은 반드시 해야 할 일이다. 코로나19 팬데믹 발생 이전에도 각 국가별로 항공산업의 M&A는 산업 경제적인 측면에서 필요하다. 하지만 객관적인 기준을 세우고 잘 진행되는지 감시감독을 해야 한다. 보안이 중요한 기업 간 인수합병(M&A)은 뒤늦게 알려지지만 공개됐을 때는 내용을 구체적으로 점검해야 한다. 어느 한쪽을 두둔하는 식으로 진행되어서는 안 되기 때문이다. 특히 아시아나 항공은 설립 당시부터 정치적인 배경이 작용했던 탓에 정상적인 영업이익을 내지 못했다. 게다가 인수합병설이 나올 당시 경영권 분쟁에 휩싸인 회사였다. 따라서 한진칼의 아시아나 인수가 본격 수면 위로 떠올랐을 때 이를 책임지고 있는 산업은행이 어떤 역할을 하는지 꼼꼼히 따져봤어야 한다.

당시 조원태 한진칼 회장과 반대편에 있는 사모펀드 KCGI, 조현아 부회장, 그리고 반도건설 등 3자 연합은 한진칼의 제3자 배정 유상증자 결의에 대해 가처분신청을 제기했다. 본격 소송전에 들어가기 전에 가처분 소송이 벌어지면 돌이킬 수 없기 때문에 주주총회가 발효되기 전에 일단 중지한 후 따져보자는 것이다. 산업은행을 통해 산업은행이 제3자 증자를 하는 것을 중단해달라는 요구다. 증자를 하게 되면 주주에게 우선 권리를 주도록 정관에 명시해두었다.

한진칼의 경우도 마찬가지다. 총강 8조 2항에 "긴급한 사안으로 자금을 기관 투자자나 금융기관에 주고자 할 때, 자금을 할 수 있다"고 명시되어 있다. 여기서 얼마나 '긴급하냐'는 가장 큰 쟁점이 될 수 있다. 대법원 판례에 따르면 경영권 분쟁이 벌어진 회사가 경영권을 지키기 위해 제3자 증자를 하는 건 무효다. 그런데 판례 중에 안 받아들여진 게 있다. 받아들여지지 않았다는 것은 사안이 긴급하다는 의미다. 그 회사는 워크아웃을 거쳐 시장에서 자금조달을 할 수 없는 상황이라는 뜻이다. 결국 제3자 증자를 통해 자금조달을 했으니 이것은 아주 긴급한 사항이라는 의미다.

긴급성을 따질 때 쟁점은 세 가지 정도로 꼽을 수 있다. 첫째는 일반적으로 급한 쪽이 먼저 움직이게 돼 있다. 산업은행이 제일 먼저 나섰다. 이것이 쟁점이다. 둘째는 2020년 7월에 한진칼이 시장에서 신주인수권부 사채Bond with Warrant를 공모해 3천억 원을 조달했다. 3천억 원을 조달하는데 25배, 약 7조 원 청약이 들어왔다. 이 쟁점은 경영권 분쟁이 있으니 긴급하다는 의미인데, 분명 별개의 사안이다. 기업을 책임지는 경영자는 자신의 지분 살리기보다 회사를 위해 최선의 방안을 찾아서 즉시 실천해야 한다. 그러나 조원태 한진칼 회장은 자신의 지분을 지키기 위해 먼저 움직인 것이다. 셋째는 정부의 입장이다. 한진칼을 인수하려니 자금이 부족하고, 정책적인 이슈와 산업적 개편 이슈에 발목이 잡혀 있었다. 법원은 정책적 이슈에 대해서 그럴 수 있다고 손을 들어줄 수도 있고 안 들어줄 수도 있다.

자본시장에서 이 같은 행태는 쉽게 터지게 마련이다. 그렇다고 해서 그대로 내버려둬서는 안 된다. 자본시장의 건전성이 순식간에 악화되기 때문이다. 일부 주주가 지분 변동을 막기 위해서 일방적으로 결정하게 된다면 다른 주주에게는 피해를 줄 수밖에 없다. 특히 소액투자자들은 자세한 내막도 모른 채 피해를 보게 된다.

언론에서는 "코로나19의 팬데믹으로 항공산업이 너무 어렵다는 전제조건하에서 한진칼 측이 희생을 해서라도 통 크게 투자하겠다"는 조원태 회장의 말을 대대적으로 기사화했다. 조원태 회장은 한진칼의 지분 약 42퍼센트를 가지고 있는 대주주다. 또 회사의 대표이사다. 대표이사는 42퍼센트의 지분을 위탁받은 게 아니라 다른 주주들의 권리도 위탁을 받았다. 그렇다면 자신의 이익만 중요한 게 아니라 나머지 58퍼센트, 3자 연합의 지분, 그리고 일반 소액주주들의 이익에 침해되지 않게 의사결정을 해야 하는 책임자이기도 하다. 주주들의 의견을 묻지 않고 '통' 크게 자신이 결정했다는 표현은 분명 위험한 발언이다. 지분 42퍼센트밖에 없는 사람이 지분 100퍼센트를 대표하는 행위를 하는 듯한 태도 자체에 문제가 있다.

아무리 급해도 바늘허리에 실을 매어서 쓸 수는 없는 노릇이다. 인수합병에도 절차가 있다. 독과점 여부를 판단하는 공정거래위원회의 기업결합심사를 거쳐야 하는데 그 과정에서 다른 주주에게 영향을 줄 수밖에 없다. 행위 자체가 인수합병에 큰 걸림돌이 된다. 산업은행 측에서도 주주의 경영 계획이 잘못되었을 때 어떻게 할 것이라는 내용을 담은 주주관계 계약서를 체결해야 한다. 회사에 피해가 가면 당연히 경영권을 배제할 것이다 혹은 아니다 등의 조건을 세세히 담아야 한다. 준법경영제도를 도입하고 잘못되면 위약금 5,000억 원을 지불하는 조건이 담겨 있다는 당시 보고를 받기도 했다. 만약 산업은행이 한진칼에 준법경영 계약위반을 했다고 5,000억 원 벌금을 내리면 한진칼이 순순히 내놓지는 않을 것이다. 과연 맞는 절차인가. 정부와 여당 측에서는 산업은행이 꼼꼼하게 점검해야 한다고 지적하고 경고한 후 이에 대해 확인해야 하며 이것이 정부와 여당의 책임이자 의무다.

정황을 파악하려면 아시아나를 책임지고 있는 산업은행이 어떻게 움직였는지를 보면 명확해진다. 인수합병 논의가 불거졌을 당시 박삼구, 박찬구 등 형제들의 경영권 분쟁 등으로 아시아나의 재무상태가 아주 좋지 않은 상태였다. 산업은행은 담보를 잡고 아시아나에 대출을 해준 상황에서 사고가 터지면 책임을 져야 하고, 결국 처리 비용은 국민의 혈세로 충당할 수밖에 없는 상황이었다. 원칙대로 한다면 구조조정이 우선 조건이다. 대주주의 책임을 물어야 하기 때문이다. 그렇다면 감자를 해야 한다.[7]

두 번째 문제는 이해관계자들이 책임분담을 해야 한다. 그런데 과연 아시아나 박 씨 일가들이 이에 대한 책임을 졌는지 따져봐야 한다. 지

---

7 우리가 앞에서 구조조정 과정에서 채무조정의 방법을 a) 부채 탕감, b) 채무재조정, c) 출자전환 등을 들면서 이 과정에서 부실에 책임이 있는 주주에게 책임을 엄중히 묻는 것이 수반되어야 함을 지적한 바 있다. 바로 아시아나 대주주들에 대해 이런 책임을 묻는 과정이 빠진 것을 말하는 것이다. 아시아나의 경영 악화는 매우 오래되어서 창사 이래 흑자를 본 경우가 예외적인 것이었다. 그러나 아시아나항공의 경영이 악화된 결정적인 이유는 박삼구, 박찬구 두 지배주주의 경영권 분쟁 과정에서 박삼구 회장이 자신의 지배력을 확보하기 위해 아시아나의 케이터링 서비스 부문 등을 무리하게 매각하는 등 불법적 행위를 한 것이었다. 회사의 경영보다는 자신의 지배권 강화를 위해 아시아나의 주요 자산을 매각하여 자신의 지배력을 위해 사용했다. 이 혐의로 2021년 5월 13일 구속되었다.

속가능한 정상화 방안을 제시해야 하는데, 그들은 매각에 올인해버린 형국이다. 게다가 코로나19가 심각해져버리니 회피할 가능성도 배제할 수 없다. 임기응변식으로 해서는 안 된다. 주주 간 협의를 거쳐 구조개편 방안을 마련하고 다른 주주들과도 머리를 맞대야 한다. 자신의 이익을 챙기는 데 혈안이 되어 있다면 이것은 결국 약탈적 자본주의가 될 수밖에 없다.

큰 그림에서 본다면 구조조정 등을 거쳐 회사 경영상태를 정상궤도에 올려놓아서 실적이 좋아지면 자신의 지분도 올라갈 수 있다는 책임지는 태도야말로 지도자가 갖춰야 할 기본자세이자 소양이다.

국내 기업에 투자하는 외국인 투자자는 물론 소액자본 투자자, 이른바 개미들은 예측 가능한 질서를 원한다. 예측 가능한 질서가 상식이 되는 사회, 공정경제, 상생경제는 우리나라 금융시장의 건전성은 물론 성장성을 위해서도 반드시 갖춰야 할 기준이다. 그리고 이것이 제대로 작동할 수 있도록 감시하고 위반했을 때엔 반드시 책임을 물어야 한다.

경영의 기본원칙은 자원의 효과적인 배치다. 그런데 경영의 기본원칙에도 맞지 않는 일이 산업계 곳곳에서 벌어진다. 우리나라 항공산업이 대표적인 사례다. 아시아나 항공의 부실경영이 심각해지고 있음에도 불구하고 이를 방치한 채 2005년 한성항공(현 티웨이항공)을 위시해 저비용항공사LCC 허가를 잇달아 내주고 나니 골칫덩어리가 되었다. 재무제표에 문제가 없고 조건이 맞는다고 항공사를 인가해줘서는 안 된다. 규제산업이기 때문이다. 항공산업에서의 핵심은 슬롯 배분이다. 적절한 슬롯을 배분하여 시장에 참여한 항공사들이 공정하게 생존할 수 있는 방안을 국토교통부가 수립했어야 한다. 전략적 산업이라면 우리나라에 항공사가 몇 개 정도 있어야 유효한 경쟁을 창출할 수 있을 것인가? 대형항공사FSC와 LCC는 몇 개 정도가 적합하며 어떠한 경쟁을 하게 해야 항공산업의 발전과 소비자 후생을 증진시킬 수 있을지 판단하고 이를 유도하기 위한 정책수단을 강구해야 한다. 이것이 국토교통부가 해야 할 일이다. 재무제표상 요건을 맞추면 인가를 해주어야 하는 산업이라면 전략적 산업이 아니다.[8] 그러나 국토부는 허가를 잇달아 내주며 전혀 신경쓰지 않았다. 항공산업 내 경쟁이 치열하지 않았기 때문이라는 이야기를 하고 있지만, 그 결과가 지금의 과다경쟁이다. LCC가 급증하며 슬롯이 부족해지기 시작했다. 자원을 효과적으로 배분하지 못한 결과로 가장 기본적 인프라인 공항도 넉넉하지 않고 추가 노선도 늘리기 어려운 상황이 되었다. 전략적으로 우리나라 항공산업의 구도를 어떻게 할지 고민하고 그렇게 해야 정부 돈이 들어갈 수 있는 근거를 마련할 수 있다. 우리나라를 중심에 두고 전 세계 권역별로 나눠서 항공노선을 재정비하고 이에 맞는 항공기 크기를 정한 다음 이를 공항별로 배치하면 된다. 대한항공이 대형 항공기를 선호하는 이유는 독점을 위해서다. 이를 낮추기 위해서는 중소도시별로 촘촘하게 전략을 수립하여 소형 항공기와 대형 항공기의 노선을 구분할 수 있다.

---

8 대한항공과 아시아나의 합병이 발표된 후 국토부 항공정책 고위관계자와 면담을 했다. 이때 관계자는 한편으로는 전략적 산업이라는 말을 하면서 다른 한편으로는 재무제표 등 사업계획이 요건이 맞으면 인가해줄 수밖에 없다고 했다. 산업의 성격에 대해 상호모순적인 생각이 공존하는 것이다.

결국 코로나19 팬데믹으로 LCC는 심각한 타격을 입을 수밖에 없었다. 여기에 한진칼의 아시아나항공 인수합병까지 진행되고 있으니 항공산업 전체적으로 땜질식 처방이 나올 가능성이 컸다.

대한항공과 아시아나항공 합병[9]

산업은행의 주도로 추진된 대한항공과 아시아나항공의 합병은 자본시장의 주요한 사건이다. 동시에 전략산업으로서 항공산업의 지위 및 발전 방향, 독과점 발생으로 인한 소비자 후생 문제 등 아주 많은 쟁점이 존재하는 사안이다. 2개의 대형항공사(대한항공, 아시아나항공)가 있고 9개의 저가항공사(대한항공그룹인 진에어, 아시아나항공그룹인 에어부산과 에어서울, 그리고 독립항공사인 제주항공, 티웨이항공, 플라이강원, 이스타항공, 에어로케이, 에어프레미아)가 존재하는 현실에서 거대한 단일국적 항공사가 탄생하여 독점 이슈가 존재하고 규모의 경제를 창출할 수 있는지 여부가 중요하기 때문이다.

그러나 코로나19 국면에서 항공산업의 위기 극복이라는 명분하에 철저한 점검 없이 급하게 진행되고 있었다. 합병을 위해서는 합병에 따른 효율성이 증대하는지 판단을 해야 한다. 수익이 증대하고 비용이 감소해야 효율성이 증대할 수 있을 것이다. 합병 후 수익 증대 부분에는 노선과 슬롯 조정, 그리고 신규노선 확장을 통한 창출이 있고 이것

---

9 2021년 2월 3일 대한항공과 아시아나항공의 합병 과제를 점검하기 위한 '건전한 항공산업 생태계 조성을 위한 대한항공·아시아나항공 M&A과제' 토론회를 진행했다.

은 국토부가 담당해주어야 할 일이다. 비용 감소 부분에는 항공기 리스계약, 항공정비계약, 지상조업 효율화, 고용, 시스템, 자금조달 등이 있을 것이고 이는 실사를 통해 진행할 수 있다. 국내 자본시장에 엄청난 영향을 미치고 기간산업이기 때문에 이 내용들을 종합한 '인수 후 통합에 관한 전략Post Merger Integration: PMI' 계획을 수립해야 하는데, 이 절차를 진행하지 않을 것으로 판단되었다.

우리는 8장에서 기업결합을 다루는 경쟁정책의 변화와 판정기준 등을 본 바 있다. 기업결합심사에서 그것이 독점력을 강화시키는지 여부는 우선 시장의 구조, 경쟁 상황 및 그것이 가져오는 소비자 후생의 변화가 판정기준이었다. 시장의 구조를 볼 때 가장 중요한 것이 시장획정market definition이다. 시장점유율에 따른 독점도 증가 여부를 볼 때 어디까지가 같은 시장인가의 문제가 바로 시장획정의 문제다. 대한항공의 서울-뉴욕JFK 공항 노선과 아시아나의 서울-뉴욕JFK 노선은 같은 시장이다. 그러면 인천공항-상하이국제공항 노선과 김포공항-상하이홍커우 공항 노선은 같은 시장인가? 출발공항과 도착공항이 다르기 때문에 언뜻 보기에는 다른 시장으로 보인다. 그러나 우리가 서울에서 상하이를 갈 때를 생각해보자. 두 노선은 서로 대안이 된다. 같은 시장으로 보는 것이다. 즉 소비자의 관점에서 대체 가능한 선택지인지를 보는 것이다. 이런 의미에서 서울김포-부산김해 노선의 경우 KTX가 소비자의 선택 가능한 대안이 될 수도 있다. 이런 경우에도 서로 같은 시장이 될 가능성이 높다.[10] 다음과 같은 경우를 생각해보자. 현재 인천공항-베이징서우두 공항 노선이 운용되고 있다. 만일 서울김포-중국톈진 노선이 허가된다면 두 노선은 같은 시장이 될까? 소비자의 입장에서 보면 두 노선은 서울에서 중국의 베이징을 갈 때 충분히 대체 가능한 선택지가 될 수 있기 때문에 같은 노선으로 볼 수 있을 것이다. 이와 같이 시장획정은 항공노선을 어떻게 인가해주느냐에 달려 있는 것으로 국토부의 정책에 따라 좌우됨을 알 수 있다. 이렇게 시장을 획정[11]한 후 그 시장 내에서 경쟁의 정도 및 그에 따른 소비자 후생의 변화를 측정하는 것이다. 이런 의미에서 기업결합심사는 상당히 오랜 기간 진행될 수밖에 없다. 경제성 분석을 치밀하게 진행해야 하기 때문이다.

이런 사유로 공정위가 진행한 기업결합심사 사례를 보면, 최소 9개월~1년 이상 소요되는 것으로 파악했다. 그런데 당시 산업은행이 계획한 일정은 최대 6개월이었다. 코로나19 위기에 따른 산업 구조조정 목적 아래 지난 30년간 항공운송산업의 경쟁체제를 위한 양대 대형항공사와 저가항공사 라이선스 발급 확대 정책이 절차를 무시하고 너무 빠르게 처리되었다.

---

10 완전히 같은 시장은 아니다. 이때 판정하는 기준은 대체탄력성(elasticity of substitution)이다. 완전히 같은 시장의 경우 이 값은 1이 되고 완전히 다른 시장이라면 0이 될 것이다. 그 값에 따라 판정하는 것이 일반적이다.

11 현대자동차와 기아자동차의 기업결합심사 시 현대자동차는 2.5톤 이상 상용차에 대해 일정 기간 동안 점유율을 제한받는 시정조치를 받았다. 2.5톤 이상 상용차 시장이 몇몇 수입차업체(예를 들어 볼보, 만 등)의 점유율이 아주 작아 거의 완전독점 상태였기 때문이다. 이 당시 쟁점이 된 것은 1톤 봉고 등을 상용차로 볼 것인가, 아니면 승용차로 볼 것인가였다. 이 당시 자동차 분류의 기준으로 본 것이 이른바 플랫폼이었다. 자동차에서 플랫폼이란 자동차 하체의 뼈대가 되는 섀시 및 동력전달장치를 말한다. 예를 들어 현대자동차의 그랜저 모델과 K7 모델은 플랫폼을 공유하고 있는 차량이며 외부 모양만 전략적으로 다르게 포지셔닝한 것이다. 봉고(승합차)와 1톤 트럭은 사실 같은 플랫폼을 공유하는 차량이었기에 같은 시장으로 보았다. 플랫폼을 기준으로 자동차시장을 획정했기 때문에 이런 결론이 나온 것이었다.

시장획정과 노선별 시장집중도, 합병에 따른 노선 및 슬롯 재배정, 시스템 및 항공기 정비 통합 등 시너지 효과를 분석하고 무엇보다 소비자 보호 등 검토에 최선을 다해야 했다. 또한 합병 후 소비자의 후생 효과를 파악하기 위해서 항공운임의 투명한 공개 역시 필요하다. 미국을 보면 항공운임을 전 노선/클래스에 대해서 10퍼센트 샘플 추출로 지수를 산출하는 반면, 한국은 일부 상위노선 이코노미 클래스에 한해 항공사가 제공하는 자료로만 산출하고 있다.

아시아나항공 인수합병, LCC 경쟁력 강화 방안 등 모두 정부의 몫이다. 인수합병 과정에서는 공정거래위원회가 독과점 가능성을 명확하게 따져야 하고 국토교통부는 항공노선의 중복성 등에 대한 점검이 필수다. LCC를 활용하기 위해 항공노선의 중복성을 재점검하고 믹스앤드 매치를 하면서 전략을 수립해야 한다.

철저하게 점검하고 책임을 물었어야 하는 정부도 제 역할을 하지 못했다. 항공산업은 규제산업이다. 정부가 기업의 경영부실을 감독하고 철저하게 책임을 물었어야 하지만, 결국 정치적인 논리에 휘말려 실기하고 말았다.

대한항공과 아시아나 합병에서 시너지 효과가 가장 크게 나타나는 부분으로 거론되는 것이 엔진정비 등이다. 산업은행은 1년에 2조 5,000억 원 시장 중 40퍼센트를 해외에서 사용하는 국내 MRO Maintenance, Repair and Overhaul 시장을 양사가 합병하여 MRO 사업을 합치면 시장 규모가 적어도 4조 원으로 확대되고 자체 내에서 전부 해결할 수 있다고 밝혔다. 또한 통합 항공사는 2023년 매출 18조 원, 당기순이익

8,000~9,000억 원을 달성할 수 있을 것이라고 전망했다. 이런 주장을 들으면서 우리는 우리나라 항공산업정책의 단면을 볼 수 있다. 아시아나항공이 설립된 지 30년이 넘었다. 국토교통부는 항공산업 구조조정이 이루어지기 전까지 2개의 FSC가 서로 경쟁하여 소비자 후생을 높이고 경쟁을 촉진하는 것이 바람직하다는 견해를 가지고 있었다. 이 논리에 의해 아시아나항공이 인가된 것이다. 아시아나항공은 아직 자체 항공기 엔진정비능력을 갖추지 못했는데 이것을 자체 정비능력을 가진 대한항공이 수행한다면 그 비용을 줄일 수 있다는 논리다. FSC의 경쟁이 필요하여 신설사를 인가해주었다면 항공산업 정책의 목표가 무엇이 되어야 할까? 후발주자는 선발주자에 비해 열위에 있기 때문에 후발주자가 빠르게 성장하여 비슷하게 경쟁할 수 있게 하는 것이 정책목표가 되어야 한다. 이게 형성되지 않으면 실질적인 경쟁이 일어날 수 없기 때문이다. 아시아나가 항공기 엔진정비능력을 갖추지 못하고 있다는 것은 그 회사의 경영상의 문제이기도 하지만 전략산업으로 항공산업에서 FSC의 경쟁을 유도하는 정책이 효과를 발휘하지 못했음을 의미한다. 보통 항공기를 도입할 때 엔진의 경우 세계 3대 항공기 엔진회사인 미국의 제너럴일렉트릭GE, 프랫앤드휘트니P&W, 영국의 롤스로이스Rolls-Royce 엔진을 장착하여 도입한다. 항공사의 경영상태가 좋은 경우 금융리스를 통해 도입하지만 좋지 않은 경우 운용리스를 통해 도입한다.[12] 당연히 운용리스로 도입할 때 금융조건이 좋지 않다. 아시아나의 경우 운용리스를 통해 도입할 뿐만 아니라 항공기 엔진정비능력이 없기 때문에 엔진정비도 특정 회사(장소)에 하는 것으로 계약

되어 있다.[13] 요컨대 계약에 의해 정비회사와 정비기간이 정해져 있는 것이다. 이런 의미에서 양사가 통합된다고 해도 당장 시너지가 발생하는 것이 아니라 계약 만료 이후에 시너지효과(경제적 비용절감 효과)가 나타난다.[14] 이 계약을 명확히 파악해야만 시너지 효과를 계산할 수 있다. 기업결합심사에 시간이 더 소요되는 이유기도 하다.[15] 여기서 국토부의 항공정책이 갖는 문제점을 알 수 있다. 2개의 FSC 회사의 경쟁을 통해 소비자 후생을 올리는 것을 항공산업의 목표로 삼고서 30년이 지났지만 실질적인 경쟁이 발생하지 않아 다시 하나의 국적 FSC로의 구조조정을 추진하게 된 것이다.

마스터플랜이 필요하다. 유효경쟁을 위한 규모를 파악한 후 이에 맞춰서 산업을 재편해야 하는 것이다. 신자유주의적 경쟁정책이 대세를 이루더라도 항공산업은 규제산업이라는 명제를 명확하게 인식하고 이를 설득해야만 한다. 요건만 맞는다고 무턱대고 허가를 내줄 수 있는 산업이 아니라는 사실 말이다.

〈표 10-1〉은 항공사가 노선별 항공운임을 책정함에 있어 소비자 후생의 변화를 점검하는 체계를 보여주는 것이다. 미국 취항하는 모든

---

12 금융리스는 임대차계약에서 자산의 소유에 따르는 위험, 보상이 자산을 빌린 사람에게로 이전되며 할부해서 취득할 수 있는 금융거래적 성격을 가진다. 운용리스는 임차인이 필요한 기간 동안 빌린 대가로 사용료를 지불하는 것으로 금융리스와 달리 자산의 소유에 따르는 위험과 보상이 임차인에게 귀속되지 않는다.

13 싱가포르에 소재한 엔진정비회사에 정비를 주기적으로 맡기기로 되어 있다.

14 산업은행이 시너지 발생을 말하면서 언제부터를 명시하지 않는 이유이기도 하다.

15 항공기발권서비스의 경우에도 양사는 서로 다른 발권서비스업체를 쓰고 있다. 전 세계에는 3대 발권서비스업체가 있고 이들 회사는 서로 배타적인 거래를 하고 있다. 여기서도 시너지가 발생하기 위해서는 시간이 필요하다.

표 10-1 소비자 후생 효과: 항공요금 모니터링 비교

	한국통계청	미국 BTS
자료조사 방법	대표 노선에 대한 특정 일자의 운임자료 요청	항공사로부터 제공받은 전체 티켓 중 10%로 DB1B 구축 무작위 표본추출법 사용
표본추출 방법	항공사 제공자료 (국토부가 주체가 아니며 샘플링 등 자세한 방법 파악 불가)	항공사 티켓 중 무작위 추출법 (항공사별)
주기	월별	분기별
조사 대상(국내/국제)	국내/국제(상위노선)	국내/국제
조사 클래스	일반석	각 노선별 운임 클래스별로 7개로 나누어 조사 (일등석/비즈니스석/일반석별 제약 좌석과 비제약좌석, 구분불가 좌석)

항공사는 미국 항공당국에 운임 관련 자체를 상세히 제출하여 그것이 소비자 후생에 악영향을 미치는지 여부를 판단하게 하고 있지만 우리 나라의 경우 그것을 점검하기 어렵다. 항공사업법에 따르면 항공운임 과 요금을 포함한 운송약관을 소비자가 볼 수 있도록 비치하게끔 규정 하고 있으나 이 요금 등의 조사 방법에 대해 법에 규정하고 있지 않으 며 요금 및 운임에 대한 자료는 제공하고 있지 않다. 통계청에서 제공 하는 국내항공료와 국제항공료가 가격은 제시되지 않고 지수로만 제 공되는 한계가 존재한다. 투명한 정보의 공개가 수반되어야만 대한항 공과 아시아나의 기업결합이 승인되었을 때 그것을 사후 점검하고 교 정할 수 있는 기회를 가질 수 있게 된다. 이러한 제도의 정비가 시급 하다.

사모펀드 KCGI와 조현아 부회장, 그리고 반도건설 등 3자 연합이 조원태 한진칼 회장을 대상으로 신청했던 가처분 신청은 조원태 한진칼 회장의 승리로 마무리되었다. 사실상 경영권 분쟁은 끝난 것으로 보인다. 그러나 금호아시아나그룹 박삼구 전 회장의 검찰 기소 문제가 생기며 대한항공의 아시아나항공 인수 작업에 악영향이 미칠 수도 있다.

ESG 경영이 새로운 글로벌 경영표준으로 자리 잡고 있는 상황에서 기업의 투명성 강화 등에 국내외적으로 관심이 집중되고 있다. 아시아나항공 전 경영진의 배임행위가 어떻게 작용할지 지켜봐야 할 것이다.

CHAPTER 11

시장을 어떻게 볼 것인가?

정부와 민간의 역할을 구분하자

쿠팡은 뉴욕 증시에 기업공개를 하면서 상장심사를 받지 않는다. 가격도 시장 참여자가 자율적으로 정한다. 그러나 참여자가 시장의 규칙을 어겼을 때는 가혹할 정도로 엄격한 제재를 받는다. 여기서 우리가 주목해야 하는 것은 정책당국이 시장 기능을 어떻게 보고 있는지의 관점이다. 2007~2008년 글로벌 금융위기로 시장 기능의 한계가 드러났고 적극적인 재정정책을 통해 시장 참여자의 경제적 유인을 변경하는 정책이 도입되었지만 시장 기능의 본질은 유효하다.

반면 한국은 경제당국이 시장을 믿지 못하고 스스로 시장 참여자가 되려는 경향이 강하다. 정부가 새로운 현상에 대해 가이드라인이라는 이름으로 기준을 제시하려는 것도 시장에 대해 불신이 강하기 때문이다. 시장에 대해 가장 잘 아는 것은 당국(정책입안자)이고 시장 참여자는 오로지 사익을 추구하는 존재라고 보는 것이다. 아이러니하게도, 자율 규제를 주장하는 시장 참여자도 새로운 것이 나타나면 정부가 가이드라인을 만들어주길 원한다. 모순적인 행태다.

라임, 옵티머스 등 사모펀드 사태도 본질은 같다고 할 수 있다. 사모펀드는 개개인 간의 사적인 거래이고 국가가 개입해야 할 이유가 없다. 그들만의 리그이다. 따라서 이에 대한 규제는 거의 없는 것이 일반적이다. 반면 공모펀드의 경우 대중을 상대로 하는 것이기 때문에 금융소비자 보호를 위한 엄격한 규제가 뒤따른다. 문제는 공모의 형식으로 팔아야 할 것을 사모로 포장하여 팔기 시작하면서 불거졌다.

감독당국이 감독을 하지 못한 것과 함께 상품의 성격을 위장하여 판매한 금융사 모두에게 문제가 있다. 핵심은 정부가 간여할 것과 민간이 자율적으로 알아서 해야 할 것을 구분해야 한다는 사실이다.[1]

그렇다면 시장을 어떻게 봐야 할까. 우리는 시장의 기능에 대해 얼마나 오해를 하고 있는 것일까. 첫 번째 예로 들 수 있는 정책이 대부업과 이자율 상한제다.

---

[1] 한편 정부가 간여하지 않아야 하는 분야에 문제가 생길 경우 소비자들이 왜 정부는 감독을 하지 않았느냐고 비판하는 것도 옳지는 않다. 개별 경제주체가 스스로 책임져야 하는 것과 정책/감독당국이 책임져야 하는 것을 구별해야만 한다.

대부업법과 이자율 상한제

　금융권의 대출을 이용하기 어려운 금융취약계층에게 금전의 대부를 업으로 하는 것을 대부업이라고 한다. 대부업은 특히 일본에서 많이 발달되어 있으며, '소비자금융'이라는 이름으로 불리기도 한다. 높은 고금리와 과도하게 채무자를 괴롭히는 채권추심으로 문제가 많은 사금융을 제도화한 것으로 우리나라는 2002년에 대부업법이 제정되었다.

　대부업은 기본적으로 금융기관 대출을 이용할 수 없을 정도로 신용도가 낮은 저신용 서민을 대상으로 하기 때문에 높은 이자를 받는다. 담보 없이 대출해주므로 상대적으로 돈을 떼일 위험이 높고, 이를 높은 이자로 충당하는 구조다. 대부업의 등록과 명칭을 사용하는 것을 허용하는 등 제도화의 대가로 대부업자가 적용할 수 있는 최고이자율을 법에 명시하고 있다. 법 제정 당시 최고금리가 연 66퍼센트였는데, 그 후 49퍼센트→ 44퍼센트→ 39퍼센트→ 34.9퍼센트→ 27.9퍼센트로 지속적으로 인하되었으며, 대통령령을 통해 2018년 2월 24퍼센트, 다시 2021년 7월부터 20퍼센트로 낮아질 예정이다.

　〈표 11-1〉을 보면 한 가지 의문이 생긴다. 사인(개인) 간의 금전을 빌려주는 것을 규율하는 이자제한법의 금리가 대부업법보다 낮게 유지되어왔다는 점이다. 이자제한법은 모든 사람의 금전대차에 관해 규율하는 법률이다. 그러면 대부업법은? 개인 간 거래에서 이자제한법이 있다고 할지라도 금융권에 접근하지 못하는 금융소외자의 경우 자신에게 돈을 빌려줄 수 있는 사람을 찾기는 어려울 것이다. 이런 사람이

표 11-1 이자제한법과 대부업법 최고이자율 비교

구분		2002.10	2007.6	2007.10	2007.12	2010.1	2010.7	2011.6	2011.10	2014.1	2014.4	2014.7	2016.3	2018.2	2021.7 (예정)
대부업법	법	70%		70%	60%	50%	50%	50%		40%	40%		27.9%	27.9%	27.9%
	시행령	66%		49%	49%	49%	44%	39%		39%	34.9%			24%	20%
이자제한법	법			40%						30%		25%		25%	25%
	시행령			30%										24%	20%

급한 돈을 필요로 할 때 어떻게 하는 것이 좋을까? 원칙적으로는 금융 소외자에 대한 복지 차원의 대책이 필요한 것도 사실이다. 그러나 이런 사람들이 많다면 국가가 감당할 수 없는 현실이 되고 만다. 자금을 가지고 있는 사채시장을 인정하지 않고 불법으로 처벌만 한다면? 그렇다면 이들은 공권력이 아닌 불법추심 등 다양한 방법으로 채권회수에 나서게 되어 사회문제가 될 수도 있다. 이런 현실적 고민 아래 나온 것이 대부업법이다. 즉 자금을 가지고 사채업을 하는 사람들을 대부업으로 등록하게 하여 관리/감독의 틀로 들어오게 하는 법이다. 등록된 대부업체에 대해서는 심야 추심 금지, 가족 등을 활용한 추심 금지, 추심 시 녹취록 작성 의무 등 다양한 규제를 설정했다. 이른바 양성화다. 이런 규제 의무만 지운다면 누가 대부업을 하려고 할까? 그래서 이러한 규제에 상응하는 인센티브를 주었다. 즉 등록을 하여 관리/감독을 받으며 영업을 하라는 의미로 인센티브를 준 것이다. 요컨대 '당근과 채찍'이 동반되었다.

한편 사인私人 간 거래를 할 때 금전대차에 관한 계약상의 최고이자율을 제한하는 이자제한법이 있다. 1962년에 제정된 이자제한법은 대부업법 제정 전에는 사금융에 적용되었다. 이자제한법상 최고이자율은 연 40퍼센트였는데, 1997년 외환위기의 여파로 금리가 천정부지로 치솟자 1998년 폐지되었다가 2007년 다시 부활 제정되었다. 이자제한법상 최고이자율은 이후 30→25퍼센트로 인하되었고, 대통령령을 통해 2021년 7월부터 20퍼센트로 낮아질 예정이어서, 대부업법과 이자제한법상 최고이자율이 결과적으로 동일하게 되었다.

이 점을 감안하여 최고금리를 대부업과 이자제한법에서 이원적으로 규율할 필요 없이 이자제한법으로 일원화하자는 개정안이 발의되어 있다. 여기서 두 가지 질문을 던지고자 한다. 첫째, 사인 간 거래에 적용되는 이자제한법과 금융업권에 적용되는 대부업법의 최고금리를 동일하게 하는 것이 합리적일까? 둘째, 대부업이라는 기타 여신금융업으로 제도화한 상태에서 최고이자율을 법으로 정할 경우 적정한 금리수준을 어떻게 결정해야 할까?

문재인 정부 들어 금융소외 서민을 위해 최고 대출금리를 지속적으로 낮추는 정책을 추진하고 있고, 최고 대출금리 연 10퍼센트 개정안까지 발의되고 있다. 신용도 낮은 서민이 더 높은 대출금리를 받는 것은 안타깝고 부의 불평등을 더 악화시킨다. 그렇다고 복지재정을 통해 지원할 것과 금융시장을 통해 지원할 것을 혼동해버리면 금융시장 시스템은 망가진다. 우선 이자제한법과 대부업법은 제정 배경이나 입법목적이 상이하다. 사인 간의 일회성 금전거래에 적용되는 이자제한법은 다양한 사적 영역에서 이루어지는 경우의 수가 많기 때문에 사회통

념상 거래관행이 유지될 정도 수준에서 최고한도를 정하면 된다. 반면 대부업이라는 금융기관의 계속·반복적 거래에 적용되는 최고금리 수준은 제도화에 따른 대부업자의 계속적 영업자금 조달 금리, 조직운영 관리비, 규제 감독 비용, 부실 충당금 설정 비용 등을 반영하여 다르게 규제해야 할 정책적 필요가 있다. 앞에서 보듯이 이자제한법과 대부업법의 최고이자율은 서로 다르게 유지되었고, 추가 비용이 드는 대부업법의 금리가 더 높은 것이 정상이다.

대부업체의 이자율 제한은 이를 이용하는 서민의 이자부담 경감이라는 정책 측면을 고려하되, 대부업체들의 비즈니스 모델이 유지되는 수준에서 결정되어야 한다. 대부업체들은 수신기능이 없기에 차입해야 하는데 은행차입이 어려워 저축은행 등으로부터 약 5~10퍼센트 비용으로 자금을 조달한다. 적정이윤 포함 조직관리비 최소 5퍼센트를 감안하면 대부업의 기본 영업비용은 약 10~15퍼센트에서 출발한다.

문제는 가장 핵심적인 부실자산 발생에 따른 대손충당금 비용인데, 금융기관 대출이 어려운 저신용자에 대한 상위권 대부업체 부실률이 일반적으로 10~15퍼센트인 것으로 알려져 있어 대출이자는 20~30퍼센트 수준은 유지되어야 한다. 정부가 대출업의 최고이자율을 20퍼센트로 할 경우, 부실률을 5퍼센트 이내에서 관리해야 하는데, 이를 위해서는 상대적으로 위험한 저신용자에 대한 대출을 축소하여 저신용자의 신규자금 이용 기회가 감소할 수밖에 없다. 수익성 악화에 직면한 대부업체들의 영업 중단이 불가피하다. 실제로 업계에서도 최고금리의 한계선은 24퍼센트라고 지적하며 수년간 대부업체 자산 규모 1위를

그림 11-1 전년동기 대비 저신용자 대출시장 업권별 점유율

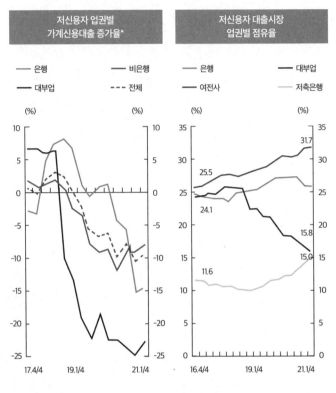

* 전년동기대비

자료: 〈한국은행 금융안정보고서〉, 2021.6.

지켜온 업체도 신규 대출을 전면 중단하고 있다. 경험적으로도 그렇다. 2016년 3월 27.9퍼센트로 인하, 2018년 2월 24퍼센트로 인하할 당시에도 대부업체의 대출은 연평균 약 12퍼센트 감소했다. 그런데 적절한 보완책 없이 업계가 지적하는 지점 이하인 20퍼센트로 인하한다면 저신용자의 대출시장은 더욱 위축될 것이다. 한국은행은 2021년 6월

발간한 〈금융안정보고서〉를 통해 법정최고금리 인하로 적정 마진을 확보하기 어려운 대부업체가 저신용자 대출을 축소하며 저신용자 대출 시장 위축의 위험성을 경고하기도 했다.

결국 대부업에서 자금을 대출받기 어려운 저신용자는 등록되지 않은 불법사금융에 의존하는 부작용을 초래할 수 있으므로 종합적으로 고려하여 이자율 상한제를 설계해야 한다. 정부가 불법사금융[2]의 이자 상한을 상법상 상사법정이자율인 6퍼센트로 제한하고 초과 이자를 무효로 한다지만 급전이 필요한 사람들에게 규제가 제대로 적용될지 의문이다.

대선후보 공약 가운데 신용도에 상관없이 누구나 1,000만 원을 연 3퍼센트에 빌릴 수 있다는 기본대출 정책이 있다. 고금리에 내몰리는 저신용자와 청년들에게 금융기본권을 준다는 취지다. 취지는 공감하지만 기존 금융시장의 기능을 무시하는 발상이어서 재정이 부담할 수밖에 없다. 대출금리는 기본적으로 돈의 미래 시간가치에 대한 보상으로서의 기준금리, 대출실행 금융기관의 신용도에 따른 자금조달 스프레드에 차입자 신용도에 따른 가산금리가 더해져 결정된다. 이를 무시하고 신용도에 상관없이 저리로 대출해준다면 차입자가 각자 돈의 시

---

2 대부업과 관련하여 금융당국이 사용하는 용어가 미묘하게 변화했다. 2018년 이전에는 등록대부업체와 미등록대부업체라는 용어를 사용했지만 2018년 이후에는 불법사금융업체라는 용어를 사용하고 있다. 후자에는 불법이라고 명시된 표현이 뒤따른다. 이것은 없애고 규제해야 할 대상이라는 의미다. 대부업 자체를 인정하지 않는 것이다. 법정 최고금리를 20퍼센트까지 낮추면 금융소외자는 32만 명이 발생할 것이라는 지적이 있다. 금융소외자가 이렇게 발생하는데 이는 국가가 복지 차원에서 이들을 구제할 수 있는 대책을 마련해야 하는 것이다. 여기서 우리는 현실로 존재하는 수요에 대해 시장을 통해 해결할 것인가, 아니면 국가가 나서야 하는 것인가를 고민할 수밖에 없다.

간가치와 조달비용을 비교해서 차입하지 않고 무조건 하도록 유인하게 되어 비효율적 과잉대출과 모럴 해저드에 따른 대규모 부실 발생이 우려된다. 앞서 대부업의 이자율 상한제 설계에서 말한 것처럼 금융시장 기능을 활용할 분야와 복지재정으로 해결할 분야를 구분할 수 있는 정책 역량을 갖추어야 한다. 여기서 알 수 있듯이 모든 정책은 인센티브와 관리감독이 함께 병행되어야 한다. 금융취약계층의 금융 접근성을 높여주기 위한, 대부업에 대한 인센티브 없는 무조건적인 규제는 대부업 업체가 사업을 할 유인을 줄이는 것이다.

시장원리에 의한 양성화는 규제와 인센티브를 동시에 수반하는 것이고 금융소외자를 위한 지원정책은 정부의 신용보증 등을 통한 보완정책으로 마련되어야 한다.

집은 사는buy 것이 아니라 사는live 곳이다?[3]

부동산 정책을 다루는 방법도 마찬가지다. 시장은 욕망이 거래되는 곳이다. 주식시장의 경우 A라는 주식이 모두 오른다고 생각한다면 그 주식은 거래되지 않는다. 한 사람은 오른다고 보고 다른 사람은 내려간다고 보기 때문에 거래되는 것이다. 이 욕망을 인정하는 것에서 출발해야만 한다. 부동산 정책이 성과를 보지 못한 이유도 여기에 있다.

과연 옳은 명제일까. 그럴듯해 보이지만 정책을 개발하는 입장에서

---

3 〈시사인〉 기고문 "투기와 투자 구별 않되 불로소득은 환수하자"(2021.2.4) 참조.

이 명제는 조심스럽게 판단해야 한다. 왜냐하면 우리나라에서 부동산은 사는live 곳이기도 하지만, 그에 앞서 투자를 통해 자본을 얻고자 하는 자산buy의 성격이 강하기 때문이다. 특히 서울이 대표적이다. 실제 사람들의 마음이 그러한데, 정부가 부동산을 투자 대상으로 보는 사람들을 향해 '너 나빠'라고 단정 짓는다면 이는 인간의 욕망에 대한 이해 부족이라고 할 수 있다. 정부는 정책입안에 앞서 모든 사람은 욕망이 있다는 사실을 인정해야 한다. 만약 부동산 투자의 과열이 문제가 된다면 부동산을 대체할 만한 투자 대상을 발굴해주어야 한다.

우리나라는 국토의 80퍼센트를 민간이 소유하고 있다. 자원(국토)이 한정되어 있어 무작정 생산을 해낼 수도 없다. 특히 대부분의 사람들은 아파트와 같은 '살 곳(주택)'을 구매하는 기회가 일생을 통틀어도 몇 번 되지 않는다. 게다가 가격도 비싼 재화다. 특히 투자를 고려해 구매한다면 가격은 예상외로 비싸다. 투자가치가 있는 곳에 위치한 집값은 상승 속도가 가팔라지기 때문이다.

베이비붐 세대가 빚을 청산하고 '내' 집을 마련하는 시기가 평균 40대였다. 하지만 최근 계속되는 집값 상승은 30대에 접어든 밀레니얼 세대에게 위기감을 조성하게 되었다. 결국 영혼까지 끌어모아 빚을 내서 집을 사겠다는 '영끌'이 사회적인 이슈로 대두되었다. 이번 기회가 아니면 평생 내 집 한 칸 마련할 수도 없겠다는 절박함이 막차를 타게 하는 형국이다. 결국 정부의 부동산 정책이 오도 가도 못하고 묶이게 된다. 그렇다고 오르는 집값을 무작정 내리게 유도할 수도 없다.

자본 이득capital gain을 위한 좋은 수단을 만들어주는 대신 부동산을 진정 편안하고 안락하게 살 곳으로 만들기 위해서는 분양정책이 바뀌어야 한다. 현재 분양제도는 당첨이 곧 자본 이득을 의미한다. 공공이 한국토지주택공사LH 등을 통해 땅을 개발하면 민간 건설회사가 아파트를 지어 분양하여 청약자가 추첨을 통해 분양받는 구조다. 결국 자본 이득은 이 세 가지 행위가 맞물려 인프라가 형성된 열매를 소유자가 가져가게 된다. 이 같은 상황에서 자본 이득을 분양가 상한제로 묶어놓는 현실에서는 기간만 순연시킬 뿐 언제든 집값 폭등은 나타날 수밖에 없다.

방법은 장기임대, 공공임대로 주택정책 기조를 잡아나가야 한다. 그것도 서울 한복판, 역세권과 같은 누구나 살고 싶은 다양한 임대주택을 계속 더 지어나가야 한다. 현재 5~6퍼센트밖에 안 되지만 향후 늘려가겠다는 정책을 일관되게 펼쳐야 한다.

그렇다면 질문은 두 가지가 나온다. 첫째, 땅은 어떻게 할 것인가? 이에 대한 답은 정부 소유의 부지를 활용하면 된다. 서초동에 있는 조달청, 과천에 있는 정부청사 등이 대표적인 곳이다. 위치가 좋은 곳에 사회기반 시설이 완성된다면 자본 이득은 국가의 곳간에 들어가게 된다. 정부도 공공주택 정책을 이같이 펼치고 있다. 공공주택의 분양을 줄이고 임대를 늘려가는 것이 핵심이다. 그런데 2020년 공공주택의 분양을 늘리는 정책을 발표했다. 자본 이득을 부동산으로 하겠다는 국민들의 니즈에 손을 든 것이다. 뚝심이 필요했다. 공공임대 주택을 20퍼센트까지 목표에 도달하고, 아파트 평형을 다양하게, 그리고 가구 수도 1인 가구부터 4~5인 가구까지 모두 만족할 수 있도록 할 뿐 아니라 시설도 최고급으로 수요자들의 눈높이에 맞춰서 뚝심 있게 밀고 나갔어야 한다.

둘째, 재원은 어떻게 마련할 것인가? 사회책임투자채권(ESG 채권)을 LH, SH 등 공공기관에서 프로젝트별로 발행하면 된다. 한국판 뉴딜 New Deal의 재원조달 방안으로 제격이다. 채권을 발행하면 누가 인수하게 되는지에 대해서는 연기금, 국민연금 등에서 사회책임투자를 하면 된다. 그들이 채권을 사면 자금은 마련할 수 있다. 수익률은 일반 시중보다 낮아지게 된다. 외부경제가 있기 때문이다. 정부부처를 연기금이 평가하면 10~20퍼센트 정도 일정 부분 편입을 하고 이에 맞춰서 기금평가를 올려주면 사게 된다. 이렇게 된다면 공공임대 공급 자금을 마련할 수 있다. 용산 정비창을 이렇게 한다면 수익률은 좋아질 것이 분명했다. 다양한 주택 형태 그리고 고급화를 지향하면서 주택을 공급하게 되면 집은 '사는buy' 것이면서 '사는live' 곳이라는 명제에 부합할 수 있다. 서울 시내에서 멀리 떨어진 창릉 신도시 같은 곳이 아니라 시내 한가운데 이 같은 임대주택이 많이 조성되어야 한다는 것이다. 개념을 확실하게 잡았어야 한다는 아쉬움이 남는다.

ESG 채권은 2005년부터 발행되었다. 국민은행, 수출입은행, 산업은행 등이 2천억 원 규모의 ESG 채권을 발행했다. 문제는 내부를 들여다보면 포장만 ESG 채권인 경우가 대부분이었다. 겉으로는 ESG라고 하고선 ESG가 안되는 경우가 발생하게 된다. ESG를 발행하는 금융기관에서 공시를 해야만 하는데, 이를 위해서는 ESG 채권을 평가해주는 곳이 있어야 한다. 하지만 비용이 든다는 이유로 평가해주는 기관이 마련되지 못했다. SOC 부문에서는 ESG 채권발행이 가능하다. 사회책임투자이기 때문이다. 공공성이 있는 그린 뉴딜 정책을 시행할 때도 자금을 마련할 수 있다. 채권평가회사가 시급히 필요한 이유다. 이렇게 만든 재원으로 임대를 하거나 분양을 한다면 수익은 언제 발생하게 될까. 분양을 하게 되면 자본 이득이 분양자에게 추가로 생길 수 있다. 투자목적으로 매매도 할 수 있고, 소유도 가능하다.

분당 판교의 산들마을을 예로 들어보자. 분양 시기에는 미분양이었던 산들마을은 10년 임대로 살고 10년 후 분양으로 전환할 수 있는 옵션이 있었다. 판교가 개발될 당시 5억 원이었던 산들마을 아파트는 분양을 받게 될 시점이 되자 10억이 넘어버렸다. 임대해서 살고 있던 주민들이 자신들의 의지와 상관없이 쫓겨나게 생겼다는 하소연이 담긴 현수막이 아파트를 도배하다시피 했다.

옵션이었던 조건을 사전에 정비했다면 막을 수 있는 사안이었지만 그렇게 하지 못했던 것이 패착이었다. 물가상승률과 감정가라는 기준을 평가하면 가격은 올라갈 수밖에 없다. 옵션 행사 조건을 면밀하게 검토했어야 한다. 문제는 판교 지역의 가파른 집값 상승에 있었다. 정부도 이 정도로 빠르게 가격이 올라갈지 몰랐던 것이다.[4]

소셜믹스에 답이 있다

주택시장 공공성을 지속적으로 강화해가야 한다는 목표는 정부가 바뀌어도 유지되는 기조다. 그러나 실제 시장에서는 잘 이루어지지 않는다. 분양제도는 줄이고 공공주택은 늘린다면, 그리고 이를 장기간 정착시켜나간다면 부동산 문제는 완화될 것이다. 압구정동으로 대변되는 강남에 공공주택을 건설한다면 어떨까. 1인 가구 수, 가구 수 분화, 라이프 스타일에 맞는 고급 주택을 다양하게 조성한다면 어떨까. 빈민층, 슬럼화 등이 떠오르는 공공주택을 편리성과 고급화를 갖춘 누구나 살고 싶은 곳이라는 인식으로 바꾸게 된다면 부동산에 자본을 묶어둘 이유가 없지 않을까. 지역별로 어느 정도를 공공주택으로 조성하게 한다면 재개발 환수 측면에서 합당할 것이다. 하지만 실제 말은 그렇게 하고 있지만 강남권 주민들의 저항은 불가항력처럼 보인다.

주택 마련을 위한 첫 진입장벽은 낮춰야 한다. 1가구 1주택과 생애 최초 주택은 취득세를 과감하게 떨어뜨려야 한다. 직장을 잡거나, 재정적인 상황이 어느 정도 수준에 이르면 집을 살 수 있도록 해야 한다. 일반적으로 1가구 1주택에 대해서는 원칙을 고수하고, 1가구 1주택에 대한 종부세, 보유세를 올리고자 하는 것이 문재인 정부의 정책기

---

4 이것과 대비되는 것으로 최근 주목받고 있는 '누구나 집' 프로젝트가 있다. 이것은 임대주택에 대해 임대인이 예를 들어 일정 기간 임대료를 내고 살다가 그 기간이 지나면 최초 분양가로 살 수 있는 옵션을 갖는 프로젝트다. 임대료는 일종의 이자로 볼 수 있기 때문에 임대인에게 상당히 유리한 것처럼 보인다. 일정 기간 경과 후 집값이 상승했다면 집값 상승분만큼(아니면 계약에 따라 상승분의 일정 부분) 차익을 실현할 수 있어 집값 상승에 대한 걱정 없이 살 수 있는 것이다. 그러나 이 프로젝트는 집값이 하락할 경우 어떻게 할 것인가의 문제가 있다. 하락한 경우 임대인은 옵션이기 때문에 옵션을 행사하지 않으면 된다. 그러면 그 하락분에 대한 손실은 누가 볼 것인가? 그 주택을 소유하고 있는 주택조합 또는 공공기관이 볼 수밖에 없다. 집값 상승이 기대되는 곳에 어떤 사람들을 입주시킬 것인가? 왜 그들에게 옵션을 주면서 옵션프리미엄을 받지 않는 것인가? 이들에게는 혜택을 주면서 다른 사람들은 안 주는 것이 맞을까? 이 프로젝트는 사실 주거기본권 보장과 관련된 정책으로 보아야 한다. 국민들에게 최소한의 주거기본권을 보장하는 차원에서 그 기본권을 확보할 수 없는 사람들에게 최소한의 것을 보장해주는 것이다. 따라서 주택공급정책이 아니라 주거기본권 정책이다. 또한 프로젝트 추진의 기본 관념은 집값은 오를 수밖에 없다는 비대칭적 기대를 전제한다. 집값 안정을 위한 공급정책은 될 수 없는 것이다.

조다. 그런데 보유세를 올리려면 시가 현실화가 우선 되어야 한다. 정부가 추진하고 있는 시가 현실화는 필요조건이다. 시가를 올릴 때 문제가 되는 것이 노년층의 1가구 1주택이다. 평생 집 한 칸 마련했는데, 강남에 산다는 이유로 종부세 대상이 된다는 언론 기사가 대중의 눈살을 찌푸리게 하는 것이다.

해결할 수 있는 방법이 있다. 과세이연을 도입하면 된다. 상속이나 증여 혹은 매각할 때 과세를 유보해주는 것이다. 즉, 캐시플로cash flow가 생길 때까지 세금을 미뤄뒀다가 이때 정리하도록 해주자는 것이다. 장기보유에 대한 면세혜택은 잘못된 것이다. 주택을 어느 정도 보유하고 있다는 의미는 제한된 국토 자원을 점유하고 있다는 것이다.[5] 이에 대해 사용료를 내라는 의미이고, 이것이 세금이다. 헌법 35조에 따르면 국가가 주택공급의 의무가 있고, 1가구 1주택 보유자에 대해서는 공급을 한다.

그런데 주택이 지나치게 크거나, 나 홀로 점유하고 있다면 이에 대해 과세를 추가하겠다는 것이 종부세의 의미다. 그런데 장기보유를 했다고 혜택을 주는 것은 이치에 맞지 않는다. 지금 강행할 수는 없지만, 점차 없애야 하는 정책이다. 다음으로 양도세를 낮춰주는 것이 수순이다. 보유세를 높이고 거래세를 낮춰야 하기 때문이다. 그래야 매물이 나온다. 그런데 장기보유공제와 장기거주공제 혜택이 계속되면 매물이 나올까.

---

5 종부세는 이런 의미를 갖는 세금이다. 다만 종부세가 도입될 때 토지보유세가 없어짐에 따라 자산불평등의 가장 큰 원인에 대해 대처할 수단을 상실한 것은 문제다. 이런 의미에서 국토보유세는 검토해볼 만한 과제다.

분양제도는 어떻게 바꿔야 할까. 하루아침에 되는 것은 분명 아니다. 2021년 7월부터 총부채원리금상환비율Debt Service Ratio: DSR 규제가 강화되었다. 그런데 주택공사, 주택기금이 이를 관리해준다면 가능하다. 20~30년 담보대출을 해준다면 집값 안정에도 도움이 될 것이다. '영끌'하는 것이 아니라 직장이 있고, 조건을 갖추면 30년간 보유하면서 미리 금융권에서 자금을 당겨서 쓸 수 있도록 해주는 것이다. 실제 우리나라에는 DSR 규제도 있고 제도도 잘 마련되어 있다.

물론 전세가 걸림돌이긴 하다. 전세를 끼고 살 때 DSR 대상이 될 것인가 말 것인가를 고민해야 다음 문제가 풀리기 때문이다. 가계부채로 따지고 본다면 전세도 부채인데, 국내총생산Gross Domestic Product: GDP을 계산할 때 상계처리netting가 되어버리니 빼는 게 맞긴 하지만 말이다. 그런데 가계와 주택문제를 볼 때는, 즉 상환 여력이라는 조건이라면 더해야 하는 게 아닐까 하는 생각이 들기도 한다. DSR에 전세까지 넣어버리면 대출 여력이 줄게 될 것이다. 따라서 한번에 줄이는 게 아니라 처음에 늘렸다가 점차 줄이는 방식으로 진행되는 것이다. 주택담보대출비율Loan To Value Ratio: LAV, 총부채상환비율Debt To Income: DTI 자체를 풀고, 총부채원리금상환비율을 강화해도 대출 한도에 큰 차이는 없을 것이다.

정부는 금융 규제를 강력하게 해서 집값이 오르지 않을 것으로 기대했지만, 예상은 빗나갔다. 문제는 양적완화에 있었다. 코로나19 팬데믹 등으로 글로벌 경제 침체 위기 탓에 금리를 높일 수가 없으니 시중에 자금이 너무 많이 풀리게 된 것이다.

부동산 갈등의 본질은 생존권 문제가 아니라 자본 이득에 있다. '영끌'로 주택을 마련하는 사람들의 심리는 분명 자본 이득을 추구하고자 하는 투자심리와 금융소득에 포커스가 맞춰져 있다. 그렇다고 자본주의 국가에서 자본 이득을 추구하는 행태를 도덕적으로 비난할 수는 없다. 문제는 1가구 1주택을 지나치게 강조하다 보니 다주택 공직자를 죄인처럼 몰아가게 되는 것이다. 초기부터 정부가 부동산 방향을 잡지 못한 채 끌려다니는 형국이 되었다.[6]

밀레니얼 세대는 과거 세대와 다르다. 개인 자산의 70퍼센트를 부동산에 묶어두고 싶어 하지 않는다. 좋은 위치에 좋은 임대주택을 양껏 공급하게 된다면 새로 사회에 진출하는 세대는 인식이 바뀔 것이다. 회사가 가깝고 자녀양육과 교육이 편리하고 효율적이라면 누가 마다하겠는가. 다만 정부가 환매조건부로 해줘야 한다. 해결은 정치권의

---

6 1가구 1주택은 실수요이고, 다주택은 투기수요이며, 집값 상승은 투기에 의한 것이라는 인식으로 인해 부동산감독기구 설치가 거론되고 있다. 투기와 투자는 구별되는 것이 아니다. 1주택을 마련하려는 사람도 투기적 요소가 있다는 것이며, 시장은 인간의 욕망이 거래되는 곳이라는 것을 염두에 둔다면 이것은 초점이 어긋난 처방이다. 1) 우선 감독기구가 있다는 것은 감독대상이 있다는 것이다. 금융감독원의 금융정보분석원을 모델로 하는데 이 경우에 감독대상은 은행이고 은행이 금융정보분석원에 보고 의무를 지고 있다. 은행이라는 공공성이 강하고 엄격한 규제 대상이 되는 주체에 대한 의무를 지우고 있다. 그런데 부동산감독기구의 경우는 어떠한가? 대상이 공인중개사가 될 수 있다. 과연 공인중개사가 은행과 같은 강력한 감사의 대상이 되어야 하는지? 나아가 부동산 거래를 하는 모든 국민이 대상이 되는 것인가? 심사숙고해야 하는 사안이다. 2) 감독기구 구상에 잠재되어 있는 의식은 집값은 상승할 것이라는 생각이다. 만일 집값이 내려갈 경우 감독기구는 어떤 역할을 해야 하나? 조직은 만들고 나면 자신의 논리에 의해 일을 만들고 조직 축소에 저항하는 것이 일반적이다. 적절하지 않은 것이다. 3) 현재 집값이 문제가 되고 있는 지역은 서울 및 경기도, 즉 수도권이 대부분이며 이런 부동산 가격 조작에 대응하기 위해 특별사법경찰제도를 운영하고 있다. 금융감독원, 경찰(그리고 검찰), 국세청 직원들이 파견 나와 일을 하고 있다. 여기에 인력을 충원하여 적극적으로 하면 되는 것을 굳이 조직을 만들어야 하는가? 4) 부동산 정책은 부총리와 국토부에 가장 큰 책임이 있다. 이런 상황에서 국토부 조직을 확대하는 것이 설명될 수 있을까? 이런 의미에서 적절하지 못한 구상이며 시장 기능에 대해 부정하고 시장을 처벌의 대상으로 간주하고 있다는 것을 알 수 있다. 아울러 여기서도 부동산 가격은 상승한다는 명제가 믿음으로 자리 잡고 있다.

몫이다. 지도자는 이를 설득해서 이끌고 가야 한다.

그들을 님비라 욕할 수 있나

필자는 1992년 DJ 대선 당시 공약 관련 작업을 할 기회가 있었다. 당시 팔당에 가면 현수막이 걸려 있었다. 상수원보호구역을 해제해달라는 요구였다. 팔당댐 인근은 상수원 보호구역이다. 선거철만 되면 팔당 인근 지역 주민들은 목소리를 높였다. "왜 우리가 희생해야 하느냐"는 것이다. 당시에는 지역민의 지나친 이기심의 발로, 즉 님비Not In My Back Yard: NIMBY 현상이라며 혀를 찼다.

돌이켜보면 잘못된 생각이었다. 현수막을 내건 지역민들이 나쁜 사람들일까. 그들은 자신들의 재산권이 공공에 의해 제약된 상황이었다. 해결 방법은 없을까? 교과서적으로 푼다면, 그 땅을 정부가 사면 된다. 국유화하면 문제는 없다. 사실 상수원 보호구역을 해놓은 이유를 따져보자. 수도권 주민의 식수 공급을 위해서다. 결국 지역민의 재산권을 쓰지 못하도록 막아두고, 그 혜택은 서울 사람들이 누리는 것이다. 따라서 이 문제를 풀려면 축사를 짓는다고 지역 주민을 욕할 게 아니라 서울 사람들이 세금을 내야 한다. 그 돈으로 국유화하면 된다. 결국 이를 위한 비용을 누가 부담할 것인가의 문제다. 상수원 보호구역 설정으로 이득을 보면서 비용을 부담하지 않는 서울 시민의 비용을 부담하여 그것을 재원으로 국유화하면 되는 것이다.

증거개시절차 제도를 과감하게 도입해야 할 이유

중소기업에 대한 대기업의 기술탈취 등을 막을 수 있는 중요한 제도 중 하나가 증거개시절차discovery 제도이다. LG화학과 SK의 배터리 소송이 미국에서 진행된 이유도 바로 여기에 있다. 디스커버리 제도는 미국에서 소송을 진행하는 당사자들로 하여금 증거자료를 사전에 제출하도록 하여 공정한 재판을 진행할 수 있도록 하는 것이다. LG화학과 SK 간 소송에서도 미국 국제무역위원회International Trade Commission: ITC는 SK가 증거 보존 의무를 이행하지 않은 점을 지적하며 LG화학의 손을 들어주었다.

홍남기 총리권한 대행도 한국형 디스커버리 제도 도입을 준비하고 있다는 긍정적인 답변을 이끌어냈다. 그런데 일부 중소기업에서는 이 제도의 도입에 우려를 나타내고 있다. 외국이나 대기업이 특허를 가진 기술을 바탕으로 중소기업에게 소송을 제기하면 불리하다는 것이 그들의 주장이다. 자신들의 기술을 탈취하는 것을 방지하는 것에는 찬성하면서 자신들이 다른 회사의 기술을 카피한 것에 따른 위험 때문에 제도 도입에 주저하는 모습이다.

미국과 영국 등에는 증거개시절차 제도가 존재한다. 의료기관이나 기업, 국가기관을 상대로 손해배상 소송을 낼 때 개인인 원고의 증거 확보권을 보장하는 것을 목적으로 재판이 개시되기 전에 당사자 양측이 가진 증거와 서류를 서로 모두 공개해 쟁점을 명확히 하는 제도이다. 이 디스커버리가 종료된 후부터 본격적인 재판 절차가 진행된다.

복잡하고 전문적인 지적재산권 소송 과정에서 증거 및 정보의 불평등을 완화하고 소송 기간 역시 단축할 수 있다는 것이 장점이다. 그 덕에 한국 업체들이 지적재산권과 관련한 소송을 미국에서 진행하는 경우가 많다. 실제로 LG와 SK 간의 배터리기술 영업비밀 침해와 특허소송, 삼성전자와 KAIST(서울대 교수)의 반도체 특허 관련한 소송이 미국에서 진행되었다.

한국에도 도입이 절실하다. 우리 사회에서 지적재산권 특허 등 특정 기업만이 보유하고 있는 기술을 남용하고 있는 사례가 많기 때문이다. 특히 관련 재판에서 중소기업은 대기업과의 정보 보유량의 차이로 승소하기도 어렵고 장기간 지속되는 민사소송으로 기업의 경영 자체가 어려운 상황을 맞이하기도 한다.

중소기업의 우려도 이해할 만하다. 디스커버리 제도에 의해 역으로 외국 기업들이 국내 기업을 특허 전쟁으로 몰아갈 것이라는 우려와 전문가의 사실 조사로 영업기밀이 침해될 수 있는 우려이다. 그러나 지적재산권을 강하게 보호할 수 있는 제도가 병행한다면 중소기업 입장에서 그 효과는 방어막으로 작용할 수 있다.

이 주장을 볼 때 우리는 1994년 우루과이라운드에 따른 지적재산권 보호 강화 조치에 대해 반대하는 주장이 떠오른다. 도서 및 창작물에 대한 저작권을 강하게 보호하면 우리나라 기업은 추격자로서의 이점이 사라지고 선진국에 의한 사다리 걷어차기 때문에 문제가 발생한다는 것이 논리의 핵심이었다. 그러나 현실은 어떠했는가? 음원, 창작물, 웹툰 등 다양한 지적재산권이 보호됨에 따라 케이팝K-POP이 세계로 나아갈 수 있는 기틀을 마련하지 않았는가? 비슷한 예로 스크린 쿼터도 있다. 스크린 쿼터를 철폐하면 우리나라 영화는 미국 등 선진국 영화와 경쟁할 수 없어 도태될 수밖에 없다는 주장이 있었다. 그러나 기우에 불과했다. 우리나라 영화의 다양한 시도로 봉준호 감독의 〈기생충〉이 아카데미 작품상을 수상했고, 정이삭 감독의 〈미나리〉는 배우 윤여정이 오스카 여우조연상을 받는 등 세계적인 조명을 받게 되었다.

경쟁을 강화시키는 정책이 도입되고 경쟁에서 우위를 차지하는 곳에 상당한 인센티브가 주어지는 상황은 시장의 활력을 높이고 새로운 혁신을 가져오는 것이다. 우리가 디스커버리 제도를 과감히 도입해야 하는 이유가 바로 여기에 있다.

무엇보다 입증책임전환과도 연관된다. 현실적으로 재판에서 입증책임은 소송을 제기한 당사자, 즉 중소기업 혹은 개인이 지게 된다. 그러나 정보 보유량이 적고 전문성이 부족하여 대기업을 상대로 입증을 할수가 없다. 그렇기에 효과적인 입증을 위해서는 정보를 많이 보유하고 있는 대기업에서 잘못한 것이 없다는 것을 입증하는 것이 필요하다. 재판 전에 모든 증거를 공개하는 디스커버리 제도는 이와 같이 소비자 보호 측면에서 도움이 된다.

디스커버리 제도는 공정한 시장으로 향하는 길이 될 것이다. 투명한 정보공개에 의한 공정한 재판이 전제된다면 중소기업이 마음 놓고 혁신에 도전할 수 있기 때문이다. 디스커버리 제도 역시 시장 주체들에게 공정한 경쟁을 할 수 있는 기초를 만들어주고 그 해결은 시장에서 자율적으로 해결하도록 하는 것이다. 문제가 된다고 직접 시장에 뛰어드는 것이 아니라 경쟁을 위한 제도적 기반을 정비하는 것에 초점을 둔 것이다. 이와 관련해서 봐야 하는 대표적인 것이 정규직·비정규직 문제와 대기업의 중고차 시장 진출 문제이다.

정규직과 비정규직: 희생만큼의 대우를

우리 경제문제 중 가장 중요한 하나는 노동자의 권리 보호와 노동유 연화의 충돌에 있다. 비정규직의 정규직화 문제는 사회적 갈등의 최전 선에 있는 문제로 많은 논란이 따른다. 특히 하나의 작업장이 아니라 작업장의 유동화liquidization로 작업장이 분해되는 등 기존의 노동법 체 계과 다른 양상이 벌어지고 있다. 특수고용직, 플랫폼 노동자 문제가 부 각되고 있는 것도 이 때문이다. 이 문제에 접근할 때에도 시장원리가 무 엇인지를 면밀히 따져봐야 한다. 2021년 4월 대정부질의에 우리는 이것 을 질의한 바 있다. "과연 동일 노동이라고 할 때 비정규직과 정규직 중 누가 임금이 더 높아야 하는가?"라는 질문이 그것이다.

IMF 위기 이후 기업들이 대규모 구조조정을 단행하며 노동시장에 서 노동력이 과잉공급되었다. 사회적으로 비정규직 문제가 대두되기 시작한 것이다. 통계청에 따르면 2020년 비정규직이 차지하는 비율 은 36.3퍼센트에 이르며 월평균 임금은 정규직 323.4만 원, 비정규직 171.1만 원으로 약 2배의 차이를 보인다. 또한 정규직 근로자와 비정규 직 근로자의 시간당 임금총액은 정규직 20,731원, 비정규직 15,015원 으로 비정규직은 정규직의 72.4퍼센트 수준에 불과하며, 비정규직의 고용보험 가입률은 46.1퍼센트에 그친다. 비정규직의 열악한 처우를 한눈에 알 수 있는 대목이다. 그동안 한국 노동시장에서 정규직과 비정규직 사이 벌어진 이 격차는 세계 최고 수준으로 알려져 있다. 이에 더해 비대면 플랫폼 사업이 확대되면서 특수형태 노동자가 급증하며 불안한 격차는 더욱 확대되는 양상이다.

문재인 정부는 주요 국정과제 중 하나로 비정규직의 정규직화를 노동 공약의 전면에 내세웠다. 현실 가능한 일일까? 산업구조는 기술의 발달에 따라 점차 다양해지고 그에 따라 노동의 구조 역시 복잡해지고 있다. 정규직으로 일원화할 수 없다. 기업은 계속해서 고용의 유연화를 주장하고 있기에 기업에 강요할 수도 없는 노릇이다.

우리는 여기서 문제의 본질을 다시 생각해볼 필요가 있다. 비정규직의 문제는 비정규직 그 자체인가? 아니다. 비정규직 문제의 본질은 정규직에 비해 엄청나게 차별을 받고 있는 임금구조에 있다. 즉, 비정규직 자체를 없애는 것이 문제의 해결이 아니라 차별받는 임금구조라는 본질을 다루는 것이 문제를 해소하는 방법이다.

동일노동을 수행하는 비정규직과 정규직, 누가 더 많은 임금을 받아야 한다고 생각하는가? 시장에서의 임금구조는 무엇인가(노동)를 제공하고 대가(임금)를 받는 것이 시장원리이기에 경제적으로 접근해야 한다. 즉, 누군가 무엇을 포기할 때에는 그에 상응하는 대가가 있어야 한다. 노동자가 노동을 제공하는 대가는 '임금'과 '고용안정성'이다. 정규직 노동자는 이 두 가지 대가를 모두 받지만, 비정규직 노동자는 '고용안정성'을 포기하고 있는 것이다. 더 나아가 비정규직 노동자가 포기하는 '고용안정성'은 기업이 주장하는 고용의 유연화와 완전히 배치되는 것으로서 비정규직에 대한 이 부분의 대가는 반드시 필요해 보인다. 산술적으로만 비교하면, 한국 사회에서 기업은 고용유연화에 대한 대가는 지불하지 않고 있으며, 그에 따라 비정규직은 포기에 대한 대가를 전혀 받지 못하고 있는 것이다. 노동자가 이에 대해 저항하고 권리를 요구하는 것은 당연하다.

한국 사회는 국가의 발전이라는 목표 아래 비정규직에게 희생을 강요해왔다. 그 이후 비정규직의 처우는 점차 열악해졌으며 미래는 더욱 보장하기 어려워진 것이 현실이다. 기업의 비용절감과 고용유연에 비정규직 근로자가 일방적인 희생을 해왔다. 이에 대한 대가를 치르기 위해서는 이제라도 '비정규직의 정규직화'라는 거대한 슬로건을 잠시 접어두고 포기에 대한 정당한 대가를 지불하는 가장 기본적인 시장경제 원리를 행하여 비정규직의 열악한 처우를 개선하기 위한 노력을 해야 할 것이다.

이 질문과 답변에서 우리는 하나의 명제에 집착할 것이 아니라 그것을 관통하고 있는 시장원리가 무엇이고 그에 따른 제도 디자인이 이루어지고 있는지를 봐야 한다.

중고차 판매시장: 소비자와 시장의 원리를 잊지 말아야 한다

중고자동차 판매업 시장이 요동 중이다. 신차 시장은 2050 탄소중립

정책에 대비한 친환경 자동차 개발로 치열한 경쟁 중이다. 중고차 시장 역시 이에 못지않은 치열한 경쟁이 진행되고 있다.

국내 중고차 거래규모는 22조 원으로 거래량 면에서는 이미 신차 시장을 앞서고 있다. 한국의 경우 중고차 거래가 신차 판매량에 비해 1.3배 수준으로 2019년 기준 미국의 2.4배, 독일의 2배 수준에 비해 규모가 작은 편이다. 미국의 경우 판매액도 중고차 시장이 1.3배가량 높다.

중고차판매업 시장은 2013년도 2월에 대기업의 시장 진입을 규제하는 '중소기업 적합업종'으로 지정되어 3년간 대기업의 시장 진입이 제한되었다. 이후 한 차례 더 연장되었다가 2019년 2월에 종료되었다.

중고차매매사업조합연합회는 '소상공인 생계형 적합업종 지정에 관한 특별법'(이하 '생계형적합업종법')에 근거한 생계형 적합업종 지정 신청을 통해 중고차판매업 시장의 대기업 진출을 다시 막고 나섰다. 생계형적합업종법에 따라 동반성장위원회는 2019년 11월 중고차판매업의 생계형적합업종에 대한 '부적격' 의견을 내놓았고, 중소벤처기업부(이하 '중기부')는 최장 9개월의 기일 내에 '생계형 적합업종 심의위원회' 심의를 통해 적합 여부를 결정하고 고시하는 절차를 남겨두고 있다.

고시 의무일 만료가 1년이 지났지만 중기부는 심의위를 개최하지 못하고 고심 중이다. 소상공인과 자영업의 역량을 강화하고 대중소기업 간의 격차 해소를 목적으로 하는 중기부의 역할 때문이다. 또한 국회가 소상공인 보호를 이유로 상생협력을 추진하면서 중기부도 미온적으로 이에 대처하고 있다. 법이 규정하는 기간을 넘어 무작정 기존의 중소 중고차판매업 시장만을 안고 있을 수는 없다. 소비자 피해가 지속

표 11-2 중고차 거래 현황(단위: 만 대)

	2015년	2016년	2017년	2018년	2019년
신차	183.3	182.5	179.3	181.3	178.0
중고차	183.3	195.5	194.0	195.7	193.4
합계	366.6	378.0	373.3	377.0	371.4

중고차판매업 시장 규제 현황

2013.2. 중소기업적합업종 1차 지정(3년)

2016.2. 중소기업적합업종 2차 지정(3년)

2019.2. 중소기업적합업종 지정 종료

2019.2. 생계형적합업종 신청

2019.11. 동반성장위 생계형적합업종 '부적합' 의견

2020.5. 중기부 고시 종료시한(생계형적합업종법 제7조)

2021.2. 상생협력위원회 발족 불발

2021.7. 중기부 고시 종료시한 1년 경과

적으로 나타나고 있고 이를 바탕으로 소비자인 국민들의 시장 개방에 대한 요구가 날로 커지고 있기 때문이다.

중고차 시장은 지속적으로 성장하고 있다. 2006년 2,000여 사업체(평균 매출 2억 7,300만 원)에서 2018년 기준 4,300여 사업체(평균 매출 9억 5,400만 원)로 10여 년 사이에 사업체는 2배 이상 성장했고, 매출액 역시 3.5배가량 성장했다. 하지만 영업이익은 감소하면서 속 빈 강정이

그림 11-2 중고차 시장 소상공인 업체 수 및 매출액 현황

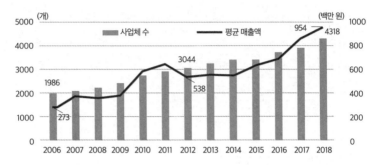

자료: 통계청, 〈도소매·서비스-9·10차 서비스업 조사-시도/산업/종사자규모별 현황〉; 2010년과 2015년은 통계청,
〈경제총조사-산업세세분류별/종사자규모별 총괄〉.

그림 11-3 중고차 시장 소상공인 평균영업이익 및 영업이익률

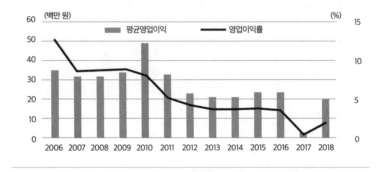

되어 가고 있다.

'소상공인 지정업종' 1차 지정기간에 2천만 원대였던 영업이익이 2차
지정기간에는 폭락했고, 특히 2017년에는 영업이익률이 바닥으로 곤두
박질해 기존의 저부가가치 시장에서 한계부가가치 시장으로 떨어졌다.

언론에도 연일 방송되고 있지만, 일부 중고차판매업의 불법·탈법
과당경쟁이 소비자가 등을 돌리게끔 만들었다. 소비자의 외면은 시장

을 저부가치 시장으로 떨어뜨렸고, 이를 극복하기 위한 과당경쟁은 시장을 더욱 나락으로 떨어뜨렸으며 기존의 중고차판매업 시장의 힘으로는 헤어나기 어려운 악순환의 늪에 빠지게 했다. 중고차판매업이 다시 활성화되기 위해서는 소비자의 마음을 얻어야 한다.

완성차의 중고차 시장 진출과 상생협력

2020년 중고차판매업의 '중소기업 적합업종' 지정이 종료되자 완성차 업체는 중고차판매업 시장 진출을 검토하고 공표하기 시작했다. 기존의 중고차매매조합은 대기업, 특히 완성차 업체의 시장 진출을 격렬하게 반대하고 나섰다. 완성차가 중고차 시장에 나서면 매입 독점으로 인한 기존의 중고차판매업의 중소상공인이 자리를 잃게 되고 이로 인한 독점으로 중고차 가격은 상승할 것이라는 이유다. 이에 중고차판매업 시장의 진출을 노리는 완성차 업계는 상생안을 내놓으며 시장 진입을 주장하고 있다. 완성차 업계는 한정된 규모에 단계적 진출을 표방했고, 매입한 중고차에 대해서도 자체 인증용 이외에는 기존 시장에 모두 풀어서 독점에 대한 우려는 잠재우겠다는 주장이다.

2020년 후반기부터 국회 더불어민주당 '을지로 위원회'는 이 문제에 관하여 상호 간의 상생협력을 위해 오랫동안 조율을 해왔다. 하지만 완성차 업체의 시장 진입 자체를 거부하는 기존 중고차매매조합의 벽에 부딪혀 좀처럼 해법을 찾지 못하고 있다. 2021년 2월의 상생협력위원회가 발족식 하루를 앞두고 매매조합의 반대로 무산되었고, 2021년

5월부터 다시 급물살을 타고 있지만 기존 매매조합과 완성차 시장은 적극적이지는 않다.

중고차 시장을 두고 기존의 중고차매매조합과 완성차 업체가 공급자 자리를 두고 싸우는 동안 정작 소비자는 외면당하고 있다. 독점과 생존을 화두로 중고차판매업 시장의 진출을 논하면서 정작 소비자 후생에 대한 대책은 후순위로 밀리고 있는 것이다. 최근 중고차 판매시장에 대해 정부와 시장이 완성차의 시장 진입에 매몰되어 소비자 후생에 대해 집중하지 못하는 상황에서 소비자 폐해가 발생하고 있다. 2021년 5월, 60대 소비자가 일부 딜러에 의해 강제 대출 및 시세의 2배가 넘는 고가로 중고차를 강매당한 사기 중고차 구매 사건으로 인해 극단적인 선택을 하는 사태가 발생하기도 했다. 자동차 시민연합회의 서명운동 추이와 소비자여론조사는 기존 중고차판매업 시장에 대한 불신으로 완성차 업체의 중고차판매업 진출에 긍정적으로 돌아서고 있다.

향후 방향과 시장을 바라보는 눈

소상공인 중심의 중고차매매조합과 완성차 업체가 중고차판매업 시장을 놓고 신경전을 벌이는 동안 중고차판매업에서 약진을 하고 있는 곳이 있다. 기업형 중고업체들로 새로운 채널 구성, 프리미엄 서비스 전략 등 기존 시장의 문제점과 기업의 장점을 살려 중고차판매업 시장에서 영역을 확대하고 있다.

케이카, 엔카, KB차차차, 리본카 등 기업형 중고차 업체들이 레몬

마켓인 중고차 시장에서 신뢰를 바탕으로 시장을 장악하고 있다. 핀테크 업체들도 플랫폼을 이용하여 중고차 판매시장에서 영역을 확대하고 있다. 기존 중고차판매업의 경쟁 대상이 완성차 업체만이 아닌 것이다.

기존 중고차 매매시장은 완성차만을 대상으로 시장을 지켜려고 할 것이 아니라 중고차 판매시장이 어디로 어떻게 확장할 것인가를 판단하여 중고차 판매시장에서 어떻게 살아남을 것인가를 고민해야 한다. 단순하게 시장을 지킨다고 해서 살아남을 수 있는 것이 아니다. 완성차와 시장을 놓고 경쟁하는 동안 다른 경쟁자에게 시장을 잠식당할 것이다. 기술력과 자본을 기반으로 한 업체들의 신규 진입은 생각 이상의 규모와 속도로 시장을 장악한다. 그것이 시장의 원리다.

을지로 위원회에서 중고차 TF로 활동하면서 몇 가지 상생 방안을 제안했다. 중기부가 생계형 적합업종 심의위원회에 앞서 상생협력 조직을 구성하여 기존 매매조합과 시장 진출을 원하는 완성차 업체 간의 협력을 통해 새로운 플랫폼을 구성하여 시장 환경을 조성하는 것이다. 이후 자동차산업의 주관부서인 국토교통부가 중고자동차 판매업을 조율하는 협회를 구성하는 것이다. 세부적인 중고차 산업 발전을 위한 방안은 이 두 주체가 모여서 논의하면 된다. 시장 발전의 답은 경쟁에 있다는 사실을 잊으면 안 된다. 이는 국내 중고차 판매시장뿐만 아니라 수출 중고차 시장에도 같이 작용할 것이다.

디지털 경제로 넘어가면서 혁신의 필요성이 강조되고 있다. 혁신은 두 가지 측면이 있다. 기술적 측면과 사회정치적 측면. 두 측면을 함께

보지 않으면 문제가 심각해진다. 그런데 최근 여론은 사회정치적 측면을 간과한 채 기술적인 측면만 부각시킨다. 정치권은 물론 국민 대다수가 기술이라는 부분에 대해 중립적으로 인식하고 있다. 최근 포털의 뉴스가 대표적이다. 인공지능Artificial Intelligence: AI 알고리즘으로 작동하고 있어서 포털업체가 관여하지 않는다는 답변을 내놓고 있다.

과연 AI가 하면 중립적인가? 위험한 인식이다. AI의 알고리즘은 사람이 만든다. 규제당국은 알고리즘이라는 포장을 걷어내고 전체 과정을 검증할 수 있어야 하고, 한쪽으로는 개방형으로 경쟁하는 시스템을 마련해야 한다. 정치권은 물론 정부에서도 전문가들의 목소리에 귀를 기울여야 한다. 기술 관련 사안만 거론해야 혁신의 아이콘이 될 수 있다는 인식은 위험하다. 이제는 혁신의 파장이 무엇인지에 대해서 심각하게 토론해야 한다. 더욱 중요한 것은 혁신과 규제 사이에서의 트레이드 오프trade off다.

중요한 건 정치적으로 논의하고 사회적인 합의를 이끌어내기 위해 부단히 움직여야 한다. 만약 이 같은 과정을 거치지 않고 기술을 부각시키고, 이에 불필요한 규제는 모두 적이라는 논리를 펼치며 규제를 풀어버리면 분명히 심각한 사고로 귀결된다. 그렇다고 풀었던 규제를 다시 조이면 정치권의 신뢰는 추락하게 된다. 2020년도 국감에서 개인정보보호 관련 사안을 여러 번 거론한 이유가 여기에 있다.

빠르게 변하는 디지털 경제. 시대에 맞지 않는 규제와 감독으로 인해 사고가 터지면 시대를 거꾸로 가는 형국이 되어버린다. 그리고 이를 맡고 있던 정부는 역사에 죄를 저지르는 것이다. 이에 필자는 정부의 혁신이라는 프레임하에 거대해지는 핀테크 사업 속 개인정보보호의 문제까지 신중하게 접근해야 한다고 주장한 바 있다. 개인정보보호 문제는 이념 논쟁이 아닌 현실에서 존재하는 문제다. 예를 들어보자. 최근 카카오페이와 토스 등 혁신금융서비스 사업자로 지정받은 업체들은 대출 비교 서비스를 제공하고 있다. 그래서 만약 한 개인이 대출비교서비스를 이용한다면, 그 소비자의 개인정보는 1차로 핀테크 업체로, 2차로 각 금융사로 전달된다. 그리고 금융소비자는 금융사에서 넘어온 대출 조건을 보고 한 곳의 금융사를 선정해 대출을 실행하게 된다.

그런데 문제는 금융소비자의 개인정보가 대출 조건을 제공했던 모든 금융사(최대 27개)로 전달되고 전달된 개인정보는 대출이 실행되지 않더라도 3개월간 금융사에 보관된다는 점이다. 금융소비자는 대부분 일괄동의 등의 과정을 거치는 경우가 많아 깊숙이 명시되어 있는 개인정보제공 및 정보보관 내용을 인지하기 어렵다.

PART III

한국형 뉴딜과 ESG:
불평등 문제 다루기

CHAPTER 12

불평등 문제의 제기

소득주도성장의 명과 암

국민경제를 이루는 주체는? 가계, 기업, 정부다. 경제학 기초상식이지만 시대에 따라 역할이 달라진다. 대표적 주체가 정부다. 시장자유주의는 말 그대로 모든 경제활동이 시장에서 이루어져야 한다는 철칙에 따라 정부 역할을 최소화해야 한다고 주장하고 이를 기준으로 정책을 펼쳤다. 이에 대한 철학적 논쟁은 역사적으로 꾸준히 진행되었다.[1]

---

1 경제학은 원래 정치경제학(Political Economy)으로 그 시대 과제를 해결하는 과정에서 발전해왔다. 무역이론으로 유명한 리카르도의 비교우위론은 당시 영국의 곡물법 처리 과정에서 나온 것이다. 대륙의 곡물 수입은 노동자계급의 임금을 떨어뜨려 자본가계급에 이득이 되는 법이었다. 지주계급 이익을 반영하는 맬서스의 인구론과 논쟁 속에서 나왔다. 케인스의 일반이론도 대공황을 극복하기 위한 처방으로 나왔으며 프리드먼의 통화론도 석유위기 이후 공급 충격에 따른 스태그플레이션에 케인스적 처방이 한계에 부딪히면서 탄생했다. 2007~2008년 금융위기 이후 경제학이 불평등 문제에 눈을 돌린 것은 이런 경제학 전통과 맥이 닿아 있다.

부작용은 정글로 돌변한 사회에서 살아남기 위해 자본주의는 약육강식의 본색을 드러내고, 불평등이 극대화한 것이다. 대표적인 사례가 2007~2008년 글로벌 금융위기다. 갈수록 심해지는 불평등의 원인이 금융가의 탐욕이라며 2007년 8월 뉴욕 맨해튼 남단 주코티 공원에는 피켓을 든 시민들의 분노가 미국 전역을 넘어 세계로 퍼져나갔다. "월가를 점령하라."

경제사를 통틀어 중요한 사건 중 하나다. 신자유주의로 인해 자본주의가 고삐 풀린 망아지처럼 날뛰어 그 본색을 거침없이 그대로 드러냈다. 강한 자가 아니면 소용돌이에 휩쓸려버리고 살아남은 자도 아래를 내려다볼 여력이 없어지는 비정함과 살벌함이 팽배해지는 경쟁 일변도의 사회. 시민들은 국가가 무엇을 하였느냐, 왜 이렇게 되도록 내버려둔 것이냐, 항변하기도 했다.

경제학에서 불평등 관련 연구주제는 그동안 학계에서 주류가 아니었다. 2000년경 본격화했다고 볼 수 있다. 토마 피케티 프랑스 파리경제대학 교수와 이매뉴얼 사에즈Emmanuel Saez 미국 UC버클리 경제학 교수, 그리고 브래드포드 드롱J. Bradford DeLong UC버클리 경제학 교수 등이 시동을 걸었다고 볼 수 있다.

자본주의가 태동해 20세기까지는 소득분배나 불평등과 같은 주제는 아예 연구대상이 아니었다. 굳이 추가하자면 지니계수Gini coefficient(소득의 불평등 정도를 나타내는 소득분배지표) 정도에 불과했다.

경제학이라는 학문은 사회의 변화를 따라가는, 즉 후행하는 특성을 지닌 탓에 가장 중요한 이슈가 터지면 그때부터 연구를 시작하게 된다. 피케티가 2018년 세계불평등연구소의 첫 번째 보고서인 〈세계불평등보고서〉를 주도적으로 작성한 것도 그 이후다. 최근 들어서야 경제학 분야의 저널에서 불평등과 소득분배가 단골 메뉴가 되었다. 미국의 대표적인 노동경제학자였던 앨런 크루거가 백악관 경제자문위원회 위원장으로 활동한 시기도 2012년이었다. 바이든 정부는 또 어떤가. 노동경제학자를 아예 재무장관으로 앉혔다. 실업과 노동시장을 거시경제의 시각에서 연구한 학자인 재닛 옐런 전 연방준비제도 의장을 낙점했다. 이론을 연구하던 학자를 주요한 경제주체인 정부로 불러들인 것이다.

우리의 실정은 어떨까. 현재 경제 관료들은 이른바 신자유주의 옹호론자들이 대부분이다. 결국 기승전 감세와 기승전 규제 완화를 일관되게 주장할 수밖에 없다. 신자유주의라는 틀에 갇혀 있다 보니 사회적 불평등을 해소하는 새로운 방향을 잡기가 어려울 수밖에 없다. 결국 우리가 뒤늦은 것이다.[2]

IMF에서도 변방에 머물던 불평등 관련 연구가 반전을 시작한 계기도 글로벌 금융위기 직후였다. 금융위기가 터지고 난 후 올리비에 블

---

2 2007~2008년 금융위기 이후 경제학자들과 정책당국자들이 기존의 신자유주의적 정책에 대해 근본적 반성을 하고 새로운 대안과 국가의 적극적 역할을 찾고 있었다. 보통 정책당국자는 본인이 현역에 있을 때는 그 시기 전 세계적 흐름을 같이 읽고 이해하지만 현직에서 물러난 후에는 잘 따라가지 못하는 경향이 있다. 금융위기 이후는 이명박, 박근혜 정부였으며 이 당시에도 녹색금융 등 기후 위기 대응, 경제적 불평등 악화에 대한 문제의식은 있었지만 대통령이 구호만 이런 이야기를 했지 실제 시대에 뒤떨어진 과거의 정책으로 돌아가는 모순적 상황이 전개되었다. 두 대통령이 물러나고 문재인 정부가 들어섰을 때 이 문제에 적극적으로 대처하는 것은 시대적 과제였다. 핵심은 과거의 신자유주의적 경제운용은 더 이상 유효하지 않으며 새로운 접근이 요구된다는 점이다. 그런데 핵심 관료들은 금융위기 이전에 주로 활동했던 사람들이었다. 그 괴리가 문제가 된다. 경제학계에서도 동일한 문제가 있었던 것이다.

랑샤르Olivier Blanchard IMF 수석이코노미스트가 IMF 조사국 등을 설득해 관련 연구보고서를 쓰면서 분위기를 반전시켰다. 이는 불평등한 세계경제에 대한 관심이 본격화된 계기가 되었다.

2013년 채권시장에서 기준금리가 계속 내려갔다. 마의 장벽으로 기준금리 2퍼센트가 있었다. 당시 필자는 한국은행 측 관계자와 만나 "2퍼센트 아래로 내려가서는 절대 안 된다"고 주장하기도 했다. 우리나라는 기축통화국이 아니기 때문이다. 한국은행조차도 시대가 변하고 있는 걸 감지하지 못하고 과거 신자유주의의 틀을 그대로 가지고 있었던 것이다. 결국 박근혜 정부 말기에는 재정에 대해 논의조차 하기 어려운 지경에 이르렀다. 정치적 사안으로 경제정책은 힘을 발휘할 수 없었고 기획재정부 관료 중심으로 움직일 수밖에 없었다.

문재인 정부가 들어선 후 확장적 재정정책이 필요하다고 봤다. 그러나 철의 장벽이 버티고 있었다. 예산실, 그리고 보수언론 등이 "정부의 빚이 늘어나면 나라 망한다"며 기존 사람들의 인식에 불을 지핀 것이다. 문재인 정부가 주장했던 소득주도성장도 임금주도성장의 일부다. 소득주도성장을 내세운 근본적인 이유는 일종의 패러다임 전환을 위한 것이다. 패러다임을 바꾸자고 주장하면 동시에 너무 많은 변화를 감내해야 하니 '소득주도성장' 하나 던진 것이다.

소득주도성장의 핵심은 포용성장이다. 2010년 이후 발간된 IMF나 세계은행World Bank 보고서에 포용성장 관련 주제가 자주 등장한다. 포용성장을 하려면 기존 신자유주의 패러다임을 바꾸고 뒤에 서 있던 국가가 앞으로 나와야 한다는 논리다. 문재인 정부 들어서 소득주도성장을 내세운 것도 이 같은 맥락에서 비롯된 것이다.

하지만 준비가 미흡했다. 사업을 수행하기에 앞서 조직을 구성할 때 리더는 제일 먼저 과제의 목표가 무엇인지를 파악한 후, 가장 잘해나 갈 수 있는 사람이 누구인지를 찾아 그 자리에 앉혀야 한다.[3] 새로운 정부가 들어섰고, 지방선거에서 완승했지만, 2년간 정부는 과거 패러 다임에 익숙한 관료들에게 포획당했다.[4] 당연히 과거의 인맥과 이전까지 당국자가 경험한 내용들이 압도적이었다.

코로나 팬데믹으로 본격화된 불평등 문제

코로나19는 경제정책의 변화를 가속화시켰다. 코로나19의 팬데믹으로 전 세계의 경제가 멈춰서버린 2020년 불평등 문제는 사회적인 화두가 되었다. 국가가 재정을 풀어야 하지만, 관료들은 꿈쩍하지 않은 것이다. 경제적 불평등을 완화해나가기 위해서는 재정을 적극적으로 써야 한다. 코로나19 위기를 극복하기 위해 정부의 역할이 유례없이 중요해졌다.

코로나19 바이러스 감염증은 페스트, 천연두, 스페인독감, 신종플루

---

3 회사나 정부가 조직개편을 하고 인사를 할 때 명확히 지켜야 하는 원칙이 있다. 우선적으로 어떤 사람을 염두에 두고 조직을 짜거나 인사를 하면 안 된다. 현재의 과제를 가장 잘 수행할 수 있는 최상의 조직은 무엇이며 그 조직의 임무를 가장 잘 이룰 수 있는 사람은 누구인가라는 질문을 던져야 한다. 회사나 정부에서의 인사 실패의 가장 큰 원인은 바로 여기에 있다.

4 인터넷전문은행 설립을 두고 혁신이라고 정의하는 것이 이를 방증한다. 우리 당 강령에 가장 먼저 나오는 단어가 공정이다. 혁신이 그 뒤를 따른다. 하지만 2018년 6월 지방선거가 끝난 후 '공정'은 쑥 들어가고 소득주도성장도 슬그머니 뒷전으로 미뤘다. 대신 혁신을 꺼내 올렸다. 그 혁신은 규제 완화의 다른 이름이었다. 혁신이라고 쓰고 규제 완화라고 읽겠다는 의미다. 세상이 변해버렸지만, 이를 파악조차 하지 못한 것이다.

표 12-1 2019~2020년 주요국 GDP 성장률과 실업률 예상(단위: %)

	GDP 성장률 예상		실업률 예상	
	2019년	2020년	2019년	2020년
세계	2.9	-3.0	-	-
미국	2.3	-5.9	3.7	10.4
유럽연합	1.2	-7.5	7.6	10.4
중국	6.1	1.2	3.6	4.3
일본	0.7	-5.2	2.4	3.0
한국	2.0	-1.2	3.8	4.5
신흥국	3.7	-1.0	-	-

등 이전까지 인류를 위험으로 몰고 갔던 전염병과는 달랐다. 엄청난 전파력으로 확진자 수는 기하급수적으로 늘어났다. 우리의 일상을 멈추고, 비대면 시대로 급속히 전환시켰다.

코로나19는 단순한 전염병이 아닌 경제문제다. 그러나 기존의 경제 위기와도 다른 양상을 보인다. 단기간에 기업의 파산과 부도로 대량 실직을 유발한 IMF 외환위기의 경우, 그 원인은 외환보유고가 바닥난 데에 있었으며 외환보유고 확충을 통해 어느 정도 치유가 가능했다. 국제금융시장에 신용경색을 불러온 서브프라임모기지 사태도 금융부문의 체질 개선을 통해 극복할 수 있었다.

코로나19로 인한 경제 위기의 현상은 이전과 달랐다. 전염병이라는 경제 시스템 외부의 충격으로 벌어진 것이기 때문이다. 국민의 일상생활이 제한되며 소득 순환 과정에 동시다발적인 충격을 가져왔다. 내수

표 12-2 주요국의 코로나19 관련 정책 대응

국가	재정정책	금융정책
미국	· 83억 달러 규모의 1차 긴급 예산 · 1,000억 달러 규모의 2차 긴급 예산 · 2조 달러 규모의 3차 긴급 예산 통과 　(현금지원, 실업수당, 항공업계 등 지원) · 4,840억 달러 규모의 4차 대응책 통과	· 7,000억 달러 규모 양적완화 · 기준금리 인하 　(1.00%~1.25%→0%~0.25%), 　무제한 양적완화 선언 · 한국과 오스트레일리아 등 9개 국가와 통화 　스와프 체결
영국	· 390억 파운드 규모의 재정지출 · 직업유지프로그램 도입 　(정부가 급여의 80% 부담) · 소규모 사업장에 보조금 1만 파운드 지급	· 기준금리 0.75%→0.1%로 하향 조정 · 양적완화를 통한 2,000억 파운드 채권 매입
독일	· 1,560억 유로 규모의 추경 편성 · 고용유지 지원금 대상 확대 · 소상공인 지원을 위한 연대기금 400억 유로 　마련	· 경제안정자금 1,000억 유로 조성 · 독일재건은행 기금 1,000억 유로 조성 · 4,000억 유로 규모의 은행대출 보증

자료: 국회입법조사처, 〈코로나19 대응 종합보고서〉.

가 침체되면서 수요 감소로 가게 운영은 어려워지고, 가게 운영에 필요한 원자재를 취급하는 기업의 실적도 줄어들어 해고와 근무시간 단축 등 악순환이 반복되었다. 또한 여행 금지로 관련 산업이 큰 타격을 받았으며, 운송까지 제한되며 국내 공급망에 더해 글로벌 공급망에 차질이 생기는 등 경제 전반에 악영향을 미쳤다.

외부로부터 요인이 발생했기 때문에 경제 시스템 내부에서는 회복

방법을 찾을 수가 없었다. 불평등이 가속화하는 요인이기도 하다. 정부의 역할이 유례없이 중요해진 것이다. 코로나19 위기의 여파는 이전인 2019년도와 2020년도의 GDP 성장률과 실업률을 예상한 IMF의 〈세계경제전망World Economic Outlook〉에 잘 나타나 있다.

상황이 이러하다 보니 각국 정부는 정부의 역할이 중요해졌다는 사실을 인식하고 대처해나가기 시작했다. 국회입법조사처가 〈코로나19 대응 종합보고서〉에서 정리한 바는 앞의 〈표 12-2〉와 같다.

이러한 대응에 맞서 우리나라도 비상경제회의를 연속해서 개최하며 추경예산을 마련하고 특별재난지역 세금 감면, 기준금리 조정 등 다양한 방안을 제시했다. 그러나 코로나 팬데믹으로 가속화되고 가시화된 불평등을 잡기 위해서는 조금 더 근본적인 방안이 필요해 보인다.

전국민고용보험

사회 불평등이 드러나는 주요한 부분 중 하나는 고용보험이다. 통계청에 따르면 고용보험 가입 대상은 취업자 수 대비 약 60퍼센트이며, 실제 가입은 취업자 수 대비 절반밖에 되지 않는다. 이에 더해 최근 급증하고 있는 플랫폼 노동자와 같은 특수고용직, 자영업자들이 고용보험 가입대상에 포함되지 않는 한계가 존재한다. 즉, 가입하지 않은 임금근로자와 적용 제외 근로자, 그리고 특수고용직 노동자, 자영업자 등을 비롯한 비임금근로자 등이 고용보험에 가입되어 있지 않은 비율이 50퍼센트에 다다른다. 사회 불평등을 해결하기 위해 특수고용노동자, 자영업자 등 모두를 포함하는 전국민고용보험을 지급해야 한다는 주장이 일었다. 하지만 이것이 성공하려면 선행과제가 해결되어야 한다. 사회적 패러다임을 바꾸는 것이 우선이다. 전국민고용보험은 잘못된 명칭이라는 의미다.

하루아침에 일자리를 잃은 직장인이나, 사업장을 폐쇄해야 하는 자영업자를 위한 것이라면 실업보험이라고 하는 게 맞다. 고용보험의 전제조건은 고용인과 피고용인이 있어야 하고 고용인과 정부가 공동으로 부담하는 체계다. 그렇다면 자영업자는 어떻게 되나, 그럼 특수고용자는? 의견이 분분할 수밖에 없다. 해결하기 위해서는 사회보험을 통합 징수해야 한다.

이때 국세청이 등장하면 된다. 직장인은 연말정산, 사업자는 종합소득세 등등 매년 국세청에 신고한다. 현재 연 1회 시행하는 신고 횟수를 2회 정도로 늘리고 실업 상황이 되면 보험료를 지급하고 고용되면 거둬들이면 된다. 간단하게 해결할 수 있다.[5]

공공의료 확충

다음으로 사회 불평등이 드러나는 부분은 공공의료 분야라고 할 수 있다. 코로나19 위기를 겪으며 의료진의 헌신과 신속한 검진, 그

---

5 재난지원금 지원 문제에서 어려운 층을 선별하여 지급하는 것으로 되면서 그 선별 기준으로 건강보험료 납입내역을 삼았다. 그러나 건강보험료로 개개인의 소득내역을 파악하는 데 한계가 있어 사회적 갈등을 낳고 있다. 국민연금, 건강보험료 등 사회보험과 국세징수체계의 통합이 필요한 이유다.

표 12-3 OECD 주요국의 공공의료시설 비율

구분	오스트 레일리아	캐나다	프랑스	독일	일본	한국	미국	영국
기관 수	51.4%	99.0%	44.8%	25.5%	18.3%	5.7%	24.8%	-
병상 수	66.6%	99.3%	61.6%	40.7%	27.2%	10.2%	22.1%	100.0%

자료: OECD 통계 홈페이지(http://stats.oecd.org), 2020.4.

리고 성숙한 시민의식 등 방역에 잘 대응할 수 있었던 성공적인 면모를 확인할 수 있었다. 반면 공공의료의 한계가 드러났다. 확진자가 급증하며 병상은 포화상태에 이르렀으며, 이에 고령 환자와 기저질환자를 위한 병상이 부족하고 의료 인력이 부족한 상황이 온 것이다. 코로나19로 인한 특수한 상황이라고 할 수도 있겠다. 하지만 공식 통계 자료를 확인한 결과 그렇지만은 않다. 〈표 12-3〉은 OECD 통계에 따른 OECD 주요국의 공공의료시설 비율이다.

OECD 주요국과 공공의료시설을 비교한 결과 한국은 5.7퍼센트로 턱없이 부족한 것을 알 수 있으며 병상 역시 10.2퍼센트로 한참 뒤떨어진다. 2017년 기준, 한국의 공공의료기관은 전체 의료기관 3,887개 중 221개에 불과하다.

2021년 6월 2일 보건복지부는 '제2차 공공보건의료 기본계획(2021~2025)'을 수립하여, 지역 공공병원을 20개소 이상 확충하고 응급·심뇌혈관질환 등 필수의료 센터를 70개 지역에 운영하며, 공공병원 전 주기 전문적 지원을 위한 공공보건의료개발원을 설립하고 국립중앙의료원 이전·신축 및 기능 강화, 중앙 및 지자체에 공공보건의료

표 12-4 한국 고령화율

연도	2000	2005	2010	2015	2018	2020	2021	2025
65세 이상 구성비	7.2%	9.0%	10.8%	12.8%	14.3%	15.7%	16.5%	20.3%

자료: 통계청, 〈주요 인구지표(성비, 인구성장률, 인구구조, 부양비 등)〉.

표 12-5 주요국 GDP 대비 의료비 지출

연도	2014	2019	증가치
한국	6.5%	8.0%	1.5%p
미국	16.4%	17.0%	0.6%p
일본	10.8%	11.1%	0.3%p
OECD 평균	8.7%	8.8%	0.1%p

자료: 임준 연구위원, 〈의료비 증가의 거시경제학적 분석과 시사점〉, 보험연구원, 2021.

협력 거버넌스를 운영하겠다는 계획을 발표했다.

그러나 이번 공공의료 확충 계획은 미흡한 지점이 있다. 정부는 공공병원 20개소를 확충하겠다고 했다. 11개 병원을 증축하고, 6개를 이전·신축하며, 3개 병원을 완전히 신축하는 등의 내용을 담고 있다. 진정 의지가 있다면 코로나19를 통해 어려움을 경험했던 대도시와 지방의료원이 없는 곳에 확충 계획을 세웠어야 했다.

이에 더해 정부는 20개 이외의 추가 확충은 지자체 대상 수요조사를 실시하고 예비타당성조사 면제를 추진하겠다고 밝혔다. 공공의료기관 설립을 위해 비용편익분석Cost-Benefit Analysis: B/C을 한다는 것은 보험에서 개별 사건의 위험을 측정하는 것과 같다. 공공의료는 일종의 사회적 보험이다. 진주의료원 폐쇄 논란에서 알 수 있듯이 개별 공공의료기관은 평상시에는 적자가 날 수밖에 없는 구조다. 그러나 코로나 위기에서 알 수 있듯이 실제 위기가 발생하면 사회 전반에 큰 충격을 줄 수밖에 없다. 예비타당성에 대한 논의에 앞서 우리나라 공공의료기관의 비중이 얼마가 적당하며 권역별로 어떻게 있어야 하는지 살펴보는 것이 우선이어야 한다.

〈표 12-4〉와 〈표 12-5〉, 이 두 가지 표가 무엇을 의미하는가? 먼저 〈표 12-4〉 고령화율을 살펴보자. UN에서 정하는 기준에 의하면 65세 이상 인구가 총인구의 7퍼센트 이상을 차지하면 고령화사회, 14퍼센트 이상을 차지하면 고령사회, 20퍼센트 이상이면 초고령사회로 분류된다. 우리나라는 2000년에 고령화사회에 진입한 후, 2018년 고령사회, 그리고 7년 후인 2025년 초고령사회에 진입할 것으로 통계청은 예상하고 있다. 그리고 〈표 12-5〉 주요국 GDP 대비 의료비 지출을 보자. 우리나라의 증가치가 확연히 높은 것을 확인할 수 있을 것이다. 이런 증가추세라면 절대적 수치 역시 OECD 평균을 금방 선회할 것으로 예상된다.

조만간 초고령사회로 진입하고, 의료비 지출의 증가세가 빠른 우리나라가 현재의 의료체계를 유지한다면 다음 위기 상황을 벗어날 수 있을지 의문이다. 그렇다면 어떻게 전환되어야 할까?

전국민주치의 제도 도입

"모든 국민은 보건에 관하여 국가의 보호를 받는다." 대한민국 헌법 제36조 3항에는 국민의 보건 권리를 보장하고 있다. 하지만 현실은 그렇지 못하다. 이에 필자는 공공의료체계 강화를 위해 점진적으로 의료기관이나 의료진을 위한 정비 등을 해나가야 하며, 특히 기저질환자, 고령 환자는 코로나와 같은 팬데믹 상황에 취약하다는 사실을 인식하고 전국민주치의 제도를 우선적으로 도입해야 한다고 주장한 바 있다.

전국민주치의 제도는 환자가 병원을 찾아가는 의료기관 중심의 의료체계를 환자 중심의 의료체계로 전환하는 것이다. 환자가 병을 키우지 않도록 선제적으로 관리하여 고령으로 인한 질환을 비롯한 중증환자를 줄이고 입원하지 않아도 될 환자를 구분하여 병상을 효율적으로 관리할 수 있다. 실제로 의료 전문가들은 고령인구가 증가하여 요양병원과 시설에 입소한 사람들이 많은데, 그중 상당수는 입원하지 않고 일차의료를 통한 관리가 가능하다고 지적한다.

우리 정부는 2019년 거동이 불편한 환자의 의료접근성 개선을 위해 의사가 환자를 찾아가는 '일차의료 왕진 시범사업'을 시작했다. 대상 시범기관은 단순히 '왕진을 제공하려는 의사가 1인 이상 있는 의원'으로 분야 제한이 없다. 그러나 현실은 직접 왕진을 나가보면 내과나 가정의학과 의사가 진찰해야 하는 환자가 대다수라는 전문가들의 지적이 있다. 예컨대 정신건강의학과 전문의도 시범사업을 신청할 수는 있지만 한계가 있을 수 있다는 지적이다.

또한 주치의 제도를 비롯한 왕진은 의사가 환자의 주변 환경 등 상황을 제대로 이해하고 의사와 환자 간의 신뢰와 친근감이 전제가 되어야 한다. 그러나 정부의 시범사업은 왕진과 본인의 진료 사이에 기회비용의 문제가 생기기에 의사로서 환자 파악에 열심을 다할 수 없다는 지적도 이어진다. 일차의료가 필요한 점에는 동의하나 방법이 잘못된 것이다. 일차의료에 있어 환자 파악이 제일 중요하다.

코로나19 상황을 생각해보자. 당시 코로나와 유사한 증상을 보인 환자들은 스스로 코로나인지 아니면 평소 앓던 질환인지 알 수가 없어 혼란을 겪었다. 만약 주치의 제도가 있었다면 환자의 상태를 잘 아는 주치의를 통해 우려를 해소하고 발 빠른 조치가 이어질 수 있었을 것이다. 이는 코로나에 취약한 중증환자에게도 마찬가지다. 그들의 상황이 더 악화되기 이전에 어떠한 대응이 가능했으리라 생각한다. 특히 코로나로 인한 사망자 중 상당수가 만성질환을 앓고 있었다는 사실을 상기해보면, 평소 국민 개개인의 건강을 확인할 수 있는 주치의는 더욱 절실하다.

위기상황뿐 아니라 평상시에도 마찬가지다. 환자가 아프기 시작하면 스스로 어느 병원을 가야 하는지 정확히 알 수도 없고 그 상황에서 찾아간 병원에서 내려준 처방에만 의존하게 된다. 정확한 처방을 위해서는 환자가 스스로 정확한 병원을 찾아가야 한다는 것이다. 그러나 주치의가 있다면 평소 꾸준한 관리를 통해 어느 병원을 찾아야 하는지 조언을 구할 수 있을 것이다.

전국민주치의 제도는 복지가 아니다. 헌법이 보장하는 국민의 기본

권리이며 국가는 이것을 실현하기 위해 노력해야 한다. 이를 통해 의료 사각지대를 해소하고 위기상황에 대응할 수 있는 능력을 배양해야 할 것이다.[6]

2020년 코로나19 문제가 심각할 때 정부는 공공의대 설립을 제안했다. 단기간에 설립하기 어려운 대안이었다. 당장 시급한 문제 해결에는 도움이 되지 않는다. 그때 내가 제안한 것이 주치의 제도였다. 취약계층 60세 이상을 대상으로 주치의 제도를 도입해보자는 것이다. 예상대로 의료계의 반발이 심했다. 그러나 가능성은 보았다. 의료교육체계가 바뀌어야 한다는 공감대가 형성된 것이다. 소아과, 안과를 가정의학과에서 진료할 수 있도록 한다면 가능하다는 것이다.

공공의료를 위해 주치의 200명을 모집한다고 가정하자. 환자 1명 치료할 때마다 건당 1만 원을 지급한다고 정하고 재교육을 실시한다면 지금처럼 모두가 대형병원의 명의를 찾는 의료 쇼핑 문제도 해결할 수 있다. 원격진료도 가능해진다. 혈압, 혈당 등 기본적으로 확인하면 된다. 의료 부담이 줄어드는 효과도 얻을 수 있다.

정교한 제도 디자인을 해야 하지만, 접근 자체도 어렵다. 2020년 1차 추경부터 우리나라 공공의료기관의 비중은 몇 퍼센트가 되어야 하나, 몇 개가 있어야 할까와 같은 방식으로 문제에 접근했다. 그렇다면 부담은 누가 지나, 설립 기간은 어느 정도이고, 의사와 간호사는 몇 명이

---

6 디지털 뉴딜이 거론되면서 '원격의료' 도입 필요성을 주장하기도 한다. 그러나 이는 수순이 거꾸로 된 것이다. 주치의 제도 도입과 의료전달체계 재정립, 공공의료체제 확충이 근본적인 것이고 원격의료는 이런 체계 속에서 보조적인 역할을 하는 것이다.

필요할까? 하나하나 추계가 있어야 한다.

10년은 족히 걸리는 중장기 정책이다. 작은 정책부터 실행하면서 의료 문제를 풀어나가야 했다. 코로나19 진료에 투입된 의사들의 불만이 폭발하면서 진료거부라는 특단의 카드를 꺼내들었다. 이를 해결하는 조치로 들고 나온 서남권 의대 설립은 본말이 전도된 것이다. 대구에서 코로나19 환자가 폭증했을 때 대구 동산병원이 적자 30억 원을 기록했다. 정부가 지원을 해줘야 하지만, 무이자로 융자해준다는 정책이 전부였다. 의료계가 부당함을 토로한 것은 당연하다.

의료보험은 공공인데, 병원은 민간 중심이다. 어느 정도 수준까지 공공병원이 필요하다. 그런데 공공의료기관이 부족하니 의사에게 히포크라테스 선서를 운운하며 인술을 펼치라고 희생을 강요해서는 안 된다.

사회연대기금: 사회적 신뢰 붕괴되면 약육강식 각자도생 사회로

실업보험 패러다임의 도입, 전국민주치의 제도 등을 위해서는 정부에 대한 국민의 신뢰가 전제조건이다. 신뢰가 무너진다면 불가능하다. 정부가 맡아서 하는 일이기에 조심스러울 수밖에 없다. 사회적 합의를 이끌어내야 하는 이유다. 개혁이든 혁신이든 사회적 신뢰가 바탕이 되지 않으면 한 발짝도 나갈 수 없다. 하지만 우리 사회에서는 IMF 외환위기에 그 신뢰가 추락하고 말았다. 국가가 부도 위기에 몰리자, 구조조정의 소용돌이에 후배에게 남은 자리를 물려주고 퇴직이라는 용단을 내렸던 선배는 치킨 가게를 차렸다. 하루아침에 원치 않았던 자영업자 신세로 전락한 그들은 뒤돌아보니 나만 희생한 꼴이라는 걸 확인하게 되었다.

국가는 더 이상 나의 희생을 강요하지 말라. 결국 '나만 잘 살면 돼'라고 다짐하며 이를 악물게 되는 것이다. 편법을 쓰더라도 나만 살면 된다는 인식이 강해져버리기 쉽다. 586세대가 다음 세대에 물려준 가치도 치열한 경쟁이다. 입시, 취업 등 관문을 통과하는 시험만이 공정하니 그 관문을 높은 점수로 통과해야 한다는 강박관념을 젊은 세대에 심어준 꼴이다. 공동체가 무너지고 나니 각자도생할 수밖에 없어졌다. 청년세대는 지금 주변을 돌아볼 여유가 없다. 인성이나 체력은 나중에 채우면 되는 것이고 오로지 경쟁 일변도에서 살아남기 위해 책상 앞에서 악을 쓰고 있다.

이에 필자는 사회적 불평등과 공동체 신뢰 회복을 위해 사회연대기금을 주장한다. IMF 위기 직후 사회연대 문제가 전면에 나타났다. IMF는 대한민국 외환위기는 자원배분의 왜곡으로 인한 것이라며, 시장가격의 정상화를 그 처방으로 제시하는 동시에 사회적 안전망social welfare net 구축을 제시했다.

가격의 정상화는 비정상적이고 비생산적 부문으로의 자원배분을 막지만, 동시에 해당 부문에 고용된 노동자들의 생존문제로 귀결된다. 따라서 시장가격 기능에 의한 자원배분은 그 부문에 고용된 노동자들을 일자리에서 탈락시키고 사회적 갈등을 초래할 수밖에 없기 때문에 이를 방지하기 위한 사회적 안전망 확보가 필수다. 이에 건강보험제도, 기초보장제도가 도입되었지만, 본격적으로 추진되지 못한 채 가격 기능 정상화에 의한 경쟁강화와 부의 쏠림으로 불평등만 심화되었다.

특히 신자유주의 바람과 금융위기를 겪으면서 무한경쟁은 더욱 가열되었다. 금 모으기 운동 등으로 확인할 수 있었던 1997년 IMF 외환위기 때만 하더라도 공동체에 대한 신뢰가 있었다. 하지만 이제는 완전히 무너졌다. 코로나19 위기는 이러한 상황을 가속화시켰다. 불평등은 점점 심화되어 사회적 대립과 갈등을 유발한다. 정규직과 비정규직의 갈등, IMF 위기 이후 급격히 확산된 자영업자의 몰락 등으로 사회기반이 흔들리는 상황에서 서로를 믿는 사회적 연대는 시대적 과제다. 사회적 연대는 구호로 되지 않는다. 사랑의 열매 기부금 릴레이와 같이 자발성의 원칙이 존재해야 한다.

"왜 지금 사회연대기금인가, 설명 드립니다"

코로나19가 발생한 지 1년이 지나면서 영업제한에 대한 손실 보상, 이익·성과 공유제 그리고 사회연대기금이 주요한 정책과제로 등장했다. 필자는 사회연대기금과 ESG 투자를 주장해 정부여당의 입법 과제에 포함시켰으며 법안 제정과 제도 마련에 힘을 보태고 있다. 그러면 왜 지금 사회연대기금이 필요한가. 그리고 영업제한에 대한 손실 보상 및 이익·성과공유제와는 어떠한 유사점과 차이가 있는지를 살펴보고자 한다(이른바 '상생연대 3법').

1) 영업손실 보상제도

손실보상제는 헌법상 국가의 책무다. 헌법 제23조는 재산권에 관한 조항으로 모든 국민의 재산권을 보장하도록 하고 있으며, 그 한계는 법률로 정하고 있다. 아울러 재산권 행사는 공공복리에 적합하도록 해야 한다는 1항과 2항의 서술 뒤에 3항으로 "공공필요에 의한 재산권의 사용·수용 또는 제한 및 그에 대한 보상은 법률로 하되, 정당한 보상을 지급하여야 한다"라고 명시하고 있다.

따라서 코로나19에 의한 감염병 예방을 위해 집합금지 또는 영업 제한을 하는 경우, 법률로 보상방안을 마련하는 것은 국가의 책무다. 공동체 또는 공익을 위해 개인의 재산권(영업권도 일종의 재산권)을 제한했기 때문이다.

문제는 손실의 산정이다. 2019년 국세청 자료에 의하면 부가세 중간이사업자 대상이 23.7퍼센트, 이 중 면세사업자 비중이 78.9퍼센트로 과세자료가 없어 소득이 파악되지 않는 사업자의 비중이 18.7퍼센트에 달한다. 또한 '착한 임대인 운동' 등으로 임대료를 지원하는 경우에도 영업의 비용을 지원하는 것이기 때문에 중복지원이 될 수 있다. 요컨대 아직 우리나라의 행정력이 소상공인, 자영업자 등의 소득 파악률이 떨어져 정확히 지원할 수 없다는 게 한계이다. 결국 시간이 필요하고 형평성 문제가 제기될 수밖에 없다. 지난 1년간 정부가 긴급재난지원금을 지급하기 위해 관련 인프라를 정비해 점차 그 파악 정도가 높아지고 있지만 아직 정확하다고 하기에는 미흡하다. 소득파악 체계를 잘 정비하는 것이 과제지만 시급성을 고려해 집합금지·제한업종에 대해 일정 금액을 지원하는 것은 불가피하다. 이 과정에서 경계선에 있는 업종 등에 대한 형평성 문제가 제기될 것이다. 하지만 그 목소리에 귀 기울여 소득파악체계의 정확성을 높여야 할 것이다.

손실보상제는 헌법상 '국가의 책무'이므로 비용이 많이 들기 때문에 할 수 없다는 등의 주장은 적절하지 않다. 오히려 국가의 책무를 속히 시행하면서 현실적인 방안을 고민하고, 최선의 노력을 보여주는 자세가 마땅하다. 그리고 그 과정에서 발생하는 사각지대, 형평성의 문제 등 미흡함에 대해 국민에게 양해를 구하고 이를 보완하는 제도를 도입해야 한다. 손실보상제도의 입법화가 필요한 이유다.

2) 이익·성과공유제도

이익·성과공유제는 코로나로 많은 이득을 얻은 업종과 계층이 자발적으로 기여해 코로나 여파로 피해를 입은 계층을 지원하는 제도로, 문재인 대통령이 지난 1월 18일 신년기자회견에서도 언급한 바 있다. 이미 대중소상생협력법에 따라 성과·협력이익 공유제로 시행되고 있지만 아직 활성화되지 않은 제도다.

이익·성과공유제는 여러 기업들이 하나의 가치사슬value chain로 연결돼 있는 경우 다른 기업의 활동에 자신의 이익이 연결될 때 그 기여를 보상하는 것을 말한다. 제도 자체로 보면 대중소기업이 협력관계로 얽혀 있는 경우며, 협력업체의 기술 개발이나 경영혁신의 결과를 서로 공유하는 체계를 구축하는 것을 말한다.

우리나라의 일반적인 원하청 관계에서 원청업체가 매년 학습효과 learning curve effects에 의한 원가절감Cost Reduction: CR 협상을 강제하는 관행을 개선해 원하청이 상생하는 관계를 만드는 것이 목표이지만 그 성과는 아직 미미하다.

일각에서는, 특히 플랫폼 기업 등이 코로나19를 계기로 급성장했다고 판단하고 플랫폼 기업과 플랫폼에 참여하는 기업 간의 이익공유제도 도입도 거론된다. 그러나 이러한 플랫폼 기업의 재무제표를 보면 적자 기업이 많고 이익 규모가 예상보다 크지 않다. 따라서 이들 기업을 이익·성과공유제의 틀로 넣기에는 무리수가 따를 수 있다.

그러나 우리는 여기서 한 가지 생각해볼 것이 있다. 원하청 관계에서 원청 기업의 일방적 수익수취 구조가 지속될 수 있는가에 대한 문제이다(substantiality). 불화수소 등 일본의 소재부품장비 업체 수입규제에서 드러나듯이 협력업체가 건강하지 못할 경우 사소한 충격에도 경제 전반의 건강성을 해칠 수 있는 것이다. 코로나19 위기에서 전 세계적 가치사슬로 연결돼 있을 때 핵심 산업부문(필수산업)의 취약함이 경제 전반에 영향을 준다는 것을 알게 됐고 서로 같이 성장해야 하는 관계를 만드는 것이 요구됐다.

한편 플랫폼 기업의 경우 그 플랫폼에 참여하는 업체가 없다면 플랫폼으로 기능할 수 없다. 즉 플랫폼이 기능하기 위한 전제조건은 거기에 참여하는 업체라는 말이다. 이런 의미에서 플랫폼과 그 참여업체는 공존할 수밖에 없는 하나의 생태계Eco-System를 형성하고 있다. 결국 생태계 유지 차원에서 상생 공존할 수밖에 없는 것이다.

플랫폼 사업자의 입장에서는 플랫폼에 참여하는 업체가 많을수록 새로운 생태계를 만들기 쉬워진다. 이것은 비용을 수반한다. 다수의 참가자가 있는 플랫폼일수록 많은 비용이 소요된다. 플랫폼 업체가 적자인 이유이다(플랫폼업 성립의 필요조건). 플랫폼 업체는 참여업체들 속에서 새로운 수익창출의 방법을 찾아야 한다(플랫폼 업체 존립의 충분조건). 아직 그런 필요충분조건을 갖추지 못한 경우가 대부분이다.

따라서 이익 공유 차원에서 접근할 수 없고 플랫폼 스스로가 자신의 존립기반인 참여업체와 상생할 수 있는 생태계를 만드는 차원에서 접근해야 한다. 만일 플랫폼의 이익 창출을 위해 참여업체의 수익을 가져오는 접근을 한다면 플랫폼 스스로가 자신의 기반을 무너뜨리는 결과를 야기할 것이다.

이익·성과공유제도는 엄밀히 보면 하나의 가치사슬에 얽혀 있는 업체 간 건전한 생태계 유지를 위해 필요한 것이다. 플랫폼의 경우도 그렇게 볼 수 있다. 나만 살기 위해 다른 곳을 해치는 것이 아니라 가치사슬 내의 지속가능한 발전을 위해 필요하다.

3) 사회연대기금 Social Solidarity Fund

사회연대기금은 가치사슬 내의 관계를 다루는 이익·성과공유제와는 달리 가치사슬 밖의 생태계와 관련된다. 사회연대는 사회 전체가 지속가능한 것인가에 대한 질문에서 출발한다.

1980년대 이후 형성된 신자유주의와 세계화는 자유로운 경쟁과 자본이동이 사회의 역동적인 발전을 가져오고 하나의 세계를 형성하고 경제적으로는 낙수효과에 의한 한 부분의 성장 효과가 다른 부분으로 이전돼 사회 전체의 발전을 가져온다는 신념체계다.

그러나 현실은 어떤 결과를 낳았는가? 부의 상위층으로의 집중과 중산층의 몰락, 금융의 세계화에 따른 불균형의 심화를 초래했다. 이런 체제가 더 이상 지탱될 수 없다는 것을 단적으로 보여준 것이 '월가 점령하기'였다. 다시 말해 '월가 점령하기'는 신자유주의 질서는 불평등을 심화시켜 사회 존립 자체에 심각한 의문을 제기한 운동이었다.

신자유주의와 세계화가 지배적일 때 경제학계 일류 학자의 소득분배에 대한 연구는 제한적이었다. 2008년 금융위기 이후 시대적 과제로 떠오른 것이 바로 불평등이었으며 그 결과 토마 피케티를 필두로 많은 경제학자들이 연구를 시작했지만 아직 새로운 패러다임이 정착되지는 않았다. 정치학에서 공정성의 문제, 능력주의의 한계 등 다양한 연구도 결국 불평등의 문제를 해결하기 위한 노력의 일환이었다.

우리나라의 경우 사회연대의 문제는 IMF 위기 직후 본격적으로 나타났다. IMF는 대한민국 외환위기의 원인을 시장가격이 제 기능을 하지 못해 자원배분의 왜곡이 나타났다는 전형적인 신자유주의적 처방을 내려 금리 등 시장가격의 정상화를 그 처방(채권의 시가평가 등)으로 내놨다. 여기서 주목할 점은 이런 처방과 함께 제시한 것이 사회적 안전망 구축이라는 것이다.

가격기능의 정상화는 비정상적이고 비생산적 부문으로의 자원배분을 막지만 동시에 이 부문에 고용된 노동자들의 생존문제를 대두시킨다. 따라서 시장가격 기능에 의한 자원배분은 그 부문에 고용된 노동자들을 일자리에서 탈락시키고 사회적 갈등을 초래할 수밖에 없다. 따라서 이를 방지하기 위한 사회적 안전망 확보가 필수적이다. 이에 건강보험제도 개혁, 기초보장제도가 도입됐지만 사회적 안전망 구축은 본격적으로 추진되지 못한 채 가격기능에 의한 경쟁강화와 부의 쏠림으로 인해 불평등은 심해졌다.

특히 MB(이명박) 정부가 등장하고 동시에 금융위기가 오면서 무한경쟁이 더욱 심화되었다. IMF 위기 때만 하더라도 경쟁에서 탈락

할지라도 사회공동체가 나를 돌봐줄 것이라는 믿음, 즉 공동체에 대한 믿음이 있었다. 금 모으기 운동이 이를 보여주는 단적인 사례이다. 사회안전망이 탄탄히 구축되지 않은 상황에서의 무한경쟁은 경쟁에서 탈락할 때 누구도 나를 보살펴주지 않는다는 것을 보여주었고 각자도생만이 살길이라는 인식이 확대됐다.

코로나19 위기는 이런 상황을 악화시키고 있다. 불평등은 점점 심화해 사회적 대립과 갈등을 낳고, 공동체에 대한 믿음 또한 상실시키고 있다. 정규직과 비정규직의 갈등, IMF 위기 이후 급격히 확산된 자영업자의 몰락 등으로 인해 사회기반 자체가 흔들리는 상황에서 서로를 믿는 사회적 연대는 시대적 과제로 등장했다.

사회적 연대는 구호로만 이뤄지지 않는다. 있는 쪽, 가진 쪽에서 먼저 나서야 한다. 미국의 빌 게이츠나 워런 버핏과 같은 부자들이 상속세를 올리자는 주장을 하고 있다. 사람은 누구나 자신의 가처분소득이 줄어드는 세금을 내고 싶어 하지 않는다. 인지상정이다. 그러면 왜? 이들은 지금의 체제가 너무나 좋지만 이런 상황이 계속되면 불평등이 심화되고 체제 자체에 위기로 온다는 것을 알기 때문이다. 이럴 때 사회가 나서야 하며 그것을 먼저 보여줘야 한다는 인식을 가지고 있는 것이다.

대런 애쓰모글루 MIT 경제학과 교수와 제임스 A. 로빈슨 시카고대 정치학 교수는 《국가는 왜 실패하는가Why Nations Fail》, 《좁은 회랑The Narrow Corridor》 등의 책에서 민주주의는 국가의 힘과 사회의 힘이 서로 균형을 갖춰야 사회의 발전이 이뤄진다고 강조했다. 특히 국가가 실패하지 않고 자유와 번영으로 나아가기 위해서는 과도한 국가의 힘을 견제해야 하는데, 이를 위해서는 타협하면서 광범위한 연합을 구축해야 한다고 입을 모았다. 정치가 지나치게 양극화되면 타협과 연합은 어려워지기에 너무 늦기 전에 공통의 기반을 찾아야 하며 이것이 곧 사회의 결집력을 높이는 방안이라고 주장하고 있다.

두 석학은 국민들에게 먼저 신뢰받을 수 있는 행동으로 나서야 하며 사회의 힘을 키워야 한다는 것을 강조하고 있다. 사회적인 불평등 심화 현상을 과도한 국가의 힘으로 해결하려고 할 경우 역설적으로 민주주의는 실패할 수 있음을 지적한다. 사회연대는 사회의 힘을 키워나가는 시발점이 될 수 있다.

공동체 위기에 닥쳐 개인의 자유(또는 재산권 등)를 제약하는 경우 이를 보상하는 것은 헌법에 규정된 국가의 책무라는 것을 지적한 바 있다. 따라서 손실보상은 국가의 의무다. 그러나 국가의 의무라고 할지라도 언제나 사각지대가 발생하기 마련이다.

연말 사랑의 열매 기부금 릴레이를 연상해보자. 어려운 이웃을 돕는 것은 원래 국가가 복지제도로 하는 것이지만 사각지대가 발생하기에 민간이 자발적으로 기부 운동을 전개한다. 국가는 소득공제 등을 통해 이러한 사회의 활동(기부 운동)을 장려하는 제도를 만드는 작업에 국한해야 한다. 이 원칙을 잘 지키는 것이 핵심이다.

> 요컨대 자발성의 원칙이 핵심이다.
>
> 〈오마이뉴스〉 기고, 2021.1.29.

사회의 신뢰 조성은 리더십에 달려 있다. 조직을 예로 들어보자. 조직의 수장이 솔선수범을 해야 한다. 범위를 넓게 하게 되면 한 개인의 차원이 아니라 각 조직이 모두 솔선수범을 해야 한다.

우리 사회가 맞닥뜨린 과제를 두 개로 압축할 수 있다. 첫째는 통합이다. 지금은 내 편이 아니면 적이라고 갈라놓고 상대방의 말은 들으려고 시도조차 하지 않는다. 선과 악의 구도로 갈라놓고 상대를 악의 화신으로 설정해놓고 손가락질을 하고 우리 편은 늘 옳다고 확신한다. 이른바 확증편향이다.

둘째는 리더십이다. 리더는 이때 상대방을 설득해야 한다. 처음에는 상대가 밀쳐내겠지만, 설득해 자신을 받아들이게 해야 한다. 치고받는 토론이 필요한 이유다. 선악 구도로 갈라져 있는 한 사회는 정상적으로 굴러갈 수 없다. 차이를 인정하게 되면 예전에는 하지 못했지만 이제는 해보자고 손을 내밀 수 있다. 그런 차원에서 박근혜, 이명박 전 대통령의 사면론이 등장하게 된 것이다.

리더가 빠지기 쉬운 패착 중 하나, 꼰대다. 경험이 많다 보니 모든 상황에서 스스로 해결할 수 있을 것만 같아진다. 하지만 생각했던 대로 해보면 좋은 결과를 얻지 못할 때도 있다. '내가 뭔가 보지 못한 게

있구나'라고 생각을 바꿔야 한다. 겸허하게 받아들여야 성공한다.[7]

국민은 다 알고 있다

20여 년 전 장재식 의원 보좌관으로 일했다. 바둑을 좋아했던 장 의원은 가끔 프로기사와 대국을 했다. 치열하게 수 싸움을 할 때 '상대방은 이 수를 모를 거야'라고 생각한다면 승부는 이미 정해진다. 바둑 고수들이 홀로 바둑을 둘 때가 있는데 대부분 팽팽한 승부로 마무리된다. 흑과 백의 입장에서 계속 반복해가며 스스로를 단련하는 것이다.

이세돌과 알파고의 대국에서 왜 인간이 인공지능에 지게 된 것일까. 경로의존성 탓이다. 컴퓨터는 경우의 수에 따라 주어진 상황에서 기본 팩트를 근거로 한다. 과거에 무엇을 했다는 걸 없애버리고 현재 놓여 있는 자체를 기본으로 본다. 경로에 의존하지 않고 항상 최선의 수

---

7 영어 'different'를 어떤 경우 '옳다'에 반대되는 '틀리다'로 번역하는 경우가 종종 있다. 선과 악으로 구별하는 것이다. 그러나 '다르다'고 번역하면 상대방을 인정하는 것에서 출발하게 된다. 사회에 존재하는 다양한 견해를 어느 것이 맞고 틀리다고 보는 것이 아니라 다양성을 인정하는 '다르다'고 보고 서로 다른 것에서 최소한 공감하는 것을 하나씩 해결해나가는 것이 중요하다. 일반적으로 어떤 조직에서나 위계관계가 있는 경우 서로 다른 것을 인정하고 집단지성을 통해 문제 해결에 접근하는 것은 쉽지 않다. 이때에는 의도적으로 이런 상황을 연출하는 것이 필요하다. 의사결정을 할 때 모든 것은 최고 의사결정권자가 알 수 없고 집단지성에 의해 결정하기 위해서는 '악마의 대변자(devil's advocate)'를 두는 방법을 고려할 수 있다. 만장일치에 이르기까지 한 사람을 지정하여 모든 사안에 반대만을 하게 인위적으로 제도화하는 것이다. 이렇게 되면 같은 집단에 있어서 당연히 여기던 것에 대한 의문을 다른 각도로 생각해볼 수 있고 그 문제 제기에 대한 대응방법을 사전에 고려할 수 있게 된다. 리스크 중 문제가 되는 것은 예상치 못한 상황에 의해 발생한다. 그러나 이 과정을 거치면 이 리스크를 줄일 수 있어 대응이 효과적이게 된다. 한편 회의 과정에서 직급이 있어서 최고 의사결정권자와 함께 한다면 그 사람은 다른 모든 사람이 의견을 발표하기 전까지 자신의 견해를 밝혀서는 안 된다. 밝히게 되면 다른 사람은 그 생각에 의견을 맞추어 버리고 의외의 견해를 제시하지 못하게 된다. 자산운용 등 시장에 대한 의사결정을 하는 최고투자책임자(Chief Investment Officer: CIO)를 할 때 구성원에게 의견을 먼저 말하지 않는 것이 투자의 실수를 줄이는 방법이었다. 그리고 책임은 항상 CIO가 지는 것이다.

를 찾으려고 한다. 정치도 마찬가지다. 소득주도성장을 처음 시도했을 때를 복기하면서 이를 근거로 수정을 하는 과정에서 옛날에 했던 말을 번복해야 하니 스스로를 부정하는 꼴이 된다.

등산을 할 때에도 마찬가지다. 길은 하나가 아니다. 스스로 옳다고 생각하는 패착에 빠지기 쉽지만, 끊임없이 공부하다 보면 새로운 길이 보인다. 철학에서 상대주의가 중요하다. 모든 건 다 상대주의다. 상대적으로 생각하면 무엇인가 도출된다. 모든 학문은 의심하는 데서 출발한다. 새로운 것을 만들어내는 차이는 의심하기에서 비롯된다.

"잊어버리자. 지금 이 순간 이것이 최선의 정책인가를 고민하자." 정치에 뛰어들 결심을 하고 국회의원 선거를 치르면서 염두에 둔 한 가지는 '국민들은 다 알고 있다'는 사실이다.

우리 사회에서 타협하기 어려운 집단을 꼽으라면, 의사, 법관, 교수 등이다. 모두 최고의 전문가이자 엘리트들이다. 그들은 능력주의자들이다. 하지만 모든 잣대는 등수이고, 모든 기준은 등수가 정한다고 믿는 사람들이다. 1등이 세상에 최고라는 것이다. 따지고 보면 학교에서 1등하지 못한 사람이 돈을 더 많이 버는 경우가 있다.

그들을 모두 인정해야 한다. 배관 전문가가 그 분야에서 최고가 되어 돈을 잘 버는 것도 인정해야 하고, 동대문시장에서 큰돈을 번 사람도 전문가로 인정해야 한다. 그 자체를 존중해야 한다는 의미다. 하지만 지금의 대한민국은 지나친 경쟁에 지쳐가고 있다. IMF 외환위기 이전에는 중간으로 수렴되는 사회였다면 지금은 분열된 사회다. 내가 살아남기 위해 상대를 악으로 규정해버리는 것이다.

정책을 추진함에 있어 특히 금융위기 이후 새로운 패러다임이 요구되고 이에 걸맞은 정책을 위해서는 정책에 이념적으로 접근해서는 안 된다. 우리 시대에서 풀어야 할 과제는 무엇인지 고민하고 현장이 돌아가는 것을 면밀히 관찰해 이에 부합하는 대책을 내놓아야 한다. 좋은 의도가 중요하지 않다. 원하는 결과가 나올 수 있는 장치를 마련하고 국민들이 실생활에서 느낄 수 있는 정책을 구상해야 한다. 이런 의미에서 경로의존성은 아주 중요한 개념이다. 어떤 제도가 그 사회에서 운용되고 있다면 일견 비합리적으로 보일지라도 나름대로 이유가 있는 것이며 이를 잘 이해하고 이에 걸맞은 정책을 구사해야 한다. 2007~2008년 금융위기로 신자유주의 경제로는 더 이상 경제운용이 어렵고 국가의 적극적 역할이 강조되고 개입주의적 경향이 강화되었다고 할지라도 시장 기능 자체를 부정할 수는 없다. 고 김대중 대통령의 "서생의 문제의식과 상인의 현실감각"이 중요한 것이다.

다음 글은 지난 보궐선거 이후 우리가 무엇을 잘못했는지 점검한 것이다.

변화와 개혁, 철저하고
진지한 성찰에 앞장서겠습니다

이번에 실시된 보궐선거는 집권여당인 더불어민주당이 변화와 개혁, 철저하고 진지한 성찰을 통해 재출발해야 한다는 국민의 뜻을 보여주었다. 선거 유세 현장에서 싸늘한 민심을 마주했다. 당의 모습을 냉철하게 되돌아보고 변화해야 할 시기다.

우리 민주당은 보궐선거의 원인에 대한 성찰이 부족했다. 이번 보궐선거의 원인은 우리당 공직자의 불미스러운 성비위 사건이었기에 진술한 반성이 전제되어야 했다. 그러나, 당헌·당규를 무리하게 개정해서 결국 후보를 냈으며 피해자에 대한 사과는 한참 늦었다. 피해방지대책 역시 제대로 마련되지 않았다. 진정성이 느껴지지 않는 민주당을 보며 시민은 돌아섰다.

또한 민주 정부를 출범시킨 촛불혁명의 이념에서 멀어졌다. 2016년 전 국민으로부터 일어난 촛불은 적폐청산을 요구하였다. 소수의 정치경제적 특권을 축소하고, 중산층과 사회적 약자를 함께 품자는 목소리였다. 이러한 요구에 힘입어 민주 정부가 탄생했다. 우리 당이 강령으로 추구하는 목표와 일치하는 지점이 있었기에 가능했던 일이다. 실제로 우리는 어떠했는가? 적폐청산은 기존의 제도가 가진 불합리성을 제거하면서 균형 있는 제도로 새롭게 변화시키는 것이다. 기존 제도에서 편익을 보는 행위자와 비용을 부담하는 행위자의 불균형을 새로운 균형점으로 바꾸는 것이다. 당연히 정부가 비용과 편익의 불균형을 재조정하는 과정에서 여러 집단의 이해관계를 조정하는 것에서 시작해야 한다. 그러나 우리는 적폐청산을 선악의 구도로 이해하고 높은 지지율에 현혹되어 다른 생각을 가진 집단을 배제해왔다. 우리만 옳다는 오만함으로 국민을 가르치려 했으며 촛불연합 세력에서 스스로 고립되었다.

이에 더해, 우리 당은 지난 4년간 3가지의 큰 오류를 범했다.

첫째, 우리 스스로 특권 세력이 되어 있었다. 적폐청산과 개혁에 이의를 제기하는 집단을 악으로 규정하여 무시했다. 도덕적 우월성과 선악 프레임을 바탕으로 한 일방적인 소통 단절은 국민이 보기에 또 다른 특권 세력으로 비치기에 충분했다. 더 나아가 민주당은 그에 대한 비판을 과거 역사와 언론만을 탓하기 바빴다. 오만하고 또 교만한 모습의 연속이었다.

둘째, 국민의 삶과 가장 밀접한 부동산 정책에 있어 시장원리를 무시한 집행은 국민들께 실망을 안겨드렸다. 투기와 투자는 구별하기 어려움에도 불구하고, 단순히 다주택자를 도덕적 잣대로 평가하여 나쁜 것이라 규정하며 지극히 개인적인 사정으로 부득이 2주택을 소유한 국민들을 나쁜 사람으로 만들었다. 이렇게 인간의 기본적인 욕망을 무시하고 전문성이 결여된 정책으로 국민은 내 집 마련이라는 희망 앞에서 좌절했다. 또한 무조건적인 대출 규제로 청년을 비롯한 생애최초주택을 마련하려는 국민의 욕구를 충족시키지 못했다. 부동산 정책은 인간의 기본적인 욕망을 인정하고 시장의 작동원리를 세심하게 살필 때 제대로 작동할 수 있을 것이다. 이것을 인정하고 국민의 삶에 와닿는 정책들을 구사해야 한다. 특히 청년과 신혼부부 등 '생애 최초로 주택을 구입하는' 계층에 대해서는 취득비용을 줄여주기 위해 취득세와 등록세 감면, 그리고 금융지원제도(장기 모기지) 등을 만들어야 한다. 또한 공시가격 현실화율 로드맵에 의해 부담으로 작용할 종부세는, 특히 은퇴 이후 현금이 들어오지 않는 만 60세 이상 1주택 실거주자의 부담을 줄여주기 위해 해당 주택을 양도하거나 상속, 증여할 때까지 과세를 미뤄 납부할 수 있는 과세이연제의 도입 역시 필요하다.

셋째, 유례없는 코로나로 인한 국민의 어려움을 살피지 못했다. 우리나라는 코로나에 전 세계적으로 모범적 대응을 한 국가로 손꼽힌다. 이른바 'K-방역'이다. 'K-방역'의 주인공은 국민의 적극적인 협력과 의료진의 헌신적 노력이다. 정부의 성과가 아닌 것이다. 그러나 K-방역의 성과를 정부의 것으로 적극 홍보했다. 물론 '덕분에'로 국민께 감사를 표했다. 그 이후는 어떠했는가? 공공의료기관의 적자와 의료진의 헌신, 그리고 중소영세자영업자의 손실에 대한 보상은 제대로 진행되지 않았다. 가장 중요한 일을 뒤로한 채, 코로나 이후 뉴딜정책에 대해서만 적극 이야기를 하고 있다. 계속되는 코로나에 지친 국민을 진심으로 위로하고 공감하는 정책이 우선시되었어야 한다.

〈골목식당〉이라는 TV 프로그램이 있다. 장사가 잘되지 않는 가게에 솔루션을 제공하는 프로그램인데, 장사가 안되는 이유는 누구나 안다. 청결, 서비스, 맛 어느 하나 소비자 입장에서 생각하지 않은 것이다. 여기서 눈여겨볼 점은 왜 자기 음식이 인기가 없는지

'식당주인 자신만 모른다'는 것이다. 식당주인이 이를 만회하기 위해 식당의 간판만 바꾸어 신장개업하면 고객은 금방 알아챈다. 소비자를 유인할 수 있는 식당으로 거듭나기 위해서는 레시피, 서비스 등 근본적인 변화가 필요하다.

민주당 역시 마찬가지다. 국민의 요구에 대해 공감하지 못하고 이해하지 못했다. 그 결과 현장과 괴리된 정책만을 추진해왔고, 국민의 냉정한 심판을 받은 것이다. 이번에 국민이 주신 명령은 민주당이 지향하는 사회, 공정함을 바탕으로 혁신을 이루는 국가를 바로 세우라는 것이다. 기존의 사고방식으로는 어렵다. 한동안 지속되어온 기존 지형의 세력교체가 필요하고, 당의 구성원이 다양해져야 한다. 국민의 다양한 목소리를 반영하고 국민이 체감하는 정책과 제도를 만들어야 한다. 이를 위해서는 당 지도부 구성부터 국민의 눈높이에서 혁신해야 하며 국민이 체감할 수 있도록 해야 한다.

4월 9일, 나를 비롯한 민주당 초선의원들은 국민들의 처절함을 제대로 공감하지 못했으며, 초선이 혁신의 주체가 돼 앞장서겠다는 입장문을 밝힌 바 있다. 어느새 기득권 정당이 된 민주당의 변화와 개혁, 철저하고 진지한 성찰로 국민의 눈높이에 맞는 정당, 국민의 기대에 부응하는 정당으로 다시 태어나는 노력이 필요하다.

〈오마이뉴스〉 기고, 2021.4.10.

CHAPTER 13

한국판 뉴딜의 과제

디지털 뉴딜, 현장에서 시작해야

정부는 2020년 7월, 코로나19로 인한 경제 위기를 극복하고 선도국 가로 도약하기 위한 한국판 뉴딜 계획을 발표했다. 추격형 경제에서 선도형 경제로, 탄소의존형 경제에서 저탄소 경제로, 불평등 사회에서 포용사회로 한국을 근본적으로 바꾸겠다는 구상이다. 경제 전반의 디 지털 혁신과 역동성을 확산하기 위한 디지털 뉴딜과 친환경 경제로 전 환하기 위한 그린 뉴딜을 축으로 하고, 취약계층을 두텁게 보호하는 안전망 강화로 이를 뒷받침하여 미래 산업과 행정혁신을 선도하는 안 전하고 편리한 똑똑한 나라, 사람-환경-성장이 조화를 이루고 국제사 회에서 기후 논의를 선도하는 그린 선도국가, 실업 불안에서 벗어나고 격차로 좌절 없는 더 보호받고 더 따뜻한 나라를 기대한다고 밝혔다.

바람직한 선언이고 미래지향적 목표임에는 틀림없다. 하지만 가장 중요한 것은 현장에서 제도가 잘 작동할 수 있도록 제도를 설계하고 촉진할 수 있도록 면밀한 점검이 필요하다는 점이다. 현장이 거창한 구호에 가려진다면 한국판 뉴딜은 선언으로 그칠 수 있다.

디지털 뉴딜은 반드시 가야 하는 길이고 그 기초에 데이터가 있다는 사실은 누구나 공감하고 있다. 우리가 이 책의 8장 '감시자본주의와 경쟁정책의 변화'에서 보았듯이 이 과정에서 개인정보 데이터를 어떻게 관리해야 하는지도 보았다. 큰 화두도 중요하지만 가장 기초적인 것, 생활 주변에서 정책의 유효성을 높이는 것이 더더욱 중요하다. 이런 점에서 민원서류를 인터넷으로 발부받는 것부터 개선이 필요하다. 2020년 대정부 질의에서 이 문제에 대해 질의한 바 있다. 인터넷으로 가족관계증명서, 주민등록등본 등 여러 서류를 발부받으면 '아, 잘 되어 있구나'라는 생각과 함께 왜 이리 절차가 복잡할까, 왜 앞에서 한 것을 또 하지, 왜 공인인증서는 여러 번 써야 하나 하는 생각이 들 때가 많다. 카카오뱅크의 앱 구축 과정에서 필요 없는 프로세스를 제거하는 경험을 통해 살펴보니 아직 우리나라 정부의 인터넷은 각 부처별로 만들어져서 연결되어 있을 뿐 통합되어 있는 것은 아니었다. 우리가 주장하는 공급자 마인드가 아니라 수요자 마인드로 정책을 봐야 한다는 것을 강조할 수밖에 없었다.[1]

먼저 디지털 뉴딜부터 살펴보자. 온라인에서 가족관계증명서를 발급해본 경험이 있는가? 처음이라는 가정하에, '정부24' 사이트에 접속해서 공인인증서 로그인을 한다. 로그인을 하기 위해 관련된 프로그램을 설치하고 드디어 접속에 성공한다. 한참을 찾아보니, 가족관계증명서는 '정부24' 사이트가 아닌 '전자가족관계등록시스템'에서 발급이 가능하다. 다시 '전자가족관계등록시스템'으로 이동해서 로그인을 위한 시스템 설치, 로그인 등 절차를 거쳐 발급받는다.

상당히 복잡하지 않은가? 4차 산업혁명 시대와 어울린다고 생각하는가? 각 부서가 앞다투어 홈페이지 등 제도 구축만 했지, 통합 관련된 부분은 고민하지 않은 결과다. 행정안전부와 과학기술정보통신부, 그리고 금융위원회 등 각 정부부처가 역할과 의견을 모아 통합인증체계를 구축해야 한다.

인증 부분과 마찬가지로 망 분리 역시 4차 산업혁명 시대에 걸림돌이 되는 정책을 펼치고 있다. 대통령 직속 4차 산업혁명위원회가 2019년 10월 망 분리 규제 완화와 데이터 중심의 사이버 보안정책의 필요성을 제기했지만 정책당국은 여전히 '단계적인 망 분리 규제 완화'를 준비하고 있다고 한다. '전자금융거래법(전금법) 개정안'이 금융당국과 민간 전문가 간 이견이 커서 아직 국회에서 계류 중이기 때문이다.

현재 우리나라 정보보안정책의 기본 틀은 2006년에 시작된 망 분리

---

1 이런 현상이 발생하는 이유는 이른바 의사결정을 하는 사람들이 직접 이 과정을 경험한 적이 거의 없기 때문이다. 직접 해보면 문제를 알 수 있다. 왜 직접 해보지 않을까? 노무현 정부 당시 정부 사이트 구축을 하면서 노무현 대통령이 직접 해보면서 쓰는 사람 입장에서 질문을 던진 것은 유명한 일화다. 이와 관련해 재미있는 사례는 1993년 IBM CEO가 된 루이스 거스너(Louis Gerstner)다. 그는 컴퓨터 메인프레임 등 사업과는 전혀 관련이 없는 사람으로 아메리칸익스프레스, 나비스코(비스킷) 등의 CEO를 역임했다. 그가 취임했을 때 주위에서는 당신은 메인프레임 등 컴퓨터를 전혀 모르는데 어찌 경영을 할 것인가 물었다. 루이스 거스너는 그건 내가 잘 몰라도 된다, 나는 다만 그걸 쓰는 사람의 입장에서 문제를 접근하고 해결책을 찾으려 한다고 답한 바 있다. 바로 이것이 우리에게 요구되는 것이다.

그림 13-1 도메인 중심의 국내 사례

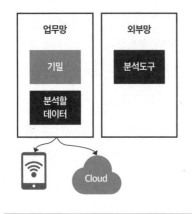

① 데이터와 분석도구가 분리되어 데이터 활용에서 비효율

② 기밀과 데이터를 같은 공간에 둬서 취약

③ 클라우드, 스마트워크, 오픈소스 활용 등 신기술 활용 불가

정책으로 외부 공격으로부터 내부 자료를 보호하기 위해 업무용 내부 통신망과 인터넷 외부통신망 분리를 의무화하고 있다.

이러한 도메인(영역) 중심의 망 분리 정책은 외부 공격이나 인터넷을 통한 내부 자료 유출을 차단하는 데에 효과적일 수는 있지만, 데이터의 활발한 공유와 활용이 기반이 되어 모든 사람과 기기가 네트워크에 연결되는 초연결시대인 4차 산업혁명 시대와는 맞지 않다. 4차 산업혁명 시대에는 엄청난 양의 데이터를 축적하고 활용하여 인공지능과 빅데이터, 클라우드 서비스 산업의 발전이 있어야 하고 동시에 정보유출이 없도록 정보보안이 함께 뒷받침되어야 한다. 이를 위해서는 데이터 분류가 필수다. 즉, 데이터 활용도를 높이고 보안을 강화하는 방법은 데이터의 중요도와 민감도에 따라 망을 구분하는 것이 필요하다.

이미 해외에서는 기관들이 보유하고 있는 데이터를 '기밀 데이터'와 '일반 데이터'로 구분해 서로 다른 망을 사용하고 보안정책을 달리하

그림 13-2 데이터 중심의 해외 사례

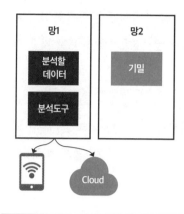

망1

분석할
데이터

분석도구

망2

기밀

Cloud

❶ 데이터와 분석도구가 같은 공간에 있어
효율적 데이터 활용

❷ 기밀과 데이터를 분리 보관해 안전

❸ 클라우드, 스마트워크, 오픈소스 활용 등
신기술 활용 가능

는 '데이터 중요도 중심' 보안정책을 일반적으로 사용하고 있다.

특히 코로나19 이후 원격 재택근무가 확산되는 업무 환경에서 우리나라의 도메인 중심 망 분리 정책은 큰 걸림돌이 되고 있다. 사무실에 있지 않더라도 인터넷이 되고 컴퓨터도 있는 상황에서 사전예방에만 치중한 획일적 망 분리로 작업을 할 수 없는 것이다.

이에 우리는 2020년 국정감사에서 중요도에 따른 전자데이터 분류체계를 시급히 마련하고 이 분류체계를 바탕으로 데이터 중요도에 따라 망 분리 등의 보안정책 및 컨트롤 타워 체계를 재정립해야 한다고 촉구한 바 있다. 단, 사고가 났을 시 그 책임에 대한 사후 규제를 강화하는 정책 역시 병행되어야 한다.

망 분리에 이어 호환도 디지털 뉴딜의 핵심이다. 문서 작업을 해본 사람이라면, 한컴 문서인 아래아한글을 사용해봤을 것이다. 그리고 그 파일이 다른 프로그램에서 열리지 않아 불편을 겪었던 적도 있었을 것이다. 그런데 최근 아래아한글 기본문서 저장형식이 기존 'HWP'에서 'HWPX'로 바뀌었다. 이는 아래아한글로 작성된 문서가 특정 프로그램에 상관없이 호환이 가능한 개방형 문서표준으로 바뀌는 것을 의미한다.

이는 2020년 10월, 경기도가 발표한 '디지털 정보 표준화 추진 계획'의 일환으로 2022년까지 경기도와 산하기관의 모든 문서를 어떤 기계와 프로그램에서도 정보를 읽을 수 있는 개방형 문서표준 포맷ODF으로 전환한다는 계획에 의한 것이다.

디지털 뉴딜은 데이터 구축, 개방, 활용을 위한 우리 사회 전반의 디지털 전환을 목표로 하는 것으로 공공부문의 데이터를 개방하고 활용하기 위해 개방형 문서표준 전환 계획이 기본이 되어야 한다. 즉, 단순히 시스템 구축과 개발에 치중해서는 안 되며, 경기도의 'HWPX' 사례와 같이 현장에서 체감하는 불편함을 해소하고 실질적인 통합에 초점을 맞추어야 한다.

현재 우리나라의 '재정정보관리시스템'은 크게 중앙정부, 지방정부, 지방교육, 보조금의 4개 시스템이 개별로 구축하여 관리되고 있으며, 각 포털에서 정보공개를 할 뿐 아니라 국가재정통계포털 '열린재정'에 모아 정보공개를 하고 있다. 그런데 문제가 하나 있다. 정보를 통합하여 공개하고는 있으나 체계적 연계가 아닌 단순히 수집되고 나열된 데이터의 공개 수준에 그치고 있다는 것이다.

그 결과 세부 데이터의 포괄 범위나 생성 주기가 상이하고, 항목 간 내부거래 제거 등이 진행되지 않아 정보연계 활용이 어렵고 유의미한

표 13-1 개별 재정정보관리시스템 정보 분절적 공개

활용 단위	재정정보관리시스템		정보공개포털	
	시스템명	법적 근거	정보공개포털명	법적 근거
중앙부처	디지털예산회계 시스템 (dBrain)	국가재정법 제97조의2	열린재정	국가재정법 제9조
지방자치단체	지방재정 관리시스템 (e-호조)	지방재정법 제96조의2①②	지방재정365	지방재정법 제60조, 60조의2
교육청 등	지방교육 행정·재정 관리시스템 (K-edufine)	지방재정법 제96조의2①②	교육재정알리미	지방재정법 제60조, 60조의2
중앙부처 및 지방자치단체	보조금통합관리망 (e나라도움)	보조금관리에 관한 법률 제26조의2	e나라도움 (gosims.go.kr)	보조금관리에 관한 법률 제39조의3

자료: 한국재정정보원, 〈재정정보관리시스템 연계를 위한 법제 및 거버넌스 체계 개편 대안〉.

정보로 활용하는 데 상당히 제한적이다. 앞에서 언급한 것처럼 시스템 구축과 개발에만 집중하고 각 부처 데이터 간 호환성과 연계 활용을 위한 실질적 통합이 되지 않고 있다.

이와 관련해서 미국의 사례를 살펴볼 필요가 있다. 미국에서는 2014년 '디지털 책임성 및 투명성법Digital Accountability and Transparency Act', 2019년 '증거기반 정책결정법Foundations for Evidence-based Policymaking Act'으로 수년간 준비를 통해 실시간 재정통합시스템이 가동되고 있다. 이로 인해 회계감사원Government Accountability Office: GAO의 효율적인 감시가 가능하고 실시간으로 예산집행 검증이 가능하다.

디지털 뉴딜의 성공을 위해서는 이와 같이 관점의 변화가 필요하다. 현 제도의 보완 없는 디지털 뉴딜은 신뢰성에 의문을 가지게 할 뿐이다. 정부 홈페이지의 보도자료, 통계자료 등 실제 현장에서 국민이 마주하는 작은 부분부터 시작해나가야 한다.

그린 뉴딜, 시장원리를 기반으로 하는 세심한 설계 필요

그린 뉴딜의 핵심은 저탄소·신재생에너지를 사회 전반으로 확산하는 미래 에너지 패러다임 전환 시대를 준비하는 것이다. 이보다 먼저 산업통상자원부가 2017년 발표한 에너지 전환 정책이 있다. 원전을 줄이고 재생에너지를 늘리겠다는 것이다. 미세한 변화는 있었지만, 큰 틀의 변화는 존재하지 않았다. 그러한 상황에서 그린 뉴딜과 넷제로, RE100까지 발표되었다.

에너지 전환 계획은 장밋빛 전망으로 가득하다. 그러나 일상생활에 스며들기까지 가야 할 길이 멀고도 험하다. 에너지 전환은 재생에너지의 목표만 높였을 뿐 정부가 구체적으로 실현방안을 정립하는 등 제대로 챙겼는지 의구심이 든다. 자칫 목표 달성에 눈이 멀어 그에 필수적인 송전망 확충과 전력시장제도의 혁신은 방치된 채 그저 수치로만 보여주기식 정책을 펼치면 안 된다. 예를 들어보자. 신재생에너지공급의무화제도Renewable Energy Portfolio Standard: RPS의 경우 정부의 과도한 개입으로 시장요소가 사라져 효율성이 저하되고 있다. 다수 민간이 참여하는 시장에 산업부 산하의 에너지공단과 한전, 전력거래소가 과잉 개입하여 시장요소를 전부 상실시켰으며 이는 국민 위화감과 불신, 시

표 13-2 산업통상자원부 에너지 전환 계획 일부

2017년	· 원전의 단계적 감축(2017년 24기를 시작으로 2038년 14기) · 재생에너지 확대(2017년 7% 발전량을 2030년 20%로 확대)
2018년	· 천지 1, 2호기 신규 1, 2호기 전원개발사업예정구역 해제 및 월성 1호기 정지 추진 · 재생에너지에 대한 기본지원금 지원 단가 인상
2019년	· 2040년까지 수소경제 활성화 · 재생에너지 비중 확대(2040년 30~35%) · 에너지 전환을 위한 기반 확충(전력, 가스, 열 시장제도 개선)
2020년	· 에너지 중점기술 16대 투자분야 90% 이상 집중

자료: 대한민국 정책브리핑, 2020.

장양극화로 이어지는 요소다. 발전과 송배전, 그리고 판매에 있어 모두 독점하고 있는 한전이 꼭 해야 할 일과 시장에 맡겨야 할 일을 구분하는 것이 필요하다. 이에 더해 에너지 전환을 달성하기 위한 현실적인 방안이 무엇인지도 고민해야 한다.

기존 화석연료 에너지 체제에서 신재생에너지 체제로 전환하는 일은 쉬운 일이 아니다. 에너지산업이 가지고 있는 경로의존성 때문이다. 에너지산업은 한번 결정되면 향후 30년의 미래에 영향을 미친다. 석탄의 경우, 한번 가동하면 약 30년은 사용해야 한다.

2011년 9월 15일, 순식간에 전기가 끊어지는 블랙아웃 사태가 빚어졌다. 순환정전이 일어난 것이다. 당시 이명박 정부는 순환정전의 원인을 전력계통의 실시간 운영 문제가 아닌 공급용량의 문제로 규정한 바 있으며 이는 석탄발전을 증가시키는 계기가 되었다. 그리고 더욱 보수적인 에너지 운영이 관행처럼 굳어졌다.

원자력 역시 마찬가지다. 이명박 정부는 원자력 산업을 차세대 유망 수출분야로 규정하고 아랍에미리트United Arab Emirates: UAE 원전 수출 2기를 시작으로 매년 2기씩, 2030년까지 원전 80기를 수출하여 세계 3대 원천 수출 강국으로 올라서겠다는 계획을 발표했다. 그러나 그 이후 원전 수출은 이루어지지 않았으며 국내에서도 추가 건설이 허용되지 않아 원자력 분야의 개편이 이루어져야 할 것으로 보인다.

경로의존성을 깨고 탄소배출을 줄이고 신재생에너지로의 전환을 달성하기 위해 우리에게 필요한 것은 무엇일까? 중장기적으로 축소되는 원전의 감소분을 채우고, 효율적인 신재생에너지를 사용하기 위해서는 경제성이 핵심이다. 시장원리(전기요금 가격, 인센티브 등)에 기반을 두어 가격 경쟁력을 높이는 것이다. 즉, 생산과 송배전 과정에서 손실을 최소화하는 방안이 필요하다. 에너지가 특정 공간에서 생산되어 타 지역으로 송배전하는 과정 역시 비용이기 때문이다.

대표적인 사례로 제로에너지 건축물 정책을 들 수 있다. 제로에너지 건물은 도심에서 그린화 정책을 실행하기에 가장 좋은 대상이다. 전기 생산과 소비가 같은 장소에서 이루어져 전기 송배전 손실을 최소화할 수 있기 때문이다. 여의도의 전국경제인연합회 건물은 전체가 태양광 패널로 둘러싸여 전기를 생산하고 그 자리에서 사용하고 있다.

기후변화에 대응하고 신재생에너지 사용 비중을 높이기 위해서는 에너지를 많이 쓰는 기업과 상업시설들이 이러한 건물을 사용할 수 있도록 정부가 유도해나가야 한다. 실제로 유럽과 일본의 기업들은 공장 지붕을 태양광 패널로 덮어 에너지 생산의 주체가 되는 등 적극적으로 신재생에너지를 사용하고 있다.

이에는 산업용 전기요금 가격과 인센티브가 많은 영향을 끼친다. 우리나라의 경우, 공공건물 외에 민간건물 신축에 대해서도 제로에너지 건물을 의무화하는 법이 시행되고 있지만, 공공시설 리모델링에 주로 예산이 배정되어 있다. 이에 기존 창고에 신재생에너지 생산 설치비용 지원, 일정 규모 이상의 아파트단지 리모델링, 상업용 건물에 설치 시 용적률 등 건축기준 완화, 금융세제 지원, 설치비용 일부 지원 등의 인센티브를 통해 민간이 그린 뉴딜 정책에 적극 참여할 수 있도록 유도해나가야 한다.[2]

또한 변화를 위해 투자하는 사람들을 위한 새로운 전력시장이 필요하다. 그것은 정부는 규제 기관으로 역할을 하며 적정 수준의 경쟁시장을 유지하는 경쟁적 전력시장이다. 사실 우리나라는 2001년 에너지의 저효율 소비구조를 개선하고 경쟁시장을 지향하기 위해 1단계로 비용기반시장Cost Based Pool: CBP 체제를 도입했으나, 20년이 지난 지금도 CBP 단계에서 벗어나지 못하고 있다. CBP는 평가위원회에서 발전비용을 심사하고 평가해 에너지 분야의 권한이 공공영역에 있고, 빠른 변화에 적응하지 못하는 문제가 있다. 하루속히 경쟁적 전력시장으로의 진입을 통해 신재생에너지 분야의 시장정상화, 그리고 분산화된 권력 기반이 마련되는 것이 필요하다.

---

2 최근 이소영 의원과 〈녹색건축물 조성 지원법〉을 공동 발의했다. 에너지 전환에 대한 공감을 형성하는 것이 중요하다. 이런 관점에서 보면 전국의 초·중·고등학교에 태양열 에너지 발전판을 설치하고 학교의 단열 문제를 개선하는 것을 우선 고려할 수 있다. 우리 아이들이 생활 속에서 에너지 사용과 재생에너지 문제를 체험할 수 있기 때문이다.

늦게나마 다행인 점은 최근 기후변화 대응이 주된 관심사로 떠오르면서 신재생에너지의 확산과 새로운 운영 방안 등에 대해 긍정적인 신호가 보인다는 것이다. 정부가 모든 것을 다 하려는 부담에서 벗어나야 한다. 시장구조를 믿고 우선 시작한 뒤 시장을 유심히 살피고 세밀하게 조정해나갈 것을 제안하는 바이다.

ESG, 그린 뉴딜로 향하는 걸음

한국판 뉴딜의 두 축 중 하나인 그린 뉴딜은 에너지와 환경 분야의 대전환을 목표한다는 측면에서 ESG와 닮아 있다. ESG는 이제 선택이 아니라 필수요소다. 환경과 사회를 고려하는 투자로 기후 위기에 대응하는 전 세계 국제질서에 편입하기 위해서다. 이를 위해서는 한국 사회 전반의 체질 변화가 요구된다. 예컨대 세계 최대 자산운용사 블랙록은 투자자들에게 보낸 연례서한에서 "향후 투자 결정 시 ESG를 중요한 지표로 삼겠다"고 밝혔다. 유럽연합에서는 지난달 유럽 금융기관을 대상으로 투자·금융상품을 공시할 때 지속가능성 정보를 공시하도록 의무화하는 '지속가능금융 공시규제Sustainable Finance Disclosure Regulation: SFDR'를 도입했다. 또한 글로벌지속가능투자연합The Global Sustainable Investment Alliance: GSIA 보고서에 따르면 2018년도 전 세계 사회책임투자자산 규모는 약 31조 달러에 달하며 전체 투자자산 중 책임투자 비중이 유럽 48퍼센트, 미국 25퍼센트 등으로 주요 투자 대상으로 자리 잡고 있다.

이에 발맞춰 금융위원회에서는 ES(환경과 사회) 공시를 2030년까지 단계적으로 의무화하겠다는 계획을 발표했다. ES 분야는 2030년까지, G(기업 지배구조)는 2026년까지 확대하는 것이 골자다. 그러나 앞서 언급한 세계적 추세와 비교해보았을 때, 금융위원회의 계획은 한가한 계획으로 보인다. 게다가 의무화 계획이라면, 의무화 전까지 시장이 반응하지 않을 우려가 크다. 그린 뉴딜로 향하는 첫 발걸음인 만큼, 시장을 신속하게 촉진할 방안이 필요하다.

ESG 의무공시의 걸림돌로 정부와 민간의 준비기간이 필요하다는 의견이 많다. 준비기간 없이 조급하게 하면 부작용이 생긴다는 것이다. 실제로 시작단계인 E·S의 경우 산을 깎아 태양광을 설치하는 것처럼 오히려 농지, 산림 등 환경을 훼손하는 '그린워싱' 문제가 발생하기도 한다. 그러나 준비기간이 주된 문제가 아니다. 발상의 전환, 즉 시장의 메커니즘을 믿는 것이 필요하다.

공시 등의 기준은 최소한의 것으로 우선 시작하고 투자자가 시장에서 알아서 평가하게끔 하면 된다. 이를 위해 정부에서는 'ESG 인증·평가 관련 분류체계 마련', '독립적이고 전문적인 기관, 회계법인을 통한 평가체계 마련', 'ESG 요소 발행자의 신용평가 반영', 'ESG 채권 평가·인증 비용에 인센티브 부여' 등의 제도 정비가 요구된다.

해외 주요 국가들에서는 이미 '지속가능 경제활동을 지원하기 위한 EU 분류체계의 정립', '녹색금융상품의 기준과 인증 확립', '지속가능성에 대한 벤치마크 개발', '지속가능성 관련 공시체계와 회계기준 강화' 등 정책을 마련하고 있다.

투자자들이 이를 기초로 투자하게 되면 시장을 통해 자연스럽게 ESG 경영이 평가받게 된다. 최소한의 기준을 제시하면 공시절차를 통해 ESG 경영에 충실한 회사와 그렇지 않은 회사가 구별되고 가격도 달라질 것이다. 정부에서 우려하는 허위공시, 그린워싱 등에 대한 문제도 자연스럽게 사라질 것이다.

에너지 전환 및 전기차 vs 수소차: 탄소중립(탄소제로) 사회로의 도약

탄소중립(탄소제로, 넷제로)이란 기업의 모든 활동에서 발생되는 이산화탄소를 최대한 줄이고 더 나아가 부득이 발생하는 절감이 불가능한 부분에 대해서는 탄소배출권을 자발적으로 매입하거나, 이산화탄소를 배출하는 양만큼 다시 이산화탄소를 포집하여 매년 배출되는 약 510억 톤의 이산화탄소 발생을 궁극적으로 '0'으로 만드는 것을 말한다.

온실가스로 인해 지구 평균 기온이 이전 수준보다 2도 이상 상승할 경우 폭염·한파 등으로 인류 안보에 위협이 될 수 있다는 인식 아래 제안된 개념이다. 이를 달성하려면 화석에너지 비중을 줄이고 신재생에너지 사용을 확대해야 한다. 이는 선진국들이 2050년까지 달성해야 하는 최종 목표이기도 하다.

아울러 온실가스 배출량 감축은 2015년 프랑스 파리에서 열렸던 UN 기후변화협약에서 각 나라의 수장들이 모여 '온실가스 배출량 감축'이라는 목표에 합의한 것으로 각국이 제시한 자발적 감축목표를 달성하는 것이다. 우리나라는 2030년 온실가스 배출전망치Business As Usual: BAU 대비 37퍼센트의 탄소를 감축해야 한다.

우리나라의 경우 화석연료 의존이 높으면서 재생에너지의 비중이 낮고, 제조업 중심의 산업구조를 유지하고 있어 신속한 정책 추진과 연구가 필요하다. 탄소중립은 환경에 대한 사회적 책임에 더해 우리 경제성장의 지속가능한 발전을 위해서도 반드시 필요하다. 무엇보다 2050 넷제로라는 최종 목표인 거대한 담론에 중간 단계의 목표milestone 를 생략해서는 안 된다. 2010년 유엔기후협약 사무총장을 지낸 크리스티아나 피게레스Christiana Figueres는 "2030년까지 글로벌 탄소배출을 절반으로 줄이는 목표는 우리가 달성해야 할 절대적인 최소한이며, 이것을 이행하지 못하면 2050 넷제로 목표 역시 달성할 수 없다"라고 지적한 바 있다. 바로 눈앞에 놓인 2030년 탄소배출 절반 감축목표 이행을 통해 넷제로 달성으로 가야 한다.[3]

스탠다드차타드 그룹이 지난 2021년 6월 7일 발표한 〈카본 데이티드Carbon Dated〉 보고서에 따르면, 지난해 글로벌 대기업의 15퍼센트가 탄소중립 계획에 차질을 줄 수 있는 업체와 거래를 중단하기 시작했고, 탄소중립 미이행 업체와 거래를 중단하는 글로벌 대기업은 3년 후

---

3 2021년 8월 5일 탄소중립위원회가 발표한 '2050 탄소중립 시나리오'는 세 개의 시나리오를 제시하고 있지만 시나리오 1, 2는 중립에 이르지 못하는 방안이고 중립안이라고 할 수 있는 3안도 구체성이 결여된 선언뿐이라는 평가가 있다. 2030년 국가온실가스 감축목표 논의가 없는 등 중간목표가 명확히 제시되지 않았기 때문이다. 물론 앞으로의 공론화 과정에서 구체적인 안이 나오겠지만 에너지 전환이라는 과정이 산업구조 전반, 그리고 국민들의 생활방식 전반을 바꾸는 것이라 쉬운 길이 아니기 때문이다. 기후위기의 심각성을 고려하여 사회 전반의 논의를 통한 국민적 합의를 도출해야 한다. 이런 의미에서 에너지 전환계획을 이념 논쟁으로 이끄는 것은 전혀 바람직하지 않다.

2024년 62퍼센트, 2025년엔 78퍼센트에 달할 것으로 조사됐다. 글로벌 대기업들은 탄소 감축 과정에서 현재 공급업체 가운데 35퍼센트와 거래를 중단할 것으로 예상된다. 특히 한국 공급업체와 거래하는 글로벌 대기업의 89퍼센트는 전 세계 공급업체를 대상으로 2025년까지 탄소 배출을 평균 30퍼센트 줄이라는 감축목표를 제시한 것으로 알려졌다. 보고서는 글로벌 대기업의 탄소 감축목표를 달성하지 못하는 한국 공급업체들의 잠재적인 수출 손실 규모가 2030년에는 최대 1,425억 달러(158조 6,310억 원)에 이를 것으로 전망했다. 빌 윈터스 SC그룹 회장은 "글로벌 대기업들이 탄소중립을 이행하는 공급업체에 인센티브를 주는 것이 필요하고, 정부와 금융권도 적합한 인프라 구축 및 자금 지원을 해야 한다"고 말했다.[4]

또한 우리가 에너지 전환 관련해서 중요하게 인식해야 할 개념 중 하나는 '좌초자산stranded asset'이다. 좌초자산이란 경제성이 있어 투자가 이어지던 자산이었지만, 관련 시장의 환경이 변하면서 가치가 없어지는 자산으로 대표적으로 석탄발전소를 들 수 있다. 국제 환경 분야 싱크탱크인 '카본트랙커Carbon Tracker'가 6,685개 석탄발전소를 대상으로 한 2018년 연구결과에 의하면 당시 연구대상 석탄발전소 중 무려 42퍼센트가 수익성이 없었으며 2040년에는 약 72퍼센트가 수익성이 마이너스가 될 것이라고 예측했다. 또한 재생에너지 또는 가스 시설을 구축하는 경우와 기존에 있는 석탄발전 시설의 운영

---

4 "세계 탄소감축 못 따라가면 한국기업 수출손실 약 160조 원", <한겨레신문>, 2021.6.8.

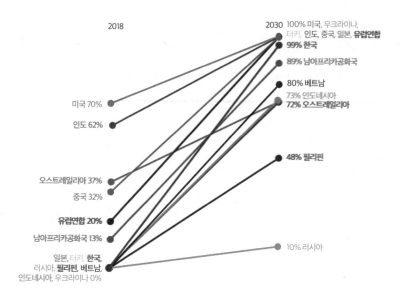

그림 13-3 새로운 재생에너지 시설 구축과 기존 석탄발전 비용 중 석탄발전 비용이 높은 비중 —

2018

2030 100% 미국, 우크라이나, 터키, 인도, 중국, 일본, **유럽연합**
99% 한국
89% 남아프리카공화국
80% 베트남
73% 인도네시아
72% 오스트레일리아

미국 70%
인도 62%

48% 필리핀

오스트레일리아 37%
중국 32%
유럽연합 20%
남아프리카공화국 13%

10% 러시아

일본, 터키, **한국,**
러시아, **필리핀,** 베트남,
인도네시아, 우크라이나 0%

자료: 영국 비영리싱크탱크 카본트래커 홈페이지(www.carbontracker.org).

비용을 비교하면 기존의 석탄시설 중 35퍼센트가 재생에너지 시설보다 운영비용이 높을 것이고, 2030년에는 무려 96퍼센트의 석탄시설의 운영비용이 더 높을 것이라고 예측했다. 그러나 현재 우리나라의 그 수치는 0퍼센트다. 석탄발전의 발전 단가가 가장 저렴하기 때문이다. 그래프의 예측대로 단기간에 전환하려면 보다 적극적인 자세가 요구된다.

석탄발전소의 비용과 우리나라의 그 이유를 찾았으니 이제 그것만 해결하면 되는 것일까? 아니다. 이러한 좌초자산은 경제적 개념에 기반한 것이지 환경적인 측면에서도 접근해야 한다는 주장이 설득력 있다.[5] 경제적 측면에서 보면 천연가스는 아직 좌초자산이 아닐지 모르지만, 환경적으로는 이산화탄소를 석탄(40퍼센트), 석유(34퍼센트)에 이어 약 21퍼센트 발생시키고 있으며 1kW/h 발전당 배출하는 이산화탄소가 석탄(1,001g)과 석유(840g)에 이어 천연가스(469g)가 차지하고 있다. 이 점을 들어 좌초자산인 석탄발전보다 재생에너지의 발전 단가를 낮추던 규칙을 전면 새로 바꾸어서 현재 직면한 문제를 극복해야 한다.

답은 이미 정해져 있다: 그린 뉴딜에서 정부와 시장의 역할 분담

신년에 가장 많이 하는 다짐이 무엇일까? 어느 설문조사를 보니 매년 신년 목표에 빠지지 않고 등장하는 것이 바로 '다이어트'와 '영어 공부'라고 한다. 두 가지의 공통점이 있다. '요행은 통하지 않는다는 것'이다. 아무리 다이어트를 식품이나 보조제를 이용한다고 한들, 적게 먹고 운동량을 늘리지 않으면 효과가 없다. 영어 공부도 아무리 좋은 선생님을 만나 봐야 정작 많은 단어를 외우고 공부량을 늘리지 않으면 효과가 없다. 근본적인 해결책은 누구나 알고 있는데, 그게 쉽지 않으니 다른 요행으로 눈길을 돌릴 수밖에 없는 것이 현실이다.

에너지 역시 마찬가지다. 기술이 발달하면서 친환경 에너지로 전환

---

5 서진석, 《행동주의 기업》, 도서출판 획, 2021.

하려는 노력이 지속되고 있지만 기존의 내연중심 산업구조, 에너지 과소비 관행 등 근본적인 문제를 회피하면 해결이 어렵다. 결국 적게 쓰고 적게 배출하는 것이 근본적 해결책이다.

최근 전기차와 수소차 기술이 발달하면서 보급률이 늘어가고 있다. 전기차와 수소차는 내연기관을 대체하는 미래 친환경 자동차라는 지점은 동일하다. 하지만 여기엔 몇 가지 차이가 있다. 우선 전기차가 친환경적이라고 하지만 그렇게만 볼 순 없다는 것이다. 전기자동차는 휘발유를 사용하진 않지만 천연가스, 석유, 석탄을 이용한 화력발전소에서 생산된 전기를 사용하기 때문이다. 발전소에서 전기충전소까지 전력을 송달하는 데 드는 전력 손실률 또한 무시할 수 없다. 이에 가격과 배터리 용량의 문제로 인해 아직은 소형차에 적합하다.

수소는 물을 전기분해해서 얻거나 천연가스, 갈탄 등의 화석연료에서 추출한다. 자연에서 단독으로 존재하지 않고, 수소를 얻기 위해서는 전기 등의 에너지원을 사용해야 하며, 고압 수소탱크의 무게와 부족한 인프라 문제로 대형 트럭에 적합하다. 또한 수소를 추출하는 과정에서 에너지 손실이 발생하고 이산화탄소, 황산화물 등이 배출된다. 이 때문에 수소가 생산 효율이 떨어지고 대기오염을 악화시킬 수 있다는 지적도 있다. 내연기관 자동차보다야 적은 오염을 유발하긴 하겠지만, 친환경차가 근본적 해결책이 될 수 없다. 수소나 전기, 휘발유에 상품을 생산하고 소비하는 전체 과정을 통해 발생시키는 온실가스 양을 계산한 '탄소발자국 개념'을 도입한다면 더욱 자명해진다. 결국 전기차와 수소차 중 현재 무엇이 우월한지, 그리고 미래에 앞서 나갈지는 장담할 수 없다. 경제성 확보와 기술, 인프라 등의 문제가 중요하다. 에너지 불변의 법칙을 생각하여 발전소에서 전기충전소까지 전력을 송달하는 데에 드는 에너지와 수소를 전기분해하는 에너지 중 더욱 절약할 수 있는 차종이 앞서 나갈 수 있을 것이다.

게다가 2020년 기준 친환경차 등록 대수는 3.4퍼센트밖에 되지 않는다. 이 정도 속도라면 아무리 보조금을 주며 보급을 장려해도 향후 2030년까지도 내연기관차의 비중은 크게 줄지 않을 전망이다. 근본적인 해결책은 탄소를 많이 배출하는 철강, 시멘트, 플라스틱 제조 산업 등 내연기관 중심 산업에서 벗어나고, 에너지 생산 시스템을 고효율화하여 구조적 전환을 이뤄내는 것이다.

한편 우리나라는 대표적인 에너지 과소비 국가다. GDP 대비 에너지 소비량 OECD 평균이 1.03, 우리는 1.6, 일본은 0.85밖에 되지 않는다. 일본의 두 배 정도 에너지를 많이 쓰고 있는 셈이다. 이는 다른 선진국에 비해 상대적으로 저렴한 전기요금 탓이다. 실제로 싸게 수입할 수 있는 바나나 농장에 원가가 더 비싼 전기로 난방을 하는 등의 '경제 왜곡' 사례도 많다.

부산에는 일본 기업의 데이터센터가 많다. 지진이 자주 발생하는 일본의 지리적 한계도 일부 이유지만, 일본보다 상대적으로 저렴한 한국의 전기요금도 일본 기업이 눈길을 돌리는 또 하나의 이유다. 일본의 자본이 들어와 일자리를 많이 만들어내고 지역경제 활성화에 일조한다면야 모르겠지만, 데이터센터는 고용창출과는 거리가 멀다.

그렇다면 전기요금을 올려야 할까? 전기요금은 한국전력공사의 독점공급으로 이루어져, 사실상 세금이나 다름없다. 따라서 국민의 부담을 생각한다면 전기요금을 올리는 것이 말처럼 쉬운 문제는 아니지만 해야 하는 일이다.[6] 결국 자발적으로 적게 쓰고, 고효율 경제와 지속가능한 경제로 전환되어야 한다는 답으로 귀결된다. 에너지 생산 시스템 전반의 변화가 필요하다. 다른 한편으로는 신재생에너지 육성, 녹색일자리 창출, 친환경 스마트팩토리 등 새로운 녹색경제를 성실히 준비해야 한다.[7]

이런 상황에서 우리 정부는 탈원전 정책을 추진하고 있다. 재생에너지의 발전 속도가 제한적이기 때문에 원전 비중이 갑자기 줄어들면 화석연료의 비중이 높아져 탄소배출이 증가할 수밖에 없다는 우려가 많다. 그러나 전 세계적으로 탈원전에 대한 의지가 높아서 원전을 RE100에 포함할 수 없는 한계가 존재한다.

우리나라 향후 에너지 정책 방향은 어떠해야 할까? 먼저 에너지 관련하여 주의할 것은 원전 문제는 이념적 논쟁의 대상이 아니라는 것이다. 이념 문제로 규정하고 상대를 악으로 몰아가며 논쟁하는 것은 에너지 미래에 전혀 도움이 되지 않는다. 현실적인 방안을 고민해야 한다.

우리나라의 전기요금은 OECD 28개 주요국 중 두 번째로 저렴하

---

6 2021년 6월, 지난해 말부터 국제연료 가격 상승으로 조정요인이 발생했지만 코로나19와 물가상승률 등으로 생활안정 필요성을 도모했다며 4분기에는 연료비 상승분을 반영할 수 있다는 점도 고려하겠다고 했다.

7 EU 등 선진국을 중심으로 글로벌 탄소세 논의가 활발히 진행 중이다. 탄소세는 전 산업의 비용 증가를 가져와 일종의 무역장벽이 될 가능성이 있다. 다른 한편으로는 에너지 소비자의 비용을 증가시키고 특히 서민들의 전기료 부담이 높아질 가능성이 있다. 우리나라의 경우에도 탄소세가 불가피한 것이라면 에너지 전환 계획에 맞추어 설계됨과 동시에 전기료 부담이 큰 서민들에게 최소한의 에너지 사용 비용을 지원하는 보조금 도입을 고려해봐야 할 것이다.

고 1인당 전기사용량도 많다. 그리고 현재 전 세계의 목표는 탄소감축이다. 이에 주요 산업국가들은 재생에너지 비중을 높이고 동시에 원전비중을 최소한으로 유지하려는 계획을 가지고 있다. 우리나라 역시 탄소감축이라는 목표 안에서 원전의 필요성이 논의될 수도 있다.[8]

그러나 현실적으로 원전이 가지고 있는 경로의존성의 문제로 인해 한번 지으면 돌이킬 수 없고 원전을 짓는 데 소요되는 시간, 주민 수용성, 위험성 등을 고려해보면 쉽지 않은 문제다. 신중하게 접근해야 한다. 다시 한번 강조하지만, 원전을 비롯한 에너지는 이념적 문제가 아니다. 관리의 문제이고 현실적인 기술의 문제다.

재생에너지로 눈을 돌려보면 어떨까? 재생에너지 관리라는 표현이 더욱 알맞을 것이다. 태양광, 풍력과 같은 재생에너지의 가장 큰 특성이 무엇인가? 인간이 예측할 수 없는 자연에서 얻어진다는 것이다. 햇빛과 바람의 양으로 인해 잉여전력이 생기고 전력계통의 문제로 버려지거나 가동이 멈추기도 한다. 실제로 제주도의 경우 버려지는 전력이 꽤 된다고 한다. 이렇게 버려지는 재생에너지원을 활용한다면 석탄의 감소분을 메울 수 있을 것이다.

버려지는 재생에너지원을 에너지 저장장치Energy Storage System: ESS 를 통해 저장 활용하는 방법이 있을 것이다. 아직까지는 설치비용이 비싸고 화재의 위험성이 있지만 말이다. 다음으로 수전해 방식을 통해 재생에너지를 수소로 전환하여 필요할 때 전기를 생산하는 방식도 거

---

8 제9차 전력수급기본계획에 의하면 원자력 발전량은 2020년 23.3GW, 2022년 26.1GW, 2024년 27.3GW로 예상되며 원전 발전소는 2026년 26기로 늘어날 전망이다.

론되고 있다. 이 두 가지 방식 중 아직은 뭐가 더 나은지 알 수 없다. 넘쳐 버려지는 재생에너지를 보관하여 필요할 때 사용할 수 있다는 점은 확실하다. 그렇기에 계속해서 연구개발research and development: R&D 투자를 진행하고 연구해서 상용화될 수 있도록 노력해야 한다.

또한 정부가 2030년을 목표로 기술 개발을 추진하겠다고 밝힌 소형 모듈 원자로Small Modular Reactor: SMR가 있을 것이다. SMR은 석탄화력 발전소를 대체할 수 있는 사실상 유일한 청정 에너지원으로 평가되고 있다. 마이크로소프트의 창업자 빌 게이츠는 "이 원자력 발전소는 기존의 원전보다 성능이 좋고 안전하며 비용도 적게 들 것"이라며 "나트륨이 에너지산업에서 게임 체인저가 될 것"이라고 강조한 바 있다. 또한 SMR 분야에서 최초로 미국 원자력규제위원회 설계 인증 심사를 마친 뉴스케일NuScale은 향후 5년 내에 상용화할 수 있는 SMR을 출시하겠다고 밝혔는데, 탄소중립을 보완할 수 있다는 주장도 있다. 그러나 이것이 현재의 RE100 등을 위한 것이라고 연결하기에는 무리가 있다. 특히 SMR의 경우 소형화를 통해 현재의 원자력이 갖고 있는 문제, 즉 원자로 냉각을 위한 냉각수 노심용융 등을 해결할 수 있는 대안이 될 수도 있다. 하지만 역시 핵 처리물 폐기문제를 해결할 수 있는 것이 아니라는 점에서 근본적인 대안이 되기에는 무리가 있다. 그럼에도 미래의 에너지산업 구조가 어떻게 변화할지 모르는 상황에서 SMR에 대한 R&D 투자를 지속하고 그 속에서 국제경쟁력을 확보해야 한다. 정부가 2050년 목표로 하고 있는 핵융합 역시 마찬가지다. 원자력연구소는 2030년 SMR 상용화를 위해 R&D를 진행하고 있으며 핵융합의 경우

2050년이 목표다. 이런 의미에서 SMR이나 핵융합은 당분간 연구의 차원에서 진행되는 것이며 이 연구의 중요성이 반감되는 것은 아니다.

재생에너지의 ESS를 통한 보관, 수소로의 전환, 그리고 SMR과 핵융합 발전 등은 경제성 문제와 폐기물 문제 등으로 상용화에는 시간이 걸려 당장 눈앞에 있는 RE100과는 거리가 있을 수도 있다. 그러나 기술은 끊임없이 진보하고, 탄소중립이라는 전 세계적 공동 목표를 두고 있는 만큼, 이와 같은 활발한 논의는 기술의 진보를 촉진할 것이다. 충분히 의미 있고 환영할 만한 일이다. 어느 것이 미래에 더 적합할지는 아무도 모르는 일이다.

여기서 한 가지 생각해볼 문제가 있다. 에너지전환정책에서 중요한 것은 기존 화석연료, 원자력, 그리고 재생에너지 간의 에너지 믹스를 어떻게 구현할 것인가이다. 재생에너지의 간헐성으로 인해 재생에너지만으로 에너지 믹스를 가져갈 수는 없지만 재생에너지 비중을 높일 수밖에 없다. 그러나 이 에너지가 어느 시점에 넘쳐날 때 다른 곳으로 판매하는 체계 구축이 요구된다. 전력 거래시장이 필요한데 이를 위해 설립된 것이 한국전력거래소이다. 이 거래소는 각 에너지 생산업체 간의 거래를 적정한 가격으로 이루어지게 하는 곳이다. 거래소가 바로 시장이다. 에너지 생산주체(원전, 화석연료, 재생에너지 등)와 시장의 독립성 확보가 중요한 과제가 될 수밖에 없다. 이해상충의 문제가 핵심이 된다. 그런데 그린 뉴딜을 추진하는 과정에서 효율성에만 중점을 두어 양자를 통합하려는 움직임도 있다. 이렇게 되면 시장 기능은 제대로 작동될 수 없다. 한편 에너지 가격(전력 가격)의 설정도 에너지 믹스 방향에 맞게 설정되어야 한다.

이 과정에서 정부는 수많은 갈등을 조정해야 한다. 현재 우리 정부는 '그린 뉴딜'이라는 구호 아래 과감한 인센티브를 통한 에너지 전환을 위해 노력하고 있다. 그러나 이 수혜가 특정 기업에게만 가게 되면 어떻게 될까? 예를 들어 친환경차 충전소는 국가 예산을 투입하여 만들어야 한다. 그런데 이를 정부가 하려면 세금이 필요하고, 그 세금은 결국 국민이 낸 돈인데 수혜가 일부 기업에게 집중된다면 문제의 소지가 있다. ESG에서 G, 기업 지배구조에 필자가 관심을 많이 두는 이유도 바로 이 같은 이유 때문이다.

다양한 노력에도 불구하고 환경과 미세먼지 문제는 한 나라의 문제도 아니고 한 나라가 해결할 수 있는 과제도 아니다. 코로나로 연기되었지만 2021년 10월에 열릴 기후변화협약 당사국 총회에 우리도 적극 동참해야 한다. 아울러 중국과 같은 나라가 국제사회의 일원으로서 협약에 종속될 수 있도록 국제사회의 공조가 절실히 필요하다.

CHAPTER 14

저출생 고령화 사슬

본질에 대한 통찰력이 필요한 시점

'0.84'

2021년 2월 21일 통계청이 발표한 2020년 합계출생률이다. 2019년 합계출생률은 1 아래로 떨어져 0.92를 기록하면서 저출생은 현실이 되었다. 우리나라 가임여성(15~49세)이 1명의 아이를 낳지 않는다는 충격도 잠시, 합계출생률은 계속 내리막을 걷고 있다. 경제학에서 장기성장률은 인구에 기인하고 있기 때문에 저출생 문제는 곧 재앙이다. 여기에 그치지 않는다. 조영태 서울대 보건대학원 교수는《정해진 미래》에서 저출생과 고령화로 인한 대한민국의 미래는 이미 정해져 있다고 경고한다.

그림 14-1 1인 가구 비율

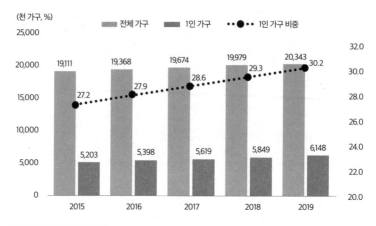

(천 가구, %)

자료: 통계청 보도자료, 2020.12.8.

출생인구가 줄어들면서 가족관계 변화는 이미 가시화되고 있다. 통계청의 발표에 따르면 2017년 처음으로 1인 가구(약 561.9만)가 전체 가구(1,967.4만) 중 가장 큰 비중(28.6퍼센트)을 차지한 이후 그 추세는 계속되고 있다. 2019년 기준으로 1인 가구(614만)가 전체 가구(2,034만) 중 가장 큰 비중(30.2퍼센트)을 차지하고 있다. 출생률 저하는 곧 유치원을 시작으로 초중등학교의 교실에 아이들이 줄어드는 등 순차적으로 우리나라의 인구는 줄어들 수밖에 없다. 교육계, 산업계는 물론 국방 분야 등 국가 전반에 이미 경고등이 켜졌다.

사회 갈등도 인구구조가 그 원인으로 지목된다. 20대 젊은 세대가 민감하게 여기는 페미니즘, 남녀 갈등도 인구구조에 기인한 문제다. 지방의 결혼이주여성, 외국인 노동자 등 다문화 가족의 증가 등으로 인해 벌어질 사회적 갈등도 예견되고 있다.

남녀 성평등에 관련된 주제를 예로 들어보자. 군필 남성들이 여성들보다 사회진출이 늦을 수밖에 없다. 복학 후 취업을 준비하는 과정에서 남성들은 여성들이 이미 좋은 자리는 차지하고 있다는 사실에 은근히 화가 나게 된다. '신성한' 국방의 의무를 다했건만, 나만 손해 보는 기분이 드는 것이다. 성평등은 반드시 이뤄야 한다는 명제에는 원칙적으로 동의하지만, 나의 삶에 마이너스가 된다면 그건 다른 문제가 되어버린다. 눈앞에서 자신의 취업을 막아버리는 걸림돌이 되는 순간 성평등이란 주제는 짜증거리가 되기 쉽다.

20대 남성이 반페미니즘 추종 그리고 우경화하는 이유가 줄어드는 일자리에서 파이를 나눠먹기 어렵다고 봤기 때문이다. 여성들의 입장에서도 봐야 한다. 아직도 남아 있는 남성 중심 결혼제도의 불합리성, 편중된 양육부담 등 전문가로 성장하는 데 걸림돌로 작용한다면 인구문제는 풀리기 어려운 난제다. 문제는 어느 조직도, 어떤 정치인도 입을 다물고 있다는 데 그 심각성이 있다. 물론 정부도 손놓고 있는 것은 아니다. 하지만 저출생 고령화 문제를 해소하기 위해 펼치는 정부의 정책과 예산은 백약이 무효하다.

왜 그럴까. 본질에 대한 통찰 부족이 원인이다. 혼외자 등 어떠한 경우라도 아이가 태어나면 국가가 책임진다는 프랑스의 저출생 문제 완화 정책의 아이디어에서 착안, 우리나라에서도 본격적인 논의가 시작되었다. 그 출발점이 호주제 폐지였다. 2008년 1월 호주제가 폐지되기까지의 과정도 지난至難했지만, 여기에 태극기부대 이슈, 성적 취향이 다른 사람들도 모두 포용하자는 차별금지법은 개신교를 중심으로 한 반대에 부딪쳐 있는 등 해결해야 할 과제는 산더미다. 가야 할 길이 정해져 있다면 돌파해야 한다. 해결하지 못하면 답을 구하지 못한다.

이민 문제도 있다. 이민제도를 이제 제도화해야 한다. 구체적이고 섬세하게 디자인해서 영주권도 줄 수 있는 제도가 마련되어야 한다. 현재 우리나라 이민은 중국 동남아 브로커들이 판치는 어두운 시장이 되고 있다. 빚내서 브로커들 주머니를 불려주지만, 결국 실력과 재능을 겸비한 인재를 영입하기는 어렵다.

미국의 예를 들어보자. 본질적으로 백인우월주의가 내재된 사회지만, 영주권, 이민권 등을 통해 외국의 인재들이 지속적으로 미국 사회로 유입될 수 있도록 제도화했다. 과학기술 부문 등에서 미국이 활력을 유지할 수 있는 배경에는 이 같은 이민제도가 한몫하고 있다. 노무현 대통령 당시 UAE를 방문하면서 이민제도를 거론한 적이 있지만 유야무야되었다. 이제 본격적으로 인구문제 해결을 위해 본질부터 따져봐야 한다.

숫자로 보면 현실이 눈에 확 들어온다. 2020년 수학능력시험 수험생이 49만 명(490,552명)이었다. 1980년대에는 거의 100만 명에 육박하던 수험생의 숫자가 30여 년간 절반으로 줄어든 것이다. 단순하게 계산을 해보자. 49만여 명의 남녀 성비를 1:1이라고 치면, 한 연령대가 25만 정도 된다는 의미다. 남자 25만이 모두 군대에 간다고 해도 현재 복무하는 군인 숫자 50여만 명에는 턱없이 부족하다. 군대를 운영하기 어려운 수준이 될 것이다. 국방부가 효율화 이슈를 거론하는 이유가 여기에 있다. 하지만 이 사안을 정확하게 따져봐야 한다. 인구 감소로 인해 병력 자체가 유지되기 어렵다는 결론에 이르렀다고 효율화, 장비 현대화로 병력을 축소하겠다는 진단과 대책으로는 엄혹한 국방 문제를 해결하기가 어렵다.

1990년대 중반부터 기획재정부 경제정책국에서는 이 사안에 대해 검토하고 있었다. 국방계획을 추진할 때 이미 인구구조를 감안한 것이다. 그러나 정치권에서 이념으로 접근해 논쟁거리로 만들어버렸다. 남북이 대치하고 있는 현실을 무시한 채 병력을 감소한다는 논리를 편 것이다.

이민제도도 마찬가지다. 부처 간 갈등구조가 복잡하게 얽혀 있다. 2016년 기획재정부 경제정책 방향에 이민정책 이슈를 거론했다. 당시 최경환 부총리는 중요한 사회적 이슈로 판단했다. 그러나 부처 간 협의 없이 무턱대고 제시한 게 화근이 되었다. 법무부, 여성부 등 유관부서와 협의가 되지 않는다면 이 문제가 의제로 설정되기조차 어렵다.[1]

관련 연구가 부족한 것도 문제다. 저임금 이주 노동자들이 국내에 들어오기 시작한 시기는 1990년대지만, 관련 연구보고서를 찾기 어렵다. 각 부처마다 정부출연연구소가 있지만, 인구구조와 관련된 정책제안이나 현안을 파악할 수 있는 전문가의 견해를 구하기가 쉽지 않다. 정부부처 연구소에 인구문제의 중요성을 강조하고 인력을 배치한 후 장기프로젝트로 진행하면 된다. 그리고 과제의 성과가 축적되기를 기

---

1 이민제도, 즉 영주권 및 시민권제도의 활성화는 아주 중요하지만 외교적인 문제도 낳을 수 있는 사안이다. 특히 중국이 이 문제에 매우 민감하다는 것에 주목해야 한다. 중국은 역사상 항상 분열되어 있는 경우가 통일되어 있는 경우보다 많았다. 중국 정부가 신장위구르, 홍콩, 대만 문제에 민감한 이유도 이들이 새로운 분열 이슈로 등장할 것을 우려해서다.

다려야 한다. 그렇지 못하면 국가적 의제는 실종된 채 프로젝트 수행 실적에만 매달리게 된다.

한 해 결혼하는 커플은 약 23만 쌍(2019년도 239,159건)에 불과하다. 이 중에서 국제결혼율이 얼마나 될까. 2019년 기준으로 약 10퍼센트 (23,634건)에 이른다. 중소도시로 가면 더 많다. 다문화 가정 출신의 자녀가 학교에 가고 군 입대를 하는 게 현실이다. 이미 다문화 주제는 우리 사회에 중요한 이슈지만 대도시에서는 체감하기가 어렵다. 고려해야 할 사안이 한두 개가 아니다. 대부분 여성들이 결혼이주로 한국에 정착하는 경우다. 그들의 모국과의 관계 정립이라는 문제조차 해결되지 않았다.

쌓인 숙제는 많지만 해결은 반드시 단계적으로

저출생 문제 해결에 방법은 없을까. 토마 피케티가 주장한 기본자산에서 아이디어를 얻어 돌파구를 찾아보고자 한다. 자녀 출생 시 국가가 자녀에게 매달 10~20만 원씩 적립해주고 학교 교육을 마치고 사회에 나가게 되는 시점에 찾을 수 있도록 하는 방안이다. 재원 문제도 의외로 간단하다. 태어나는 아이가 대상이기 때문에 그 숫자가 많지 않아 막대한 예산이 필요하지도 않다. 출산장려금보다 크지 않은 금액이다. 아이를 낳으면 우리 사회 구성원으로 안전하게 성장할 수 있다는 믿음을 줄 수도 있다.

영국에서 실시하다 중단된 '차일드 트러스트Child Trust'는 신자유주의적인 차원에서 접근한 탓에 실패한 정책이다. 영국은 복지제도를 구상할 때부터 구성원이 사회에 진출한 후에 기본소득과 같이 일정 부분을 나눠주는 형식이다. 적립이라는 개념을 고려하지 않은 것이다.

인구문제는 하루아침에 답이 나오지 않는다. 전면적으로 검토해야 한다. 이를 중요한 의제로 중심에 놓아야 한다. 정책평가가 달라지고 우선순위가 바뀌게 된다. 아이들에 대한 우선순위, 출산을 했을 때 왜 국가가 지원을 해줘야 하는지에 대한 구체적인 논의가 필요하다.

이제 정치권의 리더가 나서야 할 시점이다. 정면으로 맞붙어야 할 문제다. 명확한 의제를 제시하고 가능성을 타진한 후 하나씩 해결해나가야 한다. 인구문제를 해결하기 위해선 이제 공공의 차원에서 접근해야 한다. 공공의료를 예로 들어보자. 공공의료기관은 기본적으로 보험의 개념으로 이해해야 한다. 보험사고 한 건이 난다고 해서 평가하면 전체가 마이너스이고 효율이 나오지 않는다. 코로나19 사태가 심각해진 2020년 2월 공공의료의 필요성은 전 국민이 알게 되었다. 사실 공공병원 설립 예산이 정부에 없는 게 아니다. 2020년 기준으로 1,300억 원이 편성되어 있었다. 다만 계획을 세우는 단계이다 보니 금방 결론을 짓지 못할 뿐이다.

사회 저변에 깔려 있는 부조리를 어떻게 줄여나갈 것인가에 대한 해답을 찾기 전에 원인을 파악하는 것도 중요하다. 사학 문제를 예로 들어보자. 해방이 된 후 군사정권이 들어서자 교육정책을 펼 때 숫자를 먼저 제시했다. 공공의 차원에서 해줘야 하는 교육이라면 공립이 우선인데 급한 대로 사립 요건을 느슨하게 한 것이 문제였다. 우리나라에서 사립대학은 개인이 자금을 들여 설립한 학교가 아니다. 국가의 보조금이 들어간 절반의 공공대학이다. 그런데 재단을 설립하고 개인의 것이라고 주장하면서 국가의 보조금을 받는 것을 당연하게 여긴다. 원칙적으로 따진다면 재단은 사고팔 수 있는 것도 아니다. 재단이 해체되면 국가에 귀속되어야 하는데 사적인 소유물로 보고 거래를 하는 것이다.

1977년 고교 평준화를 단행하면서 경기고, 서울고 수준으로 학교의 시설과 교사들을 맞추기 위해 숭실, 경신 등은 지원금을 주면서 교사신축 등을 단행했다. 그때 고등학교를 다닌 사람들은 체육시간이 되면 허구한 날 리어카를 끌면서 돌을 주었다. 학생들의 노동력을 빼돌린 셈이다. 군사정권이기에 가능했던 일이다. 시간이 지나 사학재단의 힘이 커져 부조리가 심각해졌지만 해결하기는 쉽지 않았다. 재단이 반대하고 나선다. 막강한 기득권층이 된 것이다. 국가가 해결해야 할 문제를 민간에 넘기면 어떤 일이 벌어지는지를 잘 보여준다.

여기서 끝이 아니다. IMF 외환위기 이후 여성들의 사회진출이 늘어나게 되면서 육아 부담이 사회적인 이슈가 되었다. 유치원 부족 사태를 해결하기 위한 정부의 대책은 아파트에 있던 유아원을 유치원으로 인정해서 급한 대로 불을 끄는 땜질식 해결책이었다. 하루아침에 유아원은 유치원이 되었고 정부의 보조금도 받게 되었다. 이제는 정부가 인근에 구립 유치원을 설립하려고 하면 기득권이 된 동네 유아원이 들고 일어난다. 위치가 좋은 데 구립 유치원이 생기면 자신들의 밥그릇이 작아지기 때문이다. 지역 국회의원에게도 입김을 불어넣을 정도로 권력집단으로 커졌다. 정부가 보조금을 줄이겠다고 하면 "원래 내 밥그릇인데 왜 뺏어가냐"는 식으로 맞서는 것이다. 2020년 1월 우여곡절 끝에 박용진 의원이 제안한 이른바 '유치원 3법'이 통과되었다. 사실 여기가 끝은 아니다. 중고등학교를 비롯해 대학교까지 사립교육기관의 문제는 더 심각하다. 그러나 손조차 대지 못하고 있다.

개혁 과제란 켜켜이 오랜 기간 쌓여온 사회적인 숙제다. 그러나 해결은 하나씩 하나씩 단계별로 천천히 해야 한다. 원칙과 정의가 중요한 이유다. 누가 어떻게 할 것인가를 정하는 것이 원칙이라면, 사회적 합의를 통해 도출해나가는 것이 정의다. 우리 사회 도처에 해결해야 할 과제는 산적해 있지만, 원칙과 정의에 대한 논의는 부족하다. 공동체를 향한 사회적 합의를 어떻게 이끌어낼 것인가에 대한 고민이 부족하다.

판도라의 상자는 이미 열렸다

거대한 촛불혁명은 그동안 쌓인 게 분출한 현상이다. 한꺼번에 폭발하다 보니 무엇이 얼마 동안 쌓여서 터졌는지 명확하게 진단하지 못한 채 모두를 한꺼번에 해결하려고 하다 보니 제대로 해결된 것을 찾기 어렵다. 검찰개혁을 이슈화했다가 시간이 지나면 다른 개혁 카드를 꺼내들고 그러다 지방선거에 대승하고 총선에도 승리를 거둔 후에는 경제혁신이라는 키워드로 다시 포장하고 있다. 결국 정부가 처음 들어설 때부터 무엇을 해야 되는지 정치권에선 각자의 역할이 무엇인지에 대한 고민이 부족했다. 이제는 고삐가 느슨해지기까지 했다.

경영학의 컨설팅 과정에서 변화관리는 중요하다. 회사를 변화시킬 때 어떻게 할까. 누군가 어느 조직에 가면 제일 먼저 해야 할 것이 가장 빠른 시일 내에 가장 빠르게 보여주기 좋은 걸 선정해서 빨리 시행을 해야 한다. 그런데 사람들은 어떻게 반응을 할까. 처음에는 "쇼를 하는군" 하고 시큰둥한 반응을 보인다. 그런데 연구 결과 6개월이 지나면 가장 빨리 성과가 날 것을 알아채고 성과를 낸다는 사실이 드러났다. 다음 단계는 여러 곳에서 그런 반응이 보이면 전체 조직이 변하게 된다는 것이다.

문재인 정부는 박근혜 전 대통령의 탄핵으로 인수위원회를 운영할 여유도 없었다. 빨리 성과를 보여줘야 국민들의 뜨거운 열망에 보답할 수 있다는 생각이 컸다. 과연 국민들이 하루빨리 모든 것을 말끔하게 해결하라는 명령이었을까. 문재인 정부가 내건 적폐청산, 실제로 촛불혁명에서 판도라의 상자가 열렸다. 모든 적폐가 한꺼번에 터져 나오자 급했던 것이다. 국민들의 공감대를 이끌고 우선순위를 정해서 차근히 해나갔어야 하지만 대화를 통해 공감대를 이끌어낼 시간적 여유조차 찾지 못했다. 결국 각개 약진을 할 수밖에 없었다.

올바른 정책참모라면 대통령 당선 시에 내건 공약 중에서 우선순위를 정하고 가시화했어야 했다. 때로는 정책이 자신의 이해와 어긋나지만 궁극적으로 사회 전체에 의미가 있어 시행해야 한다면 포함시켜야 한다. 인구문제와 같이 난해하거나 사안 자체가 복잡한 것은 더 많은 논의가 필요한 사안이다. 장기적으로 정부출연연구기관에서 연구성과를 낼 수 있도록 지원해야 한다. 필요한 경우에는 정부출연기관의 구조조정도 필요하다. 구조조정이 연구원을 줄이라는 것이 아니라 리셔플링, 융합을 하면 된다. 공론의 장은 없고 보여주기식으로만 정책이 펼쳐져서는 안 된다. 이벤트식으로 정책을 펼쳐나간다고 국민들이 모를 것이라고 판단하면 큰 오산이다.

화폐단위 변경

요즘 우리가 음식점이나 카페에서 흔히 1,300원짜리 표기를 1.3으로 하는 경우를 종종 본다. 이런 것을 국가 차원에서 시행하는 것을 화폐단위의 변경, 리디노미네이션Redenomination이라고 한다. 리디노미네이션이란 화폐의 단위를 변경하는 것으로 기존 화폐단위로 표시된 가격과 예금, 채권·채무, 증권의 액면가 등 일체의 금액을 법정비율(교환비율)에 따라 일률적으로 조정하여 새로운 화폐단위로 표기하는 것을 의미한다. 단순히 화폐의 단위만 바꾸는 것이어서 화폐의 실질가치는 변하지 않는다.

화폐단위 변경 문제는 이미 20년 이상 논의된 주제다. 대부분의 경제학자들이 필요성을 인정하며, 동시에 문제점으로 인플레 발생과 부정부패를 들고 있다. 우리는 10장에서 부채는 없어지지 않고 복잡한 채권, 채무관계의 이해관계 조정의 문제를 수반한다는 것을 지적한 바 있다. 경제학적으로 부채문제의 점진적 해결 방안 중 하나는 인플레다. 즉 모든 사람의 부채의 실질 가치를 떨어뜨리는 것이다. 영국의 경우 1·2차 세계대전을 겪으며 급증한 국가부채를 파운드화 평가절하와 인플레이션을 통해 해결한 바가 있다. 실제로 세계대전 직후 약 250퍼센트에 달했던 GDP 대비 정부 부채비율은 1970년대에 약 56퍼센트까지 낮아졌다. 그런데 최근 20년 동안 인플레는 중요한 문제가 된 적이 없다. 일본의 아베 정권이 인플레 유발을 통한 성장을 고려한 적이 있듯이 우리나라의 심각한 디플레 상황에서는 이제 생각해볼 단계가 되었다.

현재 우리나라에서 논의를 하려는 이유는 기존 화폐의 강제 환수, 화폐교환 제한, 예금 동결을 수반한 과거 통화조치와는 다르다. 우리나라는 세 차례 통화개혁이 있었는데(1950년, 1953년, 1962년), 이 가운데 1953년과 1962년 두 차례의 리디노미네이션이 있었다. 1953년에는 화폐단위를 100:1로 절하(100원→1환), 1962년에는 10:1로 절하(10환→1원)했다. 지금 논의하려는 리디노미네이션은 과거 단행된 높은 인플레이션 악순환을 단절하기 위한 후진국형이 아니라 물가 안정의 바탕 위에서 화폐 사용 편의 증진과 대외 위상 제고에 목적이 있다는 점이 다르며 국민 합의를 통해 수년간의 준비, 홍보 기간을 거쳐 투명하게 진행하려는 것이다.

리디노미네이션이 왜 필요할까? 어느 나라나 인플레이션이 오래 지속 누적되면 화폐로 표현하는 가격 자릿수가 증가하기 마련이다. 그리고 경제, 금융 거래규모의 증가로 국가통계 가운데 이제는 0이 16개인 경京 단위의 자료를 쉽게 볼 수 있다. 반면, 젊은 층이 주로 방문하는 홍대와 같은 곳에서는 4,500원을 4.5천 원으로 표시하는 것이 자연스

표 14-1 OECD 국가별 환율표(2021년 5월 말 기준)

국가명	통화	기말환율	국가명	통화	기말환율
오스트레일리아	AU Dollar	1.3	뉴질랜드	NZ Dollar	1.4
미국	Dollar	1	스위스	Franc	0.9
EU	Euro	0.8	폴란드	Zloty	3.7
캐나다	CA Dollar	1.2	이스라엘	New Shekel	3.2
영국	Pound	0.7	덴마크	Krone	6.1
터키	Lila	8.6	노르웨이	Krone	8.4
멕시코	Peso	19.9	스웨덴	Krona	8.3
일본	Yen	109.9	체코	Koruna	20.9
한국	Won	1,115.1	아이슬란드	Krona	121.1
콜롬비아	Peso	3,710.0	헝가리	Forint	285.6
칠레	Peso	723.5	-	-	-

자료: 한국은행, 블룸버그

러워져 백 원 미만의 화폐단위 사용이 점점 줄어들어 계산상의 불편과 비효율을 해소할 필요가 있다. 한편 리디노미네이션의 필요성 가운데 대미 환율의 자릿수도 자국 화폐의 대외 위상과 관련되어 있어 중요하다. 현재 원화의 대미 달러 환율은 오래전부터 네 자리였다. OECD 회원 37개국 가운데 한국과 콜롬비아 두 나라만 네 자릿수인데, 환율 수치가 높으면 만성적인 인플레이션과 재정적자가 높은 후진국으로 인식되어 선진국 진입 전에 한 자릿수로 조정하는 것이 필요하다.

리디노미네이션은 국가 전반에 큰 변화를 가져오기 때문에 막대한 직간접 비용과 혼란이 불가피하다. 그러나 화폐단위 계산의 편의성과 국가위상 제고의 효과는 계측이 어렵고 장기적으로 서서히 나타나기 때문에 리디노미네이션에 대해서는 부정적 여론이 많다.

먼저 리디노미네이션의 긍정적인 측면부터 살펴보면 첫째, 경제와 금융의 규모 확대에 따른 계산, 기장, 비교의 불편을 해소하고 거래 단위 축소에 따른 편의성 제고이다. 둘째, 1달러=1원의 환율로 표시할 경우 선진국형 통화로의 전환에 따른 국가위상 제고이다. 셋째, 화폐 기본단위의 구매력 회복을 통해 자국 통화에 대한 신뢰 개선 등을 들 수 있다.

반면, 리디노미네이션에는 직간접 비용이 든다. 직접비용으로 첫째, 각종 지급결제시스템 및 회계시스템 등 정부, 기업, 금융기관의 모든 전산시스템 수정, 둘째, 구화폐 폐기 및 신화폐 제조비용, 셋째, ATM/CD기와 자동판매기 등 현금취급기기 변경 비용, 넷째, 기타 가격표시 게시물 교체, 각종 금전표시 증서 재발행 비용 등이 소요된다. 간접비용으로 새로운 화폐에 적응하기까지 전 국민이 겪는 불편, 교환과정에서 지하자금 양성화로 오인될 경우 외화 및 부동산으로 자금이 몰리면서 금융과 자산시장의 혼란, 낮아진 단위에 대한 착각과 단수처리 효과(가령 4,700원을 단위 변경 후 4.7원이 아닌 5.0원으로 판매)에 따른 물가 상승 압력이 높아질 수 있다. 아울러 제도 추진에 따른 행정비용과 대국민 홍보비용이 적지 않게 들어간다.

2005년 이후 리디노미네이션을 실시한 국가는 10여 개 국가로, 터키를 제외하면 대부분 경제 규모가 작은 나라다. 이들 국가 중 터키, 루마니아 등은 리디노미네이션을 실시한 후 물가상승률이 하락하는 등 성공 사례로 평가되는데 그 성공 배경은 다음과 같다.

① 재정적자 축소 등 여러 경제개혁 조치와 병행 실시
② 정치, 사회적 안정을 기반으로 추진
③ 국민의 광범위한 공감대 형성
④ 정부와 중앙은행, 금융기관 등 유관기관 간 긴밀한 협력

터키의 경우, 1970년 이후 높은 인플레이션으로 리라화의 대내외 가치가 급감했고 2004년 말 대미 달러 환율이 1달러당 134만 리라에 달했다. 높은 자릿수로 인해 가격표시, 현금취급기기, 시스템 비효율이 커짐에 따라 2005년에 리디노미네이션을 실시했다. 몇 차례 제출된 법안은 높은 인플레이션이 지속되어 폐기되었다가 인플레이션이 목표치 이내로 낮아지는 추세가 확인되자 2004년 1월 법안 공포 후 2005년 1월 1일에 단행했다. 화폐단위를 '1백만 리라:1신리라'로 교환 비율을 정하고, 1년에 걸쳐서 신·구화폐를 병행해서 사용했으며, 이중가격을 표시하고 구화폐 회수를 진행했다. 이후 2006년 구화폐의 통용을 금지시켰으며 2009년 화폐단위 명칭을 다시 리라로 복원했다.

터키의 리디노미네이션은 실시 후 외국인 투자가 급증하고 물가 등 거시경제지표가 양호한 흐름을 보이는 등 성공적이라 평가를 받았으며 이는 필요성에 대한 광범위한 국민적 합의를 바탕으로 정부와 중앙

은행이 확고한 실행 의지를 가지고 치밀하게 준비한 결과다.

우리나라에서 리디노미네이션이 성공하려면 어떻게 해야 할까? 우리나라의 현재 화폐는 1962년 10환을 1원으로 화폐단위를 변경한 이래 60년간 사용하고 있다. 그동안 경제 규모가 얼마나 컸는지 보여주는 대표적인 명목기준 국민총생산은 약 5,300배 성장했다. 리디노미네이션에 대한 논쟁은 노무현 정부에서 시작되어 법안 발의도 있었고, 한국은행도 필요성을 인정하며 수년간 준비를 해온 것으로 알고 있다. 하지만 장기적으로 서서히 나타나는 긍정적 효과에 비해서 당장의 불편과 변경 비용을 부담하는 국민들의 반대로 시급성이 없다고 인식되어 추진이 중단된 상태다. 더구나 리디노미네이션의 목적 가운데 하나인 지하경제 양성화 명목으로 현금 교환에 대한 실명 보고와 교환기간을 제한할 경우 경제 위축 및 정쟁의 대상이 되어 논의 자체가 불가능한 상황이 되어버렸다.

우리가 원하는 선진국형 리디노미네이션은 국민적 합의와 공감대의 바탕 위에서 충분한 준비기간과 홍보를 거쳐 진행되어야 한다. 리디노미네이션은 성공 가능한 적정한 시기를 선택하고 부정적 효과를 어떻게 줄이느냐에 달려 있다. 리디노미네이션이 성공하려면 경제와 물가가 안정되어야 한다. 한국 경제는 저성장 시대로 진입해 물가가 2퍼센트 이내로 유지되고 있으며 코로나19 발생 전에는 오히려 디플레이션을 걱정할 정도였다. 코로나19에 따른 경기침체를 막고자 엄청난 유동성이 풀려서 부동산, 주식 등 자산가격의 상승과 최근에는 물가상승 조짐도 나타나고 있다. 따라서 추진 시기는 백신접종 완료 후 경제가 정상화되고 부동산 및 물가 안정이 확인되는 시점으로 결정하되, 의지와 추진력을 갖고 하려면 새로운 대통령 집권 초반에 시작하는 것이 좋다.

부정적 효과로는 우선 막대한 비용을 들 수 있다. 화폐단위 변경에 따른 결제, 회계시스템 재구축, 현금지급기 교체 등 직접 전산비용만 약 5~10조 원, 기타 신화폐 발행, 증서변경, 행정, 홍보비 등 수조 원의 비용이 추정된다(독일의 경우 2002년 유로화 전환 비용은 약 205억 유로였다). 그러나 이로 인한 일자리 창출과 소비 진작 효과가 직접 투입비용의 몇 배 이상 가능하다.

2000년 컴퓨터 프로그램의 두 자리 날짜 표시 버그를 해결하기 위해 네 자리로 변경하는 Y2K 프로젝트가 대대적으로 진행되었다. 우리나라의 경우 약 8조 원의 비용이 투입되었는데 컴퓨터 등 하드웨어 변경 수요와 이로 인한 반도체산업 호황으로 수배의 편익을 유발한 것으로 알려져 있다. 한편 리디노미네이션의 비용에 따른 저항을 완화하려면 시스템 변환 및 테스트에 따른 외주용역비의 일부를 세액공제하는 지원 조치도 필요하다. 다음으로 중요한 구화폐의 교환과 관련해서는 실명제의 예외로 익명으로 가능하도록 금융실명제법, 특정금융정보법 등의 개정이 필요하다. 신화폐로의 교환기간도 정권이 바뀌어도 가능하도록 10년 정도 길게 설정하는 것이 좋다. 마지막으로 1,000원:1환 교환비율을 적용하는 화폐단위의 절하에 따른 인플레이션 우려는 디플레이션이 우려되는 상황에서 오히려 긍정적인 효과가 있을 수 있다. 리디노미네이션은 국민 일상생활은 물론이고 국가경제 전반에 미치는 영향이 크므로 정치, 경제, 사회 각 분야의 국민적 합의를 통해 투명한 절차와 준비 기간을 설정해야 하며, 2022년 대선 이후가 적기라고 생각한다.[2]

---

2 찰스 굿하트, 마노즈 프라단의 《인구 대역전(The Great Demographic Reversal)》에서 굿하트에 의하면 중국의 글로벌 가치사슬 이탈과 인구구조의 변화에 따라 인플레이션이 올 수밖에 없다고 주장한다. 이런 상황이 발생한다면 화폐단위 변경은 어려울 수도 있다. 그러나 이것은 중장기적 전망으로 어느 시점에 발생할지 정확히 예측하기 어렵다. 화폐단위 변경을 추진할 때 이런 인플레이션의 발생 가능성을 면밀히 관찰하여 추진해야 한다.

CHAPTER 15

청년기본자산 플랜

차기 대선의 치열한 논쟁거리, '기본소득'

기본소득Universal Basic Income을 둘러싼 논란이 확산되고 있다. 당연한 것이다. 이 개념 자체가 다양한 스펙트럼이 있기 때문이다. 기본소득은 실질적인 자유를 보장하기 위해 정치 공동체가 모든 사회 구성원에게 개별적으로 아무런 조건 없이 정기적으로 지급하는 지원금이다. 최저생계비 이상(또는 미만)의 지급 여부에 따라 완전기본소득Full Basic Income과 부분기본소득Partial Basic Income으로 분류한다. 국가별 상황에 따라 지역, 연령, 계층 집단별 다양한 사회보장의 형태로 시도했으나 아직 국가 전체적으로 시행한 적은 없다.

기본소득 지구네트워크Basic Income Earth Network: BIEN[1]에서 정의

한 바에 따르면 기본소득은 개인별 자산과 소득의 조사 없이 모두에게 제공하는 보편성, 근로 등의 조건심사 없이 모두에게 지급하는 무조건성, 개인에게 지급하는 개별성, 지속적으로 일정 기간마다 지급하는 정기성, 받는 사람이 용도를 결정할 수 있도록 하는 현금 지급의 다섯 가지 특성을 지닌다. 기본소득은 사회적 약자에 한정하여 대상별로 금액을 측정하는 사회복지수당과는 달리 '누구에게나' '동일한' 금액을 지급한다는 데 차이가 있다.

기본소득 개념은 18세기 말에 산업화로 인해 불평등이 심화되면서 토머스 페인Thomas Paine 등이 정부에서 모든 사람에게 같은 액수의 지원금을 주어야 한다고 제안한 것에서 시작한다. 20세기 들어 이 개념이 정치권에 받아들여졌고, 1953년에는 영국의 경제정치사회학자인 G. D. H. 콜George Douglas Howard Cole이 기본소득basic income이라는 용어를 사용하기 시작했다. 이후 영국 정치인 브랜든 R. 윌리엄스Brandon Rhys-Williams가 1982년 의회 위원회에 기본소득을 제안했다. 한편 미국은 존슨 대통령이 최저소득 보장 정책을 주창한 이후 기본소득의 변형인 부의 소득세Negative Income Tax: NIT 제도와 근로장려세제Earned Income Tax Credit: EITC로 발전했다. 한편 한국은 코로나19 팬데믹으로 인해 경제가 타격을 받고, 국민들의 생활이 어려워지면서 정부는 긴급 재난지원금을 지급하였으며 사태가 길어지자 재난 상황에서 최저생활

---

1 기본소득에 관심이 있는 지식인들과 활동가들의 네트워크로 1986년에 기본소득 유럽 네트워크로 시작했으며 2004년에는 전 세계로 활동 영역을 넓혔다. 2년에 한 번씩 기본소득에 대한 국제회의를 주최하며 한국 지부로는 '기본소득 한국 네트워크(BIKN)'가 있다.

을 보장할 대책이 논의되었고 기본소득이 대안으로 부상하여 대선 후보 간 치열한 논쟁이 진행되고 있다.

해외에서 기본소득을 도입했던 사례를 보자. 핀란드는 높은 실업률과 불안정 노동자가 급증하는 상황에서 부분기본소득이 급변하는 노동시장에 적응할 수 있도록 사회보장제도를 개혁할 수 있는지 검증하기 위해 25~58세의 2,000명의 실업자를 무작위로 선정해 매달 560유로(약 75만 6,000원)를 2년간 지급했다. 1년 차에는 실험 대조군과 비슷한 수치인 약 18퍼센트가 취업했고, 2년 차에는 약간 높은 27퍼센트가 취업을 했다. 실험 참가자의 46퍼센트가 기본소득 도입에 완전히 또는 부분적으로 찬성하였으며 연구 결과로는 고용에는 미치는 영향이 거의 없고 행복을 증진시킨다는 결론을 내렸다.

스위스에서는 기존의 복지체제를 유지하면서 성인 1인당 2,500스위스프랑(한화 약 300만 원), 미성년자 1인당 625스위스프랑을 매월 지급하는 안에 대한 국민투표가 있었지만 재원조달의 우려로 국민의 77퍼센트가 반대하며 부결되었다.

캐나다 온타리오주는 기본소득이 건강 상태와 노동시장의 성과, 그리고 온타리오주에 사는 빈곤층의 실질적인 삶 등을 개선할 수 있는지 이해하고 측정하고자 18~65세 빈곤층 4,000명에게 매달 1,320캐나다달러(약 122만 원)를 3년간 지급했다. 그러나 중간에 보수 성향의 주지사에 의해 중단되었다. 기본소득은 누구에게나 보편적으로 현금을 지급하고 국가 재원조달 구조와 밀접한 관계가 있기에 여러 쟁점이 존재한다.

기본소득에 대한 논쟁은 여전히 뜨겁게 현재진행형이다. 기본소득

표 15-1 기본소득에 대한 좌파와 우파의 주요 쟁점

좌파	쟁점	우파
·기본소득은 복지혜택 아닌 시민의 권리 ·고소득층 세금 더 납부하기 때문에 공평	부자 지원 문제	·저소득층 지급할 복지혜택 축소 가능성 ·모두에게 지급하면 소득 재분배 효과 적음
·기존 복지제도를 유지하면서 기본소득 (혹은 전 국민 고용보험) 서서히 확대	기존 복지제도	·기존 복지제도를 최대한 없애고 기본소득 으로 대체 단순화하여 행정비용 절감
·기본소득 지급액이 최저생계비보다 낮기 때문에 근로 의욕에 영향 없음	노동 의욕 저하	·무임승차자 증가 ·경제 역동성 떨어질 가능성 존재
·법인세 정상화 등 조세부담률 OECD 평균 수준으로 올리면 가능	재원 마련 문제	·현실성 없음 ·근로자 세 부담 늘거나 소비세 인상 필요

은 국민의 최저생활을 보장하고 선별지급에 따른 저항과 행정 부담을 완화하기 위해 돈이 있는 사람도 동일하게 지급함으로써 막대한 재원과 소득세 누진율 설계가 제대로 되지 않으면 재분배 효과가 약화될 수 있다. 최근 기본소득제가 관심을 받는 이유는 자동화와 인공지능의 발달로 일자리가 대규모로 사라지고, 저소득자를 위한 각종 사회복지 전달 체계가 너무 복잡하여 이를 단순화함으로써 소요 비용을 줄이려는 목적이 작용한다.

코로나19에 따른 소득감소를 보전하기 위한 지원금 지급에 있어 보편지급과 선별지급 방식에 대한 논란이 있지만 소득을 파악할 수 있는 데이터가 부족하고 실행기간의 문제로 몇 차례 보편지급이 이루어지면서 이를 정기화한 기본소득에 대한 수용성이 높아지고 있다. 이와 같이 기본소득은 집행 부담이 적고 지급금액이 크지 않을 경우 노동시간 선택에 영향을 주지 않는 것이 장점이다.

하지만 기존 복지제도의 통폐합 없이 기본소득의 금액이 증가할 경우에는 막대한 예산 부담과 함께 근로의욕을 감소시킬 수 있다는 우려도 존재한다. 또한 소비촉진 경제정책의 면에서도 동일한 금액을 저소득자와 고소득자에게 지급하는 것과 저소득자에게 몰아주는 것을 비교하면 저소득자의 한계소비성향이 더 높기 때문에 보편보다는 저소득자에게 몰아주는 것이 효과가 크다. 그러나 아무리 노력해도 일자리가 부족한 시대에 과거 완전고용 시대에 설계된 복지제도를 강화하는 것만으로는 해결하기 어려우므로 기본소득은 현시대 상황에서는 좋은 대안이다. 지급액 수준과 조세 체계, 기존 복지제도의 통폐합 정도에 따라 효과가 다르게 나타나므로 지역과 대상 계층별 실험 효과를 분석하면서 단계적으로 접근하는 것이 바람직하다.

한편 흥미로운 것은 기본소득을 찬성하는 보수 성향의 경제학자도 많다는 점이다. 보수적인 경제학자 중 처음으로 기본소득을 제안한 사람은 밀턴 프리드먼이다. 경제학을 하는 사람들은 기본적으로 이전지출 중 가장 효과적인 것은 아무런 제한이 없이 돈을 소비자에게 직접 주는 방식이라고 생각한다. 왜냐하면 이 방식이 소비자가 선택할 수 있는 폭을 가장 크게 만들기 때문이다. 만일 사용처가 정해진 방식의 상품권이나 지역화폐로 준다면 소비자 선택이 바로 그 한도로 제한된다.

기본소득에 반대하는 사람들은 제한된 재원을 어려운 사람에게 더 주는 것이 더 효과적이라는 주장을 한다. 어려운 계층일수록 한계소비성향이 높아서 경제성장에도 좋다는 것이다. 맞는 말이다. 기본소득이 왜 필요한지를 가장 잘 보여주는 영화가 있다. 2016년에 개봉된 〈나, 다니엘 블레이크I, Daniel Blake〉가 그것이다. 어려운 사람을 선별하고 증명하는 과정에도 비용이 수반된다. 개개인별로 사정이 천차만별로 다를 수밖에 없다. 어떤 사람의 소득감소를 보전하기 위한 사회보장지출을 할 경우 어느 정도의 소득감소를 보전해주어야 하는지 기준을 만들어야 하고, 그 기준에 맞는지 심사하거나 증명을 해야 한다. 이 과정에서 행정비용이 드는 것이다. 예를 들어 우리나라에서 2018년 아동수당을 도입할 때 가장 잘사는 아이들에게도 수당을 줄 필요가 있는지 논란이 되어 상위 10퍼센트를 제외한 적이 있었다. 논리적으로 맞는 이야기다. 그러나 실행을 하기 위해서 상위 10퍼센트를 선별하는 비용이 그냥 10퍼센트에 주는 것보다 훨씬 많이 들었다. 미국의 경제학자 밀턴 프리드먼이 주목한 것이 바로 여기에 있었다. 최근 기본소득론을 주장하는 사람들과 인식을 같이 하는 지점이다.[2]

'보편 vs 선별' 논쟁에서 우리가 주목해야 하는 지점이 바로 이것이다. 집행하는 데 드는 비용과 번거로움을 줄이고 신속하고 논란이 적은 방법을 찾아야 하는 것이다. 여기서 우리나라 행정당국이 국민들의 소득을 어느 정도 파악하고 있는지 살펴보아야 한다. IMF가 2017년 10월에 발간한 〈재정 모니터Fiscal Monitor〉 보고서도 선별적 복지를 위한 행정역량에 따라 보편적 기본소득의 효과가 다를 것이라고 명시하고 있다.

---

2 프리드먼 등 보수 성향의 학자들은 이 기본소득을 시행하면서 기존의 복지지출을 줄이자는 것이 특징이다. 스위스에서 기본소득 실시에 관한 국민투표를 했는데 부결되었다. 이때의 쟁점은 기존의 복지지출을 어떻게 할 것인가였다.

우리나라에 주는 의미가 무엇일까? 일례로 국세청에 따르면 2019년 기준 간이과세를 신고한 인원은 약 160만 명으로 전체 부가가치세 인원 약 670만 명의 23.7퍼센트에 해당하며 그중 납부 의무를 면제받은 인원은 약 120만 명으로 78.9퍼센트에 해당한다. 즉, 전체 부가가치세 약 670만 명 중 납부의무 면제자는 18.6퍼센트다. 이들의 소득 파악은 현재 시스템으로는 어렵다. 소득 파악의 정도가 높아야 한다. 보편적 기본소득은 코로나 위기로 인해 국민들에게 지급되었던 1차 지원금을 제외한 2차에서 4차까지의 지원금은 선별지급이었다. 이 과정에서 사용되었던 자료가 매출액, 영업이익, 과세자료, 카드 이용금액 등 다양했다.

모든 국민들은 세금을 적게 내고 싶어 한다. 당연하다. 세금은 지출인데 이 지출로 인해 자신의 소득이 줄어드는 것을 좋아할 사람이 어디 있는가? 특히 그렇게 납부된 세금이 우리를 위해서가 아니라 낭비되는 것이 아닌지 의문을 가질 경우 더더욱 그렇다. 국가, 정치에 대한 신뢰가 약할수록 그런 것이다. 그런데 2~4차에 걸친 재난지원금은 우리 국민들에게 '국가가 국민들을 위해 돈을 줄 수 있구나'라는 인식을 확산시켰다. 그리고 우리가 내는 과세자료가 그 기준이 된다는 인식을 갖게 했다.[3]

다른 한편 기본소득보다는 부의 소득세NIT나 근로장려세제EITC가 더욱 효과적이라는 주장도 있다. NIT는 1940년 영국의 정치가 줄리엣

---

3 부동산 다운계약서는 예전에는 관행이었지만 지금은 아니다. 왜냐하면 다운계약서를 써서 계약을 한 경우 자신이 부동산을 매각할 때 세금을 더 내야 하는 경제적 이유가 있기 때문이다. 물론 법적으로도 문제가 된다.

표 15-2 기본소득과 부의 소득세, 그리고 근로장려세제

	기본소득	부의 소득세(NIT)	근로장려세제(EITC)
지급대상	전 국민 무조건/개인	기준소득 미만/개인	저근로, 사업소득/가구
지급금액	동일금액	기준소득과 갭의 50%	소득 수준에 따라 증감
연계요건	없음	없음	소득, 가구, 재산연계
재원부담	대	중	소(조세환급)
행정부담	소	대	중
도입사례	미도입. 지역단위 실험	미도입. 지역단위 실험	도입(한국 2008년)

리스 윌리엄스Juliet Rhys-Williams가 처음 제안하고, 미국 자유시장주의 경제학자인 밀턴 프리드먼이 대표적 주창자다. 일정 소득 수준 이하의 개인에게 최소보장 소득과의 차이 금액에 세율을 적용하여 지급하는 소득세의 하나로, 기준소득을 넘는 개인은 소득세를 납부하고 미달하는 개인은 부의 소득세를 수령함으로써 기존 사회복지체계를 재조정하고 동시에 기본소득 내지 최소보장소득을 하나의 체계에서 도입함으로써 관리비용을 절감하고자 하는 것이다.

이론적 논의는 많았지만 각 국가의 복잡한 세금제도와 기준소득 및 세율을 통합하여 매년 정해야 하는 어려움이 있어 실제 시행되지는 못했다. 1971년 닉슨이 NIT 도입 공약을 제시했지만 의회가 거부하여 시행하지 못했고, 1968~1982년 미국과 캐나다의 일부 주에서 수천 가구를 대상으로 실험을 했지만 노동의욕 감소 효과가 나타났다.

EITC는 일정액 이하의 저소득 근로자 또는 전문직을 제외한 사업자 가구에 대해 가구원 구성과 총급여액 등에 따라 산정된 근로장려금을

지급함으로써 근로를 장려하고 실질소득을 지원하는 근로연계형 소득 지원 제도다. 1975년 미국에서 처음 실시했으며 이후 영국과 캐나다, 프랑스에서 시행했고 우리나라는 2007년 조세특례제한법 개정안에 근로장려세제 조항을 도입하여 2009년에 처음 지급했다. 신청자격은 전년도 12월 31일 기준으로 근로·사업소득이 있는 단독가구(연간 총소득 2,000만 원 미만), 외벌이가구(연간 총소득 3,000만 원 미만), 맞벌이가구(연간 총소득 3,600만 원 미만) 등으로 구분하여 전년도 6월 1일 기준 가구원 재산 합계액 2억 원 미만 가구가 신청 자격이다. 근로장려금은 3단계 구간으로 단독구간은 최대 150만 원, 외벌이가구는 최대 260만 원, 맞벌이가구는 최대 300만 원으로 산정하고 있다.

여기서도 정책의 집행가능성과 소득파악을 쉽게 하기 위한 장치가 마련되어 있음과 동시에 노동활동을 더 하게 하는 유인책이 있다. 기본소득을 주장하는 사람들 중에는 어느 계층을 타깃으로 하여 기본소득을 주자거나 어느 지역을 한정하여 주자고 하는 경우도 있다. 기본소득의 보편성을 어느 정도 완화한 것인데 이 경우 생애주기별 복지를 주장하는 것과 유사해지는 경향이 있다. 만일 기본소득을 주면서 이것을 과세소득으로 한다면 어떻게 될까? 그러면 NIT와 연결될 수도 있다.

이와 같이 소득의 측면에서 불평등을 줄이기 위한 논의는 서로 배타적일 수도 있지만 연결되어 결합시킬 수도 있는 것이다. 우리는 어떤 주장보다도 그 주장이 지향하는 바를 고려하여 실행 가능한 제도를 도입해야 한다. 바로 이것이 정치의 일이다.[4]

기본소득: 공정을 어떻게 바라볼 것인가

기본소득에 있어 중요한 일 중 하나는 '공정'을 어떻게 바라볼 것인가에 대한 정의다. 문재인 대통령의 '공정'과 헌정 사상 첫 원내교섭단체의 30대 당수로 선출된 이준석 당대표의 '공정'이 과연 같을까? 모두가 동등한 권리와 지분을 가지는 평등성과 개인의 능력에 맞게 대우받는 것이 공정함이라는 견해, 그리고 필요한 사람에게 더 많이 주는 것이 공정함이라는 견해가 있을 것이다. 두 번째와 세 번째의 견해는 주로 보수 진영의 정치인들이 취하는 입장이다. 그래서 기본소득을 반대하기도 하는데, 잊지 않아야 할 것은 공화당 닉슨이 도입하고 보수의 상징 레이건이 확대했던 EITC의 경우에 동일한 규칙 아래에서 패배한 자를 국가가 돌보지 않고 그대로 방치할 경우 사회적 효율성이 저하될 것이라는 우려에서 기인했다는 사실이다.

한국에서는 불평등을 해소하기 위한 방안으로 포스트 케인지언Post Keynesian 경제학자들이 주창한 임금주도성장론Wage-led growth을 바탕

---

4 기본소득, 안심소득, NIT, EITC 등 다양한 제도가 논의되고 있다는 것은 우리 사회에서 소득 불평등을 위한 제도도입의 시급성에 다들 공감한다는 반증이다. 이 과정을 통해 우리나라에서 국가가 국민을 위해 무엇을 해야 하는지에 대한 논의가 성숙되고 있음을 알 수 있다. 한편으로 참여소득에 대한 주장도 고려해볼 수 있다. 참여소득은 공공/사회에 반드시 필요한 활동이지만 시장에서 그것이 공급되지 않는 경우 공공에서 그 노동을 제공하는 사람에게 소득을 지원하는 것을 말한다. 증가하는 사회적 돌봄서비스, 보건/방역서비스 등 시장에서 과소공급될 수밖에 없는 영역에 대해 노동을 제공하는 노동자들에게 일정 금액의 보조금을 지원하여 그 서비스를 제공하는 업체의 비용 부담을 줄이고 그 서비스 공급을 늘릴 수 있는 장점이 있다. 아울러 산업구조 전환과정에서 필요한 중소기업들에 고용되는 노동자에게 임금의 일부를 지원하는 것도 생각해볼 수 있다. 소부장 산업과 같은 뿌리 산업의 경우 시장원리에 맡기면 도태될 수밖에 없어 외부불경제가 발생할 수 있는데 여기에 고용되는 노동자에게 임금의 일부를 지원하는 것이다. 그리고 여기서 훈련된 고숙련노동자를 대기업에서 채용할 경우 중소기업에 일종의 대가를 지불하는 것도 생각해볼 수 있다. 이런 제도는 몇몇 분야에서 시행되고 있는데 제도 확대와 고용촉진 및 필요서비스 증가를 동시에 추진할 수도 있는 것이다.

으로 하는 문재인 대통령의 소득주도성장이 정책으로 시행되고 있다. 가계의 임금과 소득을 늘리면 소비도 늘어나서 경제성장이 이루어진다는 논리이다. 문재인 대통령은 새정치민주연합 대표 시절에 소득주도성장을 당론으로 채택하였으며, 정부 출범 이후에는 소득주도성장의 축으로 가계소득 증가와 생계비 감소, 그리고 안전망과 복지를 제시했다.

소득 불평등 해소에 주목했지만 금융소득과 부동산소득 등 자산 불평등을 간과한 경향이 있다. 진정으로 불평등 문제를 다루기 위해서는 소득 불평등에 자산 불평등 문제까지 다루어야 한다. 이것을 주창한 사람이 바로 경제적 불평등 연구의 선도자로 알려진 경제학자 토마 피케티다. 피케티는 불평등을 해결하기 위해 청년에게 보편적 기본자본 Universal Capital으로 성인 평균 순자산의 60퍼센트를 지급하자는 제안을 했다. 피케티는 기존에 존재하는 기본소득의 어휘를 최저소득으로 바꾸어야 한다며 한 인격체가 생존을 지탱할 수 있게 하는 기초생활비에 지나지 않는다며 한 단계 더 나아가야 한다고 했다.

대학 교육에서부터 능력주의 이데올로기가 갈라놓는 교육의 문제를 해결해야 하고 임금이 인상되는 속도가 자본소득이 늘어나는 속도를 따라가지 못한다며 임금체계조정을 통한 노동자의 권리 강화 문제를 해결해야 한다고도 했다. 또한 사적 소유에 있어 가장 큰 불평등이 발생한다며 사적 소유(자본)를 나누어 가져야 한다고 했는데 20세기를 거치며 소득 급여 불평등은 줄어든 측면이 있지만 자산의 집중은 엄청난 수준이라고 지적한다. 필자도 그런 의미에서 이와 유사한 '청년기

본자산법'을 준비하고 발의했다.[5]

복지제도의 패러다임 변화가 필요하다

2001년 영국의 노동당은 아동신탁기금Child Trust Fund: CTF을 선거 전략으로 내세웠다. 아이가 태어나면 무조건 250파운드를 매월 지급하여 7세가 되는 해에 50파운드를 추가로 지급하자는 내용을 골자로 한 복지정책이었다. 부모와 친인척이 추가로 입금할 수 있으며, 저축액에 대한 세금공제도 이루어진다. 그리고 18세가 되기 전까지는 인출할 수 없다. CTF 제도의 목적은 미래세대를 위한 교육훈련비, 주택담보금 등으로 활용할 수 있도록 하는 데에 있지만, 사용 용도와 상관없이 인출할 수 있도록 했다. 토니 블레어를 내세운 노동당이 압승을 거뒀음에도 불구하고 2011년 재정적자로 인한 감축 정책의 여파로 CTF는 폐지되었다.

CTF가 폐지된 원인은 신자유주의 흐름에서 찾을 수 있다. 영국 경제를 살리기 위해 공기업과 민영화 재정지출 삭감, 그리고 규제 완화와 경쟁촉진 등 1990년대 국민들의 지지를 받았던 '대처리즘'이 다시 고개를 들면서 작은 정부, 시장경제 그리고 경쟁주의가 사회적인 분위기를 이끌었다. 민영화 정책이 지지를 받던 상황에서 CTF에 대해 곱지 않은 시선이 쏟아졌다. "왜 국가가 직접 하느냐"는 논란이 불거진

---

5 2021년 7월 12일 논의를 본격화하기 위한 '청년기본자산 토론회'를 진행했다.

것이다. CTF를 계속 실시했다면 어땠을까. 국가의 예산을 크게 들이지 않고도 성과를 거둘 수 있는 정책이었다. 하지만 정부의 정책에 신뢰가 떨어진 탓에 CTF는 정착되지 못했다.

코로나19의 팬데믹으로 기본소득에 대한 관심이 재조명되었다. 기본소득은 모든 사회 구성원에게 개별적으로 균등하게 일정 금액을 지급하자는 게 기본 취지다. 자산이나 소득의 많고 적음과 상관없이, 그리고 노동의 여부나 노동 의사와도 상관없다.

기본소득의 실시 여부와 상관없이 시급하게 도입되어야 하는 것이 청년기본자산이라고 생각한다. 생애주기별로 구분해 사회에 진출할 시기인 청년기에 정부가 기본자산을 마련해주자는 취지다. 아이가 출생하면 매달 30만 원씩 국가가 적립해서 20세에 지급하는 형식으로 영국의 CTF를 벤치마킹해 국내 실정에 맞춰서 정책을 마련할 수 있다.

정부의 복지제도는 경제적 빈곤층과 취약한 고용층에 대한 안전망 구축이 핵심이자 기본골격이다. 하지만 시대가 변하고 있다. 사회에 처음 진입하는 청년층이 빈곤층이라는 사실은 과거에도 그랬다. 하지만 1980~1990년대 고도성장기에 사회에 진출한 지금의 베이비붐 세대는 그래도 마흔이 넘어가면 내 집 마련은 물론 안정적인 노후를 꿈꿀 수 있었다. 하지만 지금 청년세대의 현실은 각박하고 암울하다. 저성장 기조가 계속되는 상황에서 좋은 일자리를 마련하기가 어려워지고 있어 안락한 노후는 고사하고 안정적 일자리 마련이라는 현실을 극복하기조차 버겁다.

시급한 과제, 세대 간의 소득 불평등 해소

청년기본자산은 세대 간의 불평등 문제를 해소할 수 있는 방안이 될 수 있다. 연금은 노후대책을 위한 금융복지라는 인식이 지배적이다. 하지만 청년기본자산은 사회에 첫발을 내딛는 청년들에게 경제 자립을 앞당기는 재정적 버팀목이 되는 제도다. 일단 사회에 진출하는 출발선을 만 18세로 정하고 이 시기가 되면 기본자산을 찾을 수 있도록 했다. 제도는 설계하기 나름이다. 기본자산을 받는 시기를 25세로 늦출 수도 있다. 청년기본자산은 대학을 졸업하고 창업할 수 있도록 정부가 지원하는 정책으로도 연계해 구상할 수 있다.

중요한 것은 예산이 많이 소요되지 않는다. 통계청에 따르면 2019년을 기준으로 대한민국에 태어나는 아이는 약 30만 명. 그들에게 매달 20만 원을 각각 적립한다면 연간 600억 원이면 해결된다. 이 정도는 국가가 사회진출을 준비하는 미래세대를 위해 해야 할 일이 아닐까. 제도가 도입된 후 희망하는 어린이가 있다면 부모와 상의해 임의가입도 할 수 있도록 제도를 보완할 수 있다.

청년기본자산제는 금융적으로 부가효과를 기대할 수 있다. 기본자산을 운용하는 과정에서는 사회책임 투자ESG Investing는 물론 일부는 주식, 채권 등으로 분산투자할 수 있다. 운용주체는 국민연금으로 정하고 계정별로 구분해 기금운용을 하는 전문가를 별도로 정할 수 있다.

국민연금을 2개로 분산하는 것도 대안이다. 국민연금 A, 국민연금 B로 기관을 나누고 서로 경쟁을 시키면 효율은 높아질 것이다. 분산 운영되는 국민연금은 운영위원회를 두고 관리 평가하면 된다.

현재 위탁운영을 하고 있는 기존 국민연금 제도로는 성과를 거두기가 어렵다. 위탁자 선정 과정에서 기준에 맞는지 여부를 평가하려면 평가기관이 여러 곳이 생겨야 하는데, 규모가 커지게 되면 통제가 어렵게 된다. 국민연금 자산배분asset allocation 담당부서에서는 자산배분에 의한 것인지, 투자 종목 선택에 의한 것인지 등등을 분석하고 성과 평가를 자주, 그리고 많이 해주어야 한다.

국민연금이 줄어드는 현상을 보완할 수 있는 효과도 기대할 수 있다. 국민연금 고갈에 대한 우려가 짙어지고, 이것이 시장에 영향을 준다면 보완책을 찾아야 한다. 기존의 연금제도에 청년연금을 곁들여 운용하면 20년간 다소 보완할 수 있다. 최근 등장하는 모든 '기본'자 붙은 정책보다 청년연금은 실효성이 더 클 것이다. 시나리오에 따른 연금지급가능액 및 필요예산을 추정해보면 〈표 15-3〉과 같다.

2020년 합계출생률이 0.84를 기록한 상황에서 미래 세대를 위한 지원책 마련은 시급한 현안이다. 우리나라 출생률이 떨어지는 이유는 단순하면서도 명백하다. 키우기도 어려운데, 자녀가 성인이 되어도 미래가 불투명하다는 막연한 불안감 탓이 크기 때문에 출산을 기피하는 것이다.

이를 국가에서 어느 정도 지원해줄 수 있는 방안이 바로 청년기본자산이다. 노령연금은 수령자의 사망 시점을 알 수 없기에 계산을 할 수가 없지만 청년기본자산은 가능하다. 출생시점을 기준으로 하기에 어느 정도는 계산할 수 있다. 즉, 예산에 일정 정도의 캡(한도)이 설정된

표 15-3 시나리오에 따른 지급 가능액 및 필요예산 추정

적립금	월 20만 원	적립기간	만 0~17세(18년간)
운용수익률	연 3%	적립금 인상률	연 1%
인출시기	만 24세	시작 대상	만 0~15세(674만 명) 대상으로 19세까지 적립

청년 일시연금 지급 가능액

만 0세부터 18세 적립 62백만 원(적립원금 79백만 원)	5년 후 인출 시, 72백만 원
만 15세부터 18세 적립 8백만 원	5년 후 인출 시, 9백만 원

필요예산

시작연도(만 0~14세)	약 15.1조
전 대상 확대(만 0~17세)	약 17.6조(매년 30만 명 출생 가정)

다. 이 점이 노령연금과 청년기본자산의 가장 큰 차이점이다. 아울러 청년기본자산을 운용하는 자금은 적정 한도를 정해 청년들을 위한 임대주택, 보육시설 등에 투자할 수 있다.

청년을 위한 복지제도는 대한민국의 경제를 위해서 마련해야 한다. 장기적으로 사회연대기금 논의를 하고 실행을 확대해야 하지만, 정부의 발등에 떨어진 불은 저출생 고령화로 인한 생산 잠재력이 하락하고 있다는 것이다. 이에 대한 보완이 우선이다.

"18세 되면 6,000만 원 지급"
청년기본자산법 발의

이용우 더불어민주당 의원은 1일 출생한 시점부터 매달 20만 원을 적립해 18세가 되면 6000만 원을 기본자산으로 지급하는 내용의 '청년기본자산지원에 관한 법률안' 제정안을 대표 발의했다.

이 의원은 이날 오전 국회 소통관에서 법안 발의와 관련한 기자회견을 열고 "보편적 기본자산을 사회적 연대 상속 바탕 위에서 지속 가능성 있는 형태로 제도화한 청년기본자산 플랜을 제안한다"고 밝혔다.

청년기본자산 플랜의 주된 내용은 △ 출생 시점부터 청소년기까지 월 20만 원 국가 적립 △ 적립금 통합기금 운용을 통해 성인(18세)이 되었을 때 약 6,000만 원의 기본자산 마련 △ 고등교육·주거·창업 등 용도에만 한정 지급 등이다. 대상은 2008년 1월 1일 이후 출생한 모든 대한민국 국민이다.

또 국가 적립금 한도 내에서 본인·부모 등 보호자의 추가 임의 적립을 열어둬 자녀의 청년 출발 자금을 위한 저축에 대해 세제혜택이 가능하도록 했다.

앞서 민주당의 대권 주자인 정세균 전 국무총리, 김두관 의원도 기본자산 제도 도입을 제안했다.

이용우 의원은 "내년 대선에서 중요한 이슈가 이런 부분(기본자산의 격차를)을 어떻게 할지"라며 "각 주자들이 어떻게 하느냐에 따라 변별력이 생길 것"이라고 말했다.

이어 "기본자산은 어느 한 주자의 것이 아니라 우리 당이 앞으로 나아갈 방향에 대한 것이다. 이런 논의를 받아들여 시대적 과제를 어떻게 할지 제시할 것으로 본다"며 "법안을 낼 때 어떤 주자와 얘기한 적이 없다"고 말했다.

이 의원은 재원을 마련하기 위해 기존 예산을 삭감해야 하는 것 아니냐는 질문에는 "매년 불용 예산이 10조 원이다. 지출 부분에서 지출 구조조정을 할 필요가 있다"며 "증세 논의를 시작하는 건 도리가 아니다. 현재 예산을 어떻게 효과적으로 쓰지 않고 증세를 얘기하는 건 무책임한 것"이라고 강조했다.

또 현재 7세 이하 아동에게 지급하는 아동수당과 중복 여부에 대해서도 "아동수당은 같이 가야 한다. 현재 있는 걸 체계화시키는 과정이 필요하다"고 설명했다.

법안을 공동 발의한 양이원영 의원은 "청년이 사회에 첫발을 디딜 때 마이너스 자산을 가지고 나아가고 있는 현실"이라며 "사회 공동체가, 기성세대가 무엇을 할지에 대한 답이다. 청년들이 빚을 지고 세상에 나아가지 않도록 기성세대가 해야 한다"고 말했다.

〈뉴스1〉, 2021.6.1.

PART IV

카카오뱅크

카카오뱅크

우리는 앞에서 구체적인 현실에 바탕을 둔 공정과 혁신, 그리고 시장과 규제의 문제를 살펴보았다. 마지막 4부에서는 필자가 카카오뱅크를 출범시키는 과정에서 이 책에서 살펴본 많은 주제들이 어떤 식으로 발현되었는지를 살펴볼 것이다. 이를 통해 현장에서 괴리된 혁신 과제가 전혀 다른 의미를 갖는지 되돌아보고자 한다.

한국투자증권과 카카오의 만남

2015년 금융당국이 인터넷전문은행 인가 절차를 시작하여 2017년 카카오뱅크와 K뱅크가 출범했다. 이는 가장 보수적인 은행체제를 흔들어서 금융혁신을 가져오기 위한 것이었다. "은행에 메기를 풀어" 새로운 긴장을 통해 금융혁신을 도모한다는 뜻이다. 한 번도 가보지 않은 새로운 시도였기 때문에 예상치 못한 일들이 발생했고 우리나라의 은행과 은행고객들도 은행이 이렇게 서비스를 할 수도 있구나 하는 충격을 받았다. 중국 등에서 핀테크가 기존 금융권을 흔들고 국내에서도 이런 현상이 나타나고 있던 상황에서 금융당국의 대응이었기 때문에 사전에 금융당국도 예상하지 못한 일들이 일어났다. 특히 카카오뱅크가 서비스 개시 3년 만에 흑자를 달성하고 천만 이상의 고객을 확보했을 뿐만 아니라 4년 만에 기업공개를 추진하고 예상된 시가총액이 기존 은행의 시가총액을 추월할 가능성이 높아졌다. 이제는 카카오뱅크의 설립과 성장 과정이 우리나라 은행들에 제기한 새로운 질문과 금융당국의 정책목표와 그 결과를 카카오뱅크를 통해 살펴보고자 한다. 금융당국은 새롭게 등장하고 있는 ICT 업체가 은행을 만들어 기존 은행에 자극을 주고자 했다. 그 때문에 기존 은행이 적극적으로 인터넷전문은행을 설립하려는 움직임에 제동을 걸고 ICT가 전면에 나서서 은행을 만드는 것을 목표로 삼았다. 그러나 여전히 금산분리 규제가 작동되기 때문에 ICT 업체는 최대주주가 될 수 없었다. 법에 의하면 ICT는 산업자본이므로 10퍼센트 이상 지분을 가질 수 없었고 의결권은 4퍼센트를 넘을 수 없었다. 따라서 ICT가 주도할 수 있는 법적 근거는 미약했다. 당국은 은행업 인가를 준 후 은행법을 개정하여 ICT에 대해서는 예외를 줄 것을 추진한다고 하면서 인가 절차에 들어갔다. 한편당국은 은행업 인가이기 때문에 이 컨소시엄 구성에 있어서 은행이 나름 ICT의 규제 탈피 수준을 어느 정도 제어해주길 원했다. 그런 의미에서 각 은행권에서 10퍼센트 정도의 지분 참여를 허용함과 동시에 은행(금융권)이 주도하는 것에 대해서는 소극적인 자세를 취했다. 따라서 컨소시엄은 주도하는 ICT 회사, 은행권 지분 10퍼센트, 그 외 금융권 또는 관계회사로 구성되었다. 은행법이 개정될 경우 주도하는 ICT 회사를 최대주주로 만들어준다는 약정이 수반되었다. 사실상 이런 의미에서 인터넷전문은행 인가는 불안정한 것이었고 은행법 개정을 통해 완성될 수밖에 없었다.[1]

당시 금융당국은 진입장벽을 완화하고 사전 규제를 최소화하여 경쟁촉진 및 글로벌 경쟁력을 조속히 확보할 수 있도록 23년 만에 새로운 형태의 업무를 하는 은행을 신규 인가하겠다고 했다. 금융당국이 제시한 인터넷전문은행 예비인가 심사 시 주요 평가항목 및 배점은 자본금규모 100점, 주주구성계획 100점, 사업계획 700점, 인력·영업시설·전산체계 및 물적설비 100점 등 총 1,000점이었으며, 사업계획의 혁신성과 사업모델의 안정성, 금융소비자 편익 증대, 국내 금융산업 발전 및 경쟁력 강화에 기여, 해외진출 가능성 등 다섯 가지 평가항목을 중점 심사(500점) 할 것이라고 밝혔다.

이제 카카오뱅크의 설립과 성장과정을 통해 이러한 정책당국의 목표가 어떤 의미를 갖게 되는지를 하나씩 살펴보기로 하자.[2]

앞서 말했듯이 국내 은행법상 비금융권 회사의 경우 은행지분은 10퍼센트 이상을 취득할 수 없으며, 의결권은 그중 4퍼센트밖에 행사할

---

1 2019년 인터넷은행특례법을 제정하여 ICT에 대해서 은행업에 대한 지분 제한 완화를 허용했다. 이 법안은 금산분리와 관련하여 상당한 논란을 낳았다.

수 없다. 정부가 인터넷전문은행을 추진하려고 했을 때 기존 은행이 대주주가 되는 것을 원치 않는 모양새였다. 아마도 'ICT가 주인이 되는 혁신적 은행'을 원했던 것 같다. 이후 설명하겠지만 은행은 '주인'이 있을 수 없다.

처음 카카오는 기존 은행을 갖고 있지 않은 금융회사 중 미래에셋과 컨소시엄을 구성하려고 했다. 그 과정에서 ICT 기업은 최대주주가 될 수 없다는 법 조항이 문제가 되었던 모양이다. 추후 은행법이 바뀌었을 때 누가 최대주주가 될 것이냐에 대해 미래에셋과 협상이 난항에 부딪쳤고, 결국 카카오는 한국투자증권에 문을 두드리게 된 것이다. 한국투자증권은 예전부터 은행에 많은 관심을 갖고 있었고, 마침 ICT 회사의 IPO를 많이 주관해왔기 때문에 관련 분야와도 관계가 좋았다. 카카오도 마찬가지였다. 김범수 의장이 카카오톡을 만들 때 투자를 했던 곳이 바로 한국투자파트너스다.

김남구 부회장은 인터넷 은행에 비전이 있냐며 당시 한국투자증권 전무로 일하던 나에게 의견을 물었다. 그때 필자는 솔직하게 말했다. "카카오나 네이버가 한다면 가능성은 있어 보이지만, 결과는 사실 잘 모르겠다." 김남구 부회장은 법이 바뀐다면 경영권을 양보할 수 있다고 통 크게 제안했고, 금융지주회사인 한국투자증권이 50퍼센트의 지

---

2 은행법 제21조의2(비공개정보 누설 등의 금지) "은행의 임직원(임직원이었던 자를 포함한다)은 업무상 알게 된 공개되지 아니한 정보 또는 자료를 외부(은행의 대주주 또는 그 대주주의 특수관계인을 포함한다)에 누설하거나 업무목적 외로 이용하여서는 아니된다"는 조항으로 인해 카카오뱅크의 비공개정보는 이 책에서 활용할 수 없다. 특히 카카오뱅크는 아직 비상장회사이기 때문에 공시되거나 발표되지 않은 것을 활용할 수 없다. 다행히도 카카오뱅크는 설립 후 주기적으로 언론인에게 은행의 경영 현황을 보도자료(Press Kit)의 형태로 발표하고 있다. 이 책에서 사용되는 자료는 이것을 이용한 것이다.

분, 카카오가 10퍼센트, 국민은행 10퍼센트의 지분을 갖는 조건으로 카카오와 한국투자증권이 컨소시엄을 구성했다.

인터넷전문은행의 탄생

2015년 11월 29일, 카카오뱅크가 자본금 3,000억 원 규모로 인터넷 전문은행 사업예비인가를 금융위원회로부터 획득한 날이다. 당시 공동 발기인으로 참가한 회사는 총 10개로 넷마블, 로엔(멜론), 서울보증보험, 우정사업본부, 이베이코리아(지마켓·옥션), 예스24, 카카오, KB국민은행, 텐센트, 한국투자금융지주다.

카카오뱅크에 대한 관심이 본격화될 시점에 윤호영 카카오 부사장과 공동으로 프로젝트를 이끌었다. 2015년 8월 관련 법안 검토를 끝내고 한국투자금융지주, 카카오 그리고 KB국민은행이 한남동에 사무실을 마련하고 본격적인 제안서 작성에 들어갔다. 10월 2일 예비인가 서류 제출을 마감하기 위해 2달여의 작업에 들어갔다. 11월 28일 경쟁 프레젠테이션 후 11월 29일 예비인가 결정까지 남은 시간은 4개월 남짓. 발등에 불이 떨어졌다. 어드바이저리 전략은 보스턴 컨설팅 그룹BCG, 법률 부문은 법무법인 태평양, 회계는 안진회계법인, 그리고 IT 부문은 딜로이트컨설팅 등이 맡아 동시에 작업을 시작했다.

어떤 주주가 구성될 것이냐도 중요한 문제였다. 은행과 문화콘텐츠 산업의 연계를 위해 예스24, 로엔엔터테인먼트, 넷마블 그리고 전자상거래의 강자 이베이코리아도 함께했다. 우정사업본부는 예금과 보험, 택배사업을 하는 곳으로 인터넷 은행을 직접 하고 싶어 했다. 그런데 자신들은 정작 운용을 못하니 수신된 돈들을 다른 곳에 맡기고 있었다. 따라서 소수지분으로 들어오겠다고 했다. 선정 공모 평가기준에 해외진출 항목이 30퍼센트가량 있었는데, 이를 위해 중국의 텐센트도 함께하기로 했다.

주주구성을 할 때 이런 에피소드도 있었다. 서울보증보험이 처음 참가 의사를 보였을 때 우리 측에서 문전박대를 한 것이다. 서울보증보험에 대해 잘 알지 못해 벌어졌던 해프닝이었다. 대출을 평가하는 데 독점적인 지위에 있고 노하우가 가장 많이 축적되어 있는 이른바 은행계에 '울트라 슈퍼 갑'이라는 사실을 담당자가 알지 못하고 돌려보낸 것이다. 결국 서울보증보험도 함께하기로 했고, 사업계획을 염두에 둔 전략적 주주구성을 완성할 수 있었다. 처음 공동발기인에는 신용카드 칩 개발회사인 코나아이가 참가했다. 그러나 신용카드 개발을 맡겨달라는 지속적인 요구를 받아들일 수가 없었다. 이해상충의 문제가 걸렸던 것이다. 코나아이의 과도한 요구에 결국 한투가 코나아이 지분을 인수해 최종 58퍼센트를 차지하게 되었다.

처음부터 구성원 전체가 은행업무를 잘 알고 있었던 것은 아니다. 인터넷 은행 운영에 필요한 초기 인력이 100여 명이면 충분하다고 예상할 정도로 문외한들이었다. 여신 1명, 수신 1명 등등 주먹구구로 계산한 것이다. 막상 사업계획서를 작성하면서 법규를 따져보니 재무, IT, 인적, 물적설비 등 갖춰야 하는 인력이 예상 밖으로 많다는 사실을 알게 되었다.

예비인가를 받고 나서 본인가 설비 준비를 하기 위해 판교 오피스에 사람들이 모였다. 한투, 카카오, 국민은행이 합쳐 약 20여 명, 앞으로 카카오뱅크라는 은행을 만들어야 하는 사람들이었다. 은행 인가를 받기 전까지는 준비법인이다. 그때까지는 돈이 많이 들지 않으니, 설비를 추가할 때마다 증자를 했다. 자본금 3,000억 원으로 처음 출발하기로 했다. 은행법에 의하면 자본금 250억 원 이상만 가지면 되는데 3,000억 원이라는 돈을 마련한 것을 두고 많은 의견이 갈렸다. 제대로 된 은행 설비를 구축하기 위해서는 최소한 그 정도는 들어야 한다고 생각했기 때문이다.[3]

20명이 출신, 생각, 경험이 서로 다르다 보니 처음부터 난항이 예상됐다. 기술 발전을 두고도 목적이 전혀 달랐다. 기술 개발의 목표가 한쪽은 기존 질서를 깨기 위한 사람들이었고, 한쪽은 기존 질서를 안정화시키기 위한 사람들이었다. 같은 목표를 두고도 서로 다른 입장에 서 있는 것이다.

이런 사람이 모였으니 초창기에는 수많은 의견 충돌이 있었다. 한참을 갈등하다 보니 그 사이에서 발견되는 것들이 있었다. 바로 '관행'이다. "그게 왜 원래 그런 거지?"라는 물음을 던지면서 관행을 하나씩 깨나가기 시작했다.[4]

---

3 설립자본금은 9억 원, 1차 증자 후 1,000억 원, 2차 증자 후 3,000억 원이었다. 가상자산업법에서도 자본금 5억 이상으로 해놨는데, 자금세탁방지와 실명확인 등에 필요한 것들을 하기 위해 해놓은 것이다.

4 이 과정에 대해서는 뒤의 '다름이 만나 새로움을 만들다' 부분에서 자세히 설명할 것이다.

현실을 모르는 금융당국

2015년 11월 28일 토요일 인터넷전문은행 예비인가를 받기 위해 신청한 3개의 컨소시엄(즉, 카카오와 한투가 주도하는, 나중에 카카오뱅크가 되는 컨소시엄. KT와 우리은행이 주도하는, 나중에 K뱅크가 되는 컨소시엄. 그리고 인터파크와 SKT가 주도하는 컨소시엄)이 경쟁 PT를 했고 다음 날 일요일 오후 금융위가 선정된 업체를 발표했다. 당일 금융위원회의 담당 국장은 "내년 상반기면 새로운 인터넷전문은행을 볼 수 있을 것이다"라고 발표했다. 그런데 월요일 열린 기자간담회에서 기자들의 물음에 필자는 "내년 중에 오픈하는 것을 목표로 삼겠다"라고 말했다. "정부는 상반기라고 하는데, 왜 이용우 대표는 내년 목표라고 합니까?" 기자들이 물었다. 답답한 노릇이었다. 은행 시스템이 그렇게 단순한 시스템이 아닌데, 현장 밖의 사람들은 너무 쉽게 생각하고 있는 것 같았다.

예비인가를 받은 후에는 인적설비와 물적설비를 마친 다음 본인가를 받고 나서야 영업을 할 수 있다. 시스템 개발system integration: SI 업체는 크게 LG와 SK가 있다. 당시 이 업체들은 이미 다른 대형 프로젝트를 진행하고 있었다. 중간에 갑자기 모든 프로젝트를 중단하고 다른 사업들에 비해서 상대적으로 작은 사이즈의 카카오뱅크 프로젝트를 진행해줄 리가 만무했다. SI 업체의 인력 충원 문제도 그리 쉽지 않다는 건 너무나 잘 알고 있었던 상황이었다.

방향이 맞다 하더라도 디테일을 잘 모르면 일을 풀어낼 수 없다. 금융당국은 현장을 모르니 당연히 그렇게 말할 수밖에 없었다. 나중에 그 국장을 만났더니, 왜 기자간담회에서 연내 목표라고 했냐고 물었다. 이래저래 설명을 했더니 "좀 빨리하면 안 되겠습니까?" 하는 답변이 돌아왔다. 아무리 생각해도 터무니없는 소리였다. 은행 오픈은 결국 필자가 예상한 대로 케이뱅크가 2017년 4월, 카카오뱅크는 2017년 7월에 오픈했다.

제3 인터넷전문은행으로 예비인가를 받은 (주)토스뱅크는 최근에 본인가를 받았지만 아직 일반인을 대상으로 영업을 하지 못하고 테스트 중이다. 인적설비와 물적설비를 구축하는 데 따르는 어려움일 것이다. 이를 억지로 당긴다고 한들 가능하기야 하겠지만, 또 다른 문제를 야기할 가능성이 높아질 것이다.

카카오뱅크가 된 계기

돌이켜보면 한국투자증권이 가진 58퍼센트라는 지분은 성공이 예감되는 기가 막힌 숫자였다. 최종적으로 카카오 측 지분 10퍼센트와 합치면 특별결의를 할 수 있는 지분이었다. 2019년 1월 19일 시행된 '인터넷전문은행 설립 및 운영에 관한 특례법(약칭 인터넷전문은행법)'에 따라 최종적으로 카카오 지분이 34퍼센트 그리고 한투가 34퍼센트에서 한 주를 뺀 지분을 갖게 되었다. 물론 지금은 변동이 있겠지만 말이다.

카카오와 한투가 각각 34퍼센트씩을 갖게 되어 양측이 가진 지분 68퍼센트도 절묘한 숫자였다. IT 전문기업인 카카오와 금융계통인 한투가 소유권을 주장할 수 없는 팽팽하게 맞설 수 있는 숫자였다. 은행에

표 IV-1 경험과 생각이 다른 사람들

	ICT(START-UPS) VIEW	BANKERS VIEW
주요 차이점 (크리스 스키너Chris Skinner의 논문)	Fintech (Finance on technology) How can I transform this financial process using technology.	Techfin (Technology in finance) How can I apply technology to this financial process.
사고의 출발점(관점)	Technology, Apps, APIs, Analytics Open(source, operation, thinking), embracing diversity, working globally	Safety, Reliability, Stability Improvement
혁신주체에 대한 인식	Innovator disruptor	Incumbent facilitator
고객의 반응에 대한 경험	새로운 앱에 대한 고객의 열광 경험	앱을 바꾸면 칭찬보다는 불평불만의 경우가 많음. 변화는 항상 리스크를 수반
보상에 대한 경험(why?)	현금 보상 외의 스톡옵션, 복리후생비 수혜	현금 보상 위주의 인센티브
경력에 대한 인식(why?)	다양한 회사의 다양한 경험에 가치 부여	조직에 대한 로열티나 축적된 노하우의 전문성에 가치 부여
업이나 Process를 대하는 태도	(신설) 은행의 본질은 완벽한 것이 아니라 다른 것이다	은행의 본질은 다른 것보다는 완벽해야
	Financial Process의 개혁이나 창의성에 가치 부여→다양한 시도	Financial Process의 무결점유지와 개선에 가치 부여→깊은 고민

대해 모르는 카카오, 그리고 IT에 대해 모르던 한투가 치열하게 논쟁하면서도 서로의 전문성을 인정했기에 수많은 난관을 극복할 수 있었다.

카뱅이 공동대표 체제였다는 점도 한몫했다. 공동대표 체제는 둘 중 한 명이 반대하면 공문 하나 발송할 수 없다. '한투'는 높은 지분율을 가지고 있고, '카카오'는 사업을 제안한 주체라는 이유로 단독 대표를 세우고 싶어 했다. 서로 한 걸음씩 물러서고 결국 공동대표 체제를 택했는데, 그것이 결국 성공으로 가는 길을 여는 기회가 되었다.

다름이 만나 새로움을 만들다

이제 이렇게 전혀 다른 배경, 즉 한쪽은 철저히 규제체계에서 성장해온 금융권, 다른 한쪽은 철저히 규제 밖에서 자유롭게 성장해온 ICT 출신이 만나서 어떻게 은행을 만들어갔는지 살펴보기로 하자.

만약에 한국투자증권이 주도했으면 또 다른 하나의 은행앱이 되었을 것이고, 카카오가 주도했다면 은행조차 만들지 못했을 것이다. 타원이 두 개의 중심을 놓고 같은 거리를 유지하는 형태를 띠는 것처럼, 한투와 카카오라는 두 개의 점이 팽팽한 긴장관계를 만들어냈고 그 안에서 카카오뱅크의 혁신이 나온 것이다.

카카오뱅크는 ICT와 은행이 만나 서로 다른 것으로 가득했다. 그러다 보니 사업을 운영하다 부딪치는 부분이 적지 않았다. IT 분야에서는 선수치고 들어가는 언번들링Unbundling에 익숙하다. 핀테크기업을 예로 들어보자. 수많은 은행 서비스 중에서 이체 송금에만 집중해서 치고 들어오는 식으로 영업을 한다.

과연 기존 은행과 경쟁했을 때 누가 이길까 궁금하다. 핀테크기업은 사실 은행이 아니라 지불payment 서비스라고 할 수 있다. 토스TOSS가 스스로 챌린지 뱅크라고 주장하지만, 진정 은행인지는 따져봐야 한다. 그런데 금융위원회가 인터넷전문은행으로 토스에게 라이선스를 주는 것은 상당한 모순이다. 은행 라이선스는 보수적이어야 한다.

경력에 따라 업무를 처리하는 판단의 기준과 생각의 차이는 의외로 크다. ICT 출신이라면 기존 질서 파괴에 관심이 있고, 은행 출신은 새로운 기술을 자신의 가치사슬이나 프로세스에 적용해서 개선을 하는 데 관심이 쏠릴 수밖에 없다. 생각의 틀 자체가 완전히 다르다.

은행의 본질을 보면, 무조건 새로운 것(ICT 출신)과 완벽한 것(기존 은행 출신) 간에 차이는 크다. 보상만 놓고 봐도 개념이 서로 다르다. ICT 출신은 스톡옵션으로 설명하는데 은행에서는 스톡옵션을 지급하기 쉽지 않다. 서로 다른 업종 출신이 한 업무를 추진하면서 상호작용을 거치면서 어느 순간 한쪽이 강하게 치고 나오는 때가 오게 된다. 그 부분이 무엇인지를 간파할 때 비로소 혁신을 이해할 수 있다. 강하게 치고 나오는 그것이 바로 새로운 시대에 고객이 원하는 그 무엇이기 때문이다. 만약 내가 그때 은행 측에 서 있었다면 지금의 카카오뱅크는 그냥 은행 서비스를 하는 인터넷 업체였을 테고, 핀테크 부분에 집중했다면 은행 서비스가 아닌 IT 업체가 되었을 것이다. 카카오뱅크는 그 중간에 서 있었다.

사업 방식부터 달랐다. 이른바 사업을 하는 데 있어서 워터폴Waterfall 방식과 애자일Agile 방식이 있다. 워터폴 개발 방식은 설계도가 미리 그려져 있어 '요구분석→설계→디자인→코딩→개발' 등 프로그램 개발이 순차적으로 진행되어 그 흐름이 마치 폭포수처럼 위에서 아래로 흘러내린다는 의미로 지어진 이름이다. 반면 애자일 개발 방식은 큰 하나의 목표를 두고 가는 길은 사전에 정해져 있지 않다. 즉 일하는 방식과 절차가 유연하다. 카카오뱅크는 '2017년 초 오픈'이라는 목표만 두고 애자일 방식으로 일을 진행해나갔다. 혼란스러울 수밖에 없다. 특히 모든 과정과 목표가 정해져 있지 않은 상황에서 새로운 것을 해야 하니 은행 출신 입장에서는 더욱 그랬다. 그러나 진행 과정에서 전부 새로운 것이 나왔다. 늦어질 수밖에 없었다. '2017년 초 오픈'이라는 예상은 보기 좋게 빗나갔고 시스템을 개발한 후 수정을 거듭해 5월에 베타테스트를 거쳐 7월 27일 오픈했다.

은행 시스템에 대한 개념도 서로 달랐다. 은행의 핵심 업무를 처리하는 시스템을 코어뱅킹이라 하는데, 카카오 사람들은 이 코어뱅킹부터 끝까지 자신들이 만들 수 있다고 장담했다. 그러나 이는 은행의 시스템을 정확히 파악하지 못한 것이었다. 역시나 역부족이었고 코어뱅킹은 기존 은행의 것을 이식해 사용하기로 했다. 전북은행의 시스템을 이식했는데 전북은행의 것을 선택한 이유는 시중은행의 시스템에 비해 지방은행의 것은 더 가볍기 때문이다. 그리고 무엇보다 전북은행은 바로 전해에 시스템을 업데이트하면서 가장 최신 버전을 사용하고 있었다. 그러나 전북은행은 지방은행이기에 외환거래 시스템은 또 다른 곳에서 구하기로 했다.

다음으로, 카카오뱅크가 추구하던 것은 기존에는 상상할 수 없던 비대면 은행이었다. 즉 오프라인 지점이 없다. 모바일로 모든 서비스에 접근할 수 있도록 시스템을 구현하는 것이 과제 중 하나였다. 굉장히 어려운 과정이었다. 카카오뱅크가 추구하던 것은 비대면 중에서도 온리 모바일only mobile을 생각했기 때문이다. 당시 비슷하게 출범한 케이뱅크는 인터넷까지 사용했는데 필자 역시도 기존 금융권 출신으로 인터넷 서비스는 필수라고 생각을 했다. 그러나 은행권과 IT계가 함께 있는 회사에서는 시스템을 개발하는 과정에서 자연스럽게 디자이너의 권한이 상당하다. 앱 화면에서 은행업무가 문제없이 처리되어야 하니 사용자 인터페이스User Interface: UI와 사용자 경험User Experience: UX이 중요해진 것이다. 디자이너는 앱 화면을 펼쳐놓고 살펴보고 불편한 부분을 기술자에게 바꿔달라고 요청하는 과정에서 양측은 또 치열하게 논쟁한다. 일을 할 때 사장의 입김이 들어갈 틈이 없다. 윗선에서 하라고 해서 하는 게 아니라 이용자가 편리하기 때문이라는 논리로 상대를 설득한다. "내가 써보니 실제 그렇다"는 주장이다. 일을 추진하는 담당자의 오너십이 강할 수밖에 없다. 성장은 갈등이 상호작용을 할 때 계속된다. 카카오뱅크 앱 화면이 직관적인 이유이기도 하다.

또한 보안의 문제가 작동한다. 다른 성격의 것을 서로 연결하다 보면(예를 들어 인증서 복사) 그 지점에서 보안의 문제가 발생한다. 모바일(Phone)과 인터넷(PC) 다른 것 두 가지를 연결하는 것도 마찬가지다. 인터넷 서비스가 필요할지에 대해서도 두 달간 논쟁을 했다. 결국 모바일 서비스만 사용하기로 했으며 인터넷은 보조적인 수단으로만 사용하기로 했다. 카카오뱅크 인터넷 홈페이지는 증명서 발급 등으로만 사용한다. PC 뱅킹의 개념을 내려놓고 모바일로 완결성을 갖춘 것이다.

기존 프로세스에서 불필요한 것을 덜어내니 직관적인 모바일 화면을 비롯한 혁신적이고 해킹에도 안전한 시스템이 만들어지게 되었다.

다음으로, 기업 문화도 완전히 다르다. ICT 업계에서는 자기주도적으로 업무를 진행해야 하지만, 만약 은행에서 이렇게 일을 처리하겠다고 주장했다면 씨알도 먹히지 않았을 것이다. 나름 개방적이라고 생각했던 나도 순간적으로 굉장히 답답했다. 결론은 정보 공유를 원칙으로 하자는 데 이르렀다. 그런데 은행 보안 체계를 떠올리면 과연 공유가 될까 하는 걱정도 컸다. 은행은 보안에 몰두해야 한다. 일례로 은행의 직원은 와이파이도 사용하지 않는다. PC도 노트북이 아니다. 데스크톱을 쓴다. 개인정보에 대한 보안 문제 때문이다. 즉, 대부분 은행은 유닉스 오라클 OS를 기반으로 전산시스템을 설계한다. 인트라넷망과 인터넷망을 완전히 분리시키는 것이다.

그러나 카카오뱅크는 달랐다. 실제로 공유를 해보니 문제가 어디서 터지는지 알 수 있었다. 보안을 이유로 직원들의 노트북 사용이 금지된 은행과 달리 카카오뱅크는 1인당 노트북을 2대씩 제공한다. 내부 업무를 관리하는 일종의 커뮤니티를 개설했다. 생각나는 대로 다 적고 의견을 공유하는 사이버 공간이다. 신입사원이 들어와도 아지트를 훑어보면 과정을 모두 파악할 수 있다. 아지트에 업무 관련 히스토리가 남아 있기 때문이다. 그런데 비밀이 밖으로 유출된다면 큰일이다. 의사결정권자가 그 리스크를 지고 있는 것이다. 공개를 원칙으로 하는 철학을 고수하는 오픈소스인 리눅스 x86을 사용하겠다고 결정했다. 금감원은 반대했지만, 비조치의견서를 받은 후 리눅스 시스템을 사용할 수 있었다. 그러나 공개된 오픈소스를 사용한다는 것은 보안 취약점 확인 시 고객정보를 취급하는 금융서비스에 미칠 수 있는 위험도 고려해야 했다. 카카오뱅크는 이를 종합적으로 고려하여 물리적 망 분리를 적용했다. 개인신용정보를 취급하는 업무시스템을 인터넷망으로부터 망을 분리하여 구성한 것이다.

변수와 변수의 연속

인터넷뱅크에 대한 금융권의 인식 부재로 인재를 놓친 부분도 하나의 변수였다. 국민은행에서 카카오뱅크에 파견한 인력은 대부분 5년 이상 지점에서 대출과 같은 여신업무 담당자들이 많았다. 3년 근무 조건으로 면접을 거쳐 이후 희망자에 한해 국민은행으로 돌아가도록 했다. 국민은행의 예상과 달리 3년이 지난 뒤 아무도 돌아가지 않았다.

이질적인 조직문화도 걸림돌이었다. IT와 은행이 요건을 모두 펼쳐놓고 맞춰가면서 역산하면 개발 완성 시점을 예측할 수 있지만, IT와 금융권의 문화 자체가 다르다 보니 서로 부딪치게 되는 것이었다. 금융권에서 온 전문가들이 애자일 소프트웨어 개발법을 적용하는 IT 업계를 이해하지 못한 부분도 있었다. 애자일 변수가 계속 바뀌니 혼란스럽기까지 했다. 애자일 소프트웨어 개발Agile software development은 소프트웨어를 개발할 때 계획이 없이 추진하는 개발 방법과 지나치게 계획이 많은 개발 방법 간에 타협점을 찾아가는 방법론이다. 한쪽이 끝까지 버티면 한 발짝도 나갈 수가 없는 그런 구조였다. 오픈 일자가 늦어진 것도 애자일 개발법의 과정을 거쳐야 했기 때문이다.

예상치 못했던 변수가 터지기도 다반사였다. 오픈 시점을 정하고 2개월 전부터는 실거래를 테스트해야만 했다. 돈이 오가는 과정을 가상으로만 테스트할 수는 없기 때문이다. 임직원, 주주, 관계사 직원들이 계좌를 만들어놓고 실제 정상적으로 작동하는지를 테스트하기 시작했다. 거듭된 버그 수정을 마치고 완벽하지는 않았지만 2017년 7월 오픈을 결정했다. 오픈하는 요일을 정하는 것도 예상치 못했던 문제를 해결하는 데 중요한 요인 중 하나였지만 그것도 우연이었다.

단순히 생각하면 업무가 시작되는 월요일을 택일하기 쉽다. 하지만 카카오뱅크는 7월 27일 목요일에 오픈했다. 2017년 4월 3일 월요일 케이뱅크가 영업을 시작했다. 케이뱅크가 영업을 시작하자 고객들이 몰리기 시작해 오후 3시 기준으로 1만 5,000명이 가입했다. 언론에서는 몰려드는 고객을 두고 성공적인 안착이라는 기사를 쏟아냈다.

앱을 오픈하면 대출업무가 시작되는 것과 마찬가지다. 금융 시스템은 신뢰가 생명이다. 사소한 문제라도 생긴다면 소비자들의 선택을 받기는 어렵다. 월요일에 오픈하려면 일요일 12시부터 시스템은 작동되어야 한다. 월요일은 안 되겠구나, 그래서 목요일로 정했다. 하지만 영업을 시작한 첫날 예상치 못한 사고가 터졌다. 신용평가회사 NICE의 시스템이 멈춰버린 것이다. 대출을 위해서는 NICE의 시스템과의 연동은 필수다. 결국 오픈한 날 오전 11시 30분부터 모든 은행에서 신용대출이 멈춰버렸다. 첫날 30만 계좌가 만들어진 것이다. 케이뱅크가 먼저 오픈함으로 인해 인터넷 은행이 무엇인지 홍보가 된 덕분이기도 하다. 하지만 이렇게 많은 고객이 순식간에 몰릴지는 예상하지 못했다.

신용대출 과정은 이렇다. 고객이 휴대폰 대출신청 화면에 필요정보를 입력하면, 고객정보가 신용평가회사 NICE에 전달되고 평가된 신용등급이 도착하면 신용평가 점수가 시스템적으로 결정된다. 이에 따라 금리와 한도가 자동적으로 온라인에 게시된다. 최종 점검과정에서 영업 시작일에 사람이 몰릴 수도 있겠다는 판단에 우리나라 신용평가회사 두 곳인 NICE와 코리아크레딧뷰로Korea Credit Bureau: KCB에 전용선을 10배 늘려달라고 요청했다. 공기업인 KCB는 10배로 늘렸지만 사기업인 NICE는 굳이 늘려야 하나 의문을 가졌다. 케이뱅크가 오픈할 때 평소의 3배 늘어나는 정도였는데, 굳이 왜 10배로 증설해야 하느냐는 답이 돌아왔다.

신용평가 과정이 멈추면 카카오뱅크는 대출이 중단된다.[5] 조회는 들어오고 대출은 안 되는 패닉 상태가 된 것이다. 급하게 해결하기 위해 시스코에 문의해 다른 곳에 서버 임차를 하는 임시방편으로 막았다. 목요일 오픈해 요동치는 시스템을 주말에 정비했다. 여기서 끝이 아니다. 카카오뱅크를 오픈하면서 겪은 일 중 또 하나는 체크카드 관련된 것이다. 오픈 일자에 당시 30만 명이 가입했다. 보통 은행이 새로운 카드를 발급하면 히트 치는 것은 그해에 10만 장이다. 그런데 카카오뱅

---

5 카카오뱅크뿐만 아니라 전 은행권의 신용대출이 중단되는 사태가 발생했다. 일반적으로 은행은 신용대출을 할 때 은행원이 고객의 정보를 입력하고 신용평가기관에 신용등급을 조회한다. NICE 조회시스템이 작동이 안 되면 다른 은행도 이곳으로 신용조회를 할 수 없는 상태가 발생한다. 전 금융기관의 신용대출이 중단된 이유다. 신용조회기관은 사실상 금융신용조회의 인프라다. 6개 은행이 출자한 KCB는 공공성을 중시한 반면 민영화된 NICE는 수익성을 중시한 것이다. 이런 의미에서 인프라를 민영화하는 것이 과연 적절한가라는 질문을 제기할 수밖에 없다.

크는 무려 하루에 30만 장 신청이 들어왔다. 당시 카카오뱅크가 체크카드시스템 위탁을 준 곳은 국민은행이었다. 그런데 국민은행 시스템으로는 하루 10만 장을 만드는 것이 최대치였다. 첫날은 어떻게 해보겠으나, 카드 신청이 계속 쌓이니 역부족이었다. 은행권은 실물경제다. 가상의 세계에서 완벽하게 100퍼센트 해결할 수가 없다. 카드가 언제 도착하느냐는 고객의 항의가 빗발쳤다. 항의가 빗발치니 고객센터역시 전화가 먹통이 되었다. 고객센터가 무너졌다. 전화 접속률은 10퍼센트에 불과했다. 시쳇말로 환장할 노릇이었다. 거의 한 달간 조직자체가 패닉 상태였다. 빛의 속도로 몰려드는 고객 응대는 한마디로내 인생 최고의 도전이었다. 영업을 시작한 주말이 되자 고객센터를하나 더 만들어야겠다는 결정을 내려야 했다. 결정한다고 하루아침에해결될 일이 아니었다. 토요일 오후 5,000억 원 증자 결정을 했다. 9명의 주주들은 대박 났다고 예상하고 대꾸 없이 결정했다. 주주가 모두동의하면 절차를 생략할 수 있다. 한 달 만에 5,000억 원을 증자했다.고객센터를 추가로 설립하기 위해서는 클릭률Click Through Rate: CTR을계산하는 기계 도입이 급선무였다. 주문일로부터 대략 두 달이 걸린다는 보고를 받았다. 당장 추진해 영등포구에 두 번째 고객센터를 설립하게 되었다. 7월 25일 카카오뱅크를 오픈한 그해 여름은 혹독하리만치 뜨거웠다. 24시간 일을 하던 고객센터 직원들은 펑펑 울기도 했지만 그들은 결국 해냈다.[6]

또한 오픈 과정에서 대출신용 조회가 빗발쳤다. 앞서 말했듯이, 대출이 신청되면 개인신용평가시스템Credit Scoring System: CSS 프로세스를 통해 신용평가회사로 넘어간다. 신용평가사에서 등급을 받고 우리가 보유하고 있는 등급과 연계해서 대출이 얼마나 나오는지 확인하는 과정을 거친다. 그런데 신용평가사와의 데이터 통신은 전용선으로 하는데, 서버가 버티지 못해 서버용량 증설을 요구했다. 기존 은행의 경우에는 텔러가 진행하는데, 카카오뱅크는 각각의 개인들이 신청하기에 몰릴 수밖에 없는 것이다. 그 당시 신용평가사는 KCB와 NICE가 있었는데, KCB는 은행들이 주주로 있는 은행연합회로 모여 있어 공적인 성격을 지닌 것이고, NICE는 민영화된 회사였다. 민영화된 회사에서는 늘린 장비 값을 요구했고, 카카오뱅크는 이용료만 지불하겠다고 맞섰다. 물론 효율성만 따지면 그 회사의 말이 맞지만 CSS는 전국의 은행 신용대출이 막혀 사고로 이어질 수 있다는 점에서 국가 인프라에 해당한다. 2000년대 초반에 NICE를 민영화시킨 것은 사실상 정책적 오류다. 위와 같이 고객센터를 확충하고, 서버용량 증설을 요구한 것은 카카오뱅크가 고객만을 위한 서비스를 진행했기 때문이다.

여기서 끝이 아니다. 전자금융거래법의 이슈이기도 했던 차액결제 부문이다. 주말에 은행에 차액결제된 금액을 국고채로 예치해야 한다. 주말에 고객 수와 평균잔액의 차이가 얼마인지에 대한 경험이 없었다. 당시 국고채를 800억 원을 준비해놨다. 그런데 오픈한 이튿날 금요일

---

6 국민카드와 연계하여 카드를 발급하는 상황에서 처리용량의 한계로 카드 발급이 지연되는 상황을 맞이하면 일반적으로는 다른 카드회사와 연결하여 발급물량을 분산하면 되지 않을까 하는 의문을 갖게 된다. 카뱅의 경영진도 처음에 그런 해법을 생각해보았다. 그러나 그것은 불가능한 일이었다. 왜냐하면 고객으로부터 카드 발급 신청을 받을 때 고객의 개인정보를 카드사에 제공한다는 동의서를 받았는데 다른 카드사에 제공한다는 동의서를 받지 않았기 때문이다. 그러기 위해서는 고객들에게 다시 동의서를 받아야 하는데 그것은 더욱 큰 혼란을 낳는 것이다.

아침에 800억 원으로는 안 될 것 같으니 넉넉히 2,000억 원이 필요하다고 했다. 자본금 3,000억 원인 회사에서 자본금은 이미 동이 난 상태이고 800억 원을 준비해놨는데 2,000억 원을 어떻게 마련하나.

급히 한투에 전화를 했다. 채권, 예금 등으로 보유하고 있던 현금소유자산 2,500억 원 모두를 준비해달라고 요청했다. 부회장이 전화로 "왜 몰랐냐"고 질책했다. 그걸 누가 알겠는가. 카카오라는 플랫폼을 기반으로 한 인터넷뱅킹에 얼마나 고객이 몰릴지 아무도 가늠할 수가 없던 상태였다.

"안 되면 어떻게 되나?"는 질문에 "부도난다"고 짧게 대답했다. 한투의 현금성 자산 모두를 카카오뱅크 예금에 넣었다. 여기서 은행의 결제망이 대단히 중요한 것이며 그 결제 이행 시스템이 어떻게 되어 있는지 깨달았다.[7]

카카오뱅크의 시작과 폭발적 반응

이제 카뱅의 앱 화면 구성과 상품에 관해 살펴보자. 카뱅은 PC에 의한 거래를 포기하고 모바일로만 은행 서비스를 제공하기로 결정했다고 기술했다. 이것은 매우 도전적인 과제였다. 모바일 화면은 PC 화면보다 작고 그 화면에서 제공할 수 있는 정보도 적다. 따라서 작은 화면

---

7 전자금융거래법에서 전자금융사업자(즉, 빅테크)가 금융결제원망에 직접 연결하는 것의 위험성을 이때 절실히 느꼈다. 앞에서 우리가 별도의 망을 구축하고 대표기관으로 연결하는 방식이 바람직하다고 주장하는 이유가 바로 여기에 있다.

에 넣을 수 있는 정보는 제한적일 수밖에 없고 고객은 직관적으로 서비스를 이용한다.

카카오 출신과 금융권 출신이 문제 해결을 위해 치열하게 논의하고 싸웠던 과정이 성공의 중요한 요인이었다고 지적한 바 있다. 의사결정을 할 때에도 양측이 팽팽하게 맞서 한 치의 양보 없이 치열하게 설명하는 것이다. 그 과정에서 의사결정권자는 무엇을 빼고 무엇을 넣어야 하는지 판단할 수 있다. 불필요한 프로세스는 걸러지게 된다. 살펴보았듯이 카뱅은 모바일로 모든 것을 구현한다. 상품이 복잡하면 고객이 이해하기 어렵다. 단순화해야 한다. 버리는 것, 단순화하고 고객 입장에서 필요한 것만을 제시해야 한다. 일반은행에서 우대금리를 주기 위해 카드 보유 여부, 사용금액 여부, 중도상환수수료 등을 없앤 이유다. 버리는 것에서 출발한 것이다. 모임통장의 경우 카뱅 고객이 아니더라도 이용할 수 있게 한 것도 이런 이유다. 스스로 알아서 고객이 다른 고객에게 권유하게 하는 네트워크 효과 구축에 주안점을 둔 것이다.

담당자에게 "이거 필요해?" "빼도 되나?"를 거듭 물어보면서 최종적으로 의사결정권자가 결론을 내리면 된다. 책상에서 결정하는 관료들은 자칫 새로운 기술이면 좋은 줄로 안다. 하지만 현장에서는 다르다. 프로세스 전체를 나열하고 불필요한 프로세스를 빼면 비용이 줄어든다. 편리함은 고객의 몫으로 돌아간다. 정치권에서도 의사결정을 할 때 모든 사안에 대해 "왜 필요하지?" "이게 꼭 있어야 해?" 거듭 물어야 한다. 법에 하라고 되어 있다는 상대측의 답을 들었을 때 시행령을 검토하고 진짜로 해야 하나를 고민하고 협의해야 한다.

그리고 처음에 사람들은 카카오뱅크를 카카오톡과 연계된 것으로 인식했다. 그러나 '거래'를 기반으로 하는 카카오뱅크와 '대화'를 기반으로 하는 카카오톡은 그 성질 자체가 다르다. 카카오뱅크와 카카오톡의 주체도, 주주도 다르다. 앱을 카카오톡에서 연계하여 같이 사용할 경우 이해상충 문제가 발생할 수 있고, 고객으로 하여금 착각하게끔 할 여지가 다분하다. 그래서 별도의 앱을 만들기로 결정했고 주소록을 불러와서 이용할 수 있도록 하는 서비스만 연계했다.[8]

은행이 제공하는 가장 기본적인 서비스는 무엇일까? 당연히 예금과 대출이 기본이고 추가로 송금 서비스가 필요할 것이다. 단순하고 직관적으로 기초적인 서비스를 구축하는 것이 1단계의 목표였다.

기존 은행들은 수많은 은행 중 주거래 은행을 만들기 위해 노력한다. 이를 위해 자기 은행과 거래하는 고객들에게는 각종 혜택을 주는 것이 일반적이다. 예를 들어 대출을 할 경우에도 그 고객이 그 은행 발행 카드를 보유하고 있을 때 대출금리 혜택을 주는 것을 상정할 수 있다. 그러나 고객이 자신이 어느 혜택을 받을 수 있을지 찾아보는 것은 번거로울 뿐만 아니라 그 정보를 화면에 제공한다면 복잡해질 수밖에 없고 직관적으로 서비스를 이용할 수 없다. 이런 것을 고려하여 초기 단계에서는 대출상품의 경우 마이너스대출과 신용대출만을 취급했다. 이 대출도 고객의 카드 보유 등 조건을 묻지 않고 모든 고객에게 신용등급과 신용평가 등을 기초로 동일한 조건을 제시했다. 아울러 중도상

---

8 토스뱅크의 경우 예금, 대출, 보험 등 모든 거래를 통합해서 하겠다는 목표를 가지고 있지만, 이것은 필자가 보기에 앱이 무거워지고 서비스가 원활하지 못해 고객이 사용하기에 불편할 것으로 예상된다.

환수수료도 없앴다. 고객의 편의뿐만 아니라 단순한 조건을 제시해야 하는 모바일의 특성을 감안한 것이다. 한편 비상금대출의 경우 고객이 신용평가를 위한 자료가 축적되어 있지 않기 때문에 서울신용보증의 보증을 기초로 대출서비스를 제공했다. 초기의 이런 서비스를 바탕으로 전월세담보대출, 정부정책상품인 사잇돌대출, 소상공인 사업자 대출로 대출상품을 추가했다. 주택담보대출의 경우 담보설정(차액담보, 증액담보) 과정에서 법무사 등 외부 주체와의 제휴 등 복잡한 과정이기 때문에 아직 취급하고 있지 않지만 2021년 말 서비스를 제공하기 위해 준비하고 있는 것으로 알고 있다. 이와 같이 기초적인 것에서 점차 복잡한 것으로 단계적 서비스를 제공하고 있다.

다음으로 예금의 경우를 보자. 우선 요구불예금인데 요구불예금은 금리가 0.1퍼센트로 매우 낮고 은행의 입장에서는 조달 비용이 적어서 많이 확보하는 것이 이득이 된다. 그러나 고객의 입장에서 본다면 요구불예금에 많은 금액을 예치하는 것은 낭비가 된다. 미국의 경우 고객 계좌를 'checking account'와 'savings account'로 분리하여 전자의 경우 유지 사용료를 부과하는 것이 생각났다. 우리도 이것을 분리한다면 고객 입장에서 요구불예금을 둘로 나누어 쓸 돈은 요구불예금에 여유분은 이자가 더 발생하는 곳에 두는 것을 생각해볼 수 있을 것이다. 이 생각을 구체적으로 적용한 것이 세이프박스였다.

다음으로 송금의 경우 일반적으로 이체하는 상대방의 계좌번호를 알아야 한다. 그런데 번호를 문자나 전화로 받아서 입력할 때 실수도 하고 번거롭기도 하다. 여기서 카카오톡의 주소록을 활용하는 방안을 고려했다. 카카오의 플랫폼을 잘 활용했다고 하지만 바로 이 지점이 카카오의 플랫폼을 활용한 것이다. 개인이 가지고 있는 카카오 주소록의 이름을 입력하면 카톡을 통해 누군가 자신에게 송금했는지를 알려준 후 그 사람이 자기가 받을 계좌번호를 입력하면 된다. 계좌번호를 묻는 번거로움을 없애버린 것이다. 이때 카톡 주소록을 통해 송금받은 사람은 반드시 카뱅의 고객일 이유는 없다. 어떤 은행이라도 자신이 가지고 있는 은행 번호를 입력하면 되는 것이다. 그동안 은행은 고객을 해당 은행의 고객으로 유지하기 위해 그 은행에 계좌를 가지고 있는 사람에게만 서비스를 하는 것이 일반적이었지만 카뱅은 그런 시도를 하지 않았다. 쓰다 보면 고객이 알아서 계좌를 개설할 것이라고 생각했기 때문이다. 플랫폼의 기능을 하기 위해서는 그 플랫폼이 고객을 강제하면 안 된다. 모임통장의 경우도 마찬가지다. 모임통장에 초대된 고객이 카뱅의 고객이 아니더라도 된다. 이는 사실 카뱅의 입장에서 보면 고객관리체계를 나누어야 하는 불편함이 따르게 된다. 즉 계좌를 가지고 있는 고객과 계좌를 가지지 않고 카뱅의 서비스만을 이용하는 서비스 고객을 분리해서 관리하는 고객관리체계를 구축해야 한다. 그러나 모임통장을 쓰면서 그 고객이 편리함을 인식하고 입소문viral 마케팅을 하게 하는 것이었다.

또 26주 적금 서비스가 있다. 26주 동안 본인이 설정한 금액으로 꾸준히 적립하여 추후 목돈으로 여행을 가는 등으로 사용할 수 있도록 한 것이다. 첫 주 천 원, 두 번째 주 이천 원, 세 번째 주 삼천 원 등 매주 금액을 늘려가면서 26주간 저금해 만기 때 찾는 상품이다. 요즘 세

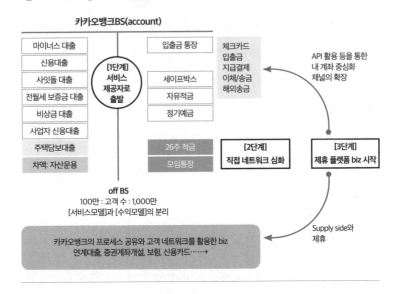

그림 IV-1 BS(margin biz) + 플랫폼 BIZ = Beyond Bank

카카오뱅크BS(account)

| 마이너스 대출 |
| 신용대출 |
| 사잇돌 대출 |
| 전월세 보증금 대출 |
| 비상금 대출 |
| 사업자 신용대출 |
| 주택담보대출 |
| 차액: 자산운용 |

[1단계]
서비스
제공자로
출발

| 입출금 통장 |
| 세이프박스 |
| 자유적금 |
| 정기예금 |

체크카드
입출금
지급결제
이체/송금
해외송금

API 활용 등을 통한
내 계좌 중심화
채널의 확장

| 26주 적금 |
| 모임통장 |

[2단계]
직접 네트워크 심화

[3단계]
제휴 플랫폼 biz 시작

off BS
100만 : 고객 수 : 1,000만
[서비스모델]과 [수익모델]의 분리

Supply side와
제휴

카카오뱅크의 프로세스 공유와 고객 네트워크를 활용한 biz
연계대출, 증권계좌개설, 보험, 신용카드……+

대는 다이어리도 6개월, 3개월짜리를 쓴다. 그런데 1년은 너무 길었다. 금리는 약 2퍼센트 정도로 1,000원짜리 적금이라면 26주 후에 32만 원이 남는다. 금리 2퍼센트를 지급해도 비용 부담이 크지 않다. 카카오뱅크 입장에서는 큰 비용이 들지 않고, 고객은 재미가 있다. 윈윈이다. 젊은 세대는 26주 후에 비용을 쓸 것을 염두에 두고 가입한다. 이를테면 6개월 후 여행을 간다는 목표를 둔다면 1만 원씩 저금해 6개월이 지나면 320만 원이라는 적지 않은 목돈을 만들 수 있다. 해외 어느 나라든 여행을 떠날 수 있다. 2천 원씩 설정하면 국내여행은 갈 수 있다는 식이다. 기획 단계부터 은행과는 차이가 있다. 소확행이자 잔재미다. 이렇게 목표를 두어 이용자들의 성취감을 높였고, SNS 등에 공유할 수도 있게 하여 재미를 가미했다. 소비자가 SNS를 활용하는 관계마케팅인 것이다.

이 서비스는 두 가지 의미가 있다. 하나는 재미라는 요소를 통해 SNS로 고객의 참여를 유발함과 동시에 목적성 예금으로의 전환을 염두에 두었다. 즉 여행이나 가지고 싶은 물품 구매를 위한 목적을 달성하는 제휴마케팅을 고려한 것이다.

대출도 마찬가지다. 기존 은행은 카드 개설과 적금 등을 요구하고 중도상환수수료가 존재한다. 그런데 모바일에 최적화된 카카오뱅크에서 대출실행 시 이러한 요소들을 추가하면 화면은 무거워지고 고객은 불편해진다. 카카오뱅크는 불필요한 것은 과감히 버려 고객의 편의를 높이는 데만 몰두했다. 결국 하지 않기로 결정했다.

카카오뱅크의 히트작 중에 초기 대표상품으로 전세담보대출이 있다. 주택금융공사의 전세보증금담보대출이었다. 한국주택금융공사와 협의한 건이었다. 굳이 은행을 가지 않고도 전세담보로 대출을 받을 수 있는 상품이었다. 우리나라 전산시스템 구축이 잘 된 것도 이 상품의 성공 요인 중 하나였다. 신청자가 전세계약서를 사진으로 카카오뱅크에 전송하면 공인계약서 QR 코드와 번호로 진위 여부를 확인한 권원보험사가 권리관계를 파악하면 건물의 권리관계를 쉽게 알 수 있다. 권원보험사는 수수료를 받고 조사해서 통보한다.

카카오뱅크에서는 계약서를 보고 이틀 만에 실제 전세담보대출이 가능하다. 은행권에서는 주택담보대출은 가능하지만 전세담보대출의 성사율은 그렇게 높지 않다. 특히 대출을 받기 위해서는 은행에 직접 가야만 해결할 수 있다.

그림 IV-2 카카오뱅크 연계 대출

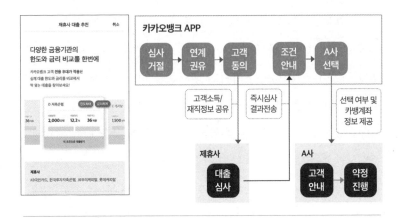

카카오뱅크를 이용하면 은행에 오갈 일이 없다. 핸드폰으로 처리하면 이틀 만에 해결된다. 결정이 난 뒤 이사 가는지 확인하고 집주인 계좌 알려달라고 한 후 이사 가기 일주일 전에 재차 확인하고 이틀 뒤 다시 확인, 그리고 당일 최종 전화로 확인한다. 앱으로 본인이 이사를 마쳤다고 알려주면 돈은 주인 계좌로 전송된다.

이와 같이 단계적으로 상품 라인업을 확장하는 것과 더불어 외부 기관의 상품을 취급하여 자체상품을 보완함과 동시에 플랫폼 사업으로 확장하고 있는 서비스가 있다. 대표적인 것으로 연계대출, 주식연계계좌 및 연계신용카드 서비스의 출시가 있다. 우선 연계대출을 보자. 만약 고객이 대출심사에서 떨어졌다고 치자. 카카오뱅크는 2021년 현재 기준으로 10군데 정도 연계대출을 한다. 심사 거절이 되면 고객이 다른 금융기관 대출받을 수 있을지와 한도와 금리를 조회해준다. 고객은 본인의 필요에 따라 상대적으로 낮은 금리 또는 상대적으로 높은 대출

금액을 선택할 수 있다. 10개 금융기관 조회와 연계도 가능하다. 고객이 스스로 확인하고 선택하면 다음 프로세스로 넘어갈 수 있도록 했다. 고객 입장에서는 나쁠 게 없다.

제2금융권에게도 윈윈 전략이다. 대출모집인 수수료를 줄일 수 있다. 대출모집인이 대출을 발생시키는 일에만 집중하다 보면 신용분석이 명확하지 않고 허수가 나와 연체율이 높아질 가능성도 무시할 수 없다. 대출모집인의 수수료도 절감할 수 있다. 카카오뱅크가 수수료 일부를 받고 이자율도 줄일 수 있다. 제2금융권이 마다할 이유가 없다. 그들이 접근하지 못하는 고객이기 때문이다. 게다가 모집인을 통한 대출 연체율보다 카카오뱅크를 이용한 경우가 연체율이 훨씬 낮았다. 이 방법은 카카오뱅크 중금리 대출상품으로 확장하는 루트가 되었다.

주식연계계좌도 그런 의미를 갖는다. 주식연계계좌는 기존 은행이 은행 창구에서 증권사의 계좌개설을 대행해주고 수수료를 받는 서비스를 구현한 것이다. 증권사의 고객은 연령대가 높고 새로운 고객 확장이 잘 되지 않는 상황이다. 특히 자산관리는 맞춤형이기에 프라이빗뱅킹Private Banking: PB 서비스 등 대면서비스가 필수다. 따라서 증권사의 고객은 비대면 모바일 서비스에 익숙하지 않아 모바일서비스 제공에 어려움을 겪고 있었다. 카뱅이 주식연계계좌 서비스를 할 때 우선 계열사인 한국투자증권의 계좌 개설부터 시작했다. 한국투자증권의 은행연계 증권계좌의 누적 개설 수는 14년간 80만 계좌 내외였는데 카뱅이 서비스를 시작하자마자 단 2달 만에 80만 계좌를 신규로 개설했다. 이 중 20~30대 젊은 고객층이 대다수를 차지하여 미래의 고객을 조기에 확보할 수 있게 되었다. 한국투자증권과 연계를 하면서 한투의 모바일앱은 모바일에 걸맞지 않게 복잡하고 인증체계도 복잡하여 많은 난관이 있었다. 한투는 이 계좌 연결 과정에서 모바일 서비스에서 주력해야 하는 것이 무엇이며 자신들이 버려야 하는 것이 무엇인지 재점검하는 기회를 얻었을 뿐만 아니라 20~30대 신규고객을 유치하는 것에 성공했다. 기존 금융권의 경우 지분관계로 연결된 회사와 연계 서비스를 한 경우 다른 경쟁사와 동일한 서비스를 제공하지 않거나 차이를 두는 경우가 있었다. 카뱅은 한투와의 계좌연결서비스를 안착시킨 후[9] NH증권, KB증권 등 한투의 경쟁사에 연결 서비스를 시작했다. 이 과정에서 한투는 왜 계열사인 자사와 경쟁하는 업체에 연결을 하느냐 불평을 하기도 했다. 만일 여기서 카뱅에 연결되는 회사를 차별한다면 그것은 카뱅이 플랫폼으로서 성장할 기회를 포기하는 것이 되고 만다.

　신용카드 모집의 경우도 그런 의미를 갖는다. 카뱅의 처음 사업계획에서는 신용카드 사업을 직접하는 것으로 되어 있다. 그러나 카뱅 오픈 후 폭발적인 고객의 증가는 신용카드 사업을 자체 구축하는 데 예상치 못한 비용이 소요됨을 알 수 있었다. 신용카드 시스템은 은행 시스템 못지않게 복잡한 것이다. 우리가 은행에 예금, 대출하고, 송금하는 행위와 신용카드 결제하는 행위의 빈도를 생각해보면 잘 알 수 있다. 자체 서비스를 하기 위해서는 또한 가맹점 관리뿐만 아니라 고객

---

9 카뱅도 증권사와 연계하기 위해서 카뱅의 IT 시스템에 변화를 주어야 한다. 이 과정을 통해 카뱅도 연계를 위한 요건 변화 등을 점검할 수 있었다.

센터도 별도의 체계로 구축해야 한다. 그러나 사람들이 체크카드를 쓰는 것과 신용카드를 사용하는 것은 전혀 다르며 고객층도 다르다. 신용카드 사용 고객이 훨씬 자산도 크다. 이 서비스를 하지 않으면 신용평가를 위한 고객데이터 유입도 제한되어 신용평가의 정확성도 떨어질 수밖에 없다. 이 과정에서 고안된 것이 신용카드 모집대행 사업이다. 신용카드 시장도 성숙한 시장이어서 신용카드사는 고객 확장에 한계를 느끼고 있었고, 신규고객 확보가 매우 중요한 과제 중 하나다. 특히 젊은 층, 한 번도 신용카드를 발급받지 않은 고객을 확보한다는 것은 더 중요하다. 카뱅의 고객은 기존 신용카드사에게는 블루오션이었기에 카뱅이 신용카드모집대행 서비스[10]를 위해 제휴카드사의 제안을 요청하자 대부분의 카드사가 이에 응했다. 당시 카드사는 카뱅이 한 개의 회사만을 선정할 것으로 생각했다. 그러나 카뱅은 KB, 신한, 삼성, 시티의 4개 사를 선정했다. 4개에게 각각 타깃팅을 달리하는 서비스를 제공하여 고객의 선택을 보장하는 것이었다. 마일리지, 캐시백 등 각사의 특징을 달리하도록 요구했다. 한편 카뱅은 연계카드사에게 결제계좌는 카뱅으로 하게 요구함으로써 자사가 발행한 카드가 아닐지라도 그 고객의 소비행태 등을 수집하여 신용평가에 활용할 수 있는 데이터를 확보할 수 있었다.

연계대출, 주식연계계좌, 카드 모집대행은 카뱅이 갖고 있는 고객에

---

10 보통 카드사는 신용카드 모집대행인에게 약 10만 원의 모집대행 수수료를 지급한다. 카뱅은 이 수수료 중 일부를 고객의 혜택으로 돌리고 일부를 수취하는 방식으로 추가적인 수익을 얻고 카드사는 접근이 불가능한 신규고객을 확보한 것이다.

그림 IV-3 증권계좌 개설 서비스

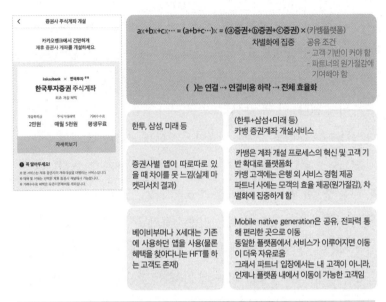

게 다른 금융권의 서비스를 연결해주고 카뱅의 플랫폼 성격을 강화했다. 여기서 핵심은 플랫폼으로서 중립성을 지키기 위해 제휴사를 차별하지 않아야 하는 것이다. 다음과 같은 도식으로 설명할 수 있다. Y 시장에서 증권서비스를 한다면 Ax, Bx, Cx… 등으로 서비스를 하는 것으로 볼 수 있다. 이것을 (A, B, C…)x로 만든 것이다. x가 카뱅이다. 여기서 각 사는 스스로의 경쟁우위 요소로 경쟁하면 된다.

무엇보다도 카카오뱅크는 빅데이터를 활용한 신용분석, 소비패턴 등 고객 분석과 이를 통한 프로모션이 가능하다. 카카오뱅크 통장과 체크카드 등을 통한 고객의 데이터가 자연스럽게 쌓이기 때문이다. 수수료 추가수입과 신용평가를 할 수 있는 데이터를 합법적으로 얻게 된다. 대출 제안을 할 수 있는 확장성을 염두에 둔 것이다.

이와 같이 카뱅의 상품은 초기 단계에는 기초적인 서비스부터 시작하여 은행으로서의 라인업을 점차 확대하고 이를 통해 확보된 고객에게 다른 금융권 서비스를 플랫폼으로 제공하고 이를 다른 제휴사에게까지 확대하는 전략을 취하고 있다.

카카오뱅크 서비스 중 외환송금 서비스는 그 수수료로 인해 많은 관심을 받았다. 국제적인 은행송금은 스위프트Society for Worldwide Interbank Financial Telecommunication: SWIFT 망을 통해 일어난다. 이 송금 과정은 고정금액의 전신환수수료와 중개은행수수료, 취급은행수수료로 인해 고정비용이 수반되어 소액 송금 시 수수료가 너무 과중하다는 단점이 있다. 그러나 카뱅은 초기부터 모든 송금에 대해 5,000원이라는 단일 수수료를 부과하기로 결정했다. 일반적으로 1백만 원을 해외에 송금하면 5만 원의 수수료[11]를 부과하는 것에 비해 획기적이다. 이것이 가능했던 이유는 시티은행의 글로벌 송금서비스망인 ACH 망을 사용했기 때문이다. 시티의 글로벌 망을 활용하여 정보만 보내고 각국의 내부금융결제망을 활용하는 것이다. 이 경우 전신환수수료, 중개은행수수료, 취급은행수수료를 내지 않고 시티은행의 ACH 망 사용료만 낸다. 이 서비스 계약을 체결한 후 시티은행의 글로벌 컴플라이언스 부서에서 자금세탁방지 의무를 지키는지 여부를 확인해줄 것을 요구했다. 이 문제에 대한 카뱅의 답변은 "카카오뱅크는 한국의 금융당국

---

11 우대고객의 경우 2만 5,000원선이다.

으로부터 은행업 인가를 받은 은행이다"라고 하는 것으로 종료되었다. 왜냐하면 은행업 인가를 받은 은행은 자금세탁방지 의무를 철저히 지키는 것을 전제로 인가되기 때문이다. 만일 카뱅이 은행이 아니라 핀테크 등 전자금융사업자인 경우 시티은행은 카뱅에게 실사를 요구했을 것이고 거래가 되지 않았을 가능성이 높았다.[12]

카카오뱅크는 은행인가 아니면 핀테크인가? 금융당국의 착각 또는 오해

첫 번째, 은행에 주인이 있을 수 있는가? 금융당국은 이러한 카카오뱅크를 두고 "주인이 있는 은행"이라 칭한 바 있다. 하지만 이는 은행 자체 개념에 대한 몰이해로부터 나온다. 은행의 재무상태표를 한번 보자.

만약 자기자본을 1이라 하면, BIS 비율에 의해 대출은 10까지 가능하다. 그렇다면 수신(예금)이 차지하는 비율은 9가 된다. 자기자본은 주주에게 줄 부채이고, 수신(예금)은 고객에 대한 부채다. 설령, 100퍼센트 지분을 보유하고 있는 대주주(자기자본 1)가 있다고 하더라도 그 대주주가 은행의 주인이 될 수 있겠는가? 오히려 10중에 1만 보유하고 있는 대주주는 은행의 경영에 간섭할 수 없을 것으로 보인다. 이렇듯 은행에 주인이 있다고 말하기 어렵다. "주인이 있는 은행"이라는 표현

---

12 우리가 앞에서 가상자산업법이 필요하다는 것을 이해할 수 있는 단서가 있다. 특정금융거래법에서 은행은, 가상자산거래업체가 은행과 거래할 때 자금세탁방지 의무를 지키는지 확인해야 한다. 그리고 그 의무 위반에 대해서는 은행이 전적으로 책임지게 되어 있다. 만일 그 가상자산거래업체가 자금세탁방지 의무를 지키도록 하는 업체로 금융당국으로부터 인가를 받았다면 쉽게 연결될 수 있었을 것이다.

그림 IV-4 은행의 재무상태표

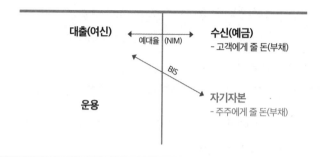

은 금융당국의 착각이다. 디테일과 원칙이 부족한 상태에서 은행에 라이선스를 주고 있는 것이다.

조금 더 자세히 들어가보자. 먼저, 은행의 적자 상태를 생각해보자. 적자 상태인 경우에는 은행의 대출이 줄고, BIS 비율에 의해 자기자본역시 줄어들고, 그 자기자본에 의해 대출이 줄고, 자기자본 또한 줄어드는 악순환의 연속이다. 적자가 계속되면 역시 망하는 것이다. 결국다른 것과 마찬가지로 은행 역시 흑자를 내야 하고 언제 흑자를 만들어낼 수 있는 것인가가 관건이 된다. 그러나 흑자 상태에서는 은행의지분율이 감소하게 되어 있다. 즉, 은행의 주인이 있다고 할 수 없다.

카카오뱅크는 자기자본 3,000억 원으로 시작했다. 바로 5,000억 원증자하고 계속 증자해서 최근 2조 8,000억 원까지 자기자본을 만들었다. 왜 2조 5,000억 원인가? 카카오뱅크의 대출 여신이 20조가 넘기에 BIS 비율에 의해 자기자본이 2조가 되지 않으면 대출업무를 할수 없기 때문이다. 앞에서 언급한 바와 같이 적자 상태에서 대출이 줄면 자기자본이 주는 악순환에 빠지기에 지속적으로 증자를 해서 자기

자본을 높여야 한다. 카카오뱅크는 2018년 당시에 1년 운영비용이 약 1,500~1,600억 정도였다. 1,500억 원을 쓰면 예금금리 1퍼센트를 받아서 대출금리 2퍼센트 받아서 남기는 구조다. 이것을 순이자마진NIM이라 하는데, 은행의 평균 NIM은 1.6퍼센트 수준이었다. 즉 1,600억 원을 벌기 위해서는 평잔(평균잔액)이 10조가 있어야 하고, 말잔(말기잔액)으로는 20조가 있어야 한다는 의미다. 그래서 카카오뱅크가 흑자가 된 것이 자산이 15~16조였던 것이다.

우리도 저 숫자를 명확하게 보지 못하고 시작했다. 적자가 지속되면 자기자본을 계속 깎아먹고 지속적으로 증자를 해야 하는 상황이 온다. 빠르게 흑자 구조로 전환해야 한다. 그러나 살펴보자. 카카오뱅크의 증자는 1년 반 동안 1조 8,000억 규모였다. 지금은 한투 혹은 프리 IPO를 진행해서 가능하겠지만, 당시 7대 주주가 비율은 다르겠지만 지속적으로 증자를 할 수 있었겠는가? 다른 도움이 필요했다. 즉, 은행은 필연적으로 덩치가 커질수록 자기지분율은 감소할 수밖에 없다. 시중은행의 최대주주의 지분율이 몇 퍼센트밖에 되지 않는 이유가 있다. 주인이 있는 은행이라는 개념은 그 자체로 모순인 것이다.

이러한 은행의 재무상태표를 참고해 보았을 때, 카카오뱅크 성공의 핵심은 타이밍이었다. 바로 신용이 팽창하던 시기와 맞물린 것이다. 우리나라 전체 가계대출 금액은 1,600조 원 정도이고 은행이 그중 700조 원 정도를 차지하고 있다. 개인신용여신은 200조 원에 가깝다. 그런데 정부는 가계부채 증가율 5퍼센트 이내 목표치를 두고 정책을 펼치고 있다. 200조에 5퍼센트면 10조이다. 개인신용여신이 10조 원 증가하는 시장과 여러 개 은행이 10조 원 대출업무를 나누어서 하는 환경 속에서 새로 출범하는 은행이 성공할 수 있었겠는가? 신용의 팽창이 없었다면 카카오뱅크는 성공하기 어려웠을 것이다.

BIS 비율을 산정할 때 위험가중자산RWA이라는 개념이 있다. 여신 형태에 따라 위험치를 구분하는 것이다. 예를 들어 개인신용여신은 10이 나가면 리스크를 10으로 보고, 담보가 묶여 있는 주택담보대출은 10이 나갔을 때 리스크를 1로 산정한다. 즉, 은행은 여신 포트폴리오가 어떻게 구성되는지, 그 포트폴리오에서 리스크는 어떻게 부담되는지가 중요한 문제가 된다.

두 번째, 카카오뱅크를 핀테크기업으로 착각하고 있었다. "이 법에 특별한 규정이 있는 경우를 제외하고는 '은행법'에서 정하는 바에 따른다." 2018년 10월 16일 제정되어 이듬해 1월 17일 시행된 '인터넷전문은행 설립 및 운영에 관한 특례법(약칭 인터넷전문은행법)' 제1장 제3조에 실린 다른 법률과의 관계 조항에 적힌 문구다. 인터넷 은행은 대주주에 대한 예외 조치만 부여했을 뿐 은행법을 따르고 있다는 의미다. 즉, 비대면의 조건을 가지고 은행으로서의 규제를 적용받는 은행이라는 것이다.

여기서 우리는 인터넷전문은행 인가의 정책적 모순을 하나 더 발견할 수 있다. 은행업의 본질은 순이자마진NIM에 있고 인적, 물적설비를 구축하는 데 많은 비용이 드는 사업이다. 만일 적자가 발생하면 자기자본이 줄어들어 대출 여력에 한계가 있고 비용을 충당할 수 있는 이자수익의 원천인 대출 규모를 줄여야 한다. 이를 방지하기 위해서는 자기자본의 확충, 즉 증자가 필요하다. 은행이 존속하기 위해서는 일정 규모 이상의 대출이 필요한데 대출 가능 금액이 자기자본 규모에 따라 결정되기 때문이다. 요컨대 신규로 은행을 인가하여 그 은행이 생존하기 위해서는 가계부채의 증가를 용인할 수밖에 없는 것이다. 이런 은행을 3개 인가한다는 것은 가계부채 관리를 포기하겠다는 의미가 된다. 한쪽에서는 가계부채를 관리한다는 목표를 가지고 다른 한쪽에서는 은행을 인가하여 안착시켜야 하는 모순적인 상황이 발생한 것이다. 이 두 가지는 역시 금융위의 과제다. 이런 현상이 발생한 근본적 이유는 금융위가 금융산업정책을 구사하려고 했기 때문이다. 목표인 중금리대출 확장을 통한 금융소외자의 금융접근성을 높이기 위해서는 인터넷전문은행이라는 은행 라이선스가 아닌 다른 금융섹터를 고려해야 하고 여기에 걸맞은 규제를 갖는 금융업권을 고려했어야 한다.

은행이 해야 할 일은 실명인증과 자금세탁방지다. 특히 국내의 경우 자금세탁방지에 대해 해외보다 안일하게 대응하고 있다. 2011년 약 10억 달러에 이르는 대이란 제재 위반 자금세탁거래가 중계무역을 위장한 기업은행 거래기업을 통해 발생한 사례가 있다. 당시 기업은행 뉴욕 지점은 시스템 도입과 인력 충원 요청에도 불구하고 안일한 대응을 하여 미국 검찰 기소를 자초했다. 해외에서는 자금세탁에 대해 임원진 등의 해임을 비롯한 강력한 징계가 있지만 국내에는 금감원 경징계 등에 그쳐 국내의 운영 인력을 육성하는 데 많은 관심이 필요하다. 카카오뱅크는 이러한 은행법의 적용을 모두 받는 은행이다.

그러나 금융당국은 인터넷전문은행을 인가해줄 당시 인가 기준 심사표에 은행업으로 인가를 했지만, 단순히 핀테크처럼 생각을 하고 있었다. 대표적으로 우리나라에서 성공한 모델을 해외로 수출하려 했으며 해외진출 가능성이 1,000점 중에 300점을 차지한다. 그런 이유로 추후 수출을 고려해서 카카오뱅크 주주 중에 텐센트가 포함되어 있다. 그러나 의미가 없었다.

우리나라 인터넷전문은행이 성공할 수 있었던 비결은 무엇일까? 바로 주민등록제와 금융실명제다. 그런데 이 부분은 해외, 미국조차 잘 되어 있지 않다. 우리나라의 모델을 수출하는 것이 가능할까? 은행을 단순히 핀테크로 생각하여 수출하려고 한 금융당국의 착각이다. 해외로 수출할 수 있는 여건이 되는지 먼저 살펴보았어야 했다. 그것 없이 수출하려는 금융위원회의 다소 안일한 생각인 것이다. 항상 새로운 무엇인가를 하려면 규제 내용을 명확히 이해하고 설계해서 인가를 했어야 한다. 핀테크나 금융서비스 등 새로운 주요 산업을 한다고 하면서 단순히 은행의 틀에 가둬버린 것이다. 금융당국이 어떠한 생각을 갖고 있었는지 궁금하다.

세 번째, 인터넷전문은행은 지점을 운영하지 않기 때문에 비용이 낮을 것이라는 착각이다. 그런데 생각해보라. 오프라인 지점이 없는 상황에서 고객이 자신의 돈을 인출할 때 어떻게 하겠는가? 오프라인 지점이 없으니 기존에 구축되어 있는 타 ATM 사업자들의 망을 빌려 사용해야 한다. 오프라인 지점이 없어 어쩔 수 없이 타 ATM 기기를 사용해야 하는데, 매번 수수료가 발생한다는 것은 고객 입장에서 납득할 수 없는 일이다. 그래서 카카오뱅크는 수수료 면제정책을 펼쳤다. 카카오뱅크 이용자가 ATM 기기를 사용하면 건당 수수료는 1,000원인데 그 수수료는 카카오뱅크가 부담하기로 한 것이고 이용자가 많아질수록 그 비용 부담은 커질 수밖에 없다. 일부 ATM에는 20만 원 한도를 정해놓고 추가 인출 시 수수료를 더 받는 경우도 있다. 인터넷뱅크 사업을 처음 하는 회사로서는 ATM으로 얼마나 비용이 들지 가늠하기 어려웠다. 케이뱅크를 벤치마킹하면서 캡(한도)을 씌우자고 주장했다. 건수가 늘어나면 캡이 막아주는 계약을 체결했다. ATM 운영사로서는 계약금액이 월 10억 원이 되지 않을 것으로 생각하고 계약을 체결한 것이다. 결과는 10억 원을 가볍게 넘겼다. 2020년 기준으로 카카오뱅크의 ATM 수수료만 500억 원대의 비용이 발생했다.

또한 오프라인 지점 대신에 존재하는 고객센터는 단순히 콜만 해줄 수 없다. 업무의 일부를 대신 해주는 것이다. 따라서 오프라인 지점만큼이나 콜센터가 비대해질 수밖에 없다. 고객센터 인력만 1,000명이 넘으며 물적설비까지 포함하면 그 비용 역시 증가할 수밖에 없다. 인터넷전문은행의 비용 부분 역시 금융당국의 착각 중 하나다.

네 번째, 인터넷전문은행은 중금리대출 비중이 낮다는 것이다. 이 역시 사업 초기에는 낮을 수밖에 없는 부분이다. 기본적으로 은행에서 취급하는 신용등급은 4등급까지고 그 이하는 대출실행이 안 된다. 토스뱅크를 비롯해서 비정형 데이터를 사용하여 이용자의 라이프스타일을 파악해 신용등급에 편입한다고 했다. 맞는 말이다. 그런데 이른바 신 파일러thin filer라고 하는 사회초년생, 아르바이트 등의 소득은 파악이 어렵다. 데이터가 부족하니 부실률이 높아진다. 이러한 사람들에게 대출을 무작위로 해주었다가 상환이 안 될 시 은행에 피해가 된다. 이에 서울보증보험을 넣었고, 그로 인해 카카오뱅크가 원했던 것은 크레딧 스코어링 시스템Credit Scoring System: CSS 모델을 세우고 그 모델대로 디폴트가 나는지 시뮬레이션이 되는지 확인한 뒤 데이터를 쌓아서 독자적 시스템을 구축하는 것이었다.

그렇게 데이터를 쌓았을 때야 비로소 중금리 대출이 가능하다. 핵심은 데이터가 쌓였는지, 검증이 되었는지 등의 여부다. 실제로 카카오뱅크의 경우 여러 데이터 수집을 통해 가능해졌다. 우리나라가 핵심적으로 추진하고 있는 데이터 뉴딜의 교훈이 여기서 나온다. 데이터를 그냥 쌓아만 놓았다고 되는 것이 아니라, 검증이 되었는지 분류가 제대로 되어 있는지가 핵심이다.

카카오뱅크와 핀테크의 차이를 다시 정리해보자.

카카오뱅크가 혁신이라는 광고 덕에 카카오뱅크를 은행이 아닌 핀테크로 인식하는 경향이 있다. 그런데 은행과 핀테크는 엄연히 다르다. 카카오뱅크와 핀테크의 차이는 무엇일까? 각각을 구성하는 조건에서 큰 차이를 발견할 수 있다. 앞서 핀테크의 필요조건과 충분조건을 살펴본 바 있다. 핀테크의 필요조건은 고객을 모아야 한다는 점이고 이것은 비용이 수반된다. 그리고 충분조건은 그 비용을 감당할 새로운 수익을 창출할 수 있는 모델을 발견해야 한다는 것이었다.

카카오뱅크도 처음 시작하는 사업이기에 역시 필요조건은 고객을 모으는 것으로 비용이 들어가는 일이었다. 그런데 카카오뱅크는 은행업 라이선스를 인가받았다. 즉, 은행이다. 은행은 고객이 모이면 수

그림 IV-5 가치관과 경험이 다른 사람들의 상호작용 이해하기

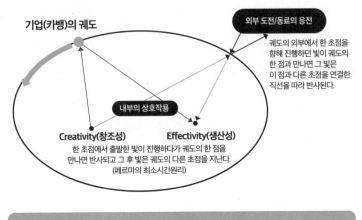

기업(카뱅)의 궤도

외부 도전/동료의 응전
궤도의 외부에서 한 초점을
향해 진행하던 빛이 궤도의
한 점과 만나면 그 빛은
이 점과 다른 초점을 연결한
직선을 따라 반사된다.

내부의 상호작용

Creativity(창조성) **Effectivity(생산성)**
한 초점에서 출발한 빛이 진행하다가 궤도의 한 점을
만나면 반사되고 그 후 빛은 궤도의 다른 초점을 지난다.
(페르마의 최소시간원리)

경영의 기본원리인 창조성과 생산성을 두 초점으로 하는 타원형 궤도를 돌고
이 두 초점은 상호작용함을 서로 인식(리더의 역할 필요)

익이 생기는 구조다. 예금과 대출의 금리 차이에서 수익(순이자마진, NIM)이 발생하고 그것을 통해 손익분기점Break-even point: BEP을 달성할 수 있었다. 핀테크가 고객을 모으는 데 비용만 발생시키는 데 반해 카카오뱅크는 동시에 손익분기점을 달성할 수 있었던 것이다. 수익창출 모델을 발견해야 하는 충분조건 역시 중요한데 카카오뱅크는 플랫폼을 통한 대출연계 사업 등을 통해 손쉽게 할 수 있었다. 특히 플랫폼에 참여하는 참가자들의 대우를 차별하지 않고 모두 참여할 수 있는 환경을 조성했던 것이 주요했다. 즉, 카카오뱅크는 핀테크의 강점과 시중은행의 강점 모두를 확보한 핀테크이자 은행이었다.

이렇게 고객이 편리한 서비스로 강제적으로 주입하지 않았음에도 불구하고 사람을 모았다. 두려울 것이 없었다. 여기에서 플랫폼의 핵

그림 IV-6 카카오뱅크의 성공 비결

"핀테크의 강점과 시중은행의 강점을 모두 가진 핀테크이자 은행"

카카오뱅크는 고간 핀테크 업체들이 해내지 못한 기존 은행 채널 대체를 이뤄가고 있다. 이는 핀테크 업체들과 달리 금융고객들의 보편적인 금융 니즈 충족이 가능할 정도로 다양하면서도, 기존 은행 시장을 찾고 들어갈 정도의 차별적인 상품 라인업을 보유한 채널이기에 가능했다.

핀테크의 강점
(좋은 채널)

간편한 사용성
쉬운 접근성
트렌디한 대응
경계 없는 추천
확산성

kakaobank

시중은행의 강점
(좋은 상품)

다양한 금융상품,
서비스
안정적 재무 기반
라이선스에서 오는
신뢰도

• 시중은행에게는 '핀테크 강점'을
지닌 '은행'으로서 시중은행의 취
약점을 공략

• 시중은행 취약점
 - 설명, 절차 모두 어려워요
 - 공인인증서 꼭 깔아야 해요?
 - 모바일 앱이 복잡해요
 - 수수료가 너무 비싸요

• 핀테크의 채널 경쟁에서는 '시중
 은행의 강점을 지닌' 핀테크 채널로
 서 압도적 경쟁우위를 차지

• 핀테크 취약점
 - 가입할 상품이 없어요
 - 손금융이지 은행이 아니잖아요
 - 예금자 보호는 되나요? 불안해요
 - 이체회수, 한도제한이 불편해요

• 고객이 원하는 것은 핀테크의 장점도 아니고, 시중은행의 장점도 아닌, 둘 모두의
 장점을 갖춘 서비스(금융이라는 업종 특이상, 불안요소가 없어야 함)
• 하나만 갖추는 것은 결국 반쪽짜리임.

심이 다시 한번 드러난다. 플랫폼은 우선 이용자를 모으는 데 엄청난 비용이 들지만, 사람이 모이는 순간 그 비용을 상쇄하고 성장할 수 있는 동력을 확보할 수 있게 된다.

광고를 유치해서 수수료를 받는 경우를 보자. P2P 대출의 불법 논란이 벌어지는 것도 은행에서 준 이자에 플랫폼 수수료를 받는데 이자냐 아니냐에 대한 갑론을박인 것이다. 이자라고 치면 최고금리를 넘고 그렇기에 P2P 온라인투자연계금융업법에서 불법이라고 해서 사업 못 한다고 하는 이유이기도 하다.

플랫폼 기업을 평가할 때 모객에 비용이 얼마나 들어가는지를 먼저 봐야 한다. 그리고 무엇으로 수입을 낼 것인지를 검토해야 한다. 쿠팡도 마찬가지다. 최우선 과제인 모객에 비용이 얼마나 드는지, 그리고 일정 고객을 확보한 후 무엇으로 돈을 벌 것인가가 충분조건이다. 쿠팡이 제시한 '풀필먼트 서비스fullfillment service'는 재고관리가 본질이다. 재고관리도 결국 비용이다. 유명 음식점과 연계한 쿠팡이츠의 경우, 배민 라이더가 가게에 가서 더 좋은 서비스를 제공하고 수수료를 더 적게 받고 혜택까지 주겠다고 제안하는 것도 모두 비용이다.

아마존이 아마존웹서비스를 시작하기 전까지는 적자였지만, 어쩌다 데이터의 효용성을 발견하면서 비로소 비즈니스 모델을 구현했다. 처음부터 철저하게 계획된 것이 아니다. 제프 베조스가 처음부터 성공을 예감하고 아마존을 창업한 게 아니라는 말이다. 카카오뱅크는 한국에서 성공할 수 있는 특별한 사례다. 카카오뱅크가 성공할 수 있는 요건에는 주민등록제와 금융실명제라는 제도가 큰 역할을 했다. 이 두 가

그림 IV-7 API를 활용한 가맹 생태계 구축

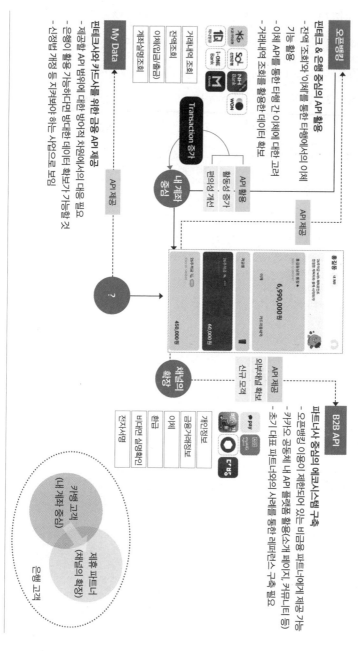

오픈뱅킹

핀테크 & 은행 중심의 API 활용
- 잔액 조회, '이체'를 통한 타행에서의 이체 기능 활용
- 이체 API를 통한 타행 간 이체에 대한 고려
- 거래내역 조회를 활용한 데이터 확보

거래내역 조회
전액조회
이체(입금/출금)
계좌실명조회

My Data

핀테크사와 카드사를 위한 금융 API 제공
- 제공할 API 범위에 대한 방어적 자원에서의 대응 필요
- 은행이 활용 가능하다면 방대한 데이터 확보가 가능할 것
- 신규로 개척 등 자각하여 하는 사업으로 보임

Transaction 증가

API 활용
편의성 개선
활동성 증가

내 계좌
중심

API 제공

API 제공

B2B API

파트너사 중심의 에코시스템 구축
- 오픈뱅킹 이용이 제한되어 있는 비금융 파트너에게 제공 가능
- 카카오 공동체 내 API 플랫폼 활용(소개 페이지, 커뮤니티 등)
- 초기 대표 파트너와의 사례를 통한 레퍼런스 구축 필요

채널의
확장

신규 모객
외부채널 확보
API 제공

개인정보
금융거래정보
이체
환급
비대면 실명확인
전자서명

은행 고객

가맹 고객
(내 계좌 중심)

제휴 파트너
(채널의 확장)

지를 갖춘 나라는 지구상에 없다. 금융위가 카카오뱅크 사례를 해외에 적용해보려고 시도하는데 쉽지는 않을 것이다.

카카오뱅크에 위기가 온다면 내부적으로 발생할 가능성이 크다. 치열한 양측의 갈등이 팽팽하게 이어질 때 긴장 구조가 이어진다. 한쪽으로 쏠리는 순간 견제하기가 어렵게 된다. 성장은 양측의 갈등이 팽팽할 때 계속되기 때문이다.

나가며

격변의 시기다. 신자유주의적 경제질서는 더 이상 작동하지 않고 불평등을 해결하는 것이 시대적 과제로 떠올랐다. 중국이 세계경제질서에 편입되면서 기존 질서도 흔들리고 있다. 빅테크의 성장과 플랫폼 경제의 출현은 우리에게 새로운 질문을 던지고 있다. 그러나 우리나라 정책당국자들은 여전히 과거의 틀에서 벗어나지 못하고 있다. 민간의 새로운 시도를 가로막거나 반드시 필요하고 더욱 강화시켜야 할 것을 버리는 우를 범하고 있다. 대기업, 자본시장, 혁신은행 등 현장에서 규제의 틀 속에서 새로운 것을 시도했던 필자는, 네거티브 규제 시스템으로 전환을 하지 못하면 우리 경제의 앞날은 막막하다는 위기의식 때문에 규제를 직접 다루는 정치의 현장에 뛰어들었다. 우리 경제는 이미 매우 복잡하고 다른 나라를 따라잡는 단계를 넘어 동일선상에서 경쟁하는 선도경제에 다다랐다. 우리의 앞에 어떤 어려움이 있는지 아무도 모른다. 여전히 선례를 찾아야 하는지? 시장에서 일어나는 일은 시장이 가장 잘 안다.

한편 2007~2008년 금융위기는 우리에게 현재의 자본주의 내에서 불평등을 줄이는 자체 메커니즘이 없다는 것을 보여주었고 이를 해결하기 위해 국가의 시장 개입 필요성을 제기하고 있다. 우리나라는 시장과 가격기능에 있어 매우 독특한 위치에 서 있다. 개발연대식 발전 전략의 한계를 보여준 IMF 위기에서 가격기능을 통한 경제운용으로의 전환이 이루어지는 와중에 가격기능의 한계를 극복하기 위해 국가의 시장 개입이 요구되는 이중적 상황에 있다. 국가가 어떤 것에 개입해야 하는지를 구별하는 것이 필요하다. 경제정책은 그 어떤 경우에도 국가가 정책목표를 달성하기 위해 시장에 개입하는 것을 의미한다. 따라서 시장 기능에 맡기면 된다는 식의 논의는 무의미하다. 시장에 개입한다는 것은 시장의 인센티브 구조에 영향을 주는 것을 의미한다. 그 방법은 어느 분야의 가격이나 비용에 영향을 주어 경제주체의 선택에 변화를 주는 것을 의미한다. 여기에 초점을 맞추어야 하며 국가가 시장에 직접 주체로 참여하는 것은 제한적이어야 한다. 우리가 이 책에서 주장하고 싶은 것은 바로 이것이다. 그러나 시장 기능에 한계가 있으니, 즉 시장의 실패가 있으니 시장에 적극 개입해야 한다는 인식은 익숙한 개발연대의 정책수단에 의존하여 직접 주체로서 개입하여 오히려 시장 기능의 왜곡을 가져오는 모순적 상황을 연출하기도 했다. 특히 시장 실패를 가져오는 가장 중요한 사유인 정보의 비대칭 문제를

두 발로 선 경제

해결하기 위한 투명한 정보 제공을 위해 국가가 제도화해야 하는 것이 무엇인지 고민해야 한다.

시장의 인센티브 구조에 영향을 주기 위해서는 시장에서 일어나고 있는 매우 구체적인 프로세스와 이해관계에 대해 잘 아는 것이 필요하다. 시장 현장에 가까이 가는 것이 필요하다는 것이다. 그런데 이 경우 발생할 수 있는 이해상충을 어떻게 해야 하는지? 이해상충이 발생할 것을 우려하여 시장과 접촉 자체를 꺼리면서 정책을 하는 것이 아닌지? 우리가 앞에서 검토한 많은 정책이 의도한 결과가 나오지 않는 이유가 바로 이것이다. 이해상충이 발생할 가능성에 대해 투명하게 공개하고 누구나 문제를 제기하고 이를 교정할 수 있는 제도를 만드는 것이 더욱 중요한 이유다.

공정과 혁신은 배치되는 것이 아니다. 혁신은 공정한 경제질서의 토대에서 경쟁을 통해 일어나는 것이다. 우리는 그 경쟁을 어떻게 다루고 있는지 검토해야 한다.

새로운 것의 출현과 도전은 기존 질서를 흔들 수밖에 없다. 그 질서의 핵심은 무엇이고 도전은 무엇에 대한 도전인지를 보아야 한다. 새로운 것은 혁신을 가져오는 것이며 기존의 것을 주장하는 것은 기득권 지키기라는 관념론을 버리는 것이 중요하다. 이를 버리지 못할 때 자기도 모르게 경제운용의 가장 중요한 린치핀을 빼는 우를 범할 수도 있다. 새로운 도전을 통해 얻는 성과가 그 도전자에게 갈 수 있게 하는 경제질서를 세우는 것이 관건이다.

필자가 현장에서 들은 중요한 경구로 중요한 사안을 검토할 때마다 되새기는 말이 있다. "세상에 세 가지가 없다. 1) 공짜, 2) 비밀, 3) 정답이다." 공짜가 없다는 말은 경제의 가장 기본적인 원리로 시장원리를 말하는 것이다. 비밀이 없다는 것은 공직자 또는 주인-대리인의 이해상충을 다루는 데 있어서 투명성의 원리가 중요하다는 것을 의미한다. 마지막으로 정답이 없다는 말이 갖는 의미는 더욱 중요하다. 영어의 'different'를 번역할 때 '틀리다', 즉 맞다의 반대로 생각할 수도 있다. 한쪽이 맞으면 다른 의견을 내는 쪽은 틀린 것이 된다. 틀리면 안 되고 고쳐주어야 하는 것이다. 그러나 올바른 번역은 '다르다'일 것이다. 서로 다른 것을 인정하는 것에서 출발해야 한다. 민주주의 사회에서 어떤 사안에 대해 다양한 의견이 표출되는 것은 당연한 것이다. 서로 다른 것을 인정하고 최소한 공감하는 부분(최소공약수)을 찾아 조금씩 의견을 조율하여 앞으로 나아가는 것이 필요하다. 우리가 가장 경계해야 할 것이다. 우리가 이 책에서 검토한 여러 가지 주장도 정답은 아니고 새로운 길을 찾아가는 하나의 시도이다. 우리 사회가 나아가야 할 방향에 대해 고민하고 한 걸음이라도 앞으로 나아가기 위한 것이다. 고 김대중 대통령께서 "서생의 문제의식과 상인의 현실감각"으로 사안을 바라보라는 말씀과 맥이 닿아 있다.

우리는 아직도 거대담론 중심으로 논의를 전개하는 경우가 많다. 우리 사회가 해결해야 하는 과제 중 중요하게 떠오르는 불평등의 해결과 같은 과제도 그런 것이다. 그러나 이런 문제가 하루아침에 단번에 해결되는 것은 아니다. 우리들의 주변 일상생활 하나하나에서 구체적으로 조금이라도 전진할 수 있는 방안을 찾는 것에서 출발해야 한다. 이런 것

두 발로 선 경제

들이 큰 목표의 방향에 조금이라도 다가갈 수 있다면 그것부터 하는 것이 요구된다. 그런 의미에서 이제 정치는 거대담론 중심의 정치macro politics에서 생활정치micro politics로 바뀌어야 한다. 현장 중심, 실현 가능한 최소한의 것이라도 하는 정치로의 전환이 요구되는 것이다.

이 책에서는 민주주의, 국제정치, 평화, 인권, 통일 등 주요한 주제를 다루지는 못했다. 앞으로의 과제가 될 것이다.

우리 경제의 성장 동력이 무엇인지, 그리고 그것을 어떻게 강화시켜야 하는가는 매우 중요한 문제다. 이 책 집필을 완료한 시점에서 서울대 김세직 교수가 《모방과 창조》란 책을 출간했다. 김 교수는 시카고대학에서 한국 경제성장의 내생적 요인이 인적자본이라는 것을 명확히 한 사람이다. 경제성장이론에서 내생적인 성장 요인을 찾는 것은 매우 중요한 과제인데 우리 경제성장 과정에서 인적자본이 그 요인이라는 것을 밝힌 것은 중요한 성과이기도 하다. 여기서 우리는 인적자본을 높이기 위한 정책과제를 생각해봐야 할 필요가 있다. 인적자본의 축적을 강화시키기 위한 정책과제의 핵심은 바로 교육에 있다. 교육체제를 새롭게 구성하지 않고서는 새로운 도약은 힘들 수 있다. 그러나 이를 위해서도 공정한 경제질서를 확보하는 국가의 기능이 중요하고, 축적된 인적자본이 새로운 도전을 통해 창의적인 사업을 할 수 있는 환경을 만들기 위한 정책을 구상하는 것, 이 또한 앞으로의 과제이다.